艺术体操运动教程

Rhythmic Gymnastics

《艺术体操运动教程》编写组　编

北京体育大学出版社

策划编辑：佟　晖
责任编辑：佟　晖
责任校对：未　茗
版式设计：佟　晖　博文宏图

图书在版编目（CIP）数据

艺术体操运动教程 /《艺术体操运动教程》编写组编. -- 北京：北京体育大学出版社，2013.8（2024.8重印）
高等教育体育学精品教材
ISBN 978-7-5644-1406-1

Ⅰ. ①艺… Ⅱ. ①艺… Ⅲ. ①艺术体操－高等学校－教材 Ⅳ. ①G834

中国版本图书馆CIP数据核字(2013)第189856号

艺术体操运动教程
YISHU TICAO YUNDONG JIAOCHENG
《艺术体操运动教程》编写组　编

出版发行：北京体育大学出版社
地　　址：北京海淀区农大南路1号院2号楼2层办公B-212
邮　　编：100084
网　　址：http://cbs.bsu.edu.cn
发 行 部：010-62989320
邮 购 部：北京体育大学出版社读者服务部 010-62989432
印　　刷：三河市龙大印装有限公司
开　　本：787mm × 1092mm　1/16
成品尺寸：185mm × 260mm
印　　张：24.5
字　　数：596千字
版　　次：2013年8月第1版
印　　次：2024年8月第3次印刷
定　　价：75.00元

序

人才培养是高等学校的根本任务，对处于学校工作中心地位的教学工作来说，其质量建设是高等学校的永恒主题。作为传授知识、掌握技能、提高素质的载体，教材在人才培养过程中起着非常重要的作用，是高等学校提高教学质量，促进内涵发展的有力抓手。

一本好的教材，不仅要充分体现教材应有的基础性、示范性和权威性，还要正确把握教学内容和课程体系的改革和创新方向，充分反映学科的教育思想观念、人才培养模式以及教学科研的最新成果，集中展现教材体系的创新，教材内容的更新和教学方法、手段的革新，善于处理好理论与实践、继承与创新、广度与深度、知识与技能、利学与利教的关系，成为开拓学生视野、引导学生探索、鼓励学生奋进的学业与人生兼备的“工具书”。

从中央体育学院到北京体育学院再到北京体育大学，这 60 年的办学历程，是继承发展的 60 年，是改革创新的 60 年，也是教材建设硕果累累的 60 年。学校不断探索教材建设的内在规律，引领高等体育教育教材建设的创新之路，发展了具有自身特色的教材体系，形成了特色鲜明的三个发展阶段。第一阶段是在上世纪 50 年代至 60 年代，我校教师在苏联专家的指导下，制定和编写了各专业的教育计划、大纲和主要教材。这批教师在主持和参与 1961 年国家体委组织的体育院校 18 门课程教材编著工作中发挥了重要作用；而这批教材也成为我国独立编写的、对苏联教材模式有所突破的第一批体育院校教材。第二阶段是上世纪 70 年代末至 90 年代，我校教师在大量承担第二次重编体育院校教材牵头组织工作的同时，针对学校“三结合”的办学目标和人才培养模式，开始了多学科、多专业的自编教材建设。第三阶段是进入 21 世纪以后，特别是国家体育总局于 2002 年下拨教材建设专款 480 万元之后，我校教材建设在数量和质量上都取得了重大突破。至 2010 年共立项建设了涵盖我校各专业课程的 187 项教材，其中有 4 项教材获得国家级优秀（精品）教材称号，14 项教材获得北京市精品教材称号。可以说上述三个阶段的发展，使我校教材建设水平达到了一个空前的高度，为高等体育人才的培养发挥了重要的作用。

为全面提高高等体育教育质量，深化高等体育教育教学改革，继续加强体育学精品教材建设，2012 年初，在北京体育大学教学指导与教材建设委员会的具体指导下，我们启动了高等教育体育学精品教材建设工程。学校遴选教育部新颁布的体育学类所属的体育教育、运动训练、社会体育指导与管理、武术与民族传统体育、休闲体育、运动康复、运动人体科学 7 个本科专业的部分基础课程和主干课程开展精品教材建设。我们整合了全校的优质资源，组织专家、教授全程参与教材的规划、编写、初审、终审等过程。按照精品教材的要求，以优秀的教学团队编写优质的教材，出精品、出人才为建设思路，编委会优选学术水平与教学水平兼备、具有创新精神的专家、教授担任教材主编，组织优秀教学团队成员参与教材编写；精确定位教材适用对象，准确把握专业知识结构、能力结构和综合素质要求，深刻领会课程内涵，简洁洗练地表达知识点、能力点和素质点；融入最新的教改成果和科研成果，吸收国外优秀教材的先进理念和成果，创新利于学生自学和教师讲授的教材体例；学校还投入专项资金，对教材进行一体规划、一体设计、一体编审，并采用多色印刷技术增加教材的可读性；为全力保证教材编写质量，北京体育大学出版社资深编辑深度介入教材编写的所有环节。当这批教材展现在读者面前时，我们充满了期待。

岁月如流，薪火相传。60 年的教材建设成绩斐然，推动着体育学教材建设步入新的起点、站在新的高度。展望未来，一批批体育学精品教材将随世界一流体育大学的建设进程应运而生，不仅在学校内涵式发展的改革进程中发挥重要作用，而且在全国高等体育院校人才培养中做出积极贡献，在高等教育教材建设中留下浓墨重彩的一笔。

北京体育大学校长

校教学指导与教材建设委员会主任

2013 年 9 月

北京体育大学高等教育体育学
精品教材编委会

教材编写组

组　长：樊　铭

副组长：黄俊亚

成　员（以姓氏笔画为序）：

关颖颖　李　燕　杨　梅

缑小燕　谢　莹

前 言

《艺术体操运动教程》是北京体育大学高等教育体育学精品教材之一，是根据北京体育大学体育表演专业、体育教育专业 2012 培养方案和教学大纲，以及全国体育院校艺术类专业的要求，为体育表演专业和体育教育专业学生编写的专修教材，也可供普通高等院校本、专科、中等职业学校的艺术体操普修、选修教学，以及艺术体操爱好者自学参考之用。

本教材以创新性、发展性、实用性和启发性为编写原则，查阅大量文献资料，将当代艺术体操项目理论研究与技术发展的新成果融入教材中。编写人员力求从实用性和创新性出发，保证教材的专业性和可读性，其中，教材的技术动作图片全部由我国最优秀的艺术体操运动员示范，图文并茂，直观性强，是本教材的亮点之一。《艺术体操运动教程》共十章，分别从艺术体操的基本理论与基本技术、教学、训练、编排、竞赛组织，以及艺术体操音乐、绘图等相关学科领域知识作出了较为全面的阐释。

本教材由北京体育大学樊铭副教授担任编写组长，对全书内容进行串编、修改和定稿。北京体育大学艺术体操教研室黄俊亚教授担任副组长。参加编写的成员有：第一章，黄俊亚；第二章，杨梅；第三章，缑小燕；第四章，李燕；第五章，樊铭；第六章，缑小燕；第七章，樊铭；第八章，黄俊亚；第九章，樊铭；第十章，关颖颖、谢莹；中英文术语对照表，杨梅。由 2013 年艺术体操世锦赛个人全能第四名、第十二届全运会个人全能第一名、北京体育大学学生邓森悦和 2013 年亚洲锦标赛个人团体第三名、第十二届全运会个人全能第三名、北京体育大学学生杨玉清进行动作示范。

本教材在编写出版过程中，得到了北京体育大学校领导、教务处和出版社有关领导的大力支持和帮助，在此表示衷心的感谢！此外，对于本教材参考和引用的文献资料的有关专家和同行们，也一并表示感谢！鉴于水平和时间有限，书中难免存在错误或不当之处，恳请广大师生和读者批评指正并提出宝贵意见，以便再版修订。

《艺术体操运动教程》教材编写组

2013 年 8 月

目录 CONTENTS

第六章　艺术体操教学

第七章　艺术体操训练

第八章　艺术体操的编排

第九章　艺术体操竞赛组织与裁判

第十章　艺术体操的音乐

第一章　艺术体操概述

本章提要

艺术体操是一项内容丰富、形式优美的运动项目，深受青少年的喜爱，在竞技领域和大众健身领域都获得了较大的发展。通过本章节学习，使学生了解艺术体操运动的起源与发展，艺术体操基础知识、分类、特点及内容，帮助学生更好地学习和掌握艺术体操基本理论，进一步拓展艺术体操专业知识。

第一节　艺术体操的起源与发展

一、艺术体操项目的起源与发展

艺术体操动作是人体自然动作的美化和提升。艺术体操成为独立的运动项目时间并不长，但作为广义的体操类运动的组成部分和体育教育的一种手段已有两百余年的历史，它是随着人类社会的进步与发展应运而生的。

（一）艺术体操项目的起源

在18世纪，受法国著名教育家让·雅克·卢梭（J.J.Rousseau 1712~1778）和瑞士教育家裴斯泰洛奇（J.H.Pestalozzi 1746~1827）等近代教育思想及关于儿童自然成长理论的影响，产生了自然体操。自然体操是由德国巴泽多（J.B.Basedow 1724~1790）最早推广，他主张通过人体自然活动发展身心健康，在其所办的“博爱学校”体育课中教授了以自然的身体动作为基础的体操练习，对当时的教育制度的变革起到积极的作用。

18世纪末19世纪初，被誉为“体操运动之父”的古茨·穆茨（Guth Muths 1759~1839）在《青少年体操》中指出：体操应使人感到愉快，体操练习应能够使人得到全面发展。在此理论影响下德国体操家杨（F·L·Jahn 1778~1853）创建了以体操为培养意志训练的“杨氏体操”，其宗旨是活泼、自由、快乐、诚信，荣获了“德国体操之父”的光荣称号。瑞典体操学派创始人佩尔·亨里克·林（P.H.Ling 1776~1853）在其著作《体操的一般原理》中，依据动作练习的功能将体操分为四类：教育类、军事类、医疗类、美学类，从而使具有强烈美学特征的艺术体操雏形获得广泛的发展空间。

19世纪中叶，德国体操家阿·施皮斯（A.Spiess 1810~1858）整理了杨氏体操并纳入学校体育。他认为，学校应关心儿童的全面生长发育，女孩和男孩均有各自相适应的体操课程，上体操课是配合音乐伴奏，发展身体素质并使心情舒畅。法国舞蹈家弗·德尔沙特（F.Delsarte 1811~1871）为了帮助演员改善表演姿态，创立了一套富有表现力的体操体系，这套适应新舞蹈的身体训练方法体系的特点是动作富有美感和表情丰富。欧洲体育界有所启示，很快借鉴了该体系的部分方法，但目的不在表演，而在于通过富有自由想象的自然动作抒发内心的快感，最终达到健身健心的目的。

以上是艺术体操的起源和萌芽，在19世纪的中期，现代艺术体操的某些特征和因素已从不同的身体活动体系中体现出来，但在内容和形式方面还没有形成公认，而是处于相互影响和交融的过程。

（二）艺术体操的形成和发展

1. 艺术体操形成的初级阶段

19世纪末20世纪初，由于受当时的教育改革、青年和妇女运动的发展，以及普遍的文化个性的影响，一些生理学家、教育家、音乐家、舞蹈家及体操家对体操进行了改革，为女子体操发展指出了新的方向，为现代艺术体操的形成奠定了基础。

法国著名生理学家乔治·德迈尼（G.Demeney 1850~1917）对当时盛行的各种体操流派，尤其是对瑞典体操流派进行了充分的研究。他认为这些体操并不是建立在充分科学的基础上，其动作是不自然的和静止的呆板事物，他主张女子体操应发展正确的身体姿态、柔软性、运动技巧和动作的艺术性，也就是柔和与优雅。

瑞士音乐家、教育家台尔克罗兹（E.J.Deicroze 1865~1950）设计了一种身体练习与音乐节奏和情感相结合的音乐体操，他的训练体系是把身体训练作为理解音乐的一种手段，该体系共分为三类：节奏动作练习；训练听觉的动作的练习；音乐伴奏下的即兴练习。当时并没有考虑其体育价值，而是经过他的学生们把这种节奏明快的身体练习传播到体育领域，发展成为众所周知的“韵律体操”。他开办了培养音乐体操教师的学校，许多现代韵律体操的奠基人都曾在他的学校学习过，深受其训练体系的影响。

德国现代体操家博德（R.Bode 1881~1970）是一位韵律体操的先驱者，他毕业于台尔克罗兹音乐体操学校。他认为人体动作有自己的节奏，强调人体应按自然活动的节奏运动，如脉搏、呼吸及动作中的肌肉收缩。所以运动的方式也应相当于人体自身的节奏，即一个强有力的收缩状态之后接着出现一个放松状态，如此进行有节奏的动作。他为女子体操创造了有价值的身体波浪动作，并通过这些节奏练习发展自然的全身运动。他的“表现体操”与“韵律体操”为现代艺术体操发展创造了条件。

德国现代体操家梅顿（H.Medan）是 20 世纪 20 年代中期德国重视节奏和音乐的体操流派的一个代表人物，他毕业于博德体操学校，曾开办一所学校，创编适合于女性的体操体系。在教学中强调自然的全身运动，认为运用轻器械能减少紧张情绪，使动作更加放松自然，对球操、圈操、火棒操做出了贡献，他认为韵律体操更能使人领略动作中的快感和美感。

美国的斯特宾斯（G.Stebbins）是法国舞蹈家德尔沙特的学生，她把德式训练体系引入美国，并与瑞典学派的林氏体操结合，形成了自己的一套训练体系，并创办了斯特宾斯表演艺术学校，开创了“美的体操”，这一体操体系对发展现代女子体操和现代舞蹈产生了重要的影响。

美国著名舞蹈家邓肯（I.Duncan 1878~1927）是现代舞蹈的创始人。其主要特点是摆脱传统的古典芭蕾的程式束缚，以自然的舞蹈动作和自由的表现形式，开创了新的舞蹈风格。她认为所有的动作应从自然的走、跑和跳跃中派生出来，她的舞蹈在许多方面与现代艺术体操动作表现形式相一致。

德国舞蹈家拉班（R.V.Laban 1879~1958）开创了名为拉班的舞蹈体系，在理解动作韵律方面强调动作的自然性，对节奏体操和现代舞的发展做出巨大贡献。

2. 艺术体操的形成

20 世纪上半叶，艺术体操由欧洲传入美洲和大洋洲。同一时期，艺术体操在苏联和东欧地区得到广泛开展。1935 年，苏联的列宁格勒和莫斯科体育学院开设了艺术体操课程，1947~1949 年连续举行全苏艺术体操观摩表演赛，并于 1949 年举行了第一届全苏艺术体操个人、团体冠军赛。1950 年苏联制定了第一份艺术体操运动员等级大纲，每年举行全苏艺术体操锦标赛，并形成了较为系统的理论和比赛规则。同时还将艺术体操列入大、中、小学的体育教学大纲，作为女性体育教育的手段之一。但在这一时期，艺术体操的表现形式和内容与现在我们所看到的还有很大的区别，是以身体动作为主要练习形式，对圈、球、棒等部分器械有一些使用，内容相对单一。

从 20 世纪 20 年代至 50 年代初，艺术体操逐步发展并进入竞技状态，但此时还未形成独立的运动项目。在 1928 年、1936 年、1948 年、1952 年和 1956 年 5 届奥运会以及 1954 年罗马举行的世界体操锦标赛上规定，在女子竞技体操比赛中，每支队伍必须参加由 6 或 8 人组成的持轻器械的团体韵律体操比赛，这就是竞技艺术体操的雏形。国际体联根据体操技术发展的需要，于 1956 年决定在国际体操竞赛中取消女子团体韵律体操的比赛，从此艺术体操开始逐渐成为一个独立的竞赛项目。

3. 艺术体操的发展

1962 年 6 月，国际体联第 41 次代表会议将艺术体操列为女子独立的比赛项目，并于 1963 年在匈牙利的布达佩斯举行第 1 届世界艺术体操锦标赛。当时给这一新的运动项目命名为“现代体操”（Modern Gymnastics），决定每两年举行一次世界锦标赛。1967 年底国际体联增设了现代韵律体操委员会，在 1972 年将现代体操更名为“现代韵律体操”（Modern Rhythmic Gymnastics），1975 年又更名为“竞技韵律体操”（Rhythmic Sportive Gymnastics），1998 年国际体联将其再次更名为“韵律体操”（Rhythmic Gymnastics），并且一直引用至今。

竞赛是促进体育项目发展的重要杠杆。1963 年第 1 届世界锦标赛设项仅有个人徒手和圈两个比赛项目，以后逐年丰富器械项目，至 1973 年最后一项器械棒的进入，5 种器械被国际体联定为固定的艺术体操竞赛项目。1971 年取消徒手动作比赛。1981 年国际体联为了使 5 种器械均衡发展，对个人比赛的器械按照一定的规律安排，以绳、圈、球、棒、带的顺序每两年轮空一次。但是从 2003 年起，为了提高艺术体操的观赏性，5 种器械的比赛轮换由国际体联艺术体操技术委员会在前一个奥运周期确定，并提前宣布下一周期的竞赛项目。

集体项目最早于 1967 年列入第 3 届世界锦标赛时是以 6 人组成的集体队伍，直到 1995 年艺术体操为了进入奥运会而减少参赛编制，参赛人数减为 5 人。集体项目的最初阶段是使用同一种器械，从 1971 年起开始使用两种器械，并从 1987 年开始每支集体队伍必须完成两套动作，一套是同种器械，另一套是两种器械。艺术体操世界锦标赛发展演进历程见表 1–1。

表 1-1　艺术体操世界锦标赛发展历程

届数	年份	比赛项目	
		个　人	集　体
第 1 届	1963	徒手、圈	无
第 2 届	1965	徒手、绳、球	无
第 3 届	1967	徒手、绳、圈	6 圈
第 4 届	1969	徒手、绳、圈、球	6 球
第 5 届	1971	绳、圈、球、带	3 球 3 圈
第 6 届	1973	圈、球、棒、带	6 绳
第 7 届	1975	圈、球、棒、带	3 球 3 绳
第 8 届	1977	绳、圈、球、带	6 棒
第 9 届	1979	绳、球、棒、带	6 圈
第 10 届	1981	绳、圈、棒、带	3 球 3 带
第 11 届	1983	圈、球、棒、带	3 绳 3 圈
第 12 届	1985	绳、球、棒、带	3 球 3 圈
第 13 届	1987	绳、圈、棒、带	6 球、3 球 3 圈
第 14 届	1989	绳、圈、球、带	6 棒、3 圈 3 带
第 15 届	1991	绳、圈、球、棒	6 带、3 绳 3 球
第 16 届	1992	绳、圈、球、棒	6 带、3 绳 3 球
第 17 届	1993	圈、球、棒、带	无
第 18 届	1994	圈、球、棒、带	6 绳、4 圈 2 棒
第 19 届	1995	绳、球、棒、带	5 圈、3 球 2 带
第 20 届	1996	绳、球、棒、带	5 圈、3 球 2 带
第 21 届	1997	绳、圈、棒、带	无
第 22 届	1998	无	5 球、3 带 2 圈
第 23 届	1999	绳、圈、球、带	10 棒、3 带 2 圈
第 24 届	2001	绳、圈、球、棒	无
第 25 届	2002	无	5 带、3 绳 2 球
第 26 届	2003	圈、球、棒、带	5 带、3 圈 2 球
第 27 届	2005	绳、球、棒、带	5 带、3 圈 2 棒
第 28 届	2007	绳、圈、棒、带	5 绳、3 圈 2 棒
第 29 届	2009	绳、圈、球、带	5 圈、3 带 2 绳
第 30 届	2010	绳、圈、球、带	5 圈、3 带 2 绳
第 31 届	2011	圈、球、棒、带	5 球、3 带 2 圈
第 32 届	2013	圈、球、棒、带	10 棒、3 球 2 带
第 33 届	2014	圈、球、棒、带	10 棒、3 球 2 带
第 34 届	2015	圈、球、棒、带	5 带、3 棒 2 圈

通过艺术体操界多年的努力与争取，国际奥委会项目委员会于1980年7月17日宣布，艺术体操被列为奥运会正式竞赛项目，1984年第23届奥运会上开始了个人全能比赛，并于1996年巴塞罗那奥运会开始集体项目全能比赛。目前艺术体操项目在奥运会中拥有两枚金牌，即个人全能和集体全能。

除奥运会和世界锦标赛外，从1978年起国际体联相继组织了欧洲锦标赛、四大洲锦标赛（2001年第13届四大洲锦标赛后，该赛事取消）、世界杯系列赛、亚运会、亚锦赛等赛事。

其中，艺术体操世界杯系列赛在竞赛历程中发生一些变化，从1983年起国际体联设立世界杯赛，通过世界杯分站赛赛事的积分，前8名的集体队和个人运动员参加每两年举行一次的世界杯总决赛，在当时该总决赛的技术水平、比赛层次可以与世界锦标赛相比。但是在2008年后，共举行过8届的世界杯总决赛赛事被取消，从2009年开始只保留每年在不同国家举办的8站世界杯系列赛赛事。

从1963年起至今，艺术体操成为独立竞赛项目已半个世纪，艺术体操比赛组织形式及竞赛规则发生了巨大的变化。自1976年首次颁布国际艺术体操评分规则至今，已拥有9个周期的评分规则。从1985年开始有规律地形成每个奥运周期进行新一轮的规则全面更新，即每4年一次新的评分规则出台。但是在每个周期实施过程中，根据实践需要会对本周期的规则进行调整和修改，以引导艺术体操发展的方向，并解决训练和竞赛中出现的问题。

二、我国艺术体操的引进与发展

我国艺术体操从引进到发展经历了多个历史阶段，在此过程中有许多职能部门和代表人物为艺术体操在我国的普及、发展、创造辉煌作出巨大的贡献。

（一）我国艺术体操的萌芽阶段（1930年～1949年）

这一时期，在我国尚没有“艺术体操”这个体育项目名称。在20世纪30年代初，一些教育人士等受欧美国家的教育制度以及传教士教育思想的影响，已将韵律活动以及舞蹈等相关运动列入部分中小学的体育课教学大纲中。韵律体操运动项目在我国逐渐流传开来，但当时只作为一种教育的手段。在体育系科中，这些活动项目也被列为主要教材，特别是在当时的教会学校中，它们不仅被列为正式的体育课教学内容，而且每一年这些学校都要举办团体操、韵律操等项目的表演。如解放前在一些高等学校的体育系科和基督教女子青年会中，曾开展过类似艺术体操的“柔软体操”、“女子地板练习”；在一些学校还开展过火棒操、红绸操、哑铃操等项目，并在节日和运动会上进行过表演。与此同时，我国近代女子体育教育家，也是中国第一位女体育教师，金陵女子文理学院的陈英梅教授（1890~1938）编著了一本体育教材，教材中的关于韵律体操和舞蹈的内容占了很大的篇幅，这本教材当时在我国广为流传，对韵律体操和舞蹈的推广起到了重要的作用，为现代艺术体操引进我国起到了重要作用。

20世纪30年代后期，一些留学生回国后将国外艺术体操相关内容在国内传授，如从国外留学回来的朱重明，在上海的一些体育专科学校中传授韵律性的丹麦体操、瑞典体操和火棒操等项目。进入 40 年代以后，更多国外的相关运动相继传入我国，其中日本的徒手操以及欧美的韵律操也在其中。

（二）艺术体操引进和初步开展阶段（1949 年～1959 年）

中华人民共和国成立后，各项体育运动得到广泛开展，艺术体操项目是在 20 世纪 50 年代初由苏联引进，其名称也是此时由俄文翻译而来，当时人民体育出版社翻译出版了由尤·恩·希什卡列娃编写的《艺术体操》教材和科尔达斯基编著的《艺术体操图解》，较系统地介绍了艺术体操基本理论、基本技术知识和运动员等级大纲。

1953 年，苏联体操队应邀来我国进行表演，不仅带来了男子竞技体操和女子竞技体操，而且还表演了藤圈操、绳操、纱巾操等艺术体操项目。此次友好访问是我国体育界首次接触真正的现代艺术体操项目。

1. 中国艺术体操的摇篮和孵化器——北京体育大学

北京体育大学艺术体操的发展，承载着中国艺术体操的发展历程。从 20 世纪 50 年代起，北京体育大学培养出数以百计的艺术体操人才和精英，为艺术体操项目在我国的引进、发展、缔造辉煌作出了卓越的贡献，在中国艺术体操史描绘了浓墨重彩的一笔。

1954 年 10 月，中央体育学院聘请苏联专家凯里舍娃担任艺术体操的教学工作，在我国举办了一期艺术体操进修班。这次艺术体操进修班培养了 40 名学员，为我国体育领域培养了一批艺术体操骨干力量，其中包括我国艺术体操前辈，北京体育大学教授黄美琳、成都体育学院教授张丽华（艺术体操国际级裁判）、沈阳体育学院教授陈虹英（艺术体操国际级裁判）、国家体委体操处林紫华女士（艺术体操国际级裁判）等等，她们为我国艺术体操项目的传播、发展和运动水平的提高作出了重要贡献。在这次培训中还包括全国其它体育学院的教师，之后在中央体育学院及上海、沈阳、武汉、成都、西安等体育院校相继开设了艺术体操课程。1959 年，我国再次举办了全国性的艺术体操培训班。

2. 我国艺术体操的推广

在此时期，国际上尚没有固定的艺术体操项目表现形式，竞赛的项目、器械、服装、音乐等多方面均不统一。当时由于国际体联规定，参加竞技体操比赛的各个国家的队伍必须参加团体的轻器械操比赛。受此影响，我国在 1956~1958 年 3 年的全国体操比赛和全国体育学院体操比赛中，竞赛项目均设有轻器械团体操。由于当时国内的竞赛规则没有规定相应的器械，而由各队任选竞赛项目器械，所以比赛形式、项目器械可谓各显神通，其中有绳、球、圈、彩带、纱巾、剑、藤鞭、绣球、扇子等等。音乐伴奏也是各显身手，除用钢琴伴奏外，有的队用二胡伴奏或民乐合奏等。这个阶段的艺术体操竞赛在服装上亦是五花八门，运动员除穿各式体操服外，还有的运动员穿着绣花边的长袖衣裤和绣花鞋来参加比赛。由上可以反映出，艺术体操相关的轻器械项目在这个阶段是初步引进阶段，国内体育界相关人士对艺术体操的内容及特点等的理解还处于摸索阶段。通过三次体操竞赛中探索性的团体动作比赛，在动作编排、器械动作运用等方面有了一定的发展。但随着竞技体操国际竞赛规则的变化，取消了团体比赛中的女子团体操项目，我国也随之取消了该项目比赛内容。

（三）中断停滞阶段（1960 年～1977 年）

由于国际体育组织中有人制造“两个中国”，1958 年我国退出奥委会，中断了与国际上艺术体操项目开展较好的国家和组织之间的联系，缺乏信息沟通，此阶段艺术体操在我国没有得到发展，处于停滞状态。它只作为竞技体操教学和训练的辅助手段在部分省市和体育院校教学中运用。

（四）我国竞技艺术体操起步与发展阶段（1978 年～1982 年）

我国艺术体操再次引进与推广始于 1978 年，中国体育重返国际体育舞台后，艺术体操项目开始恢复与开展。从此我国艺术体操加强了与国际间的交流和沟通，加速了项目的快速发展。

1978 年是中国艺术体操发展史上重要的转折点，这一年里，我国先后邀请了加拿大艺术体操队和朝鲜艺术体操队来我国进行友好访问和表演。同时，我国举办了艺术体操学习班，以及派专人前往朝鲜进行交流学习。

艺术体操在我国的再次推广首先扎根于北京体育大学，后在全国迅速普及。从那时起至今，北京体育大学为我国培养了一大批优秀的艺术体操运动员、教练员和专门管理人才。北京体育大学在国内始终保持领先水平，多次代表国家参加国际比赛并取得优异成绩。1980 年 10 月，北京体育大学竞技体校成立，招收了全国第一批少年艺术体操运动员。同年，第一支国家艺术体操集训队在北京体育大学成立，随之艺术体操国家集训队便设立在北京体育大学。2002 年，国家艺术体操队在北京体育大学正式成立；2007 年，北京体育大学国家队训练基地建成，国家艺术体操队拥有了先进的训练条件。艺术体操项目在北京体育大学的成长与发展得到历届学校领导和各个部门的大力关心和支持。

1979 年开始，国内的部分体育院校开始成立艺术体操队。与此同时，北京各高等院校也相继成立了艺术体操代表队，艺术体操队伍在我国快速增多。1979 年 10 月，我国派出代表到美国参加国际艺术体操技术委员会全体会议，这也是我国首次参加该项目国际会议，同时我国聘请了加拿大艺术体操队的教练员多琳钟来我国讲学，为北京体育学院艺术体操专选班的学生以及全国体育学院艺术体操师资训练班进行了为期 3 个月的授课。

1980 年，我国又相继邀请了西班牙艺术体操队和日本艺术体操队来华进行访问表演，同时与北京体育学院艺术体操队交流并举办了短期全国艺术体操培训班。同年，全国各体育学院相继恢复了艺术体操课程，并有更多的体育院校成立了艺术体操队。1980 年 8 月，我国举行了第一次全国性艺术体操比赛，即北京体育学院举行的全国体育学院艺术体操比赛。比赛有集体项目（规定徒手、自选球操）和个人项目（自选圈、带），北京体育学院包揽集体和个人冠军，天津体育学院和成都体育学院分获集体项目第二和第三名。

1980 年，北京体育大学成立了全国第一支艺术体操队，由 17 名在校学生组成，其中包括 1977 级 9 人：缑小燕、唐文玲、丘小龙、张玉春、张惠琴、邵佳、王钱琴、袁丽丽、章建华；1979 级 4 人：李卫红、范云、张小圆、单艳萍；1979 级大专班 4 人：王秀荣、李钦、卢跃萍、王丽丽。并由加拿大艺术体操专家多琳钟担任教练工作。

1981 年 5 月，我国举行了全国第一次备战第 10 届艺术体操世界锦标赛的选拔赛。北京体育学院学生脱颖而出，组成国家队。团体（现称集体）由缑小燕、李卫红、张玉春、张惠琴、范云、单艳萍、卢跃萍、唐文玲 8 名运动员组成，其中两名运动员为候补。个人运动员由邵佳、王秀荣、王钱琴、李钦组成，教练员由黄美琳、林紫华和韩桂兰担任。同年 10 月代表我国参加了在慕尼黑举行的第 10 届艺术体操世界锦标赛，这也是我国艺术体操队首次参加世锦赛。本届团体项目的比赛器械是“三球三带”，参加团体项目比赛的共有 21 个国家，中国队获得团体第 16 名，邵佳获得个人全能第 24 名。同年 6 月，艺术体操队访问朝鲜并参加了朝鲜第 2 届国际艺术体操邀请赛。

图 1-1 北京体育学院赵斌副院长和教练林紫华、伴奏罗熹祖、运动员等在慕尼黑留影

1982 年 8 月，在全国大学生运动会上设立了艺术体操比赛，参加单位有 11 个体育学院和 27 个大学生队，比赛分甲、乙两个组，甲组为体育院校组，比赛按国际竞赛规定项目进行，团体（集体项目）是 6 人球，个人是绳、圈、棒、带；乙组为普通高校组，团体（集体项目）为 6 人徒手和 6 人圈两项，个人是徒手和球两项，北京体育学院包揽甲组团体和个人冠军。在这次比赛中选拔了国家集训队，北京体育学院团体队代表我国首次参加了 12 月在新西兰奥克兰举行的四大洲艺术体操锦标赛，共有美国、加拿大、日本、新西兰、澳大利亚、墨西哥、马来西亚和中国 8 个国家参赛，我国获得了集体项目 6 人球操亚军，江苏队陶宇获得个人全能第 6 名，我国艺术体操队在国际艺术体操舞台上崭露头角。

（五）我国艺术体操快速发展阶段（1983 年～2000 年）

在此阶段我国艺术体操与国际交流增多，不仅参加了世锦赛，还参加了 5 次国际邀请、访问或友谊赛，其中中国艺术体操队和武术队访问了阿曼并在马斯喀特等地进行了 5 场表演。

1983 年和 1984 年国际体联分别批准了我国 2 名和 1 名国际级裁判员，对提高我国艺术体操的国际地位有着重要的作用。

1983 年我国首届艺术体操锦标赛在湖南邵阳拉开了帷幕，之后每年均有全国锦标赛。

1984 年洛杉矶奥运会、1988 年汉城奥运会和 1992 年亚特兰大奥运会上，我国均有两名运动员获得参赛资格。

从历年我国参加世界艺术体操锦标赛的成绩来看，自 1983 年以来，成绩显著提高：1985 年获得团体（集体项目）第 4 名；1987 年达到顶峰，获得集体全能季军，集体单项一个亚军和一个季军；1989 年也呈现了较高的水平，获得集体项目的三个第 4 名以及个人团体第 10 名；1992 年虽然成绩有所下降，但综合集体项目和个人项目来看，成绩较好，获得集体全能第 6 名，集体单项第 7 名，个人单项第 11、12、13 名等。

其次，从我国在四大洲艺术体操锦标赛取得的成绩来看，自 1984 年夺得第一个团体冠军之后，1986 年也取得了团体冠军，1988 年夺得了两个集体项目的冠军。至 1992 年达到高峰，在有加拿大、美国、澳大利亚、新西兰、泰国、蒙古、日本、韩国、中国、中国台北等 10 个国家和地区的 8 个集体队和 60 名个人运动员参加的"第 8 届四大洲艺术体操锦标赛"上，我国获得了集体全能、6 人带、3 绳 3 球等三个集体项目和个人全能、绳操、圈操、棒操、带操等五个个人项目的全部 8 个冠军。

艺术体操的发展与提高需要全社会的支持和参与，艺术体操训练内容也需要能够符合大众锻炼需求。在 1984 年，国家体委体操处组织，北京体育学院邝丽教授主编，北京体育学院体操教研室艺术体操教师共同编制出我国第一版《艺术体操运动员技术等级规定动作》，在全国广泛推广，并于 1985 年开始全国范围的运动员等级比赛，培养出大量的不同层次和等级水平的艺术体操运动员和爱好者。

1993 年后，前苏联解体后的 15 个加盟共和国可分别参加各项赛事。因此，原艺术体操强国一个苏联便成为多个艺术体操优势国家，例如：排名列前的俄罗斯、白俄罗斯、乌克兰等国占据艺术体操第一集团位置，在奥运会、世界锦标赛、世界杯等赛事中会影响到中国队的成绩及排名，但在四大洲比赛中成绩未受影响。

在 1993 年世界锦标赛仅获得团体第 11 名和个人全能第 16 名；1997 年世界锦标赛个人团体获第 11 名，在这阶段中其它年度世界锦标赛上中国艺术体操队的成绩未进入过前 12 名。

1994 年在汉城举行的四大洲艺术体操锦标赛上，我国取得集体全能和个人全能第 2 名；1995 年在开罗举行的四大洲艺术体操锦标赛上，集体全能、集体单项、个人全能各获第 2 名，个人团体和个人单项各获得一枚金牌。

1994 年第 12 届亚运会艺术体操比赛中，北京体育大学周小箐获得个人全能第 2 名，并在第 13 届亚运会获得个人全能冠军，这是我国个人运动员在亚运会上全能成绩的突破。

从奥运会的成绩分析，1996 年，我国艺术体操队在美国亚特兰大举行的第 26 届奥运会上，夺得了团体第 5 名的好成绩。但在 1999 年奥运会入围赛中，中国艺术体操集体项目未能获得参加 2000 年的悉尼奥运会入场券，而个人项目亦是凭借一张外卡得以参加，使中国艺术体操陷入了低谷，也使中国艺术体操项目的发展面临前所未有的严峻考验。

除了奥运集体项目第 5 名外，此阶段另一优异成绩，证实我国艺术体操在亚洲树立了霸主地位。在 1998 年在曼谷举行的第 13 届亚洲运动会艺术体操比赛中，我国一举垄断了个人团体和个人全能的两个冠军，且个人全能季军亦被我国选手夺得。

从集体项目成绩分析可以看出，1993 年之前我国多次在世锦赛和其它国际赛事中进入前 6 名，随着苏联的解体，形成优势国家的数量增多，同时 1996 年集体项目被纳入奥运会，各国对集体项目高度重视。因此，之后的集体项目竞争愈加激烈，呈现出成绩波动的现象。

（六）冲击高峰阶段（2001 年~）

2001 年，不仅对我国艺术体操的发展来说是意义重大的，而且该年对中国体育事业的发展来说也是意义非凡的，2001 年 7 月 13 日，北京获得了 2008 年第 29 届奥运会的主办权，从此，中国体育事业进入了冲击高峰阶段，我国艺术体操工作者同样也为冲击高峰、寻求突破付出了极大的努力。

值得一提的是自 2000 年我国出现首批国际级运动健将以来，2002 年~2007 年，有 17 名艺术体操运动员被授予了国际级运动健将称号。

裁判员是竞技体育队伍重要的组成部分，从竞技体育战略角度出发，某项目国际级裁判员的数量和质量具有举足轻重的意义：一方面，国际级裁判员的数量和质量是该项目在国际上发展的体现，相互之间呈正比；另一方面，国际级裁判员的数量和质量也是该项目在国际上得以更好地发展的基础。在这一阶段里，我国艺术体操裁判员在 2006、2007 年两年里，分别被国际体育组织批准的国际级裁判员人数为 32 名和 26 名。之后我国国际级裁判员人数一直保持在 30 余人上。

随着国家的重视和艺术体操界自身的努力，国际大赛成绩逐渐回升。2001 年第 24 届世界艺术体操锦标赛上的成绩有了一定提升，中国队获得个人团体第 7 名，个人全能第 9、15 名；2002、2003、2004 年 3 年里，集体项目的水平大幅回升并取得突破性进展，世锦赛上获得第 4、6、7 名；2004 年雅典奥运会中国队夺得集体全能第 6 名的成绩。

2007 年 12 月 7 日，我国艺术体操集体项目选手参加“好运北京”国际艺术体操邀请赛，在两首有着浓郁中国特色的音乐伴奏下，5 绳、3 圈 4 棒两个项目和集体全能夺得铜牌。

在国家体育总局体操运动管理中心的领导下，由北京体育大学教练员夏燕飞、白梅，运动员由北京体育大学学生孙丹、章硕、俞陶、隋剑爽、蔡彤彤及成都体育学院教师吕远洋组成，在 2008 年第 29 届北京奥运会艺术体操决赛中，以稳定的发挥，精彩的表现，获得集体全能银牌，实现中国艺术体操队历史性的突破，创造了辉煌。同时艺术体操集体项目这枚宝贵的银牌也是中国代表团在北京奥运会上获得的第 100 枚奖牌。

2008 年北京奥运会后，因运动员新老交替、选手伤病、队伍调整等原因，中国艺术体操队在国际大赛上的成绩有所波动。

2009 年 3 月在艺术体操世界杯匈牙利站比赛中，有俄罗斯、白俄罗斯、保加利亚和中国队等参加的集体项目的比赛，中国队 2 绳 3 带项目获得亚军。但此后随着 2008 年奥运会主力队员的退役，集体项目成绩出现下滑。

2009 年至 2011 年世界艺术体操锦标赛中我国艺术体操集体和个人运动员的比赛成绩均不尽人意。2011 年 9 月，在法国举行的艺术体操世界锦标赛暨伦敦奥运会入围赛上，由于我国集体项目运动员组队时间短，参赛经验不足，成套动作出现明显失误，因此痛失 2012 年伦敦奥运会参赛资格。值得欣慰的是个人运动员北京体育大学学生邓森悦以第 13 名的成绩获得 2012 奥运会入场券。

2012 年通过有针对性的训练和保障，北京体育大学邓森悦在伦敦奥运会上获得个人全能第 11 名的成绩，这也是继前苏联解体后中国个人运动员在奥运会上获得的历史最好成绩。

图 1-2　2008 奥运会中国队在 5 绳比赛中

2013 年新周期的开始，也是我国艺术体操再崛起的开端。2013 年 4 月在葡萄牙举行的世界杯分站赛上，我国集体项目获得 10 棒和 3 球 2 带两项银牌，个人运动员邓森悦获得带操第 3 名的好成绩。6 月在艺术体操传统赛事法国埃松杯（已被列入世界杯分站赛）比赛中，邓森悦又获得圈第 6 名，球和棒第 4 名的较好成绩，已跻身世界优秀运动员行列，并得到国际上广泛关注，她的名次是我国个人运动员参加世界三大赛事中历史性的成绩。

2013 年 6 月在乌兹别克斯坦举行的亚洲锦标赛上，我国集体项目包揽金牌，个人运动员邓森悦获得久违了的亚洲赛事的个人全能第 3 名，球和带两项第 1 名、圈和棒两项第 2 名。虽说亚锦赛在此前未列入统计中，但从此赛事成绩中可以分析出运动员所处的排名。

目前，我国艺术体操项目国家队后备人才布局较为合理，有着可持续发展空间。2013 年 8 月乌克兰举行的第 32 届世界锦标赛上，由北京体育大学学生组成的国家艺术体操队集体项目和个人项目获得巨大的突破，集体项目荣获全能第六名、单项 10 棒第 4 名和 3 球 2 带第 6 名，是继前苏联解体后，特别是集体项目进入奥运会以后，中国集体项目在世界锦标赛上取得的最好成绩。个人项目邓森悦再创历史佳绩，她获得了自 1981 年中国参加世界锦标赛以来，32 年间首位进入决赛，并获得个人全能第 4 名，棒操单项第 5 名的突破性成绩。

这一时期，艺术体操的基础训练和基层推广工作同样受到国家体育总局体操运动管理中心的重视，由 2002 年北京体育大学邝丽教授担任主编，组织体操教研室艺术体操专项教师创编出第二版《艺术体操运动员技术等级规定动作》。根据艺术体操的发展方向和群众需求，体操运动管理中心分别于 2008 年和 2011 年组织了由北京体育大学樊铭副教授担任主编，艺术体操教研室部分教师和国家队教练员共同编制出第三、第四版《艺术体操技术等级规定动作》。

目前，我国大部分省市开设有艺术体操俱乐部或少儿艺术体操训练班，深受青少年喜爱，并在各省市组织形式多样的比赛。每年由国家体育总局主办的全国青少年艺术体操锦标赛吸引众多参与者，是艺术体操群众体育和专业竞赛的盛会。

表 1–2~表 1–7 是我国艺术体操队参加世界艺术体操三大赛事及洲际比赛的成绩。

表 1 –2　历届奥运会中国艺术体操队成绩一览表

年份	届次	举办地	集体全能（名次）	学　籍（代表省市）	教练	个人全能（名次）	学　籍（代表省市）	教练	裁判
1984	第 23 届	洛杉矶	未设	/	/	王秀荣（23） 黄贤媛（36）	北体 北体	黄美琳 韩桂兰	邝　丽
1988	第 24 届	汉城	未设	/	/	庞　琼（11） 何晓敏（16）	北体（陕西） 北体（广西）	张桂玉	邝　丽
1992	第 25 届	巴塞罗那	未设	/	/	白　梅（29） 郭莎莎（36）	北体（陕西） 北体（湖南）	王秀荣	林紫华
1996	第 26 届	亚特兰大	蔡颖颖　黄　莹 黄　婷　钟　莉 郑　霓 （5）	（江苏）	张慧琴	周小菁（17） 吴　蓓（37）	北体 北体	夏燕飞	刁在箴
2000	第 27 届	悉尼	未入围	/	/	周小菁（22）	北体（浙江）	夏燕飞	无
2004	第 28 届	雅典	戴永君　李　佳 陆颖娜　吕远洋 胡　美　章　硕 （6）	北体（辽宁、浙江、四川）	何晓敏	钟　玲（17）	北体（广西）	庞　琼	谢　颖
2008	第 29 届	北京	孙　丹　章　硕 俞　陶　随剑爽 蔡彤彤　吕远洋 （2）	北体（辽宁） 北体（浙江） 成体（四川）	夏燕飞 白　梅	李红杨（13）	北体（广东）	梁　芹	谢　颖
2012	第 30 届	伦敦	未入围	/	/	邓森悦（11）	北体（广西）	严韵文	无

表1－3　历届世界锦标赛中国艺术体操队成绩一览表

年份	届次	举办地	集体全能（名次）	个人全能	学籍代表省市	教练
1981	第10届	慕尼黑（联邦德国）	16	邵　佳 24	北体	韩桂兰
1983	第11届	斯特拉斯堡（法国）	8	黄贤媛 21	北体（广东）	韩桂兰
1985	第12届	巴利亚多利德（法国）	4	夏燕飞 27	北体（湖南）	韩桂兰
1987	第13届	瓦尔纳（保加利亚）	3	何晓敏 21	北体（广西）	张桂玉
1989	第14届	萨拉热窝（南斯拉夫）	4	何晓敏 17	北体（广西）	张桂玉
1991	第15届	雅典（希腊）	12	郭莎莎 10	北体（湖南）	王秀荣
1992	第16届	布鲁塞尔（比利时）	6	郭莎莎 13	北体（湖南）	王秀荣
1993	第17届	阿里坎特（西班牙）	无集体项目	王岫云 16	北体（江苏）	王秀荣
1994	第18届	巴黎（法国）	6	董伟华 22	北体（湖南）	夏燕飞
1995	第19届	维也纳（奥地利）	8	周小菁 19	北体大（浙江）	夏燕飞
1996	第20届	布达佩斯（匈牙利）	9			
1997	第21届	柏林（德国）	无集体项目	周小菁 22	北体（浙江）	夏燕飞
1998	第22届	塞维利亚（西班牙）	9	无个人项目		
1999	第23届	大阪（日本）	15	王维肖 26	（江苏）	许　临
2001	第24届	马德里（西班牙）	无集体项目	钟　玲 9	北体（广西）	庞　琼
2002	第25届	新奥尔兰（美国）	7	无个人比赛	/	/
2003	第26届	布达佩斯（匈牙利）	7	钟　玲 15	北体（广西）	庞　琼
2005	第27届	巴库（阿塞拜疆）	10	肖一鸣 19	南体（江苏）	许　临
2007	第28届	帕特雷（希腊）	9	肖一鸣 23	南体（江苏）	许　临
2009	第29届	三重（日本）	未参加	李红杨 35	北体（广东）	梁　芹
2010	第30届	莫斯科（俄罗斯）	11	邓森悦 21	北体（广西）	严韵文
2011	第31届	蒙彼利埃（法国）	16	邓森悦（13）	北体大（广西）	严韵文

注：（1）由于1987年“团体”的称法改为“集体”称呼，为表述方便，本表中第3～5届的“团体”成绩以“集体全能”为示；（2）个人全能取中国队最好成绩。

表1－4 历届世界杯赛中国艺术体操队成绩一览表

年份	届次	举办地	集体 （名次）	学 籍 代表省市	教 练	集体单项
1986	第2届	东京 （日本）	蒋小东 黄 萍 黄奇志 孙 勤 欧阳琴 许 颖 （6）	（湖南）	胡慧珠	比赛只有一项
1990	第3届	布鲁塞尔 （比利时）	王 雁 张宇燕 邵 军 唐玲玲 王 莹 索金枝 （6）	（江苏）	张慧琴	3绳3球 （5）
2006	第8届	三重 （日本）	章 硕 俞 陶 随剑爽 朱 丹 蔡彤彤 杨 扬	北体（辽宁） 北体（浙江） 成体（四川）	夏燕飞 白 梅	3圈4棒 （6） 5带 （6）

注：世界杯总决赛共计举行8届，由于参赛条件为两年世界杯分站赛总积分集体和个人前8名的运动队和个人才有资格参加，我国只参加了3次比赛，只统计前6名。

表 1－5　历届四大洲艺术体操锦标赛中国艺术体操队集体项目成绩一览表

年份	届次	举办地	集体全能（名次）	集体单套（名次）
1982	第 3 届	奥克兰（新西兰）	2	比赛 1 套动作
1984	第 4 届	印第安纳（美国）	1	比赛 1 套动作
1986	第 5 届	墨尔本（澳大利亚）	1	比赛 1 套动作
1988	第 6 届	多伦多（加拿大）	1	6 球 1 3 圈 3 带 2
1990	第 7 届	东京（日本）	2	12 棒 3 3 绳 3 球 3
1992	第 8 届	北京（中国）	1	3 绳 3 球 1 6 带 1
1994	第 9 届	汉城（韩国）	2	5 圈 1 3 球 2 带 1
1995	第 10 届	开罗（埃及）	2	5 圈 3 3 球 2 带 2
1997	第 11 届	悉尼（澳大利亚）	2	5 圈 2 3 带 2 球 3
1999	第 12 届	休斯顿（美国）	2	5 棒 1 3 圈 2 带 1
2001	第 13 届	库里蒂巴（巴西）	2	3 绳 2 球 2 10 棒 2

注：（1）由于 1987 年以后将“团体”称法改为“集体”，为表述方便，本表中第 3～5 届的“团体”成绩以“集体全能”表示；（2）1987 年以前“团体”项目只比赛一套动作，是指“集体单套”项目（比如第 3 届四大洲艺术体操锦标赛的“团体”项目为 6 人球操），但 1987 年开始集体项目比赛两套动作，因此出现“集体全能”。

表 1－6　历届四大洲艺术体操锦标赛中国艺术体操队个人项目成绩一览表

届次	个人全能/团体（名次）	学籍（代表省市）	教练	个人单项（项目简称/名次）	学　籍（代表省市）	教练
第 3 届	陶　宇 6	（江苏）	谢振华	王秀荣（绳 4）李卫红（带 6） 陶　宇（棒 3）陶　宇（圈 5）	北体 江苏	黄美琳 谢振华
第 4 届	夏燕飞 3	北体（湖南）	韩桂兰	夏燕飞（圈 3）夏燕飞（球 4） 夏燕飞（棒 3）夏燕飞（带 2）	韩桂兰 张桂玉	韩桂兰
第 5 届	夏燕飞 2 何晓敏 3	北体（湖南） 北体（广西）	韩桂兰 张桂玉	夏燕飞（绳 4）夏燕飞（圈 7） 夏燕飞（棒 3）夏燕飞（带 2） 庞　琼（球 2）何晓敏（棒 2）	北体（湖南） 北体 （陕西、广西）	韩桂兰 张桂玉
第 6 届	夏燕飞 7	北体（湖南）	韩桂兰	夏燕飞（绳 4）夏燕飞（圈 7） 周　茜（带 5）	北体（湖南） 北体（贵州）	韩桂兰 张桂玉
第 7 届	李　莉 9	（江苏）	许　临	白　梅（绳 8）郭莎莎（带 3） 李　莉（球 5）	北体（陕西、湖南） （江苏）	王秀荣 许　临
第 8 届	郭莎莎 1 白　梅 2 张雪颖 5	北体（湖南） 北体（陕西） 北体（山东）	王秀荣	郭莎莎（绳 1）郭莎莎（圈 6） 郭莎莎（球 1）郭莎莎（棒 1） 白　梅（圈 1）白　梅（绳 3） 白　梅（棒 3）张雪颖（球 6）	北体（湖南） 北体（陕西） 北体（山东）	王秀荣
第 9 届	周小菁 2 吴　蓓 5	北体（浙江）	夏燕飞	/	/	/
第 10 届	1 * 周小菁 2	北体（浙江）	夏燕飞	周小菁（球 1）吴　蓓（球 3） 周小菁（棒 2）吴　蓓（棒 3） 周小菁（带 5）吴　蓓（带 6）	北体（浙江）	夏燕飞
第 11 届	周小菁 吴　蓓 蒲云飞 张溪 1 * 周小菁 3 蒲云飞 4	北体（浙江） （江苏） （天津） 北体（浙江） （江苏）	夏燕飞 许　临	周小菁（绳 5）周小菁（圈 1） 周小菁（棒 3）周小菁（带 1） 蒲云飞（棒 5）蒲云飞（带 2）	北体（浙江） （江苏）	夏燕飞 许　临
第 12 届	/	/	/	/	/	/
第 13 届	孙　丹 2	北体 （辽宁）	夏燕飞	孙　丹（绳 1）孙　丹（圈 2） 章　硕（圈 6）章　硕（球 3） 孙　丹（棒 1）	北体（辽宁）	夏燕飞

注：(1) 由于本表的四大洲赛事信息和上表一样，为节省空间，本表中省略赛事“年份”和“举办地”；(2) 第 10 届及以后出现了“个人团体”项目，为排版方便，本表将“个人全能”和“个人团体”的成绩统一放置在“个人全能/团体”栏目，其中“个人团体”成绩以“ * ”标注。

表 1－7　历届亚运会中国艺术体操队成绩一览表

年份	届次	举办地	个人团体（名次）	学籍 代表省市	教练	个人全能（名次）	学籍 代表省市	教练
1994	第 12 届	广岛	未设	/	/	周小菁 （2）	北体 （浙江）	夏燕飞
1998	第 13 届	曼谷	周小菁　董伟华 王维肖　浦云飞 （1）	北体（浙江） 南体（江苏）	夏燕飞 许　临	周小菁 （1） 王维肖 （3）	北体 （浙江） 南体 （江苏）	夏燕飞 许　临
2002	第 14 届	釜山	钟　玲　朱敏鸿 孙　丹　章　硕 （1）	北体（广西） 北体（辽宁）	庞　琼 夏燕飞	钟　玲 （1）	北体 （广西）	庞　琼
2006	第 15 届	多哈	丁一丹　梁玉婷 李红杨　肖一鸣 （3）	北体大（浙江） 北体（广东） 南体（江苏）	金　韵 梁　芹 许　临	丁一丹 （3）	北体大 （浙江）	金　韵
2010	第 16 届	广州	窦宝宝　邓森悦 侯亚男　彭琳懿 （5）	北体大（辽宁、 广西、上海）	夏燕飞 严韵文 章　硕			

注：个人全能只统计前三名。

第二节　艺术体操的分类、特点及内容

艺术体操是在音乐伴奏下，以徒手和运用轻器械的运动形式构成各种类型和不同难度等级的身体和器械动作，并形成优美的单个动作、组合动作和成套动作。

艺术体操的名称在国际上尚不统一，在国际体联的官方文件和西欧、北美、拉美等地区统称为“韵律体操”（Rhythmic Gymnastics）；在东欧地区和中国称之为“艺术体操”，是从前俄语（художественная гимнастика）翻译和引进而来；在日本称为“新体操”。

艺术体操动作内容丰富，风格呈多元化态势。各类动作和各种表现形式均体现出形态美、动作美、形式美等艺术体操项目的典型特征。

一、艺术体操的分类

依据目的和任务的不同，艺术体操可分为大众艺术体操和竞技艺术体操。

（一）大众艺术体操

大众艺术体操是以自然动作为基础，在音乐的伴奏下进行个人或集体动作练习，是以健身、改善形态、愉悦身心为目的。通过练习可以全面发展身体素质，提高健康水平；培养良好的身体姿态和优雅的气质；形成健康和愉快的心理状态。

大众艺术体操包括身体练习、器械动作练习。

轻器械内容丰富多样，除国际评分规则中规定的五种器械：绳、圈、球、棒、带之外，还可以使用纱巾、扇子、旗子、棍、伞等等，以及创造和开发出既能够锻炼身体又美观的各类轻器械动作进行练习。

大众艺术体操运动不受练习者的身体素质、场地条件、器械的规格和种类、动作难度和强度、练习的人数及时间等严格限制，有利于各年龄阶段、不同职业和性别的人群参与。

（二）竞技艺术体操

竞技艺术体操是在自然动作基础上，以精确的技术、优美的姿态、丰富的形式、高超的技艺展示艺术体操项目的特点和技术水平，要求其必须在音乐的伴奏下完成个人和集体项目的成套动作。竞技艺术体操具备大众艺术体操的功能，同时其主要任务是提高运动技术水平和参加竞赛，并努力争取获得优异成绩。

竞技艺术体操比赛是依据国际艺术体操评分规则的要求和评分方法进行。在全国专业比赛和国际比赛中不设徒手项目，国际体联制定的竞赛规程规定，器械有 5 种：绳、圈、球、棒、带。比赛包括个人项目和集体项目。根据国际体联规定，个人运动员每次比赛是参加 5 种器械中 4 种器械的成套动作比赛（由国际体联制定每个年度的比赛项目），集体参加 2 套动作比赛（一套是同种器械，另一套是两种器械）。评分规则对场地、时间、人数、服装、难度动作价值和数量、编排艺术性和美感、音乐的音质及表现方式等等制定出明确扣分和加分标准。但对于基层比赛可依据具体情况灵活运用规则，如增设徒手、纱巾等项目，同时可改变人数要求等。

二、艺术体操的特点

（一）艺术体操是呈现美的运动项目，具有极高的艺术性

艺术体操具有强烈的形式感。在参与练习和欣赏艺术体操动作时，首先接触和感知到的是直观动态性的外部表现形式，艺术体操的表现形式是由动作、构图、音乐、色彩等外部特征呈现。艺术体操具有审美属性，即具有人体美、动作美、音乐美、服饰美、构成空间性、时间性、综合性的动态艺术特征。

通过艺术体操动作练习和综合因素的影响，可改善人体形态，造就出具有优雅气质和优美的身体曲线，并形成良好姿态的习惯。

动作是艺术体操的核心，艺术体操的动作是依据人体自然法则所进行的运动，以摆动性动作、移动性动作、波浪动作和弹性动作为其基本运动形式，同时强调内容的丰富多样性、惊险性与难度的展现。动作要求具有舒展性、流畅感以及鲜明的对比性，充分呈现出动态美。

艺术体操又是综合性展示空间和色彩的运动，能够呈现出三维的构图。艺术体操动作的构图是以人体动作姿态的发展变化，结合人体和器械在场地空间移动的位置变化（即空间运动线）所形成的不同的、转瞬即逝的画面组合。它是动作和姿态的动与静的统一，时间与空间的统一，具有艺术感染力。

（二）艺术体操必须有音乐伴奏

音乐伴奏是艺术体操项目中不可分割的部分，音乐的伴奏可以激发练习者的兴趣、发展其丰富地想象力和动作表现力，培养动作协调性，促进身心全面发展。在竞技艺术体操中，成套动作与音乐密不可分，在评分规则中规定，比赛中成套动作无音乐伴奏则不予评分。虽说艺术体操是视觉形象，但是只有当视觉形象与听觉形象融为一体时，才能获得更加动人的艺术效果。完美的艺术体操成套动作，应是音乐和动作水乳交融地紧密结合在一起，音乐和动作形象及其所表现出的情感内容完全一致，共同塑造出成套动作的整体形象。听觉形象和视觉形象的和谐统一，能使动作表现形式具有更加鲜明、突出、生动的特点，体现出无穷的艺术魅力。

（三）艺术体操合理运用器械

运用器械完成动作是艺术体操的主要特征。身体动作与器械完美结合，能够充分发展练习者协调性和运动能力。器械是身体的延长部分，能够增加动作幅度、丰富动作完成的类型与形式。器械的运用不能仅仅作为装饰，而应根据不同器械的特性编排来呈现丰富多样、巧妙、多彩的运动方式。如果艺术体操离开了器械，只完成单纯的身体动作，便失去艺术体操最主要的特征，从严格意义上讲，不能称之为完整意义的“艺术体操”。

二、艺术体操的内容

艺术体操动作内容丰富，表现形式多样、风格呈多元化趋势。根据动作性质和练习形式的不同，可分为身体动作和器械动作两大部分。

（一）身体动作

身体动作练习是艺术体操的基础，它包括基本姿态、基本步法与舞步、摆动和绕环、身体弯曲、波浪、平衡、旋转、跳跃练习、柔韧动作、弹性和松弛练习及近似技巧动作等。各类身体动作以不同的方式、不同的方向、不同的风格完成。它们可以是单个动作练习、组合动作练习以及成套动作练习或表演。在艺术体操身体动作练习过程中需借鉴舞蹈以及其他运动形式的内容，以丰富艺术体操练习方法与手段，提高身体动作质量和表现力，如：吸收芭蕾基本训练内容的把杆练习、中间控制练习和跳跃练习等；同时也吸收各民间舞、现代舞、中国舞等多舞种的内容与方法。

身体动作练习是艺术体操的基础，通过各类动作的练习可正确掌握身体动作技术，发展一般及专项素质，培养协调性和节奏感。只有正确掌握各类身体动作，成套动作才能够准确、优美、高质量地完成，也才有可能发展高价值的难度动作。

（二）器械动作

艺术体操所使用的轻器械种类很多，除竞赛规则规定的绳、圈、球、棒、带五种器械外，作为群众性表演及教学和健身活动，还可以使用沙巾、旗、扇子、手鼓、短棍等器械，除棒规定必须使用两个器械进行练习外，其它项目在练习或表演时也可持双器械进行，如双球、双带、双扇、双旗等。无论运用何种器械，都应该充分表现出该种器械的特性，同时与身体动作达到协调一致的配合。以下只将国际体联规定的五种器械所包含的基本练习内容做介绍。

1. 绳

绳是以欢快、活泼、灵巧为特点。通过绳操动作练习，有助于发展弹跳力、速度、灵巧性、协调性和耐力。由于绳是软器械，保持绳形及完成动作技术时具有一定的难度，在运用器械时应正确掌握动作的节奏和用力方法。绳的技术组动作包括：小跳过绳、大跳过绳、抛单、脱手小抛一端和接、抛和接、螺形、转动展开的单绳、转动、摆动、绕环、8 字、缠绕等动作类型。

2. 圈

圈是艺术体操器械中较大的一项，呈圆形，其变化形式丰富，观赏性较强。通过圈操动作的练习，有助于灵巧性、协调性、速度、力量素质的发展。圈的技术组动作包括：摆动、绕环、8 字、转动、滚动、旋转圈、从圈上越过和从圈中穿过、抛接等。

3. 球

球呈圆形，弹性极佳，是儿童少年非常喜爱的器械之一，由于体积较小，易控制，初学者常用球作为第一种练习的器械。通过球操动作练习，有助于发展灵活性、柔美性、协调性和准确性。球的技术组动作包括：摆动、绕环、8 字、滚动、拍球、手围绕球的旋转、抛接等。

4. 棒

棒是唯一的运用两个器械的项目。由于要求在身体不同部位同时、依次、或不同方向完成各类技术动作，对协调性、灵活性、判断能力等要求较高，因此通过棒操动作练习，有助于发展协调性、灵敏性、快速反应的能力。棒的技术组动作包括：小绕环、小五花、敲击、摆动、绕环、8 字动作、不对称动作、抛接、棒的旋转及滚动等。

5. 带

带是以优美、流畅、图形丰富、欣赏价值高而备受人们喜爱。通过带操动作的练习，有助于发展力量、协调性、灵巧性等素质。由于带的长度和质地柔软的因素，在练习时易打结，因此正确地掌握动作技术，大幅度地完成动作能够减少器械动作错误。带的技术组动作包括：蛇行、螺形、摆动、绕环、8 字、抛接、拉带抛、带棍绕手的旋转动作、从带形成的图形中或图形上通过、反弹、缠绕等。

在竞技艺术体操中所有的身体动作必须与器械动作有机的结合，在评分规则中才被视为有效动作，因此，身体动作和器械动作应共同发展。

思考题

1. 艺术体操的分类有哪些？其差异是什么？
2. 艺术体操身体动作和器械动作练习的主要内容包括那些？
3. 国际艺术体操重大赛事和比赛项目有哪些？
4. 我国大众艺术体操项目发展现状如何？
5. 阐述北京体育大学在我国艺术体操发展历程中的贡献？

参考文献

[1] 全国体育学院教材委员会. 艺术体操 [M]. 北京：人民体育出版社，1991：6，2–18.

[2] 王爱兰. 艺术体操 [M]. 北京：人民体育出版社，1987.

[3] 王慧敏. 艺术体操之流变 [D]. 北京体育大学硕士论文，2010.

[4] 《中国体育年鉴》1949 年至 2010 年.

[5] 尤.恩.希什卡列娃（苏）. 艺术体操 [M]. 许快雪，译. 北京：人民体育出版社，1955.

[6] A.П.科尔达诺夫斯基（苏）. 艺术体操图解 [M]. 喜勋，廖淑静，译. 北京：人民体育出版社，1957.

[7] 安德烈亚·博多·施米德（美）. 现代韵律体操：艺术体操 [M]. 黄立燊，李方正，陈胜金，译. 刘振恺，校. 北京：人民体育出版社，1983：2–11.

第二章　艺术体操术语

本章提要

术语是在特定学科领域用来表示概念的称谓的集合，艺术体操术语是描述艺术体操动作的专门用语。本章围绕艺术体操术语概念、特点、分类及术语的记写进行较为全面的阐述。通过学习，可以使学生对艺术体操术语有一个较为清晰的认识，建立正确的术语概念和用语规范，并掌握运用术语记写动作，提高学生实际应用能力。

术语是通过文字、图画、语音表达和限定科学概念的约定性语言符号，是各个学科领域进行思想和认识交流的工具。艺术体操术语是指确切地说明艺术体操动作或概念的专门性用语。早期的艺术体操术语是艺术体操工作者为便于技术交流、学习和教学的一般性词汇，这部分词汇是在艺术体操技术发展过程中，运用人体运动和物体运动的一般规律，融合体操、芭蕾和民间舞蹈等动作要素，结合艺术体操动作技术特征，从而逐步产生、演变和形成的专门语言。随着艺术体操项目在世界范围内的广泛传播和蓬勃兴起，现代艺术体操术语呈现出专业性、系统性和国际化的发展趋势，它既是记写和规范艺术体操动作技术的方法和手段，同时也是艺术体操发展潮流和技术创新的产物，随着艺术体操运动的发展而不断丰富和逐步完善。

艺术体操术语是用精炼、准确和专门的语言表达艺术体操动作的主要特点，如动作的做法、方向和形式等。艺术体操术语可以是一个词或词组，也可以以图画、语音和录像等方式表示，一个术语通常表示一个或一类动作技术，而一段由一连串术语组成的文字则是对一组艺术体操动作过程的全部“描绘”。艺术体操动作数量繁多，技术复杂，因此，艺术体操术语必须要求正确、简练、易懂。如何正确地运用艺术体操术语，对于提高现代艺术体操教学、训练效果，普及和交流艺术体操技术，组织和开展艺术体操竞赛，以及丰富和促进艺术体操理论体系等方面发挥着重要的作用。

第一节　艺术体操术语的概念与特点

一、艺术体操术语的概念

艺术体操术语是根据人体解剖、生理特点，运用体育运动动作技术的一般规律，用以描述和记录艺术体操徒手或手持轻器械进行的各种身体活动的专门用语。

艺术体操术语的应用是遵循术语学的一般理论、原则和方法，力求以简练、易懂的专有词汇，准确地反映出特定的艺术体操动作或动作完成的过程。

二、艺术体操术语的特点

通常一个艺术体操动作由身体动作和器械动作组成，同时艺术体操包括个人项目和集体项目，因此，往往一个或一组艺术体操术语必须明确地描述人的身体动作、人与器械、人与人以及器械与器械直接的相互关系。

（一）艺术体操术语的整体性特点

艺术体操术语的整体性特点，是指一个完整的艺术体操术语通常包括两个部分，即对身体动作和器械动作描述，是身体动作与器械动作的全面呈现（徒手除外）。如图 2-1，我国优秀艺术体操运动员、北京体育大学 2009 级体育表演专业艺术体操专项学生邓森悦完成的棒操动作，为“跨跳体后屈同时腿下传递棒”，术语描述由身体动作，即“跨跳体后屈”和器械动作，即“腿下传递棒”两个部分组成。

（二）艺术体操术语的复合性特点

艺术体操集体项目是由5名运动员，持相同或不同器械，在场上通过协作，同时或分组完成相同或不同的动作。艺术体操术语的复合性特点，主要是指在描述集体项目的动作过程中，不仅要表明每个人的身体动作和器械动作，还要指明人与人之间，器械与器械之间的相互关系。如图2-2中所示，一名运动员双手持绳的两端，从右至左做帆的动作，同时，另一名运动员做“潜水跳”从绳所形成的半圆图形中穿过。

图2-1 跨跳体后屈同时腿下传递棒

图2-2 从同伴的器械中穿过

（三）艺术体操术语的适用性特点

艺术体操术语的适用性特点，是指一方面艺术体操术语必须具有动作技术的规范性、准确性，能够明确地、直接地传递专业技术信息，另一方面是指所使用的概念和动作名称既要符合汉语的习惯，又必须与国际艺术体操术语保持一致，便于国内外艺术体操技术交流、学习和应用。

第二节 艺术体操术语的分类

艺术体操术语一般包括基本术语和专门术语，从整体到细节描绘出动作如何从开始动作、通过什么路径或方式，直至动作结束所要呈现的效果等，传递给人动作过程中所必须的信息要素。一套完整的艺术体操术语应该全面反映出动作完成的方向、方式和方法，从动作的身体部分（头、手、腿等）、动作方向（前、后等），到身体动作形态（上体后屈、结环等），从器械动作到基本术语（手持圈、“8”字动作等），到器械完成的方法（从圈中穿过、拉带抛等）。

一、艺术体操基本术语

艺术体操基本术语是用来表示动作过程中身体与（或）器械的运动方向、路线、节奏、方法以及相互关系的术语。

（一）人体、器械与地面的相互关系

1. 人体运动的面和轴

按照解剖学姿势为基本方位，以确定和描述人体运动时身体、器械与地面之间的位置关系（图 2–3），即：

（1）按照解剖学方位，将人体设三个典型的互相垂直的轴，即垂直轴、矢状轴和冠状轴。

垂直轴：即纵轴，与身体长轴平行与水平面垂直的轴。

矢状轴：即前后轴，是由前向后与身体长轴和冠状轴相垂直的水平线。

冠状轴：即左右轴，由左向右与身体长轴和矢状轴相垂直的水平线，又称额状轴。

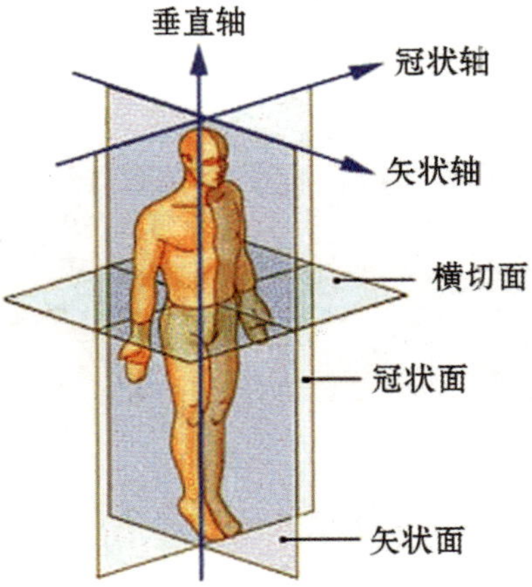

图 2–3　人体的面和轴

（2）按照轴线可将人体分切成不同的切面，即矢状面、冠状面和横切面。

矢状面：按矢状轴方向与水平面和冠状面相垂直，将身体分成左右两部的纵切面。

冠状面：按冠状轴方向与水平面和矢状面相垂直，将身体分为前后两部的纵切面，又称额状面。

横切面：即与上述二面垂直与水平面平行，将身体分为上下两部的断面，又称水平面。

2. 器械运动的方向

（1）垂直：器械的运动轴与地面呈 90°夹角所形成的运动方向。

（2）水平：器械的运动轴与地面平行所形成的运动方向。

（3）斜面：器械的运动轴与地面呈大于或小于 90°夹角所形成的运动方向。

（4）直线：器械的运动轨迹呈一条直线。

（5）弧线：器械的运动轨迹呈一条弧线。

（二）动作名称

艺术体操动作名称的基本术语，是构成动作术语和表达动作概念的基本要素，包括肢体名称和器械名称。

1. 肢体名称

通常按照人体解剖学所定义的肢体部位名称来描述动作过程中的身体部位。（图 2–4）

2. 器械名称

艺术体操器械主要包括竞赛器械，如绳、圈、球、棒和带，和其他器械，如纱巾、棍、旗和铃鼓等。艺术体操术语中运用的器械名称与所描述的器械名称一致，比如圈操中的滚动圈、跳过圈等。

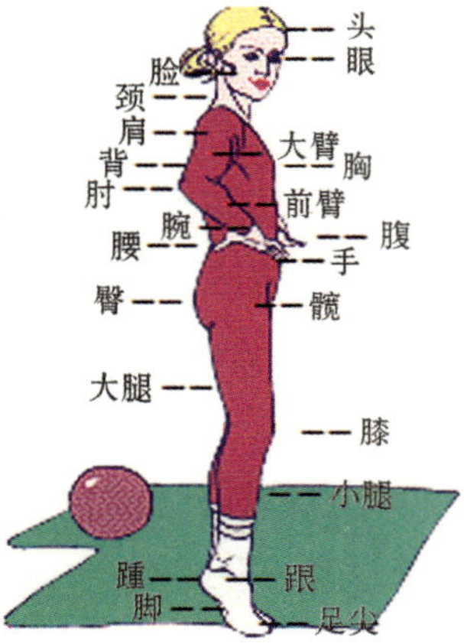

图 2-4　人体肢体名称

（三）动作方向

为了表明身体各部位的基本形态、位置及相互关系，一般以解剖学姿势为标准姿势，即身体直立，面朝前，两眼平视前方；双足并立，足尖朝前；上肢垂于躯干两侧，指尖朝下，手掌朝向前方（拇指在外侧）。动作方向指身体各部位运动的方向，以解剖学姿势来确定身体的基本位置，如头居上，足在下，腹居前，背居后。

动作方向包括表明人与空间的相对位置的方向（基本方向、中间方向等）以及人体肢体之间的相对关系的运动方向（向内、向侧等）。

1. 基本方向

（1）前——动作开始时，胸部所对的方向。

（2）侧（左右）——动作开始时，肩（左右）侧所对的方向。

（3）后——动作开始时，背部所对的方向。

（4）上——动作开始时，头顶所对的方向。

（5）下——动作开始时，脚底所对的方向。

2. 中间方向

中间方向是指两个基本方向之间 45°的方向，如：“前”与“上”两个基本方向之间 45°方向的中间方向为“前上方”。

3. 斜方向

斜方向是三个互成 90°的基本方向之间的方向，如由“左”、“后”和“上”三个基本方向之间构成的斜方向为“左后上方”，以此类推，右后上方、左前上方、右前上方、左（右）后下方、左（右）前下方等。

4. 身体各部位相对运动的方向

（1）向内和向外——上、下肢由两侧向人体正中线方向的运动为向内，反之，上、下肢由人体正中线向两侧方向的运动为向外。

（2）同向和反向——身体相同或不同的部位向同一方向的运动为同向，反之为反向。

（3）同侧和异侧——上、下肢动作的指向与做动作的上、下肢方向相同为同侧，反之为异侧。

（4）内侧和外侧——以身体正中线为准，距中线近者为内侧，离中线相对远者为外侧。

（四）场地的基本方位

艺术体操在面积为 13×13 米的场地进行，一般为表面铺设地毯的方形区域，以面向场地的某一边（主席台，裁判席）定为基本方位，即“1点”，按顺时针方向，每45°为一个基本方位，将场地划分为8个基本方位，即1、2、3、4、5、6、7和8点（图2-5）。场地的基本方位主要用于指明身体面对的某一方位，如面向5点（即面向场地的正后方）。

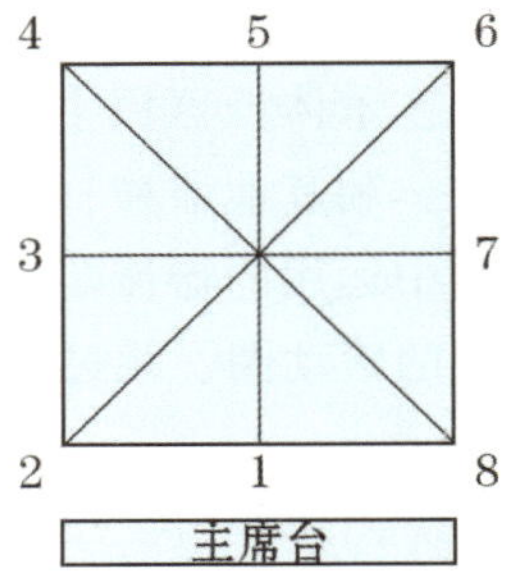

图2-5 场地基本方位图

（五）完成动作的方法

1. 立：指两腿直腿站立的姿势。如立正、直立、并立、分腿立、交叉立等。提踵立是立的一种，指用前脚掌支撑站立，高提踵立是以脚掌的前3个脚趾为支撑点的站立。艺术体操大部分的动作都是在双脚或单脚高提踵的情况下完成的。如图2-6，我国优秀艺术体操运动员、北京体育大学2013级体育表演专业艺术体操专项学生窦宝宝完成的仰平衡动作。

2. 蹲：指双腿或单腿屈膝站立的姿势。屈膝约90°的姿势称半蹲；屈膝小于90°的姿势为全蹲。

3. 跪：指双腿或单腿屈膝并以膝或（和）小腿前侧着地（器械上）的姿势。

4. 坐：以臀部和（或）大腿后侧着地（器械）的姿势。如正坐、跪坐等。

5. 卧：指身体躺在地面或器械上的姿势，如仰卧、俯卧和侧卧等。

6. 撑：指单手或双手、臂或身体其它部位撑于地面、器械或同伴的身体或器械时，肩轴高于或平于器械轴的一种姿势，如俯撑、肩胸支撑和腹部支撑等。如图2-7，在2008年奥运会比赛中，中国队3圈4棒的开始动作。

图2-6 仰平衡

图2-7 一名运动员双臂支撑于同伴双肩并越过

7. 举：指手臂或腿向上抬起，经过或停在某一位置的动作。如右腿前举，双臂侧上举等。

8. 摆：以身体某一自由肢体为半径，以相邻关节为轴，自然地做有节奏的弧线运动。

9. 屈：通过关节的弯曲运动使身体某一部位或部位之间形成一定角度，或者使身体某关节角度缩小的动作。

10. 伸：指弯曲的关节伸直的动作。若屈与伸依次进行则称“屈伸”，如腿部屈伸等。
11. 踢：指腿部由低向高的位置快速向上摆动，做加速运动的动作，如前踢腿等。
12. 倾：指身体伸直，偏离垂直轴45°左右的动作。
13. 倒：指身体直立，肩部由高向低的位置做弧形运动，如后倒接后滚翻等。

（六）表示相互关系的专门用语

1. 动作与动作（器械）之间的相互关系

（1）同时：身体不同部位的动作在同一时间内完成，或身体动作技术结合器械动作技术在同一时间内完成，如跨跳同时向前抛圈等。

（2）依次：对称部分的肢体或同一肢体相继完成同样性质身体动作或器械动作，如右手持双棒，依次向前抛棒等。

（3）交叉：指肢体或器械同时向内做相反方向的摆动或移动动作。在集体项目中，运动员与运动员之间的向内移动，或器械之间的抛接，所经过的重叠交错的位置也叫交叉。

2. 动作与动作（器械）之间的顺序关系

（1）“由”——一般指动作（器械）开始的姿势或位置。

（2）“接”——两个单独动作或一连串动作（器械）之间要求连续完成，如直腿双摇跳绳接屈膝双摇跳绳等。

（3）“经”——指动作过程中，身体某部位或器械须经过某一特定部位或方位时用“经”，如高举腿经前至侧等。

（4）“至”——指动作结束时，身体某部位或器械动作路线到达的某一特定部位或方位，如双臂上举圈至侧上方等。

（5）“成”——指动作完成的结束姿势。

二、艺术体操专门术语

艺术体操专门术语是用以描述艺术体操身体（器械）动作或技术的性质、类别和做法等确切含义的词汇。艺术体操专门术语包括身体动作术语和器械动作术语。

（一）艺术体操身体动作术语

艺术体操身体动作术语主要包括构成艺术体操身体动作的基本舞姿、舞步以及近似技巧动作等方面的术语。

1. 波　浪

波浪是艺术体操所特有的身体动作之一，指身体或身体的某一部位相邻的关节依次弯曲，随之依次伸展的自然性的推移运动。以波浪完成的部位分为全身波浪、躯干波浪和手臂波浪。

2. 跳　跃

跳跃是指单脚或双脚在蹬地之后，身体向上腾起，在空中形成固定的姿态，然后通过屈膝缓冲落地的动作。依据跳跃动作幅度的大小可以分为大跳、中跳和小跳；依据身体在空中形成等姿态，有跨跳、鹿跳、反跨跳、结环跳和体后屈跳等。

3. 转　体

以单脚为支点，身体绕垂直轴（纵轴）转动的动作。转体动作可以连接转体类身体动作和其他类型的身体动作形成单一、复合或混合转体动作。依据转体动作过程中，身体姿态变化的数量、动作连接方式和转动的度数的不同，以确定该转体动作的难易程度。

4. 旋　转

以双脚或身体某一部位（臀、腹等）为支点，身体绕垂直轴（纵轴）转动的动作。

5. 舞　姿

（1）阿拉贝斯（Arabesque）

也叫迎风展翅，为单腿半蹲或直立，另一腿向后伸直，与支撑腿成直角，双臂成与此相应、和谐一致的姿势，从而构成从指尖到足尖尽可能长的直线。

（2）阿提丢（Attitude）

也叫鹤立式，支撑腿可直立或微蹲（全脚掌或半脚尖），另一腿向前或向后弯曲抬起的单脚站立姿态。

6. 舞　步

（1）柔软步——走步时腿绷直迈出，由脚尖逐渐过渡至全脚掌柔和着地的步伐。

（2）足尖步——走步时高起踵立，腿绷直迈出，由脚尖至前脚掌着地的步伐。

（3）弹簧步——走步时高起踵立，腿绷直迈出，由脚尖至全脚掌柔软着地并稍屈，随之立即蹬直至起踵立的步伐，双腿交替时重心在起伏中移动，腿部动作富有弹性。

（4）华尔兹步——三拍子的舞步，由一个柔软步（稍屈膝）两个足尖步组成，三个步伐之间身体重心随之转换，使整个身体在动作过程中有轻微而柔和的起伏。

（5）波尔卡步——由节前小跳接滑步组成的舞步，动作节奏欢快、明朗。

（6）柔软步跑——跑步时脚尖绷直，并以前脚掌着地。

7. 近似技巧动作

（1）滚翻——以身体某些部分（或只有肩）依次支撑器械并经过头部翻转的动作，从滚翻的方向上有向前、向后、向侧滚翻，从动作形式上有团身、屈体和直体滚翻等。

（2）肩胸翻转——以肩、肩和胸为支点，通过（不通过）手臂的支撑，使单腿或双腿经过垂直面向前、后或侧滚动等动作。

8. 徒　手

徒手和徒手练习是艺术体操身体练习的内容之一，指不持器械完成的身体动作。徒手动作一般包括：走跑及步伐移动、摆动、绕环、波浪，以及平衡、跳跃、转体和柔韧性动作。

（二）艺术体操器械动作术语

1. 艺术体操器械的基本术语

指艺术体操比赛项目中使用的器械，即绳、圈、球、棒和带的器械技术，包括这些器械熟练性以及运用等器械特定动作。

（1）摆动——单手、双手或身体其他部位持器械，以肩（肘、腕）、髋为轴，在一定的面上（水平面、垂直面等）做小于180°的弧线运动。

（2）绕环——单手、双手或身体其他部位持器械，以肩（肘、腕）、髋为轴，在一定的面上（水平面、垂直面等）做360°或360°以上的圆周运动。

（3）“8”字——连续做两个方向相反的绕环，使器械运动的轨迹构成“8”字形的动作。

（4）转动——手持器械或是器械在身体的某一部位（腰、臂、脚等）在不同方向上的连续转动器械的动作。

（5）滚动——器械在身体上、地面上或器械上的绕自身轴的旋转。

（6）通过器械——整个身体或部分身体从器械或器械所形成的图形（绳、圈、带）中或其上通过。

（7）抛——通过身体某部位的动作使器械离开人体进入空中，并且在空中保持其运动的面和形状，达到一定的高度和远度。依据抛出的器械在空中飞行的高度，分为大抛（高度较高）和中小抛。

（8）接——用手或器械使空中飞行着的器械停落在身体某一部位的动作。

（9）拨——通过手指或脚尖对器械施力，其作用力垂直于转轴，使器械产生转动的施力方法。

（10）拉——通过手臂动作使器械朝身体方向移动的动作。如回滚圈等。

（11）推——通过顶肩、伸臂动作使器械离开人体或人体离开地面的动作。

（12）视线外抛/接——在脱离视线的同时，用手或不用手（或器械）抛/接器械的动作。

（13）定点接——器械落下时，身体在地面形成固定姿势，在原地接器械。

（14）背接——器械落下时，（单）双手在体后接器械的动作。

（15）反弹——器械落下时，撞击地面或身体某个部位之后再次向上运动。

（16）长滚动——器械在身上滚动时经过了两个以上的部位，在地上滚动时有明显的距离。

（17）脱手小抛——手握器械，在摆动绕环过程中松手，器械沿惯性运动时由同一手或另一手再次接住器械的动作。

（18）不稳定平衡——不用单手或双手的帮助，将器械置于较小的身体部位（颈、脚或手背）或是保持身体与器械的接触具有一定的难度，并且存在掉器械的危险性的器械动作。

（19）器械传递——围绕身体某一部位或在腿下传递器械。

（20）交换器械——集体项目中，两人或多人通过各种方式将持有的器械交给同伴，同时接到从同伴传来的器械，形成交换器械的动作。交换器械的形式一般包括抛接、传递、滚动、反弹等。其难度与交换时的身体动作、方式和距离等有关。

2. 艺术体操器械的特定术语

指艺术体操比赛项目中使用的器械，即绳、圈、球、棒和带的器械技术，包括这些器械熟练性以及运用等特定动作。

● 绳

（1）过绳跳——两手握绳两端，向前（后、侧）摇绳时，大跳跃越过绳。

（2）过绳小跳——两手握绳两端，向前（后、侧）摇绳时，一系列小跳跃越过绳。

（3）双摇跳——跳跃一次，同时摇绳两周的过绳跳动作。

（4）放单头——两手握绳两端，在摆动中松手，将绳的一端抛出，绳在空中伸展之后回摆再接的动作。

(5) 缠绕——将绳缠绕在身体某一部位的动作。

● 圈

(1) 转动圈——圈保持一定的平面，绕手、脚、腰等部位连续转动的动作。

(2) 旋转圈——圈绕自身的垂直轴所进行的绕轴心的转动。

(3) 翻转圈——圈绕自身的水平轴所进行的绕轴心的转动。

(4) 滚动圈——竖立或倾斜的圈受力后绕水平轴在地上或人体上转动，并不断改变接触面而产生的转动性位移。

(5) 穿过圈——身体或身体的某一部位从圈中通过。

(6) 越过圈——身体腾空后从圈上越过或通过。

● 球

(1) 拍球——用手掌或身体某一部位积极向下压球，使球从地上弹起。

(2) 反弹球——球撞击地面或身体某个部位之后再次向上的运动。

(3) 节奏性拍球——伴随一定的音乐节奏完成的一组或一连串的拍球动作。

(4) 伴随滚动——借助手或身体某部位的帮助，使球滚动。

(5) 自由滚动——借助重力或惯性使球在身上或地面上滚动。

(6) 拨滚球——通过手指或身体其他部位的动作使球产生滚动。

● 棒

(1) 小五花——两手持棒头，依次、连续、快速地做“8”字小绕环动作。

(2) 小绕环——单手或双手持棒头，在不同方向、不同面做单棒或双棒小绕环。

(3) 不对称动作——两手持棒，同时完成两种不同类型、方向、空间、节奏的动作。

(4) 敲击——在两棒之间，或棒在地板上，做有节奏的打击动作，发出音响。

● 带

(1) 蛇形——手持带棍，做上下或左右连续快速的小摆动，使带形成4–5个大小相同的连续波浪形。

(2) 螺形——手持带棍，以手腕为轴，快速、连续地划小圆，使带形成的4–5个大小相等的连续的圆环。

(3) 拉带抛——手持带棍，另一手持带尾，将带抛出后，手持带尾将带拉回并接住带棍。

第三节 艺术体操术语记写法

一、艺术体操动作记写的方法

1. 完整记写法

完整记写法是艺术体操术语的基本记写方法之一，按照术语记写的要求，全面、详细、准确地说明每个具体动作、连接动作以及动作完成的过程。完整记写法的特点是具体明确地说明了成套动作从开始动作的方向、动作与动作之间的连接方式、移动的路线、方式和队形变化，以及器械的运用、动作完成的方法等。一般用于编排和记录艺术体操成套动作和组合动作等。

2. 缩写记写法

缩写记写法是运用艺术体操术语对动作进行简便记写的方法，快速、概括、清楚地记录动作的开始姿势、动作名称等。缩写记写法的特点是简明扼要地描述出动作的方向、器械的运用、动作完成的方法等，一般用于记录艺术体操教学、训练和学习笔记等。

3. 图解记写法

图解记写法是结合艺术体操绘图，运用艺术体操术语的记写方法之一。实际运用中，通常会采用把完整或缩写记写法与图解并用，使动作的记录更为直观和准确，便于学习者模仿、分析和理解动作。一般用于编写艺术体操规则、教材和教案等。

4. 多媒体记写法

将完整记写法和缩写法的内容制作成有声可视的艺术体操文件的一种记写方法。多媒体记写法的特点是术语用语的实时性、生动性，通常配以比较通俗易懂的语言进行讲解、说明动作和要点提示，一般用于编写艺术体操比赛的等级规定动作、艺术体操普及性教材等。

二、艺术体操动作记写的内容

1. 开始姿势

指动作开始的姿势、方位以及持器械的方法，如正握圈、直立等。

2. 动作部位

指动作时参与运动的身体部位，如臂、脚、上体等。

3. 动作方向

指动作时参与运动的身体部位的指向，如前、后、水平面、垂直轴等。

4. 动作做法

指完成动作的方法，如摆动、绕环、穿过圈、拉带抛、滚动等。

5. 结束姿势

指完成动作后的姿势、方位或部位等，如地面背接球、视线外背部压圈等。

三、艺术体操动作记写的要求

1. 单个动作的记写

艺术体操单个动作的记写，一般按照先身体动作，后器械动作，先下肢，后上肢（上体），即自下而上的原则记写。如图 2-8 的动作记写顺序为：侧高举腿（下肢）——平衡（结束姿势）——肩背（上体）——滚动圈（器械动作）。

2. 集体动作的记写

艺术体操集体动作的记写，主要是按照每个运动员（每个小组）动作发生的时间顺序进行描述，即先起动，先记写。如果运动员的动作同时发生，一般先描述主要运动员（通常为构成协作的运动员）或离主席台（裁判席）更近的运动员，即先主后次，先近后远。

图 2-8 侧高举腿平衡同时肩背后长滚圈

思考题

1. 简述艺术体操术语的概念及特点。
2. 在什么情况下你会使用艺术体操术语？
3. 在艺术体操术语运用中时常会遇到哪些问题？
4. 记写集体项目成套动作时，如何正确运用术语描述在同一时间运动员完成的不同动作？
5. 运用术语记写艺术体操动作的要点是什么？

参考文献

[1] 全国体育学院教材委员会. 艺术体操 [M]. 北京：人民体育出版社，1991.

[2] Rhythmic Gymnastics Technical Committee. *Code of Points Rhythmic Gymnastics 2009-2012*. Federation Internationale de Gymnastique.

[3] 曲世奎. 体操大辞典 [M]. 北京：人民体育出版社，1999.

[4] 体育科学词典 [M]. 北京：高等教育出版社，2000.

[5] 石作砺，于葆. 运动解剖学、运动医学大辞典 [M]. 北京：人民体育出版社，2000.

第三章
艺术体操动作简图的绘制

本章提要

艺术体操动作简图是一种通过简单线条的绘制来体现出动作的应有姿态，可以让学生清楚地通过看简图了解该动作的具体形态，比之文字的描述更加具有直观性和准确性，是艺术体操教学辅助课程中十分重要的一个部分。通过学习艺术体操动作简图的绘制，使学生全面了解体育绘图的基本概念及在艺术体操项目中的应用，并且通过学习进一步地掌握艺术体操绘图的方法、结构、特点，能够较熟练地绘制出艺术体操简图。

第一节　艺术体操简图的基本知识

通过学习艺术体操简笔绘图，主要目的包括：（1）使练习者对所画的技术动作结构有深刻的了解和认识，从而有利于对技术动作的掌握；（2）掌握简笔绘图技能，可以作为有效的记录手段运用在学习和实践中，更加丰富和进一步完善艺术体操教学的方法和手段，从而不断提高教学水平，提高学生对艺术体操的认识。

艺术体操人体动作单线条简笔绘图，就是用最简练的线条勾勒画出人体运动中动作变化多样的基本形态和结构特点。其线条简单，一目了然，生动形象，使学生充满想象力。符合艺术体操教学、训练与科研的需要。艺术体操简图的绘制是一个形象与文字相结合的教学手法，是步入直观、形象教学的基础。生动、形象的绘画有利于学生学习动作、回忆动作和复习动作的整个过程，使学生加深对动作的理解和掌握，提高学生的学习效率。

一、绘图工具

（一）笔

艺术体操简笔画绘图一般采用HB中华绘图铅笔，其它H、2H的铅笔也可以，根据自己的习惯，铅笔一般是用来打底稿，画错了也易于用橡皮擦掉进行修改，用时可根据需要选择。

（二）纸

对于初学者来说，练习本、笔记本、活页纸等都很适用，因为它们都有相同宽度现成的格子，或用空白纸在下面垫上画好的底格，利用横格画图方便、整齐、容易掌握比例。也可先用铅笔在全白纸上打好格子进行简笔画绘图。

（三）相关用品

画图时还需要一些其他的辅助用具。如：橡皮和长、短直尺等。

二、绘图基本方法

艺术体操简笔画绘图一般由直线、斜线、折线、弧线、曲线和椭圆形所构成。形象逼真、生动的简笔画是与直线、斜线、折线、弧线、曲线和椭圆形线条分不开的，动作简图应达到线条流畅、比例精确。快速、灵活、准确的画图，要从基本线条练习开始，也就是练习画简图的基本功。

（一）直　线

直线是指两点间最短的距离。直线分为平行线、垂直线，在一条直线或平面上，另一条直线与已知直线或平面夹角为 90°，就是垂直线。在一条直线上画一个点离它最近的线是垂直线。（图 3-1）

（二）斜线（对角线）

斜线给人以动感及不安定感，适于表现向前、向后、向斜上方的运动感，容易引起较强烈的视觉反映。在斜方向的线中，常用与垂直及水平线构成 45°角的斜线，因具有对角性质的斜线比较有规律、有均衡感。（图 3-2）

（三）折　线

折线是指用线段依次连接不在一直线上的若干个点所组成的图形。各线段称为折线的边；各点称为折线的顶点，其中第一点称为起点，最后一点称为终点。起点和终点重合的折线称为封闭折线或多边形。不相邻的两边都不相交的折线称为简单折线。如果对于简单折线的任一边所在的直线，折线其他各边都在其同侧，则称此为凸折线；否则称为凹折线。(图 3-3)

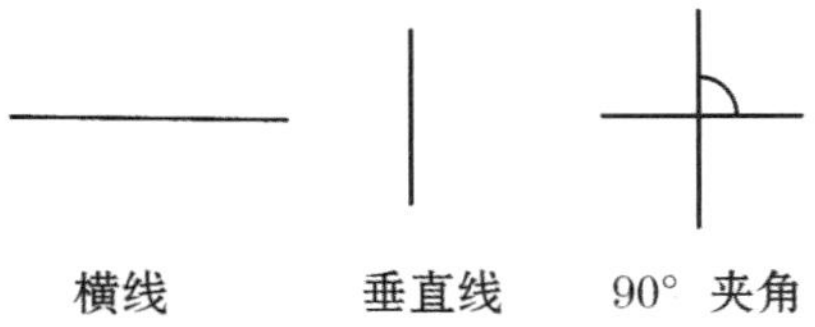

图 3-1

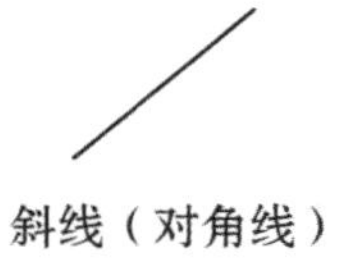

图 3-2

图 3-3

（四）弧　线

弧线是指圆上任意两点间的部分叫做圆弧，简称弧。弧线用符号“⌒”表示。圆的任意一条直径的两个端点把圆分成两条弧，半圆也是弧。大于半圆的弧线叫优弧，小于半圆的弧线叫劣弧。用弧形线条表达柔软是最常见的手法，因为弧形线条有助于增加空间的流动性，并且能对人的视觉起到缓冲作用，可以让视觉在不知不觉中感受到柔和。（图 3-4）

（五）曲线（平面造型概念斜线）

曲线可分为两种类型：自由曲线和几何曲线，任何一根连续的线条都称为曲线，包括直线、折线、线段、圆弧等。自由曲线包括 C 形线、S 形线等形式（可派生出各种波状线、弧形线、蛇形线等）。几何曲线规矩整齐，具有数理秩序之感，自由曲线比较灵活自由，表现形式也较活泼，富有感性的特性。（图 3-5）

（六）椭圆形

椭圆形是指叶片中部宽而两端较狭，两侧叶缘成弧形，称为椭圆形叶。（图 3–6）

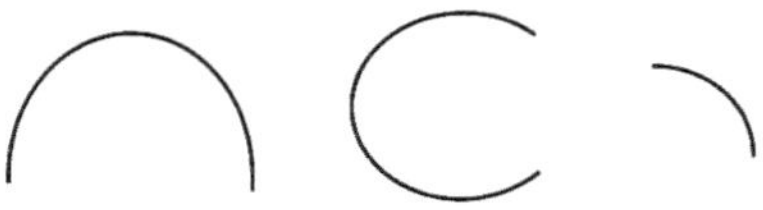

图 3–4

图 3–5

图 3–6

三、人体活动的主要关节

影响人体活动的主要关节有八个，它们是：颈、腰、肩、髋、膝、踝、肘、腕。下面让我们分别了解一下人体“八大关节”的主要解剖结构特征和活动特点，这对我们从整体上掌握人体解剖结构特点，对了解人体运动中活动的规律有很重要的意义和作用，从而准确地进行人体动作简笔画的记录。（图 3–7）

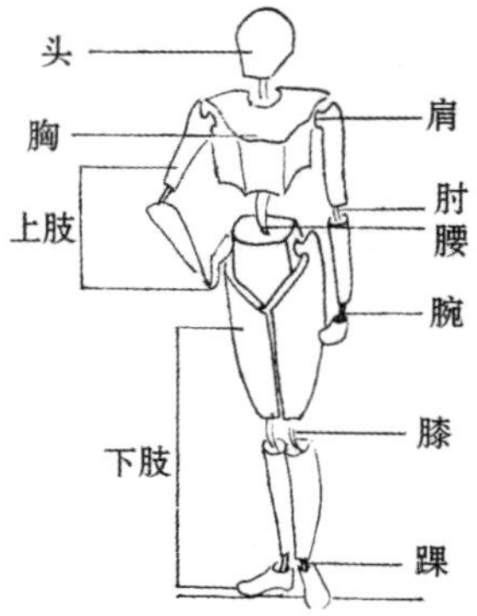

图 3–7

（一）颈关节

颈部有寰枕关节和寰枢关节。

1. 寰枕关节

由枕骨的枕骨髁与寰椎侧块的上关节凹构成的椭圆状关节，左右寰枕关节在结构上是独立的，在技能上是联合的；头在冠状轴可做屈伸运动；绕矢状轴可做侧屈运动。

2. 寰枢关节

由三个单独的关节构成（即两个寰枢外侧关节和一个寰枢正中关节）这三个关节在运动时是联合的，只能使头部绕齿状突垂直轴做回旋运动。寰枕关节和寰枢关节在运动时亦组成联合关节，并被一系列韧带（如寰椎十字韧带等）加固。[1] 因此，头的动作极其灵活，既可低头、后仰头，又可向左右侧倾倒，向左右弧形摆动、转动及绕垂直轴做向左(右）的绕环运动。动作的幅度可大可小，节奏可快可慢。头的动作与身体各部位动作和谐的配合，体现出一定的气质。因此，头的动作位置在体现不同动作风格特点中起着重要的作用。

简笔画需要了解并准确判断人体头部活动的特点与方位，头部与四肢、躯干相互间的关系，最终把头的主要形态位置勾画出来。实际上，简笔画中颈部是省略不画的，重要的是通过对颈关节活动的了解抓住头在运动过程中的姿势，使之与整个人体动作和谐一致。通常，头的动作幅度不大，但是头部位置微小的变化往往表现出人体动作的不同情感特征。因此，

[1] 全国体育院校教材委员会.运动解剖学 [M]. 北京：人民体育出版社，2000（6）.

在对头部动作的观察中不能轻视它的作用，更不应在变化着的动作中勾画出千篇一律的姿态。

（二）肩关节

肩关节的结构特点决定了它可自由活动上肢，其活动的幅度和灵活性大大超出了其他关节。这样的特点给单线条人体绘画带来了方便。比如艺术体操、舞蹈和体操，对肩的灵活性要求很高，都有过专门训练，一般动作的幅度比常人更大、更灵活，更显得舒展、洒脱。这给简笔画提供了极其自由的空间。

（三）腰关节

各椎骨间由椎间盘、韧带和关节相连接，腰椎由 5 块腰椎骨上下连接所构成，上接胸椎下连骶尾关节，组成联合关节。胸椎和腰椎决定着躯干的运动与变化，虽然相邻的椎间骨运动范围很小，但就整个脊柱而言其运动范围却很大。在各椎骶骨间的协同配合下，可做前屈、后伸、侧屈、波浪状运动，弧形左右摆动，绕环和旋转多种运动，经专门训练其活动范围可增大。腰关节在人体运动中起着非常重要的作用，是动作最有特点的部分。画图时抓住躯干动作的规律，也就等于找到了动作的主心骨。

（四）髋关节

髋关节由髋骨的髋臼和股骨头组成，是典型的球窝关节。髋关节可绕三个运动轴做屈伸、展收、回旋、水平屈伸和环转运动。

（五）膝关节

膝关节是人体中结构最复杂的关节。它由股骨下端关节面、胫骨上端关节面及髌骨关节面组成。膝关节属于椭圆滑车状关节，绕额状轴可做屈伸运动。在屈膝位时，尚可绕垂直轴做内旋和外旋运动。

（六）踝关节

踝关节是由胫骨的下关节面、内踝关节面和腓骨的外踝关节面共同形成的叉状关节窝，以及距骨滑车的关节头构成。踝关节的关节囊前后松弛，有利于屈伸运动，两侧有韧带加固，还可以做侧方运动（即内收、外展）。画人体动作简图时，对足的正确绘画是很重要的，足的变化可直接影响到整个动作的方向变化。因此，要特别注意足的变化特征。

（七）肘关节

肘关节是由肱骨远侧端和桡尺骨近侧端的关节面组成。从整体运动来讲，它有两个运动轴，即绕额状轴做屈伸运动，绕垂直轴做内旋和外旋的运动。

（八）腕关节（手关节）

腕关节（手关节）是由桡腕关节和腕骨间关节组成，在机能上两者构成一联合关节。桡腕关节是一个典型的椭圆关节，可绕两轴运动。手关节的额状轴可做屈伸运动，也可绕矢状轴做内收外展的运动。在人体动作简图中，手、腕以及手形的变化较多，简图不可能过细地勾画手的各种各样的形状，但是主要的几种手形的画法是必须掌握的，这对说明动作的技术结构和外形特征是有很大帮助的。

四、人体的基本轴和基本切面

人体运动的动作均围绕着三个轴进行活动，即：垂直轴、矢状轴和冠状轴。

（一）轴

1. 垂直轴

从头顶穿至脚下。如人在站立时做向左（右）的转体动作，就是围绕垂直轴在运动。

2. 矢状轴

似箭从人体正前（后）面穿过躯干。如人体向左（右）弯曲身体的动作，就是围绕矢状轴在运动。

3. 冠状轴

是从人体的一个侧面穿至另一个侧面的轴。如人在站立时做向前弯曲身体的动作，就是围绕冠状轴在运动。

人体运动中的动作不仅仅是围绕着轴在活动，也离不开在水平面、矢状面、冠状面上的活动。稍复杂的人体动作就不是在一个轴或一个面上的运动，而是同时在不同轴和不同面上的运动。(图 3–8)

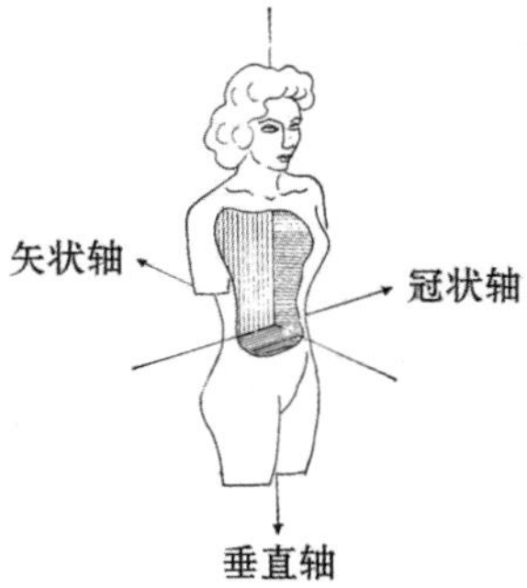

图 3–8

（二）面

1. 矢状面

沿垂直轴前后纵切，即人体侧面。

2. 冠状面

沿冠状轴左右纵切，即人体前后面。

3. 水平面

人体横切，平行地面的面。

有了以上对“轴”和“面”的概念，将有助于我们去理解和判断人体动作的结构、空间方位及特征。

第二节　艺术体操简图的基本内容

一、艺术体操简图的特点

单线条人体简笔画能够直观、形象而生动的表现出人体动作特征美，使人们易于接受和理解、感知。它与文字、符号相配合，简图线条变化不大，绘图简单，速度快，通俗易懂，容易学习和掌握，使用方便、快捷。

单线条人体简笔画把所画的对象——人体的动作变为一种象形图画来表现。它把人体复杂的整体结构变成一些简单的线条，如：横线、竖线、斜线、曲线、弧线和椭圆形等。但它又使你从这些横线、竖线、斜线、曲线、弧线和椭圆形线条中联想到优美的人体动作上，领略到动作所特有的美感和情趣。

艺术体操简图是根据所要描画的动作结构和外形特征，使用最简单的线条组合勾画而成。最突出的特点是：

(1) 简单易学，只要稍加以练习，基本可以掌握。

(2) 勾画速度快，单线图的结构比较简单，分析、讲解和速记动作最为方便。

(3) 能够较为突出地表现出动作结构特点，动作线条的每一个变化都表示着动作结构变化。

二、艺术体操简图的内容

艺术体操绘图——单线条人体简笔绘画，其包括的面较广泛，身体动作、场地、器械、教学、组织形式等图的绘画技法和要求。

(一) 人体在运动中身体动作记忆中的简图

简笔画是人体动作象形图画中的一种。它的特点是用最简练的单线条人体简笔画快速勾画出人体运动中动作变化的基本形态和神韵。

目前体育界比较流行的动作简图绘画，类型比较丰富、多样，根据运动项目的不同，画法类型各有特点，可将经常采用的绘画归纳为以下几种：

1. 火柴棍：是用单线条直线（像火柴棍一样）表示出人体运动中身体各个部位的动作形态，头部用一个椭圆表示。[2]（图 3–9）

2. 简单双线：用双线画出人体的轮廓。（图 3–10）

3. 简单体块：主要采用几何图形或实体图块，根据人体运动中动作形态结构的突出特点，简单组合成各种动作图案。这类图画常用于海报、宣传画、体育运动项目的标志和装饰。（图 3–11）

[2] 韩桂兰. 人体律动的记忆——单线条人体动作简笔画 [M]. 北京：中国舞蹈出版社，1990.

图 3-9

图 3-10

图 3-11

4. 体块组合：体块组合是用线条、几何图形或实体图块，根据人体运动过程中动作形成的形态结构凸现出来的特点，组合成各种各样的动作图形或图案，这类图画常用于体育运动项目的标志、宣传画等。（图 3-12）

图 3-12

5. 木段躯干：所谓木段躯干是将长条小木块作为身体躯干的主要部分，躯干部分的动作表现形式比较僵硬，体现不出躯干的柔软度。（图 3-13）

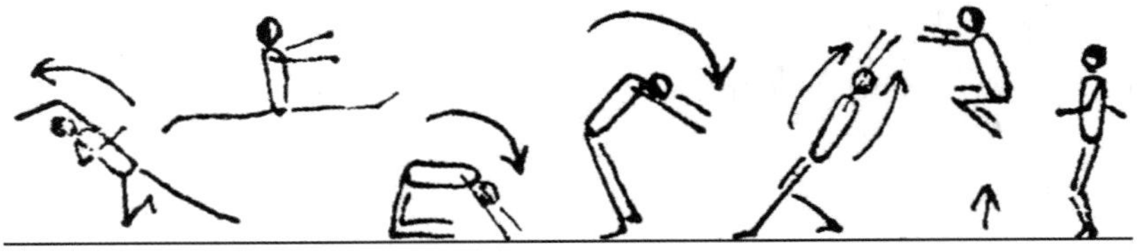

图 3-13

6. 柔软连线：柔软连线的画法线条比较柔软。（图 3-14）

7. 粗黑线人体：粗黑线人体的画法，体现的是人体肌肉的轮廓。（图 3-15）

图 3-14

图 3-15

8. 人体外廓（图 3-16）
9. 影片制图（图 3-17）
10. 粗黑线阴影（图 3-18）

图 3-16

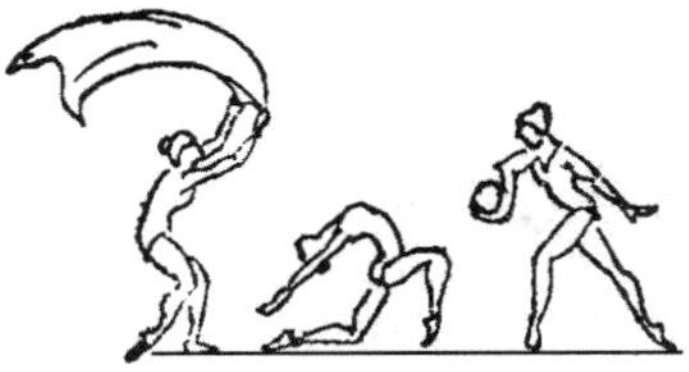
图 3-17

图 3-18

11. 腿部粗黑线（图 3-19）

图 3-19

12. 单线条简笔画：所谓单线条简笔画就是运用单线条，把人体运动中的动作形态、动作结构用简单的线条勾画出来，在人体躯干部分使用双线的变化而构成，与四肢单线条相结合，加上头部较为形象的动态表现而形成比较清晰的人体动作形态图。这种单线条简笔画是对身体动作细小的变化表现比较突出、准确和形象。它介于火柴棍单线图和轮廓图之间，既有单线图的简单，又有轮廓图形象的动作表现力。也是一种简单易学，快速、实用的绘画形式，同时也是学习艺术体操绘图需要重点掌握的内容之一。（图 3-20）

图 3-20

（二）艺术体操场地与艺术体操器械

场地和器械图主要是根据艺术体操项目的具体要求来进行图的绘制，场地和器械的大小尺寸是依照国际艺术体操规则来制定的，按照一定的比例和需要，绘制出缩略图，可有平面图、正面图、侧面图和斜面图等，大众艺术体操不受场地、器械、音乐、时间的限制，场地可大可小，器械根据练习者的需要来选择，绘图也可以根据练习者的需要进行缩略图的绘制。

艺术体操比赛场地是 13×13 米见方的地毯。

比赛器械包括：绳、圈、球、棒、带五种轻器械。大众艺术体操包括：纱巾、旗子、铃鼓、扇子、体操棍、伞、健身球等轻器械。

（三）艺术体操教学课队形组织图形

组织图形是任何体育项目在体育课教学组织中不可缺少的重要组成部分，也是艺术体操教学课、训练课中不可缺少的重要部分，根据教学的内容、教学形式、教学要求，绘画出练习中变化的路线图、场地与器械的相关位置图，学生练习中队形的组织形式图，为教学、训练提供方便，简单易懂。

艺术体操练习中常采用的队形图举例如下：（图 3-21）

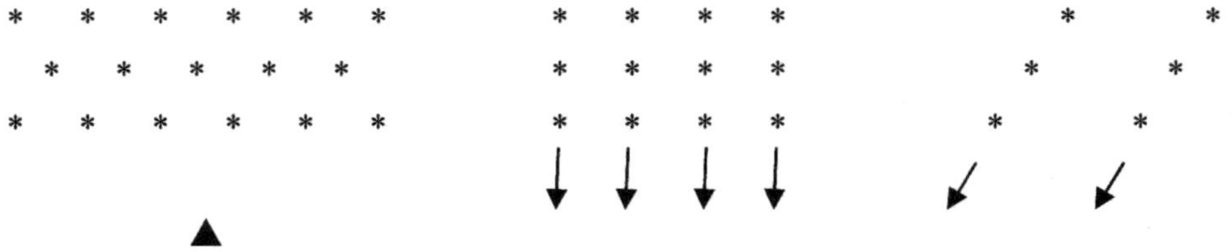

图 3-21

（四）体操队列队形在艺术体操教学、训练中的应用

体操队形是各种体育课列队的一种基本形式，队形的练习是通过各种列队形式组合而成各种各样的队形，协调一致的配合，变换各种队形的图案。组成各种各样的队列练习也是艺术体操教学训练中常用的手段之一。

1. 艺术体操练习中常用的队形有以下六种：（图 3–22）

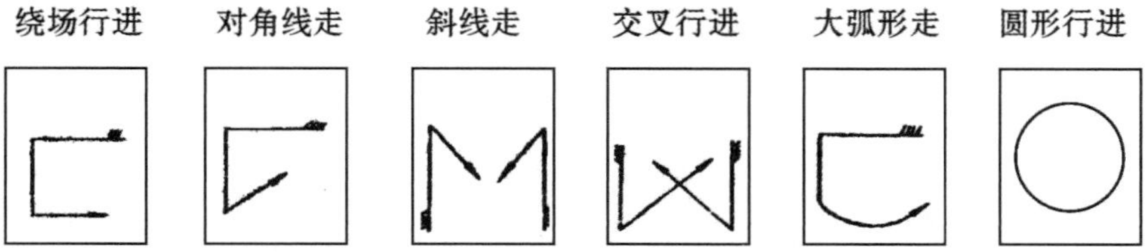

图 3–22

2. 艺术体操准备活动和基本功练习过程中调整队形时经常会用的队形有以下六种：（图 3–23）

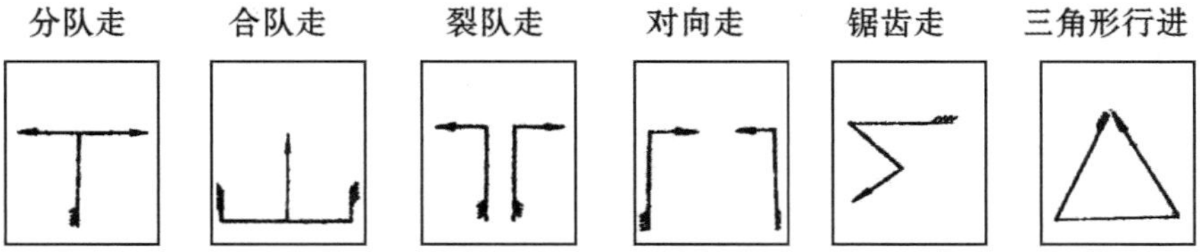

图 3–23

3. 艺术体操准备活动中各种游戏的队形有以下：（图 3–24）

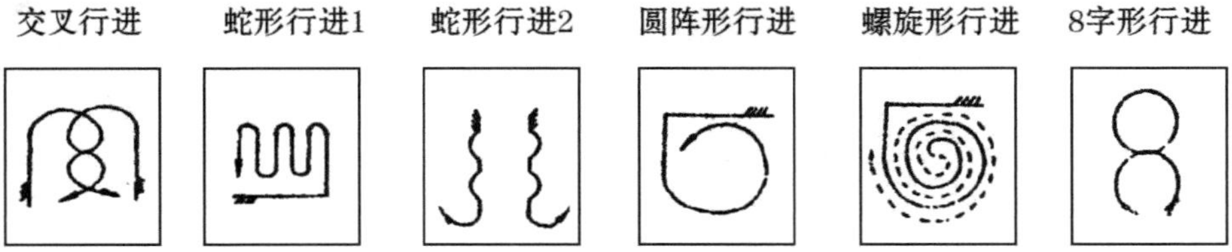

图 3–24

以上队形教师可以根据练习中的需要，在练习过程中采用各种队形，目的是提高教学效果与学生的练习兴趣。

4. 艺术体操个人成套路线图：（图 3-25）

个人运动员要在规则的规定下完成一套动作，为更好地使用场地，在成套编排的路线上应尽量将场地的每一个部分都使用到。

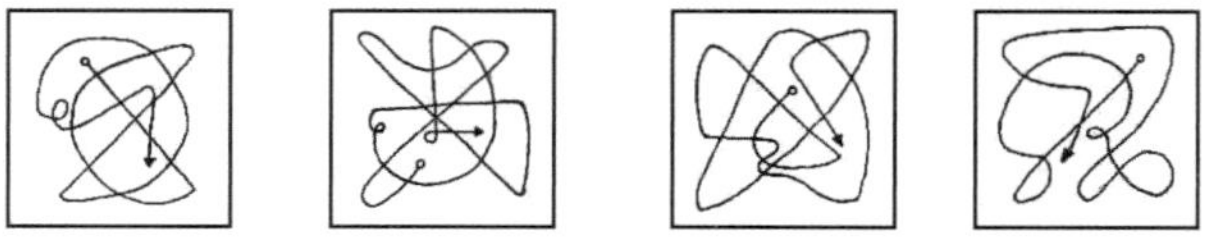

个人线路图　个人线路图　个人线路图　个人线路图

图 3-25

5. 艺术体操集体项目中各种（队形）路线图

队形的变化是艺术体操集体项目中必不可少的，队形应用的好坏，直接影响到成套或组合动作的整体效果，队形变化的合理安排、流畅、新颖美观，与音乐的配合可以衬托出整体气氛和动作的情感，产生有层次的立体感觉，各种队形表现出来的意境是不同的主题效果，可以利用各种队形来表现各种不同的风格、情节，使动作、音乐、队形和谐配合在一起，给人以美的享受。（图 3-26~图 3-36）

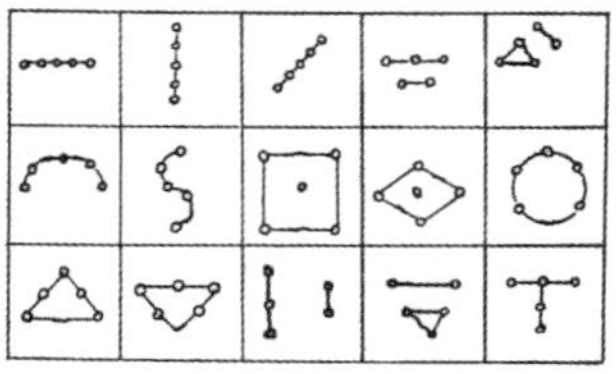

集体队形图

图 3-26

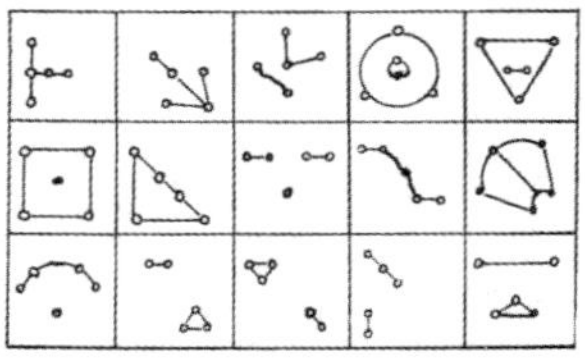

集体队形图

图 3-27

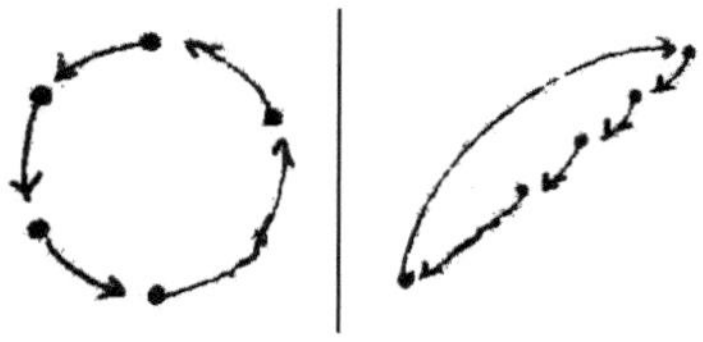

集体队形图

图 3-28

（1）艺术体操教学集体动作组合图形变化

艺术体操多人组合的队形变化不受场地的约束，队形之间的变化受参与人数的影响，人数越多则队形变化越丰富，形式越多样。当然完美地完成每一个图形也需要练习者相互默契的配合。（图 3-29~图 3-33）

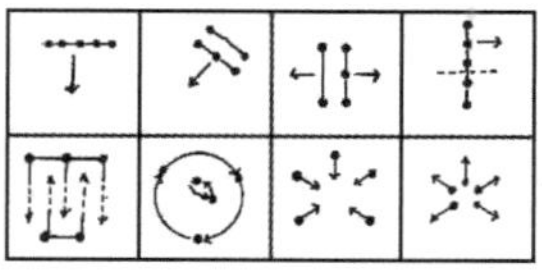

图 3-29

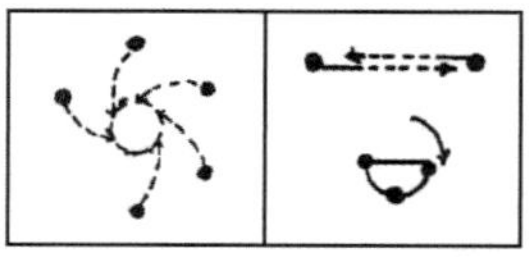

图 3-30

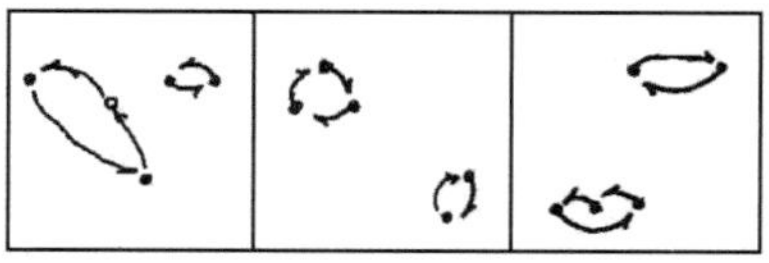

图 3-31

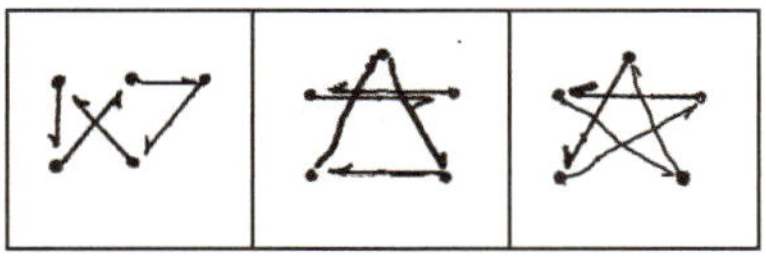

图 3-32

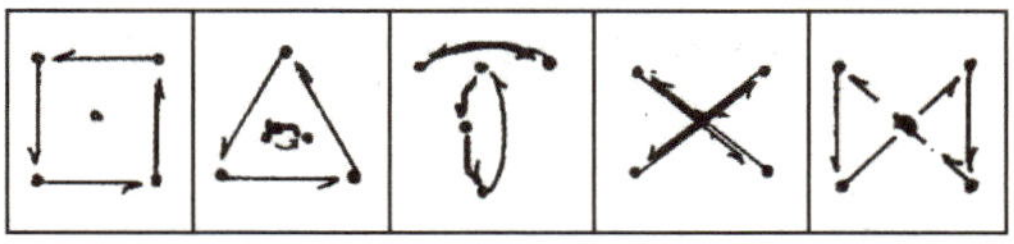

图 3-33

(2) 集体成套队形变化图形

集体成套动作在编排与完成过程中，需要充分体现人与人之间的协作，人与器械的协调配合等多种形式，当然体现集体项目的另一个特点，就是集体队形的变换，这是个人项目所无法做到的。丰富的队形变化，可以更好地给人以视觉上的欣赏，也可以有效地利用队形变化来推动成套动作的发展，优美的队形及繁多的变化也是对编排者的一个挑战。（图 3-34~图 3-36）

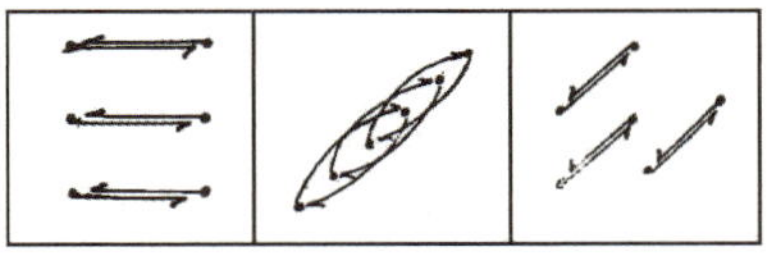

图 3-34

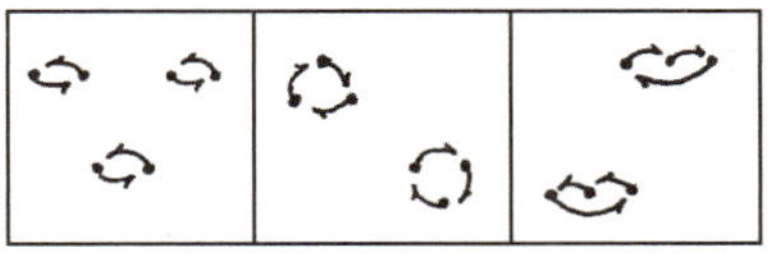

图 3-35

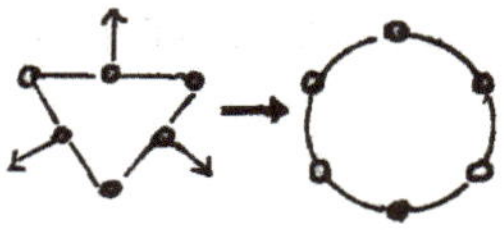

图 3-36

第三节　艺术体操动作简图的比例关系

本节主要讲授人体的比例关系和艺术体操动作简笔图中人体常用的比例关系，了解人体解剖学对人体运动中丰富多彩的动作结构，学习人体主要部位手臂、腿、躯干、头等运动形式运用线条表现的方法和技巧，特别要掌握构成人体体型的骨骼、肌肉、骨结构、主要关节结构、肌肉等以及各部分肢体活动的方式和特点等方面的知识。尽管每个人的体型有所不同，如胖、瘦、高低，但人体的解剖结构是相同的，人体活动的方式、方法也是有规律的。

初学艺术体操简图，首先要学习人体火柴棍图的绘制，这种绘图具有如下的两个特点：

第一，简单易学，并能快速勾勒出所做的动作。

第二，人体各种动作的表达较为准确。在掌握了人体火柴棍图之后，可进一步深入学习其它的制图方法。

单线图是人体动作简图中比较简单的一种形式，初学者一般从单线图开始。本节概述了单线图的特点，讲授了人体各部的具体画法和技巧。对人体动作单线图的画图步骤、运用做了具体的论述。

学习目标：了解单线图的特点，基本掌握人体各部位单线图的画法。能够依据正确的人体比例概念，按照单线图的画图步骤，绘画出动作变化简单的人体曲线动作图，并逐步提高绘画技能。

一、单线图的特点

单线图又称火柴棍图，这主要说明了单线图从外形上看相似火柴棍的结构特点。线条粗细无变化，头部没有过多的修饰，只是通过动作描绘出艺术体操动作的结构和外形特征，使用最简单的线条组合绘画而成。突出的特点是：

1. 简单、易学，只要稍加练习，就能掌握。

2. 绘画速度快，单线图的结构简单，所以画起来就比较快。用于教学课的快速画图，分析讲解和速记动作最为方便。

3. 能够较为突出地表现出动作的结构，绘图线条比较简单，线条能够生动地表现出每一个变化的结构特点。

（一）简笔画的人体解剖结构特点

为了更好地学习和掌握简笔画，我们要了解人体的基本结构，了解以下各方面的知识：

1. 人体外形的四大部分

为了更好地使单线条小人画得更有活力和美感，学生就要了解人体的解剖结构，我们把人体外形分为以下四大部分，即：头、躯干、上肢和下肢，这四大部分各自都有其不同的结构和活动特点，这些固定不变的结构关系在做任何动作时，它本身的结构关系是不会改变的，是构成一个完整人体的主要部分。

不同年龄、性别、不同运动项目人的比例是不同的，能否画好人体动作简图，首先要把握好准确的人体比例关系。大家都知道有“立七、坐五、盘三半”之说，这是对人体全身长度比例规律的概括。我们画人体在运动时的动作简图，所描绘出的动作也必须符合人体的基本比例，这样才能准确、生动、形象地表现出动作的结构、形态。因此需要我们了解和掌握人体的比例关系。

2. 人体单线条绘图比例长度的测定

我们所画的人体运动动作简图，被描绘对象是经过训练的艺术体操运动员或学习过艺术体操的学生，而她们运用的器械不同，各项器械特点也各有不同。选用比例时最好也能有所考虑，但应该首先掌握人体的正常比例关系。根据人体解剖结构的几个部分，在做任何动作时，其各部位长度同整个人体的高度相比都保持着一定的关系。

（二）人体各部分比例长度的测定

一般是以头部为衡量标准，站立时人们理想的身高比例全身长度为七个半至八个头高，

对人体比例的运用既要求实，又不是呆板和一成不变的，但是也可以根据项目特点来设计。

人体各部分比例为：

颈部（1/4）头高

胸部（1 1/4）头高

腰部（1/4）头高

骨盆（3/4）头高

上肢（3 1/3）头高、上臂（1 1/3）、小臂（1 1/3）、手（2/3）

下肢（4 2/4）头高、大腿（2 1/4）、小腿（2 1/4）

注：（1 1/4 一又四分之一）；（3 1/3 三又三分之一）；（1 1/3 一又三分之一）；（4 2/4 四又四分之二）；（2 1/4 二又四分之一）

这样，掌握了躯干、大腿和小腿等的距离使我们较容易进行速画。头颈部的点也不难找到。当然这只是个参考数，不同年龄的身体比例稍有不同，并不要求所画的线条分毫不差。

以上仅仅是找出了人体各部位的长度。要画整个人体就应较好地掌握以上比例。而性别的不同又有所不同。成年男性、女性的不同不仅在头发外型上，更主要在躯干部分的曲线表现形式不同。女性胸部凸出，臀部稍宽，腰弯相对较小，但不论男女，比较理想的腿部形态从侧面看应是这样一种曲线；小腿肚位于肩、臀的后方，小腿骨居于身体中线后方。（图3–37、图 3–38）

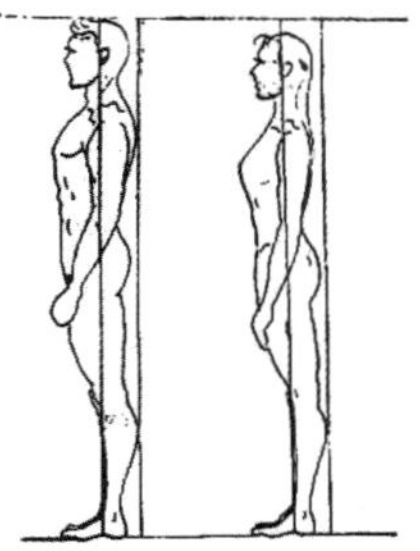

图 3–37

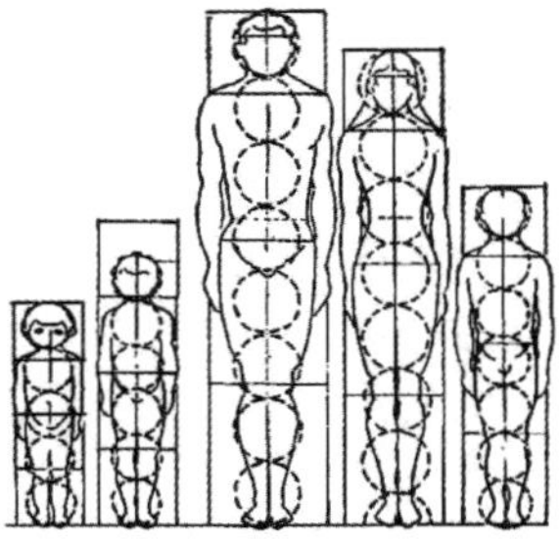

图 3–38

（三）下面是简笔画在四格图解中的男、女比例图

从以上分析，我们可以归纳出简笔画的比例，当然不同的姿式，如蹲、跪、站时其比例的位置有相应的变化。（图 3–39、图 3–40）

单线条四格人体比例

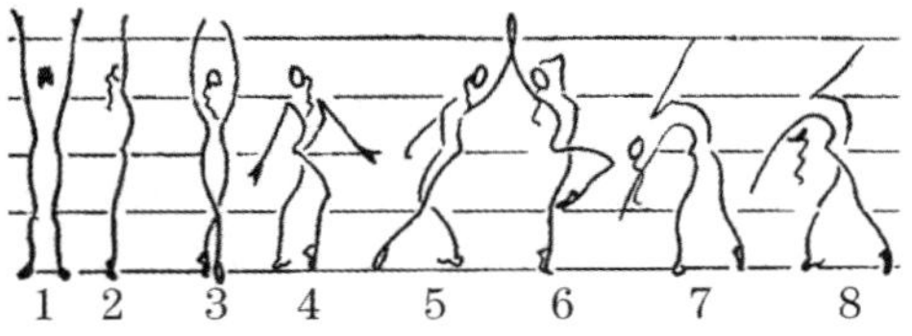

图 3–39

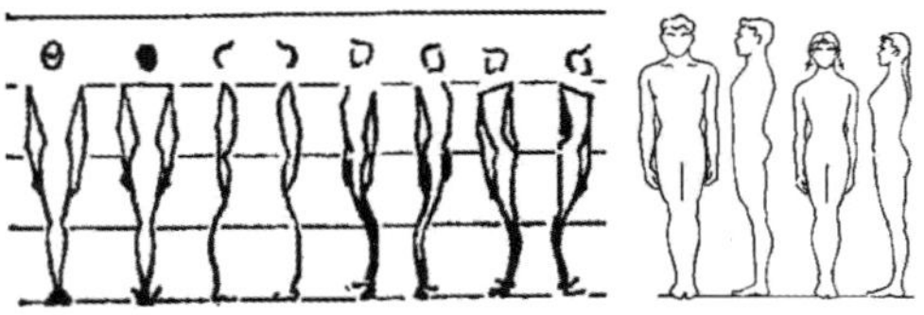

男女不同方向

图 3–40

1. 女　性

头顶在第一格中线略上。

单线条四格人体比例男女不同方向。

肩宽等于两个头宽。

髋宽等于或小于肩宽。

胸部最凸出部分在第二格上 1/3 处。

腰弯最细部分在第二格上 2/3 处。

膝两侧连线等于或略大于头宽。

大腿的曲线先由外凸弧形至中线后渐转向内收。

小腿肚最凸部分在第四格上 1/3 处，侧面看其位置比头、肩、臀部还靠后。（图 3-41）

肘弯在第二格上 2/3 中部。

手中指垂至第三格中线略下一点

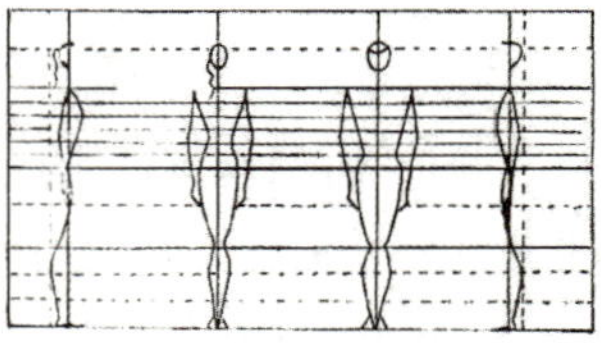

图 3-41

2. 男　性

头顶在第一格中线略上

肩宽相当于两个半头宽。

腰部最窄部分在第二格下 1/6 处。

胸腰侧面从第二格上略呈弧形至下方。

大腿中线以下渐细。

小腿肚最凸部分在第四格的上 1/3 处，侧面看比肩、臀、头的位置还靠后。（图 3-41）

肘弯在第二格上 2/3 中部。

手中指垂至第三格中线略下一点。

人体站立时四格画法各部位分配是：

第一格中部为头。

第二格是躯干和上肢的 2/3。

第三格是大腿。

第四格是小腿和足。

各格的身体形态，一般情况下是坐地一、跪二、站三。（图 3-42）

人体横卧时的四格画法见图 3-43。

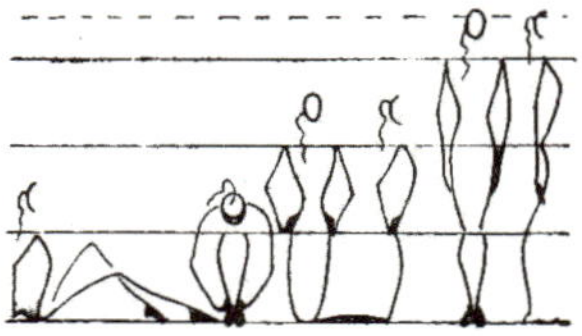

图 3-42

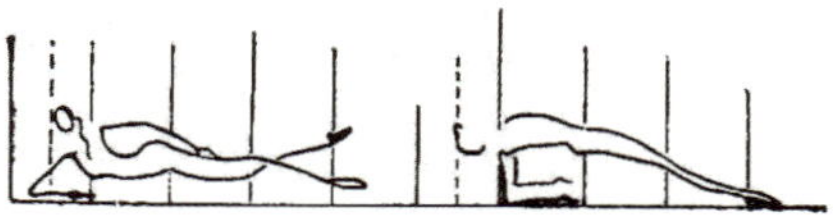

图 3-43

二、艺术体操器械与人体的比较关系

艺术体操正式比赛所持有的器械有自己的特定规格。绳：由纤维或相似材料制成，长度不限，依运动员身高而定；圈：可以由木头或塑料制成，内直径为 80 至 90 厘米，重量至少为 300 克；球：必须由橡胶或软塑料制成，球的直径为 18 至 20 厘米，重量至少 400 克；棒：艺术体操运动员所用的一对瓶状器械，长度相等，40 至 50 厘米，由木质或塑料制成，重量每根至少为 150 克，棒体粗、棒颈细，小头一端为球状，直径为 3 厘米；带：由棍、尼龙绳或带构成。棍可采用木、竹、塑料或玻璃纤维等材料制成，带可采用缎或类似材料制作，带长 6 米，宽 4~6 厘米，重 35 克以上。棍长 50~60 厘米，直径不超过 1 厘米，带和带棍之间用线或用金属环连接。艺术体操器械中绳、带是软器械，在做动作过程中，器械运行轨迹要随动作而变化，而球、圈的器械现状不会有明显的变化，但是圈的面积大，在运动中会有不同面的改变，圈从正面透视看，圈的面可呈现出圆形和不同形态的椭圆形，两根棒在空中的位置会不断地变化。所以在画图时应掌握好器械的大小与人体高度的比例关系进行绘画，要画出器械图形线条的长度和粗细，而且在绘制每个动作时，器械的比例基本相等、根据动作的需要可有大有小，但不能忽大忽小，破坏整套图的结构。(图 3–44)

图 3–44

三、简图中各种类型身体动作姿势的比例关系

根据艺术体操运动员身体各环节与头长的比例计算出各种身体姿势的比例。人体在运动中身体各个环节会发生很多的变化，简笔画追求的是简单、快捷、方便、效果，因此在绘画过程中要选用最简捷的线条，即使画人体一些较复杂透视关系的动作也要力求线条简单。如果是绘画，不仅可以用很多的线条、专业手法，还可以用色彩、明暗、粗细、大小来表现人体复杂的透视关系。而艺术体操人体简笔画只是单线条绘图，只能根据线条特点来展示动作。

艺术体操单线条的特点和人体动作透视图变化的主要特征，我们试用单线条，简单地表达人体主要的透视关系。如：近大远小、近长远短、近清晰、远模糊。为此，需要建立这样几个概念：

近侧和远侧，左侧和右侧，长线和短线，连线和断线。

（一）左侧和右侧

用单线条画一个正面分腿站立两手上举的人体姿势时，你可以看到人体在你面前变成一个“平面人”，可以说就是由左侧和右侧的两条线构成的。把左手经左臂到左侧躯干再到左腿左足的这一侧线就称为左侧线，反之为右侧线。（图 3–45）

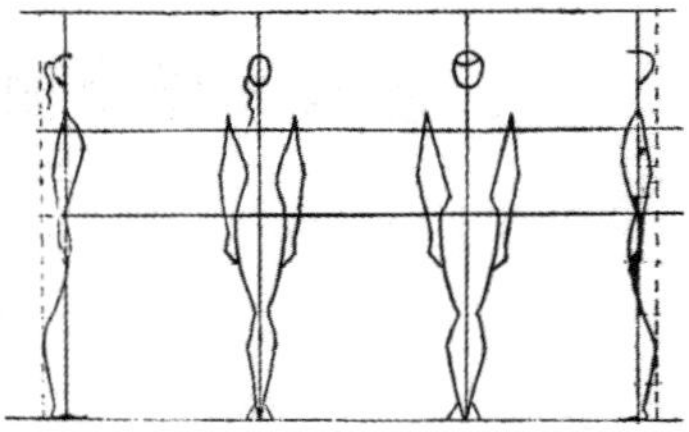

图 3–45

（二）近侧和远侧

连线和断线、长线和短线，在观察和画艺术体操人体动作图时，我们常处于“面向观众”，因此动作的人体靠近你的一侧身体就叫“近侧”，反之远的为“远侧”。当人体正面（或背面）分腿、并腿站立，而全身完全处于一条与你平行的线上时，正面（或背面）的线条都是近侧。（图 3–46）

图 3–46

（三）重　心

人体重心的前、后、左、右位置取决于骨盆的位置。如：重心位置前移，则骨盆前倾腰部前凸，脊柱的弯曲幅度变大；如重心位置后移，则骨盆直立腰部前凸减小或消失，脊柱姿态显得挺拔。静止时位于人体骶骨与肚脐孔之间，从前侧看便在肚脐孔的上下左右。通常，人体的重心都落于支撑面内（图 3–47、图 3–48）。

人体的支撑面就是支撑人体重量的面积。通常，站立时的支撑面就是脚底面以及两脚之间所包含的面积。（图 3–49）坐卧时的支撑面包括人体与地面的接触面和支撑物与地面的接触面，以及两个接触面之间的整个区域。

图 3–47

图 3–48

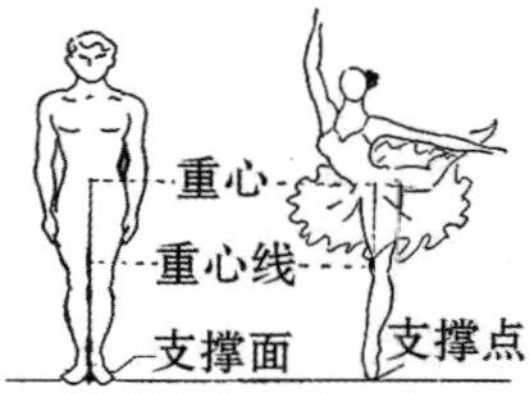

图 3–49

当人体的重心线垂直于支撑面时，人体便能保持平衡。支撑面愈大，人体的重心愈稳定。了解人体重心分布的特点，对于画好简笔画是很重要的，并合理地把所画人体动作的重心画进支撑点或面，也是最基本的要求，也是艺术体操画人体动作时应该非常重视的一点。

（四）平　衡

平衡是每个人都具备的能力，是以保持身体稳定性的一种生理机能。也可以说是人体总重量均衡地分布的结果。它使人体保持稳定、平衡与和谐。无论是在地面、空间或水中都能协调地分配肢体的位置。

人总是本能地要保持自身的稳定，无论身体姿态怎样变化，都会以相应合理的肢体分配使人体不会摇晃或跌倒。当人体的总重量落在并足站立的双脚上时，人体的主要肢体只须处于双足自然站立状态，即可保持平衡（图 3–50）。如果是单足提踵立站立时（艺术体操平衡舞姿），支撑人体的部位很小，只是一只脚的前脚掌支撑，身体总重量必须与支撑点垂直，身体的动作要分配均匀，才能保持平衡的稳定性（图 3–51、图 3–52）。若身体的一侧向另一倾斜时，同侧腿自然保护性的侧移，扩大其支撑面，另一侧的臂也会自然地伸向另一方，以补偿失去的平衡（图 3–53）；手臂的支撑也是同样，整个身体重心是在手臂上，腰腹肌的协同用力，使动作完成的完美（图 3–54）。实际生活中，人体动作不仅仅是自然地适应平衡的需要，很多情况下人体也有意地利用这自然规律制造人所需要的新平衡，还能完成许多发挥人的潜力的动作。

图 3–50

图 3–51

图 3–52

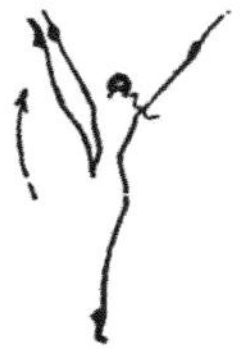

图 3–53

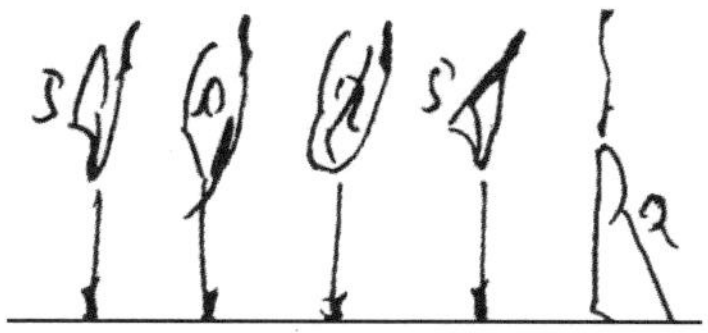

图 3–54

每一个变化着的人体动作，都有各自保持平衡的方式、方法。了解人体平衡的特点，并注意在单线条简笔画中合理、均衡地分配肢体的平衡，才有可能使你所画的人体动作不失其和谐与真实感。

（五）方　位

“方位”是指人体活动时身体各个部分在空间的方向位置。每个动作有不同的方向位置，而同一个动作也可以由不同的身体部分相同或不同的方位而构成。

在表现立体、多面的空间中，人就像站在一个圆形的露天舞台上，如果没有一定的方位概念就很难把握人体的运动角度，人体在运动时就不能准确地找到方位，其动作就会失去自身原有的价值。因此，有了正确的方位概念，有助于我们了解和表达每个动作的不同特性。

借鉴芭蕾舞演员们站在舞台与地面上的方位概念来看，把面朝向观众的正前方作为正面，这个面我们定它为基本面，也是芭蕾舞中方位表述的“第一点”。由基本站立的姿势开始，面向前方，再向顺时针方向转体 45°，依此类推 45°一个点至第八点。总共八个方向(图 3–55)。为便于说和记写我们把正前方的线指示的方向定为第一点（主席台），右斜前方为第二点，这不同的八个点就是人体基本面活动的八个方位点。

有了这八个点所示方位，就不容易转错方向了。但是，人体基本面的活动不仅仅是水平方向上的八个方位，在空间它们还有向上方、向斜上方、向前水平方向、下方、斜下方的动作。在基本面的八个点上，每一个点又都可以有这样五种不同的方位。

为区别方位，我们在米字图上标注 1–8 的阿拉伯数字，分别表示基本面的八个方位点。根据自己的需要，便于记写动作；可以在空间的方位分别用 A 上、B 斜、C 水平、D 斜下、E 下表示五种不同方位。如果一个人在基本面上向水平前方举起左臂，那表示它的方位就可说（或写成）（图 3–56）。但如果你的简笔画图上手和腿的位置十分清楚你就可不写 C。有时一个动作姿态其身体各部位常朝向几个不同的方位。（图 3–57）。

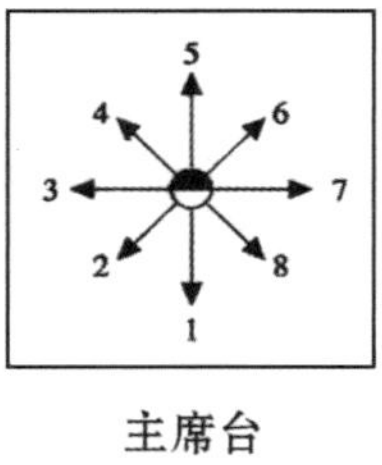

图 3–55

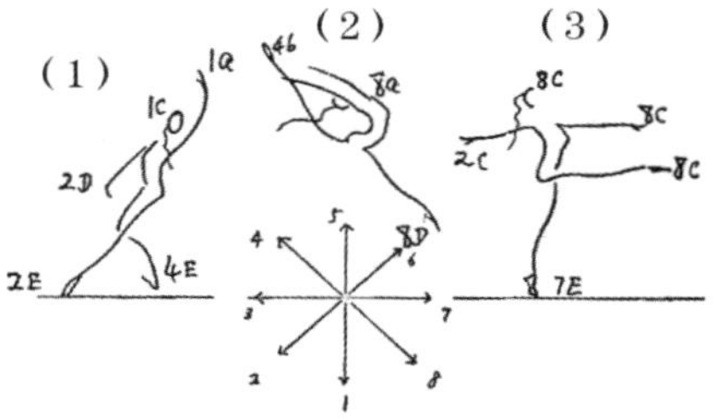

图 3–56

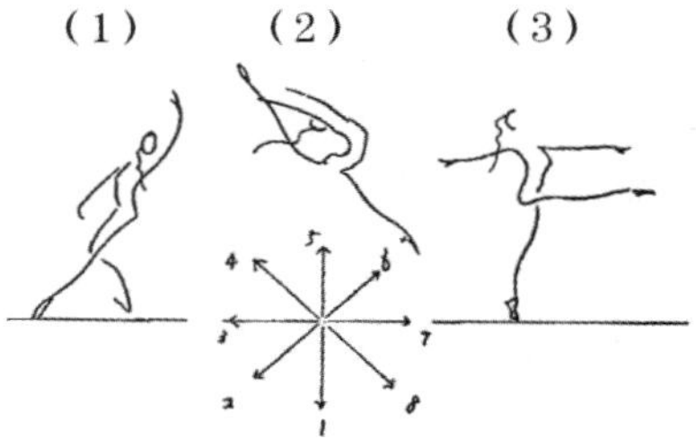

图 3–57

有了以上的方位概念，在进行艺术体操单线条人体动作简笔画时就容易判断动作的方向，掌握动作的特性，协调身体各部分的比例。在特别需要标明方向时，还可以用“1a，2b，3c”等来表示，这些也是辅助符号的一种，来配合说明动作，使画出来的动作更清晰。

第四节　艺术体操动作简图的结构

艺术体操动作图，包括人体动作图、艺术体操器械图及辅助图。用以表示人体动作的方法、方向、路线、轨迹、器械运动形态变化、移动路线、运动轨迹以及器械与人体的关系等。

艺术体操简笔画是建立在人体解剖结构基础上，根据人体运动规律而产生的简笔画之所以一直受到人们的喜爱，正是它以简单的线条勾画出直观、形象、生动的人体动作。它能完美地表现出运动中人体动作姿态的变化，又能使人更强烈地感受到人体运动中的动态美。

艺术体操属于女子项目，内容丰富、新颖独特、变化繁多，根据动作的性质和形式可分为徒手练习和手持轻器械练习两大类。

一、艺术体操项目分类

艺术体操项目分为个人项目和集体项目两大类。

个人项目包括：绳、圈、球、棒、带五种器械（图 3–58）：各种器械都有着自己不同的规格、尺寸。

绳：　圈：　球：　棒：　带：

图 3-58

集体项目包括：两套动作，一套是由同种器械构成、另一套是由两种器械构成。（图3-59、图 3-60）

图 3-59　同种器械

图 3-60　两种器械

二、艺术体操动作结构图

艺术体操的动作结构有空中、站立、跪立、坐地、仰卧和俯卧六种形式，学生可以根据各种动作的特点进行绘图，注意掌握绘图中动作的比例关系，使画出的动作图栩栩如生。（图 3-61）

图 3-61

手持各种器械的单线条小人图举例：

绳：（图 3–62）

图 3–62

圈：（图 3–63）

图 3–63

球：（图 3–64）

图 3–64

棒：（图 3–65）

图 3–65

带：（图 3–66）

图 3–66

第五节　艺术体操动作简图的绘图方法

一、艺术体操简笔绘图学习方法

艺术体操简图绘制是简笔画的一种形式，类似于绘画，又不完全同于绘画。它采用类似素描的简单线条形式，以一种形似符号的绘图方式表现出来，但却又有别于单纯的符号。艺术体操简图是一种用于记录人体在各种运动时动作过程及动作变化的形象而简明的一种记录表达方式，简图与绘画有很大的区别，但与美术绘画有着密切的关系，虽然同是对人体形象的记录，却又有别于美术中的人体绘画。简图的线条有时会有它夸张性的表现手法，特别是突出女性线条美和人体健美曲线，以略带夸张的手法突出做动作时人体健美的身段和优美的姿态，简图更重要的是一种示意，它是人体动作的象形表达方式。

简图对于艺术体操专业学生来说并不熟悉，因此，学习艺术体操绘图要有一个适应的过程，必需遵循循序渐进的原则，不可急于求成。学习艺术体操绘图，需要借鉴美术绘画的部分基础知识，不仅要了解各种绘画的基本原理，更应注意学习、练习与实践的相结合，以便熟练掌握并运用实际简图绘画的方法和要领。

（一）艺术体操简笔画绘图的主要方法

1. 临　摹

临摹是学习体育绘图的基本方法之一。临摹练习不只是“照葫芦画瓢”的要求，还应该是“边看、边想、边临摹”，从中逐渐体会运动中的人体动作表现的各种技巧和要领，并学会从复杂的人体动作变化中提炼出简明而重要的主线条，同时兼顾动作前后的连贯性。

2. 默　写

默写是一种记忆作图，当临摹达到了一定的基础时，学生就可以离开临摹范本凭着记忆进行默写。默写具有一定的创新性，默写能力对创编连贯性动作十分重要。

3. 速　写

主要培养学生迅速、简练、准确的绘图能力。学生通过瞬间的观察记忆，迅速找出要点，抓住典型，果断下笔：运用临摹、默写表现手法迅速绘出简明的速写图。速写一般善于表现整体造型和较大规模的动态。[3]

（二）艺术体操简笔画绘图应注意以下方面

1. 学习和了解相关的美术基本常识

首先要了解美术方面的基本知识和掌握美术绘图的基本技巧，了解正确的人体比例关系，仔细观察和捕捉生活中、体育运动过程中人体的动态表现，初步掌握绘画中的透视原

[3] 马建桥.体育绘图 [M]. 江苏：苏州大学出版社，1996-4-1（2）.

理，提高鉴赏能力。

2. **必须熟悉和深入了解技术动作结构的特点**

无论什么运动项目、什么专项都有它各自的技术特点，深入地了解艺术体操运动技术动作结构的特点，是更好地掌握艺术体操动作人体简笔绘图的重要前提之一。要注意培养自己的观察能力，观察运动员在完成动作过程中的形态特征，观察来自于生活，源于生活。

3. **正确运用和初步掌握相关学科的理论知识**

要正确运用和初步掌握人体运动解剖学和运动生物力学的基础理论知识，来指导艺术体操动作简笔绘图，才会更具体、更形象、更生动活泼，更加形象逼真地表现人体的运动技术，给人以耳目一新的感觉。

4. **熟能生巧，循序渐进**

学习艺术体操简笔画绘图，应该是由易到难、由简到繁、由慢到快，不能急于求成，绘图从单个动作开始到小联合动作过渡到组合动作、成套动作，从看着动作图片或定位的动作临摹过渡到看着运动中的动作画图，最后达到能凭借自己的形象思维、想象记忆，画出艺术体操动作的简图，达到活泼、抒情、妙趣横生的目的。

二、单线图简笔绘画的方法与步骤

（一）单线简图人体各部位的绘画方法

1. 头　部

头部的简笔绘画要练习三种线条，即椭圆形、马尾形和弧形的不同位置变化，单线图对头部的要求用三种形式表现，一般只画正面、背面、侧面。在头部的特殊运动时，也只能是椭圆形的轻微变化，这些主要是体现了单线图的简单易学、画图快的特点。

（1）椭圆形

随意练习画椭圆形，各种位置大小，宽窄都可以。但要达到随手画出，下笔即成的程度。（图 3–67）

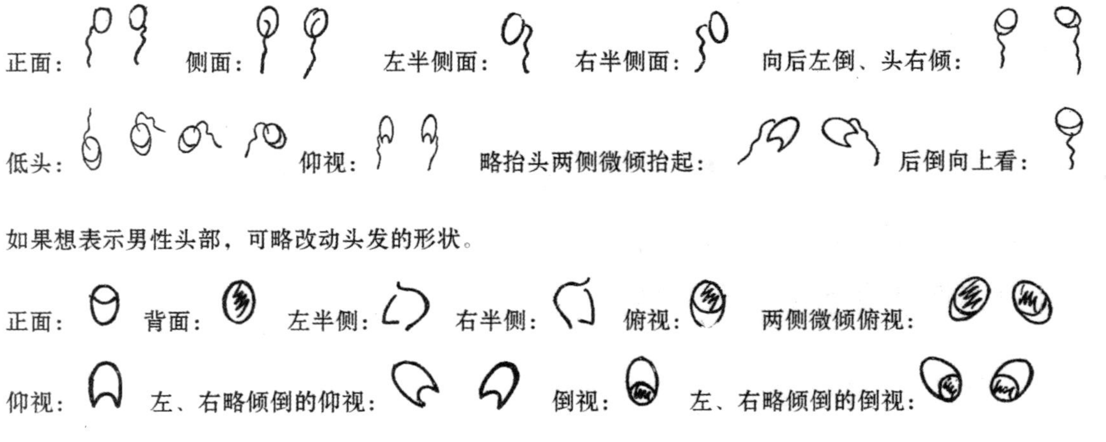

图 3–67

(2) “马尾形”专为表现女性“马尾”式长发而设。

随意练习这种“马尾形”，可画不同长短，不同弯曲，不同方向位置，但要做到熟练、流畅，下笔即成，不要涂改。(图 3–68)

笔序从上到下一笔构成：

图 3–68

(3) 弧　形

随意练习各种方向、位置上的弧形，弯曲的程度不要超过半圆形。可大、小不一，想象这个弧形即表示人头部侧面的头发部分，后脑勺，女性加上一笔（马尾小辫）并让空白部分(即面部）朝向任何方向。达到下笔即可画成接近半圆形的弧，并且让头的方向朝向需要的面或点。(图 3–69)

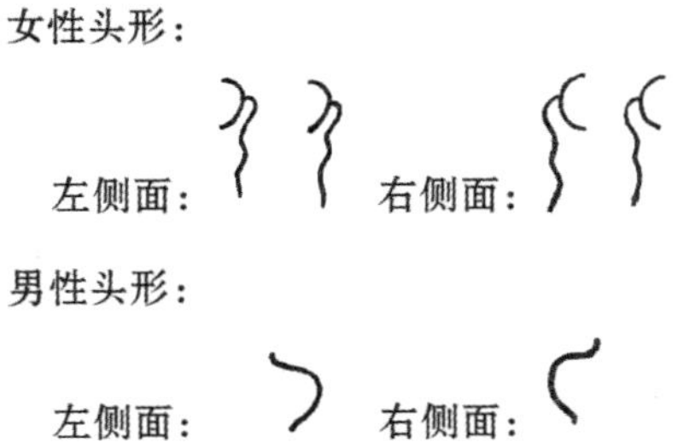

图 3–69

当以上三种画法能达到熟练自如时，便可以试用这三种线条搭配起来画。在熟练掌握的情况下，就可以完全灵活的画出头了、甚至创造性地表示头部的位置。

2. 肩和髋

单线图中线条无法表现出人体的宽度，但在表现某些动作时又需要一定的宽度。肩的宽度在画正面（背面）时都需要表现出来，肩的宽度要根据图的大小来定、比例可灵活掌握。(图 3–70)

图 3–70

在熟悉了以上的直线、弧线后，就开始练习正面、背面的男、女躯干的线条画法。画躯干正、背面最重要的是决定躯干两肩的宽度，而这宽度要按照简笔画的人体比例。一般男性的肩宽为两个半头宽，肩宽通常大于髋宽；女性的肩宽为两个头宽，髋宽等于或略小于肩宽，而腰曲线比较明显柔和。躯干正面、背面的基本绘图方法掌握后，最好再与身体各部位一起配合起来画躯干的基本变化，这样可以加深理解动作和对动作的印象，同时又可以复习头部、上肢、下肢的基本画法。

3. 手和脚（上肢和下肢）

单线图中人体手和脚的表示是非常简单的，但很重要，是不可忽略的重要部分。手是手臂的延长线，绘图中可以不用画出手指，个别动作需要表示出手的姿态以及手持器械等，就要用图来表示，如：手臂的各种表现形式以及七个手位练习。（图 3–71、图 3–72）

图 3–71

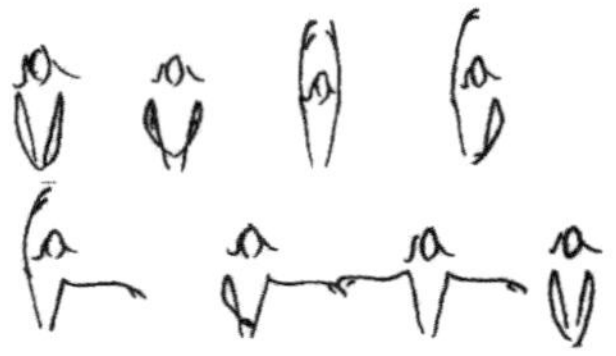

图 3–72

行进间步伐结合手臂动作练习：

行进间步伐练习，是手和脚的配合练习，在单线条小人的绘画中是一个比较复杂的过程，学生既要注意掌握绘画过程中的身体比例，又要画出腿的动作感觉、手臂的感觉和头的感觉，还要注意动作的方向、身体的正面、反面等动作形式。（图 3–73）

图 3–73

脚在表示人体方向上是起决定作用的，不可随便乱画和不画。因单线图的头部表现简单，很大程度上是靠脚的形状来表示动作的方向（图 3–74）。从图中可以看出，不画脚的图，使人无法分辨出动作的面和方向及动作的性质，也是不完整的动作图，所以画出脚的形状是很重要的。

图 3–74

人体的动态变化首先依赖于两腿的位移变化。因此抓住下肢动作的画法对于画好简笔人体动作也是十分重要的。

大腿和小腿的动作主要位置的变化引起动作的形态变化。足踝的动作主要是形态发生变化以引起动作风格的变化。因此，了解下肢动作的形态，就要了解腿部和足、踝在不同位置时主要形态变化和动作的基本画法。（图 3–75）

图 3–75

4. 躯干（脊柱）

在单线图中，脊柱主要表现的是前、后、侧屈类的动作，大多数动作形态变化在脊柱上，（图 3–76）体前屈、体侧屈、体后屈则变化较多，一是表现在腰部上的屈，二是表现在胸部上的屈，三是联合屈，是由胸、腰部和髋关节联合完成的。如：前波浪、侧波浪、后波浪。

图 3–76

5. 腿

正面图并腿站立时，两腿用单直线表示，两腿分开时，要用两条直线或折线与髋部相连结。画侧面图时，当两腿重叠时，也以单线来表示。（图 3–77）

手臂一般用两条单线来表示，侧面两臂重叠时只画靠近侧端的手臂，上肢的线条较短，所以手臂动作绘画比较简单。

腿的主线条是根据腿部肌肉形状和脚的方向来表示。（图 3–77）在练习画腿部和脚尖线条时，要注意腿部肌肉的外形特点和脚的形态变化。要熟练掌握脚的不同形态、了解屈腿的前、后、侧站立或弓步等。

a. 单线条一笔腿的各种画法：

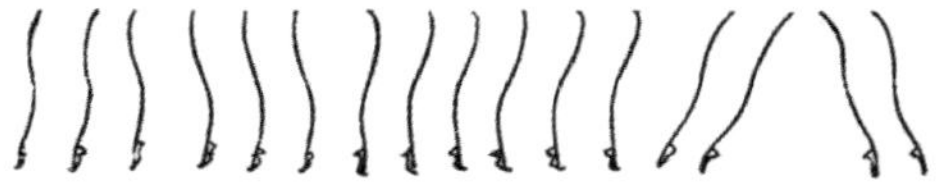

b. 双线条腿的画法：

c. 双线条与单线条提踵立的不同画法：

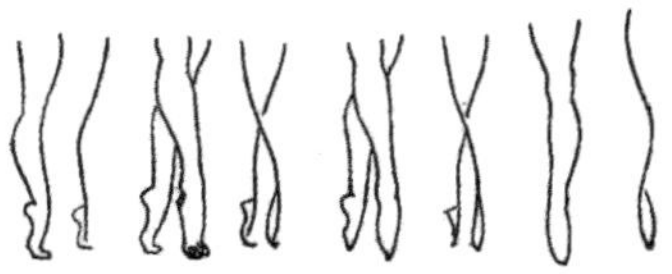

d. 不同的勾脚尖动作画法：

e. 不同站立姿势的画法：

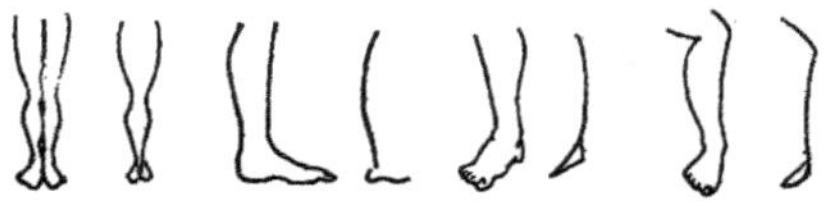

f. 绷脚尖的不同画法：

g. 腿的动作图画法：

图 3-77

◆ 芭蕾基本舞姿：（阿拉贝斯平衡）（图 3–78）

图 3–78

（二）单线图人体各部位的绘图步骤

1. 首先确定动作的比例关系根据动作的结构和形态特征，定出高度和肢体的相对位置。如果运用有线格来绘图，就可以根据线格，确定好图的比例位置。（图 3–79、图 3–80）

2. 确定人体动作的主线条，支撑身体和维持身体平衡的肢体为主线条，主线条决定着动作的外形特征。如：右腿是身体的主线条（图 3–81）。

3. 画图的顺序，画艺术体操人体动作图时，应当从身体部位开始画起，然后再画手臂部分，最后画头，但并不是固定不变的，可以根据个人习惯和具体情况来确定。

一般画站立姿势的人体动作，可先画躯干来确定人体的高度，再画下肢、上肢、最后画头部。

图 3–79

图 3–80

图 3–81

在画人体动作图的过程中，一般是先画人体的主线条（人体动作中靠近视角最长的线），来确定人体的比例和形态；第二步画人体动作图，离视点近，未被遮住的肢体；第三步画人体动作图头部动作的形态。

（三）辅助符号在简笔画中的运用

为了使简笔绘图记录人体动作更清晰、更快捷还需增加一些表现动作方向、路线和运动状态的辅助符号，目的是为了让学生获得较为完整、全面的掌握和理解。

每一种符号表示一种运动方式，它们简单易学，很适宜配图使用，达到快速简单易懂的目的。本章节中选用的辅助符号都是通过实践检验而行之有效的，有些符号引自国际拉班舞谱，有些来自国外书刊，有些是实践中总结出来的常用符号。（图 3–82）

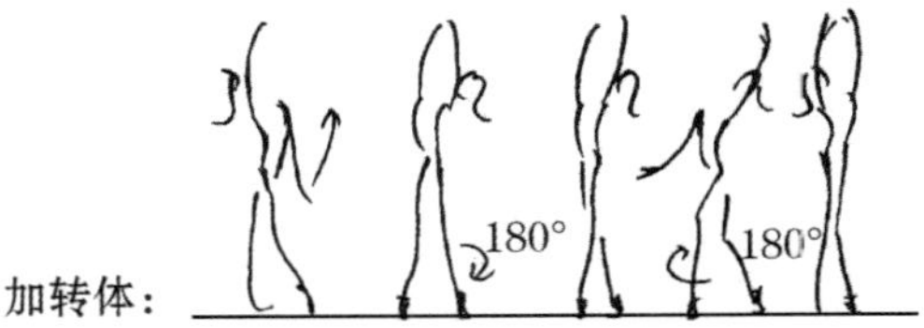

图 3–82

单独使用这些符号是无法表达清楚动作的形式，必须与简笔画的图配合使用才会有好的效果，才能使人们较为全面、完整理解图中的意思。如：有 1–8 拍的动作图，加上方向标志、拍节就能表达你想表达的方向和动作。因此碰到正面难以表达的图，就可以改画容易画的图，然后加上辅助符号。

辅助符号的表示方法也是非常灵活的，但必须熟练掌握它们。了解和掌握辅助符号也是非常重要的一步，因为它们相当于给了你绘画动作的文字说明，无论是看图或自己记录画图都需要辅助符号的帮助。

下面介绍一些在日常学习、训练中常用的符号以供同学们学习参考。建议使用相同的辅助符号，这样，我们就能开辟一个新的领域，使大家在相互交流练习的过程中都使用共同的“语言”。

1. T 保持原来重心不动。
2. → 向箭头方向动作一次（一步），如在前面加上 2 以上的数字就表示移动的步数（次数）如：→ 5+与腿的移动配合就是从那条腿开始移动 5 步。
3. → 向箭头方向跑动。
4. ⌒ 弧线表示带弧形的运动路线。
5. ÷ 同一侧动作、相同动作重复做一次。
6. ≒ 异侧，相反动作重复一次。
7. S 波浪形动作。
8. - - → 碎步向箭头方向移动。
9. ⋯⋯→ 曾经过的和现在正运动的路线。
10. ←⌒— 向前滚翻一次。
11. —⌒→ 向后滚翻一次。
12. ♀ 向右（左）侧滚翻一次。
13. ← 或 → 向左（左）侧方向移动。

14. ↑ 原地垂直向上跳起。
15. ⌋ 上一步垂直向上跳起。
16. V 原地分腿跳起。
17. ↓ 成并腿姿势。
18.  前软翻。
19.  后软翻。
20. Y 侧手翻。
21. ↗ ↘ 抛、接。
22. 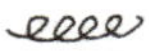 圈或球的滚动。
23. V 反弹球。
24.  放单绳。
25.  蛇形。
26.  螺形。
27. ∧ 跳步。
28. ♁ 转体。
29. T 平衡。
30. ⊥ 柔韧。

第六节　简笔画在实践中的运用

简笔画教给学生的是一种极简便的方法，是训练学生多掌握一种技能，每个人在基本掌握技巧的基础上完全可以根据自己的特点和需要去画，不要求学生机械地照搬和模仿，它是极富想象力和创造性的，本章节的目的是帮助学生在学习过程中掌握和熟练运用艺术体操简笔画来对人体动作记忆。

当我们把所练过的动作、看过的动作记录画下来之后，尽管又经过很长的时间，但你再看到它们时，它们会唤起你种种动作联想，帮助你迅速回忆起动作来。因此，简笔画的运用贵在及时。我们在日常工作、学习中常常会碰到许多运用的机会需要你抓住。你可以由单个动作绘图记录到成串动作、组合动作，再绘制成套动作。（图 3-83、图 3-84）由少到多、由易到难、由简到繁、循序渐进有选择地进行。

在教学或训练课中，当你所讲解的动作学生们弄不清楚时，你可以一边讲解一边画出理想动作的规格要求，使学生很快理解。如果教师想尽快体现教学效果，不妨要求你教的学生们把课上所教的内容一一画出来，作为练习、提高手段，可以说，简笔画是非常适用的。只要你善于抓住机会，你会感到身边确实是多了一位助手，这是十分有效地方法。

图 3-83

图 3-84

◆ 腰腹部力量练习：（图 3-85）

图 3-85

一、运用简笔画记录动作的方法

◆ 现场速画法，这是在训练中或观看现场表演或比赛时迅速完成的动作记录法。

◆ 回忆记录绘画法，这是最常用的方法之一，一般都是通过观看训练、表演或练习之后，回忆动作形象来完成身体动作记录。

◆ 想象画法，这是运用和发展头脑中动作形象记忆，重新产生新的动作或组合的方法。

◆ 临摹记画法，这是从文字，照片，图片中摘要画出动作过程的方法。

（一）动作图解记录

全部采用图解记录动作适合于比较简单明了的身体动作练习，如单动作、姿势、造型，小联合动作，组合动作等等。

◆ 徒手组合练习：（图 3–86）

图 3–86

◆ 芭蕾舞姿基本功组合：（图 3–87）

图 3–87

◆ 行进间华尔兹步伐组合：（图 3–88）

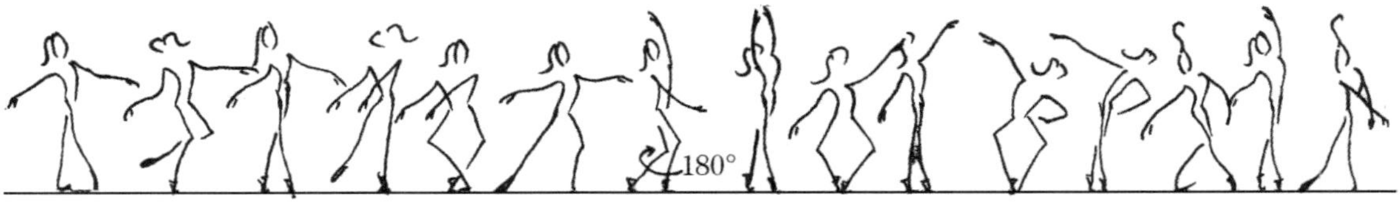

图 3–88

◆ 绳操动作素材：（图 3–89）

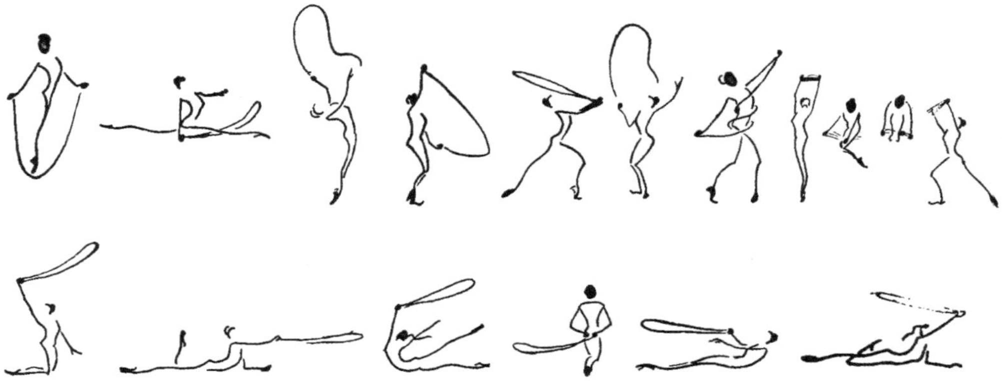

图 3–89

◆ 圈操、球操动作素材：（图 3–90）

图 3–90

◆ 火棒动作素材：（图 3-91）

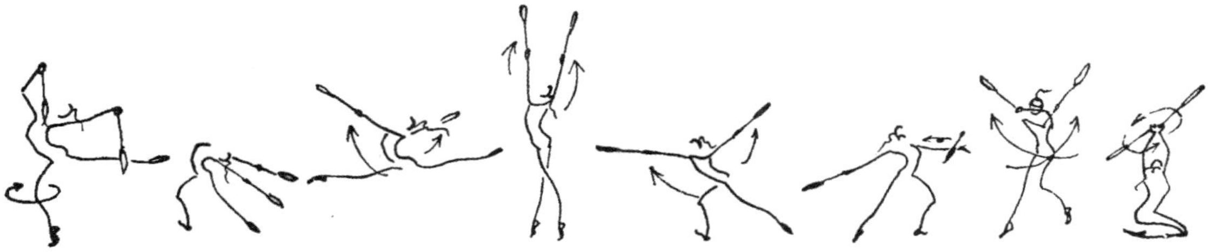

图 3-91

◆ 彩带动作素材：（图 3-92）

图 3-92

◆ 集体动作素材：（图 3-93）

图 3-93

（二）图解配合辅助符号适合记录成套动作

图解配合辅助符号是适合记录艺术体操成套动作的重要手段之一，为了分清动作的类型、为了准确解释动作的做法与姿态，图解的存在将是必不可少的，它能通过简单的线条、准确的勾勒出身体应有的姿态，以及各部位的准确位置，并把它们的链接过程通过线条形成一个使人一眼就能清楚地看懂动作的结构。然而一些动态的过程，简单的线条很难像文字表述的那样清晰，使人不易很快地明确动作的表达形式，针对这一问题，辅助符号的出现成为一种必然，它将很好地弥补这一存在的问题，因此，在熟悉图形表达方式的同时，也要熟练地掌握这种辅助符号的使用技能。辅助符号举例说明：图 3–94 放单绳；图 3–95 向前滚翻一次；图 3–96 圈或球的滚动；图 3–97 跳步；图 3–98 转体；图 3–99 平衡；图 3–100 柔韧。

图 3–94　放单绳

图 3–95　向前滚翻一次

图 3–96　圈或球的滚动

图 3–97　跳步

图 3–98　转体

图 3–99　平衡

图 3–100　柔韧

二、运用简笔画记录动作的注意事项

1. 学生在初学绘图时应使用铅笔和橡皮，以便修改。

2. 选用有格子的本子或格纸进行练习，注意运笔流畅，主线条要一笔连下来，切记在画一个部位时，不要反复描画。

3. 在绘制简图的过程中，要注意线条的“长”与“短”、“连线”与“断线”之间的相互关系，体现人体绘画中的透视关系及人体与器械的关系。

4. 在绘制简图的过程中，身体动作的角度改变、方向改变要及时在所绘制的图的上方或下方进行标注动作的面或方向，如：身体面向第“几点”或绘图的动作是转体等，要标明转体的度数。

5. 掌握重心是绘制简图的核心，人体在运动中的重心只有在支撑面上才能够保持身体的平衡，所以在绘制简图时要考虑到双脚支撑，重心在中间，而单脚支撑时，支撑面和支撑点基本上是重叠的。

思考题

1. 请举例说明艺术体操简笔画绘图的步骤和方法有哪些？如何掌握艺术体操绘图的技巧？
2. 请结合具体动作谈一谈，进行艺术体操简图绘制时如何体现人体运动轴和面的不同？
3. 单线条简笔绘图的突出特点是什么？如何使单线条绘图的人物更加生动形象？
4. 根据所学的艺术体操简笔画技巧，画出 2~4 个八拍教学组合动作。
5. 结合实践，运用艺术体操简图记录 8~10 秒的个人成套动作。
6. 如何处理好文字记录动作与简图记录动作的关系？请举例说明。

参考文献

[1] 韩桂兰. 人体律动的记忆——单线条人体动作简笔画 [M]. 北京：中国舞蹈出版社，1990.

[2] 马建桥. 体育绘图 [M]. 江苏：苏州大学出版社，1995.P2

[3] 全国体育院校教材委员会. 运动解剖学 [M]. 北京：人民体育出版社，2000（6）.

[4] 何敬东. 体育绘图 [M]. 北京：北京体育大学出版社，2006（2）.

[5] 雷咏时. 体育绘图 [M]. 北京：高等教育出版社，2002.

[6] 张志英. 运动人体简图画法 [M]. 北京：气象出版社，1991

[7] 黄寿山. 体育绘图 [M]. 上海：上海科学技术文献出版社，1990.

第四章
艺术体操身体动作

本章提要

艺术体操身体动作是艺术体操技能训练的基础，通过各种身体动作练习，能够培养练习者优美姿态，掌握多样性的身体动作，有利于提高身体动作规范性和动作质量。本章节主要介绍身体动作的内容和训练方法，通过学习，使学生对艺术体操身体动作练习内容有一个较为全面的认识，同时掌握身体动作的正确要领和练习方法。

艺术体操身体动作是在音乐的伴奏下身体各部位协调运动所形成的各种富有节奏感、表现力和优美造型的韵律性动作。

艺术体操分为大众艺术体操和竞技艺术体操两大类，它们对身体动作练习内容、难度、强度等方面的要求各不相同，其中大众艺术体操身体动作自然、协调，经常参加锻炼能使身体各器官、系统的功能及各项身体素质和身体活动能力得到均衡发展，使体质不断增强，尤其对形成正确的身体姿态有良好的效果。坚持锻炼能有效地促使健美的形体、高雅的气质和仪表的形成。竞技艺术体操是在自然和协调动作的基础上，以更加优美精确、高难度的身体与器械技术动作在音乐伴奏下进行个人和集体的一种竞技性运动。

通过身体动作练习，能够使练习者掌握正确的身体动作及练习方法，使练习者机体得到均衡发展，有效地改善关节的灵活性，培养身体动作的协调性、节奏感和表现力、感染力。身体动作练习是提升练习者综合素质的基础。

第一节 艺术体操身体动作的主要内容

各类基本身体动作练习是艺术体操的基础，其内容包括各种走、跑、舞步、摆动、波浪、跳跃、转体、平衡及近似技巧动作等。它可发展柔韧、协调、灵巧、力量等身体素质，培养正确的身体姿态、协调性、节奏感以及表现力。

一、站立姿势与基本站立位置

（一）脚的基本位置

常用的两脚基本站立位置如下：

1. 立（正步）——两脚并拢，脚尖向前。（图 4–1）

2. 自然位（八字步）——脚跟相靠，两脚尖向斜前方成“八”字形。（图 4–2）

3. 开立（大八字步）——两脚侧开，相距约同肩宽，脚尖各向斜前方。（图 4–3）

4. 丁字步——一脚跟在另一脚弓处成“丁”字形。（图 4–4）

5. 点立——一脚站立，另一脚向前（侧、后）伸出脚尖点地，前、后点地时脚面绷直向外，侧点地时脚面向上。（图 4–5）

图 4-1

图 4-2

图 4-3

图 4-4

图 4-5

（二）手臂的基本位置

1. 常用的手臂基本位置

（1）两臂同方向的举

前上举——以大臂带动肘，小臂抬起至前上举，掌心向下。（图 4–6）

前下举——做法同上，唯两臂举至前下举。

侧上举——做法同上，唯两臂位置在侧上举 45°，掌心向内或向外均可。（图 4–7）

侧平举——以大臂带动肘，小臂抬起至侧平举，掌心向下。（图 4–8）

后斜下举——同上，唯两臂位置在后下 45°，掌心向下或向内。（图 4–9）

（2）两臂不同方向举

一臂前举，另一臂前上举。（图 4–10）

图 4-6

图 4-7

图 4-8

图 4-9

图 4-10

一臂前上举，另一臂后下举。

一臂侧上举，另一臂侧下举。

一臂后上举，另一臂前下举。

2. 芭蕾舞手臂的七个基本位置

芭蕾舞手臂的基本要求：肩放松，肘、腕自然微屈，手臂呈弧形，手指并拢，自然伸长，拇指与中指稍向里合。

一位：两臂成弧形于前下方，指尖相对，掌心稍向内。（图 4-11）

二位：两臂保持弧形前举（稍低于手和肩），掌心向内。（图 4-12）

三位：两臂保持弧形上举（稍向前），掌心向内。（图 4-13）

四位：一臂上举（三位），一臂前举（二位）。（图 4-14）

五位：一臂上举（三位），一臂侧举，掌心向前下方。（图 4-15）

六位：一臂前举，一臂侧举。（图 4–16）

七位：两臂侧举，掌心向前下方，肘稍向上抬。（图 4–17）

图 4-11

图 4-12

图 4-13

图 4-14

图 4-15

图 4-16

图 4-17

技术要点：

(1) 手臂上举时，以上臂带动前臂，肩部下沉，头部随手臂变化而移动。

(2) 手形随臂形变化，当手臂伸直时，手腕和手指随之伸展。当手臂成弧形时，手指、手腕随之放松呈圆滑的弧线，肘部向远顶，使手臂幅度增大。

(3) 两臂分别向前、后举时，以身体中线为轴，两肩随手臂向前、后转动，使两臂在前后方向成一条直线。

练习方法：

(1) 分别进行各种手臂位置练习，体会正确位置和用力方法，达到动作部位准确，幅度大。

（2）基本掌握后，可连贯进行组合练习，变换手臂的配合方式。

（3）配以音乐，结合不同身体姿态及脚位进行练习。

（三）站立的基本姿势

正确的站立姿势是形成正确优美动作和身体姿态的基础，徒手练习必须从基本站立开始。两脚以全脚掌或前脚掌、脚尖、脚跟等不同部位支撑地面，两腿伸直或弯曲形成各种姿势。站立基本姿势可分为以下几种：

1. 直立：两腿伸直并拢，全脚掌着地，重心在两脚间。

2. 起踵立：以前脚掌支撑地面，脚跟向上抬起，使脚面与小腿在一条垂线上；（图 4–18）

3. 点地立：一腿直立或稍屈膝，另一腿脚面绷直以脚尖在前（侧、后）方点地（或勾脚面以脚跟点地），重心在支撑腿上。

4. 蹲立：屈膝站立，稍屈膝至半蹲。屈膝角度小于 90°为全蹲。

5. 弓步：是一腿屈膝，另一腿伸直的姿势，有前弓步、侧弓步、后弓步。

图 4–18

技术要点：

1. 站立时两脚位置准确，两腿和臀部肌肉向身体中线方向收紧，紧腹收臀、挺胸夹背、立腰、两肩下沉、头正直，保持稳定的重心和挺拔的姿势。

2. 起踵立时前脚掌支撑，脚拇趾用力向下踩地，内踝顶直，使脚跟高高抬起。

3. 点地立注意整个腿外旋，脚背充分绷直，以脚尖或脚跟点地。

4. 蹲立时膝部和臀部肌肉夹紧，屈而不懈，具有弹性。

5. 弓步：重心在两腿间偏屈膝腿一侧，保持一腿屈、另一腿伸直的姿态。

练习方法：

1. 扶把练习，体会正确姿势。

2. 离把练习各种站立姿势，结合简单的手臂动作，注意每个动作保持一段时间。

3. 配乐进行站立姿态的组合练习。

二、基本舞姿

艺术体操运动员的身体姿态是身体各部分、各环节构图的完整概念。只有四肢、躯干、头部几部分协调配合，才能产生精彩的艺术造型。艺术体操中，基本舞姿是练好优美姿态的必要条件，配合芭蕾舞的基本舞姿，通过身体各部分的配合，给人以美好的视觉享受。常见的基本舞姿有：

（一）阿拉贝斯

动作做法：左脚站立，右腿伸直后举，一臂前举，另一臂侧举，配合手臂位置和头部姿态的变化形成不同的姿态。在单腿后举的舞姿上，支撑腿可起踵或半蹲，两臂也可变化成上举或侧举。（图 4–19）

技术要点：后腿旋外、绷直，向正后方抬起，脚尖向远伸。挺胸立腰，两肩下沉，使上体挺拔，手臂柔软而松弛地举在预定的位置上。

动作规格：后腿绷直控制在 90°，上体挺拔，保持重心。

（二）阿提丢

动作做法：

1. 单腿屈膝前举站立：一腿站立或起踵立，另一腿屈膝前举至 90°以上，膝关节向外，脚跟向里，屈膝大于 90°，小腿抬平。两臂成三位或五位。

2. 单腿屈膝后举站立：一腿站立，另一腿屈膝后举至 90°以上，膝关节向外。两臂成三位或五位。（图 4–20）

技术要点：举起的腿屈膝、旋外，脚面绷直，脚跟向里。前举时用力向上平端小腿，后举时用力向上抬大腿，髋、膝形成弧线，挺胸立腰。

动作规格：两腿保持充分外开，两腿夹角大于 90°，屈膝大于 100°，上体正直，保持重心。

图 4–19

图 4–20

三、基本步法

（一）柔软步

预备姿势：自然站立。

动作做法：左腿膝和脚面绷直向前伸出，脚面向外，由脚尖过渡到全脚掌落地，身体重心随之前移，接着再换右脚向前伸出落地，两腿依次交替进行。

练习方法：

1. 分解练习向前伸腿和落脚跟移重心动作。
2. 两手叉腰，由慢到快练习柔软步。
3. 配合两臂前后摆动进行完整练习，进而配合不同的手臂动作。

（二）足尖步

预备姿势：两脚并立提踵，两手叉腰。

动作做法：左腿膝和脚面绷直向前伸出（脚尖稍向外），由脚尖过渡到前脚掌落地支撑，重心前移，两腿交替进行。足尖步可向前、向侧、向后进行。注意立踵，摆动腿绷直，保持重心，步幅均匀不宜过大。

练习方法：

1. 扶把练习提踵立，然后慢速练习足尖步。
2. 离把慢速练习向前、向后足尖步。
3. 按正常速度练习足尖步。
4. 结合手臂动作练习足尖步及足尖步转体360°。

（三）滚动步

预备姿势：自然站立，两手叉腰。

动作做法：1拍左脚向前一大步，由脚尖过渡到全脚掌着地的同时重心前移，右脚快速向前跟进，右腿屈膝并以前脚掌在左脚内侧点地。2拍同1拍，换右脚开始做。注意支撑腿积极后蹬，使摆动腿脚跟着地，前支撑腿就失去了重心，摆动腿脚跟着地的同时，蹬地腿快速跟进，以前脚掌获得新的支撑，形成前跃，急停的步法特征。

练习方法：

1. 双手叉腰原地慢速练习滚动步。
2. 按正常速度练习原地和移动滚动步。
3. 配合手臂动作、方向、节奏的变化进行练习。

（四）变换步

预备姿势：自然站立，两臂叉腰。

动作做法：1拍左脚向前一步，右脚在左脚后上步起踵立（重心在右脚），同时左脚离地稍抬起，左臂后摆，右臂前摆。2 拍左脚向前一步，重心移至左脚。3–4 拍同 1–2 拍，换右脚在前。每次交换步中，开始起动的脚始终领先，后脚并前脚，身体重心在两脚上交换。

练习方法：

1. 两手叉腰练习脚步移动的方法，节奏先慢后快。
2. 结合手臂摆动或方向变化练习变换步。

（五）弹簧步

弹簧步是表现腿部弹性特点的步法，也是单脚立踵舞姿及跳步的基础动作，一般用 2 拍完成，以普通弹簧步为例。

预备姿势：两脚并立提踵、两手叉腰。

动作做法：（以左脚为例）

1 拍左脚向前一步，同时稍屈膝半蹲，重心移至左腿；2 拍左腿伸直提踵，同时右腿向前下伸，膝与脚面绷直；3–4 拍动作同 1–2 拍，换右脚做。

练习方法：

1. 在掌握柔软步及足尖步的基础上练习。
2. 单手扶把做慢动作，体会完整的技术要点。
3. 离扶把练习，两手叉腰或配合两臂自然前后摆动练习。

（六）华尔兹步

华尔兹步是常用舞步，它具有轻盈、优美、流畅的特色，动作形式变化多样，可向前、向后、向侧、转体及跑动进行。用三拍完成，采用 3/4 节拍的华尔兹舞曲。以向前华尔兹为例。

1. 向前华尔兹步

预备姿势：两脚并立提踵，两臂侧举。

动作做法：（以左脚为例）

1 拍左脚向前做一次柔软步，落地稍屈膝，重心随之前移；2–3 拍，右脚开始向前两次足尖步；在三拍动作过程中，配合左臂做一次波浪；1–3 拍，右脚开始做，动作相反。

2. 向侧华尔兹步

预备姿势：自然站立，两臂右侧举。

动作做法：（以左脚为例）

左脚向侧做柔软步，落地时稍屈膝，重心随之移至左腿；2–3 拍，右脚前掌踏在左脚跟后，右腿伸直立踵，接着左脚与右脚并立提踵；在三拍动作过程中，两臂经前摆至左侧举；1–3 拍，换右脚开始做，动作相反。

练习方法：

（1）两手叉腰慢速练习，体会三步的协调与连贯。

（2）基本掌握后，配合手臂动作或手臂波浪动作。

（3）侧华尔兹步第三拍要并腿。

（4）转体华尔兹第二拍向前足尖步同时转体 180°，第三拍并腿提踵立。

（七）波尔卡步

波尔卡步是常用于动作之间的连接或跳步前的过渡步法，可向前、侧、后做。以向前卡洛泼步为例。

预备姿势：自然站立，两臂侧举。

动作做法：（以左脚为例）

1 拍左脚向前一步，重心随之前移，左腿稍屈膝成小弓步，接着左脚蹬地跳起，同时右脚在空中与左脚并成三位，右脚落地；2 拍左脚继续再做。

练习方法：

1. 先练习左脚向前（侧）成弓步，右脚与左脚并成提踵立，左腿再继续向前（侧）进行，体会重心前（侧）移，两腿并立过程。
2. 掌握后进行跳起完整练习，然后换后腿做，也可两腿交替进行。
3. 向侧卡洛泼步，做法同前，唯身体侧对前进方向，左腿（或右腿）向侧出步进行。

（八）柔软跑

柔软跑是艺术体操的一种快速移动、跑动的姿态。

预备姿势：自然站立，两臂自然下垂。

动作做法：在自然跑的基础上，摆动腿自然向前伸出，脚面绷直，用前脚掌先着地，随重心前移过渡到全脚掌着地，另一腿再向前摆，两腿交替进行。注意摆动腿前摆时脚面充分绷直向前伸，跑动时上体保持挺胸稍向前倾，步幅适中。

练习方法：

1. 在自然跑的基础上学习柔软跑。
2. 与柔软步交替进行练习，改进脚着地的技术细节。
3. 熟练掌握后，可练习后踢腿跑和前踢腿跑。

四、腿的弹动和移重心

下肢的弹性屈伸有助于发展力量和动作的弹性，主要包括屈膝弹动、起踵弹动和弹腿动作。

预备姿势：自然站立，两臂自然下垂。

动作做法：

1. 屈膝弹动：由站立开始，有节奏地做膝部的屈和伸的连续动作，节奏可快可慢。
2. 起踵弹动：由提踵立开始，有节奏地做脚跟下压和提踵的连续动作，节奏可快可慢。
3. 弹腿：一腿站立，另一腿经屈膝举起，向前（侧、后）伸腿的连续动作。

注意弹腿时保持稳定的重心，腿被动弯曲、主动伸展，屈伸动作连贯。

练习方法：

1. 由扶把练习过渡到两手叉腰练习屈伸弹动和提踵弹动。
2. 在坐、卧条件下练习弹动。

3. 站立练习弹腿。

4. 单脚站立，练习提踵弹动和屈伸弹动。

五、摆动和绕环

摆动和绕环是艺术体操动作的主要形式。通过练习，发展关节灵活性、柔韧性及加大动作幅度。

（一）摆　动

摆动是以身体某一关节为轴，做自然、柔和的钟摆式摆动动作。一般有头的摆动、手臂摆动、腿的摆动及躯干摆动。以手臂和腿的摆动为例：

1. 手臂摆动

手臂摆动主要是以肩为轴，向同方向或不同方向，同时也可依次进行。

（1）两臂同时向前、后摆动；

（2）两臂同时向左、右侧摆动；

（3）两臂同时分别向前、后摆动；

（4）两臂体前交叉摆动。

练习方法：

（1）先练两臂同向摆动，再练反方向摆动；

（2）结合屈膝弹动移重心练习摆臂动作。

2. 腿的摆动

腿的摆动主要以髋关节为轴，向前、后、侧各方向的摆起动作。可原地做，也可行进间进行。动作形式包括自然摆动和快速有力的踢腿。

（1）前、后摆动腿；

（2）向前、侧、后踢腿。

练习方法：

（1）扶把练习摆腿动作，幅度由小到大。

（2）站立或行进间练习。

（3）在坐、卧、撑的条件下练习腿的摆动。

（二）绕　环

绕环是以身体某一关节为轴做360°以上的圆形绕环动作，若移动范围大于180°、小于360°则称为绕。一般有手臂绕环，腿部绕环及躯干绕环等。

手臂绕环：以肩、肘、腕为轴的绕动动作，其形式有各种大、中、小绕环。可同方向、不同方向及同时或依次做。以大绕环为例。

1. 两臂同向大绕环（向内、向外、向前、向后）。

2. 两臂反向大绕环（前后）。

3. 两臂依次大绕环（向内、向外、向前、向后）。

练习方法：

1. 在手臂摆动的基础上学习手臂绕环。
2. 手臂摆动与绕环结合练习。
3. 结合各种步伐练习手臂绕环。

六、波　浪

（一）手臂波浪

手臂波浪是以臂部各关节按顺序做依次、柔和的屈伸动作。

预备姿势：自然站立，两臂侧举。

动作做法：以肩带动肘，腕稍屈，手指放松下垂，接着沉肩，沉肘、压腕向外推、指关节依次伸直至侧举。手臂波浪动作的幅度可大可小，并可在前举，上举及斜举等不同部位做，也可两臂同时或两臂依次进行。（图 4–21）

图 4–21

练习方法：

1. 原地练习单臂波浪，再做双臂波浪，初步掌握后可练习两臂依次波浪。
2. 结合舞步、身体动作或变换不同部位及不同节奏练习。

（二）身体向前波浪

预备姿势：身体直立，两臂上举。

动作做法：由踝开始经膝、髋、腰、胸、颈各关节依次向前上方伸展，同时，两臂经下向后绕至上举成抬头挺胸、提踵立姿势。（图 4-22）

图 4-22

（三）身体向后波浪

预备姿势：身体直立，两臂上举。

动作做法：从膝开始经髋、腰、胸、颈各关节依次向前弯曲，至低头含胸使背部成弓形，同时两臂经后下绕至前举。

（四）身体向侧波浪

预备姿势：右脚站立，左脚侧点地，两臂右上举，身体稍向左侧屈。

动作做法：（以向左侧波浪为例）

右腿稍屈，经两腿半蹲，向左侧移重心的同时做膝、髋、腰、胸、颈各关节的依次向左侧上方挺伸，成左腿站立，右脚侧点地，上体稍右侧屈，同时两臂随着重心移动经下摆至左上举。

练习方法：

1. 单手扶把慢速练习身体向前、向后、向侧波浪。
2. 离把慢速练习身体波浪。
3. 按正常速度练习不同方向的身体波浪。

（五）站立至地面身体波浪

动作做法：由双脚站立开始，用力蹬地起踵成脚尖支撑，两臂向上向后摆动并带动身体向上运动，经脚尖支撑顺势屈膝，脚背向前滚动式着地，形成从站立至地面的动力性全身波浪成跪姿势。（图 4–23）

技术要点：

1. 脚下发力时，手臂带动整个身体向上立。
2. 成脚尖支撑时，抬头挺胸躯干后屈同时手臂向后向下绕。
3. 有控制的屈髋屈膝滚动式的缓冲着地。

练习方法：

1. 扶把或在同伴帮助下练习经足尖立屈膝成跪的动作。
2. 独立完成站立至地面身体波浪。

（六）地面波浪

地面俯卧波浪

动作做法：由跪立开始，上体稍后屈挺身前滚动，两手在体侧屈臂撑地，腿主动向上向后摆带动身体向后上方腾起，同时两臂用力推直。接着含胸、弓背顶肩、稍屈髋，由脚背经小腿、大腿、髋部、腹部、胸部依次着地，两臂有控制的屈臂，形成俯卧身体波浪。

技术要点：挺身滚动时背肌和大腿后部肌肉用力，配合手臂推撑动作使身体腾起，着地时做全身向前波浪从脚尖开始依次有控制的着地。

练习方法：

1. 分解练习挺身前滚动，手倒立落成俯撑，俯撑波浪式着地三部分技术动作。

图 4-23

2. 在助力下完整动作。

3. 独立练习完整动作。

七、柔韧性动作

良好的柔韧素质是艺术体操专项素质训练的重点，其中大量动作是以身体各环节的极度屈伸、扭转来完成的，躯干的弯曲和扭转构成多曲线的身体造型，显示了女性的自然美。

（一）躯干弯曲

1. 躯干同向弯曲

指脊柱各关节向同一个方向做屈的运动。

动作做法：

（1）上体前屈（图 4–24）

①双脚站立或蹲立，含胸弓背屈髋，上体前屈成圆背姿势，低头。

②由站立、点地立或跪立开始，上体向前，屈髋、挺胸贴腿稍抬头。

图 4–24

（2）体侧屈：由站立（点地立、跪立）开始，上体向侧弯曲，稍抬头。

（3）体后屈：由站立（点地立、跪立或弓步）开始，上体向后弯曲，抬头。

技术要点：

（1）上体弯曲时，下肢肌肉收紧作为牢固的支撑。

（2）上体先放松拉长，再按髋、腰、胸、颈的顺序做弯曲动作。由屈到伸时动作顺序相同。

（3）上体后屈时背部肌肉收紧，臀肌和两肩胛相对收缩，髋向上顶，抬头，使躯干与腿结成环形。

（4）上体侧屈和挺胸前屈的动作要尽量向远伸，充分拉长，以增加弯曲的幅度。

动作规格：

（1）体前屈胸贴腿。

（2）体侧屈成圆滑的弧线。

（3）体后屈头靠近大腿后中部，上体在髋水平以下。

2. 躯干反向弯曲和扭转（图 4–25）

动作做法：

（1）头部和髋部向同一方向移动，胸部向相反方向移动，构成“S”型的多曲线姿态。

（2）以腰为轴，肩、胸和髋向相反方向转动，形成扭转姿态。

图 4–25

技术要点：

（1）躯干 S 形反向弯曲时，髋部的弯曲方向与颈胸部相反，腰部放松，尽量增大反向弯曲的幅度，保持身体平衡。

(2) 扭转动作，要固定下肢，放松腰部，肩胸做平行转动。

动作规格：颈胸与腰髋部位构成两个明显的方向弯曲。

练习方法：

(1) 采用坐、卧、撑、跪的姿势练习上体弯曲，体会方向位置和肌肉感觉。

(2) 扶把练习上体向前、后、侧弯曲。

(3) 通过大幅度的上体摆动增加躯干部位的力量与韧性。

(4) 在各种站立姿势（起踵立、点地立、弓步）上练习上体弯曲和扭转。

（二）劈腿动作（劈叉）

1. 地面前后劈腿（图 4–26）

上体正直，一腿向前一腿向后，成前后劈叉。

2. 地面横劈腿（图 4–27）

上体正直，两腿向两侧劈腿，成横劈叉。

技术要点：两腿充分绷直、保持外开，髋关节放松。

动作规格：两腿分开 180°，直腿贴地，身体正直。

图 4–26

图 4–27

练习方法：

(1) 垫上直腿坐体前屈压腿，半劈腿坐压腿。

(2) 大弓步压腿。

(3) 垫上劈腿，结合体前屈体后屈练习。

3. 站立高举腿

动作做法：

(1) 向前高举腿（图 4–28）

左脚上步站立或起踵立，右腿向前上方快速摆腿至垂直部位，脚尖向上伸，同时，上体稍后倾。

(2) 向侧高举腿（图 4–29）

右脚上步站立或起踵立，左腿保持旋外向侧上方踢起并垂直部位脚尖向上伸，同时，上体向右侧倾倒。

(3) 向后高举腿（图 4–30）

左脚上步稍起踵，右腿后摆至垂直部位，脚尖向上伸。同时，上体前屈胸贴左腿，两手扶地或手臂后举。

技术要点：

(1) 前摆腿时正对鼻尖方向，侧摆腿正对耳朵方向，后摆腿正对后脑方向，向远伸。

(2) 摆动腿绷直、旋外、髋关节放松，以绷脚尖的力量牵引整个腿向前（侧）上方运动。

(3) 在摆动腿加速上摆时，支撑腿用力顶直使髋关节固定，当腿下落时有控制地落至点地位置。

动作规格：腿绷直旋外，重心稳，两腿开度至180°时稍停。

图 4-28

图 4-29

图 4-30

练习方法：

(1) 把杆或垫上做压腿或搬腿练习，增强腿的柔韧性。

(2) 扶把练习大踢腿和搬腿平衡。

(3) 扶把练习高举腿动作。

(4) 离把练习高举腿动作。

(三) 柔韧性动作的变化形式

1. 俯卧上体后屈（图 4-31）

动作做法：由俯卧开始，以腿支撑，上体向后上方抬起，后屈至垂直或后水平部位。

技术要点：

(1) 两腿绷直紧压地面，背肌收紧使上体抬起至垂直。

(2) 由垂直部位开始，两臂上举尽量向后伸使椎间隙加大，然后髋、腰、胸、颈各椎关节依次后屈，两手伸向脚跟，头部靠近大腿后部。

练习方法：

(1) 俯卧支撑上体后屈。

(2) 各种下桥练习。

(3) 俯卧，由同伴帮助作上体后屈。

(4) 独立完成俯卧上体后屈，逐渐加大幅度。

2. 结环动作（图 4–32）

动作做法：

(1) 俯卧上体后屈，同时，单（双）腿屈膝后举成环形。

(2) 单腿站立，另一腿屈膝后摆。同时，上体后屈，构成单腿结环。

结环动作也可以跳起来在空中完成。

技术要点：上体后屈与后举腿动作同时进行。头部向着臀部的方向转动牵引躯干各关节后屈，后腿膝关节尽量向上抬起，髋关节大幅度后屈，小腿向上伸，使结环动作圆滑。

动作规格：上体后屈，脚或腿触头部，头部与脚形成封闭的环。

练习方法：

(1) 练习各种体后屈动作。

(2) 俯卧支撑练习结环动作。

(3) 俯卧搬后腿。

(5) 劈腿、半劈腿搬后腿或举后腿练习结环。

3. 踹燕动作（图 4–33）

动作做法：右脚向前上步起踵立，左腿向前上方踢起，同时上体后屈。当上体后屈至水平以下时，左腿踢至垂直部位，还原时，左跟直膝下落，挺胸立腰，起上体至直立。

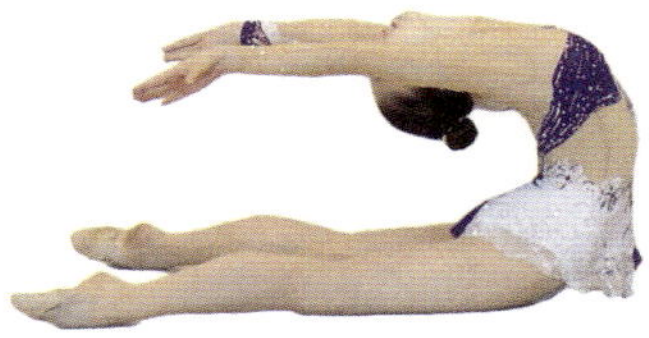

图 4–31

图 4–32

图 4–33

技术要点：

(1) 上体后屈与向前踢腿的动作同时开始，上体后屈至水平以下的抬头加速与前腿向垂直部位的加速摆动动作同时进行。

(2) 支撑腿用力蹬直起踵、向上顶髋，稳定重心。

动作规格：

支撑腿高起踵，两腿开度 180°左右，上体后屈至水平以下，头触大腿后部。

练习方法：

(1) 垫上劈腿，上体后屈。

（2）将前腿放在把杆上，上体后屈，逐渐增加前腿的高度，体会单腿支撑上体后屈的感觉。

（3）单手扶把杆，练习向前踢腿上体后屈。

（4）扶把或在助力下练习踹燕动作，可稍停，增强平衡能力。

（5）独立完成踹燕动作。

八、跳　步

艺术体操中跳跃类的形式多样，一般包括单脚起跳，双脚或单脚落地。根据起跳腾空的高低和身体在空中的动作幅度大小，可分为小、中、大跳等。通过练习，增强腿部力量，发展弹跳力及空中控制身体姿态的能力，并可表现出灵敏、轻快、优美、高飘等各种动作特色。

（一）一位小跳

预备姿势：一位站立，两手叉腰。

动作做法：节前动作–两腿经半蹲蹬地跳起；1–落地成一位半蹲，接着下半拍蹬地跳起；2–动作同1，可连续进行练习。

练习方法：

1. 双手扶把，两脚外开 120°左右慢速练习一位小跳，体会两脚蹬地跳起的力量及空中身体与腿的姿势控制。

2. 离把练习，两腿逐步打开至一位。

3. 配合手臂变化练习一位小跳。

（二）向前吸腿跳

预备姿势：（以左脚开始为例）

左脚向前一步蹬地跳起，同时右腿屈膝前吸（脚掌内侧靠左膝），左臂摆至前上举，右臂摆至后下举，抬头挺胸。

练习方法：

1. 单手扶把练习前吸腿舞姿。

2. 离把配合手臂动作练习。

3. 结合向前并步跳接吸腿跳练习。

（三）跳转 180° 变身跳

预备姿势：自然站立，两臂侧举。

动作做法：（以左脚跳为例）

左脚向前一步蹬地向上跳起，右腿伸直向前上方摆起，空中向左转体 180°，右腿后举，左脚落地，同时两臂经一位、三位至七位。右脚起跳做，动作同上，方向相反。

练习方法：

1. 单手扶把练习前摆腿同时转体 180°的动作。

2. 掌握后进行一腿跳起，另一腿前摆，空中转体 180°的动作。
3. 离把完整练习，并配合手臂动作。
4. 向前并步跳连接变身跳。

九、旋　转

身体绕自身轴形成的 360°旋转。旋转动作可以以双脚或单脚为支点，也可以以身体某一部位为支点，可以绕身体垂直轴旋转，也可以绕复合轴旋转。

（一）双脚交叉旋转 180° ~360°

预备姿势：右脚在前的两脚前后站立，两臂侧举。

动作做法：由自然站立开始，右脚向左交叉于左脚前，双脚提踵向左旋转 180°或 360°，同时两臂经侧至上举。

技术要点：旋转时高提踵，两腿夹紧，紧腹收臀，挺胸立腰，以领肩、转髋带动整个身体旋转动，头随之迅速转动。

练习方法：双脚提踵立，练习上步提踵转体 180°、270°、360°旋转。

（二）单脚巴塞转体 360°

动作做法：左脚站立、右脚前点地、两臂左侧举开始，右腿向前一步成提踵立，左腿蹬地吸腿成巴塞姿势，同时右肩向右带，左肩跟随，双臂成二位姿势，向右转体 360°。

技术要点：右肩向右带同时左脚蹬腿形成转体初始动力，支撑腿高提踵保持身体重心稳定，立腰，背部肌肉收紧注意巴塞姿势的准确控制。

练习方法：

1. 扶把练习上步起踵立、另一腿成巴塞姿势的动作，体会身体重心的控制。
2. 练习摆臂拧转上体的动作。
3. 扶把练习 180°~360°巴塞转体。
3. 离把练习巴塞转体动作，逐步增加转体周数。

（三）平　转

动作做法：双脚提踵立，两手叉腰，目视右侧。右脚向侧一小步，以右脚为轴向右转体 180°，左脚着地，目视左侧。接着以左脚为轴向右转体 180°，右脚着地，同时头部迅速向右转动（平甩），目视右侧。

技术要点：平转时高提踵，身体正直，两脚在一条直线上移动，步幅小，重心在两脚上转换，头部配合做留头、甩头动作，两眼始终注视向前的方向目标。

练习方法：

1. 原地提踵练习两脚依次转换重心的感觉。
2. 两手叉腰慢速分解练习 180°转体。
3. 慢速练习 360°平转。

4. 按正常速度练习平转，逐步增加转体个数。

十、平　衡

平衡动作是指以身体某部位（脚、膝、臀）支撑地面，配合手臂、躯干和腿构成平衡姿态，保持一定的时间。通过平衡动作的练习，可发展肌肉力量，增强控制重心稳定性的能力。

屈膝前（侧、后）举腿平衡

动作做法：左脚站立或提踵立，右腿屈膝前举（或侧举、后举），两手叉腰，平衡姿势保持 1~2 秒。

技术要点：支撑腿充分伸直，使重心控制支撑腿上。动力腿姿态固定。

练习方法：

1. 扶把练习单脚站立，另一腿屈膝前（侧、后）举，保持 1~2 秒，左右腿交替练习。
2. 离把练习。
3. 结合手臂变化练习平衡动作。

十一、地面动作

艺术体操成套动作编排中，通过不同空间、水平面的变化体现编排的多样性。运动员在快速旋转和大幅度的跳跃动作之后，从高空转为低空，顺势向地面滚动、滑动和翻转，形成空间起伏变化，提升了成套动作的艺术效果，因此，地面动作是艺术体操不可或缺的身体动作类型。

（一）滑　动

滑动接过渡性劈叉

动作做法：左腿沿地面向前滑动挺髋，上体向左侧后屈，左手撑地，经劈叉向左侧滚动。

技术要点：

1. 借助跑、节奏跳和摆腿的惯性滑动。
2. 在滑动中动力腿向前伸出，上体侧后屈，身体重心留在后边，腰部用力保持平衡。

练习方法：

1. 分解练习起动、滑行和滑动结束三部分动作。
2. 完整练习滑动动作。

（二）滚　动

向侧滚动

动作做法：

1. 由仰卧开始，两臂上举直体向侧滚动。
2. 由跪立或者蹲立开始，团身侧倒向侧滚动一周。

技术要点：

1. 直体侧滚动身体要绷直夹紧，以髋部发力，带动腿和上体滚动。

2. 团身侧滚动要团身紧，圆滑地连续滚动。

练习方法：

1. 慢速练习各种滚动。

2. 逐步加快滚动速度。

（三）不经垂直部位的翻转

1. “飞身”

动作做法：由屈腿坐开始，右臂在右侧后支撑，右腿屈膝向右前方摆动，左腿蹬地向上顶髋左腿向后伸直，身体顺惯性旋转 180°或 270°，右腿屈膝脚背先着地成双腿跪立。

技术要点：

(1) 右臂撑地，向右前方摆腿挺髋，形成斜面支撑。

(2) 通过直臂顶肩、挺胸抬头向右转头等动作，使身体绕支撑的单臂旋转。

(3) 空中分腿姿态固定，落地缓冲。

练习方法：

(1) 分解练习蹬地摆腿、顶肩挺胸转头、动力腿落地缓冲成双腿跪立。

(2) 完整练习飞身动作。

2. 斜翻踹燕起

动作做法：由跪立开始，右手外展撑地，左腿向右后方弧形摆动，带动身体向左翻转经体后屈，左脚落地，右腿经屈膝向前上方伸直，左手推地，上体立腰起至直立。

技术要点：

(1) 两手依次向翻转方向撑地，依次顶肩推手。

(2) 以右臂右腿为轴，左腿由左经后上方向右下方弧形摆腿带动身体向左翻转 180°成体后屈。同时，配合右臂右腿的支撑和转肩、转髋动作，全身协调用力。

(3) 左腿下摆落地时重心移至左臂，右侧肢体顺势离开地面，后半部技术同踹燕。

练习方法：

(1) 练习前软翻、交换腿前软翻动作。

(2) 练习跪撑翻身，体会摆腿和翻身动作。

(3) 练习跪撑蹬腿翻身成桥的动作。

(4) 在助力下完成动作，逐渐脱离帮助，独立完成动作。

十二、把杆动作

把杆练习是艺术体操身体动作练习的重要内容，通过把杆练习不仅能够培养规范化的身体姿态，而且能够有效地发展腿部和躯干部位的柔韧性、力量和平衡能力。借助把杆进行慢动作和分解动作练习，能够发展细腻的肌肉感觉，有助于掌握技术细节，建立正确的动作概念。把杆练习时身体动作中不可缺少的基本功训练内容。

艺术体操中的把杆练习借鉴了芭蕾舞的训练手段和方法，并融合了艺术体操的动作和内容要求，着重发展艺术体操运动员所需要的能力和技巧。

（一）扶把站立

站立是各种动作的基础，没有稳定的站立就不可能完成优美的舞姿造型和稳定的转体。站立的基本姿势是立正，在此基础上可变换各种姿势。

扶把方法：

1. 双手扶把：离把约一个前臂长的距离，面向把杆站立，屈臂，手心向下轻扶把。

2. 单手扶把：离把约一个前臂长的距离，侧对把杆站立，同侧手屈臂外展轻扶把。

动作做法：

1. 以不同脚位练习直腿站立、起踵立或屈膝站立。

2. 单腿站立，另一腿脚尖在前、侧、后点地。

3. 单腿站立，另一腿向前、侧、后方向举起至45°。

技术要点：

1. 扶把站姿要求腿部开、绷、直。

2. 身体姿态挺拔，手轻扶把，将身体重心放在支撑腿上。

3. 全脚掌贴地保持脚位准确，髋部上提，从大腿根开始外旋。脚尖、膝关节与髋关节在同一条直线上。

4. 提踵立时脚跟尽量抬高向前顶，屈膝半蹲时臀部对准脚跟，两膝对准脚尖。

5. 点地站时，支撑腿脚尖向外，动力腿绷直外旋：前点地时脚背外旋，脚跟向前顶；后点地时脚背外旋，脚跟向内；侧点地时脚背外旋，脚跟向前顶。

练习方法：

（1）由易到难，按以下顺序教学：各位置站立→起踵立→半蹲→点地立→举单腿站立→举单腿起踵立→举单腿站立或起踵立，上体向另一侧倾倒弯曲。

（2）由慢到快，逐步缩短每个站姿的停顿时间。

（二）蹲

蹲指支撑腿的屈伸动作，有半蹲和全蹲。蹲也是跳的起始动作。蹲的练习能有效增强腿部力量和控制身体平衡。

动作做法：

半蹲：预备时脚站立成一位（二位、三位、四位、五位或正步）；1–4拍，逐渐屈膝下蹲至膝关节角度大于90°，5–8拍，腿逐渐伸直至直立。

全蹲：预备时脚站立成一位（二位、三位、四位、五位或正步）；

（1）1–4拍，屈膝下蹲至半蹲姿势；5–8拍，继续屈膝下蹲，蹲至膝关节弯曲小于90°。

（2）1–4拍，向上提重心成半蹲；5–8拍，腿伸直至直立。

技术要点：

（1）蹲起时保持准确的脚位，两膝对准脚尖的方向，臀部对准脚跟的方向，上体正直。

（2）蹲起动作柔和连贯，向下时被动屈腿，向上时主动伸腿，全蹲至最大幅度时不松髋、不掉臀，不停顿。

(3) 双腿蹲重心在两腿之间。

练习方法：

(1) 双手扶把练习一位半蹲→一位全蹲。

(2) 双手扶把练习二位、四位和五位半蹲和全蹲、节奏由慢到快。

(3) 单手扶把练习一位至五位的半蹲和全蹲。

(三) 擦 地

擦地是是腿部动作的基础，是动力腿做摆动、踢腿的起始动作。

1. 一位擦地

双手（或单手）扶把，一位站立，1–2 拍，右脚全脚掌贴地直腿向侧擦出，随之脚背绷直脚尖点地，脚跟离地向前顶；3–4 拍，右脚踝放松，脚掌贴地，直腿擦地收回至一位。

2. 五位擦地

左手（或双手）扶把，五位站立；1–2 拍，右脚直腿向前擦出，随之脚跟向前顶，脚背绷至脚尖点地；3–4 拍，右脚踝放松，脚掌贴地，直腿擦地收回至五位。

技术要点：

(1) 擦地时重心保持在支撑腿上，注意外开、立髋。上体正直。摆动腿一侧髋关节放松，保持腿的伸直和外旋，灵活地自由运动。

(2) 动力腿全脚掌贴地直腿擦地，随之脚背绷直脚尖点地外旋，脚跟离地向前顶。然后脚踝放松，脚掌贴地，直腿擦地收回。

练习方法：

(1) 练习一位至五位站立和前、侧、后点地立姿态。

(2) 双手扶把练习一位和五位向侧（前、后）擦地，节奏由慢到快。

(4) 单手扶把练习一位和五位向前、侧、后擦地。

(四) 踢 腿

踢腿动作分为大踢腿和小踢腿，小踢腿以训练腿快速绷直的感觉和摆腿的速度为目的；大踢腿以发展腿部的柔韧、灵活、力量和速度、加大下肢幅度为目的。

1. 小踢腿

单（双）手扶把，五位站立；1 拍，前（后）腿快速擦地有力地绷直向前、侧（后）踢出，制动在 25°位置上；2 拍摆动腿向下经点地位置擦地收回。

2. 大踢腿

左手扶把，五位站立或提踵立；1 拍右腿直膝擦地用力向前、侧（后）上方踢起 135°以上；2 拍右脚轻轻落下至点地擦地收回至五位。

技术要点：

(1) 小踢腿擦地绷脚踢出地面之后，摆动腿伸肌收紧，使腿制动在 25°位置上。

(2) 动力腿经擦地绷脚踢出后，髋关节放松，当摆至过水平部位是利用惯性继续加速上摆，使腿踢至最高点，方向要正。

(4) 踢腿时，支撑腿伸直髋部上立，保持重心稳定。

动作规格：

(1) 小踢腿：快、直、准。

(2) 大踢腿：正、直、高（135°以上）。

练习方法：

(1) 在擦地的基础上练习小踢腿，在小踢腿的基础上练习大踢腿。

(2) 做好腿的柔韧性练习再练习大踢腿。

(3) 将不同方向的踢腿编成组合练习。

(五) 屈　伸

通过腿的屈伸练习增强腿部力量、韧性、关节灵活性和控制平衡的能力，以及增加腿的柔美感觉、灵活性和表现力。

1. 动力腿屈伸

单（双）手扶把一位站立，右腿向侧至25°；1–2拍，右腿屈膝收小腿至外踝贴左小腿前部，右脚跟向前顶；3–4拍，右腿保持膝向外，向前45°或25°方向有控制的伸直。

2. 两腿同时屈伸

左手扶把五位站立，右腿向侧至25°；1–2拍，左腿屈膝半蹲，同时右腿屈膝，右脚贴左小腿前部，两膝向侧打开；3–4拍，左腿伸直，同时右腿向侧下方伸直。

技术要点：

(1) 动力腿在屈伸过程中始终保持外旋，脚跟向前，脚背向外。伸展时大腿带小腿，有控制的伸直，腿保持外旋。

(2) 支撑腿屈伸的要点同蹲，有控制的弯曲和伸直，并保持身体重心的稳定。

练习方法：

(1) 分别练习支撑腿和动力腿的屈伸动作。

(2) 动力腿屈伸高度可从25°→45°→90°→135°，逐渐加难。

(3) 将不同方向的屈伸编成组合，两腿交替练习。

(六) 划　圈

脚在地上、空中的绕和绕环动作称作划圈，这类动作能有效地训练下肢各关节的灵活性。

1. 地上划圈

左手扶把一位站立：

(1) 1拍，右脚向前擦地伸出至前点地；2拍右脚尖由前向侧向后划弧至后点地。

(2) 3拍右脚擦地收回经一位向前擦出至前点地；4拍同（1）的2拍。

(3) 向后划圈动作同向前，唯方向相反。

2. 空中划圈

左手扶把一位站立。1–2拍右腿向前摆至45°从前摆至侧，3–4拍从侧摆至后，右腿后点地；5–6右腿向前擦地经一位摆至45°从前摆至侧，7–8拍同3–4拍。

从后经侧向前空作中划圈动作同向前，唯方向相反。

技术要点：

身体重心始终保持在支撑腿上，划圈动作的动力腿髋关节放松，腿伸直外旋，脚尖以最大幅度在地上或空中划圈，划圈动作应圆滑流畅。

练习方法：

（1）慢速练习地上划圈和空中划圈。

（2）按正常速度练习。

（七）压　腿

1. 向前压腿

左手扶把右臂上举，上体直立，面对（斜对）把杆，右腿绷直外旋放在把杆上，体前屈压右腿，手臂伸向脚尖前方，接着还原成上体直立姿势。

2. 向侧压腿

左手扶把或右臂侧举，左侧对（斜对）把杆，左腿伸直放在把杆上。右臂向上伸上体向左侧屈侧，左肩触左腿，然后还原成上体直立姿势。

3. 向后压腿

上体正直，右手扶把，侧背对把杆，左腿后举，将脚背放在把杆上，两腿伸直；上体后屈，同时支撑腿屈膝下蹲，使两腿开度加大。

技术要点：压腿时两腿绷直外开，肩、胸、髋放正，通过体前屈、体侧屈或体后屈的方法增加压腿的力量。

练习方法：

1. 练习静力压腿，动力腿放在把杆上保持正确姿势 1~2 个八拍。

2. 由易到难，用力由小到大，逐步增加压腿力度。

（八）身体弯曲和波浪

动作做法：

1. 双手扶把站立或提踵立做上体向前（侧、后）弯屈和全身波浪。

2. 单手扶把，提踵立，做上体向前、后、侧弯曲；向左、右扭转；向内外做水平绕环；做向前、向后、向侧全身波浪。

练习方法：

1. 双手扶把练习不同方向的身体弯曲和身体波浪。

2. 单手扶把练习不同方向的身体弯曲和身体波浪。先慢后快。

4. 按以下顺序练习，站立身体波浪→移重心身体波浪→身体螺旋波浪。

（九）平衡和控制

艺术体操动作千姿百态，变化多样，单脚站立的平衡是各种静态舞姿中的代表性动作，扶把练习有利于提高身体重心的稳定性和身体姿势的规范性。

动作做法：左手扶把，左脚提踵立，右腿向前（侧、后）举至 90°（135°以上），上体正直保持 1~4 拍。

练习方法：

1. 进行压腿、搬腿、踢腿练习，增强腿的柔韧性。

2. 单手扶把，经单腿向前（侧、后）举至90°，控制2~3拍落下，经点地收回。

3. 单手扶把，另一手向前（侧、后）扳腿，松手后，腿控制在135°以上，2~3拍，经点地收回。

4. 可结合手臂和头部位置的变化练习。

（十）转　体

扶把做转体动作，其目的在于借助把杆进行支撑腿的训练，提高转体时身体重心的稳定性。

动作做法：单手扶把，练习不同姿势单脚转体，从90°→180°→360°，逐步增加转体度数和转体速度。

技术要点：轻扶把，不可推、拉或靠在把杆上，身体重心应落在支撑腿前脚掌上。

练习方法：

（1）分解练习转体的各部分技术。

（2）完整练习转体动作，逐渐增加转体度数。

十三、技巧动作

为增加艺术体操的难度及可观赏性，艺术体操成套动作中加入技巧动作。艺术体操技巧动作主要包括各种手倒立、滚动、滚翻和手翻等。通过技巧动作训练，能够帮助运动员建立正确的空间概念和时间概念，提高身体动作的协调性，加速运动技能的形成。

（一）滚　翻

滚翻是身体的头部、肩背部、臀部和腿部依次接触地面的翻转动作。从身体的形态上有团身、屈体、挺身；翻转方向有向前、向后、向侧。滚翻是一种比较简单的基础动作，也是一种自我保护的方法。因此应重视滚翻类动作的练习。这类动作在技术上都是通过身体各部位依次接触地面的滚动来完成的。因此，应抓住滚动这个特点，建立自身各种方向的滚动概念和技能。

1. 前滚翻

动作做法：由蹲立开始，两手向前撑地，接着两脚蹬地，同时提臀、屈臂、低头，经后脑着地向前滚动，当头和背着地时，迅速团身滚动起立。

技术要点：当头部和背部着地时，上体迅速紧靠大腿团身，滚翻动作圆滑流畅。

练习方法：

（1）在其他人帮助下慢速练习前滚翻。

（2）独立慢速练习前滚翻动作。

（3）按正常速度练习。

2. 后滚翻

动作做法：由蹲撑开始，向后团身滚翻，两手置于肩上方，头部着地时向一侧倒，两手撑地推起成蹲撑。

技术要点：向后滚翻时，头部要侧向一边，主动翻臀，两膝向上体尽量靠拢，两肘夹紧及时推地。

练习方法：

（1）在其他人帮助下练习后滚翻，应托其腰部帮助其推手、翻转。

（2）慢速练习后滚翻。

（3）按正常速度练习。

（二）倒　立

倒立是头朝下、脚向上、身体和地面垂直的一种支撑动作。从形式上它有手支撑，头手支撑或其它部位混合支撑。艺术体操有一些要经过倒立姿势来完成，同时它又是提高专项素质的一种有效手段。

1. 肩臂倒立

动作做法：仰卧开始，双臂于体侧压地，举腿、翻臀，当脚面举至头上方时，伸直髋关节成肩臂倒立。

技术要点：在垂直面上要充分伸直髋关节。

练习方法：

（1）在其他人帮助下进行练习，扶其两腿至倒立部位。

（2）按正常速度独立练习。

2. 手倒立

动作做法：从两腿前后站立开始，上体前倾，两臂与肩同宽，五指分开，含胸撑地；同时一腿后摆、一脚蹬地，当臀部至垂直面时，蹬地腿向摆动腿并拢成手倒立。

技术要点：手倒立时肩角要顶开，身体要正直，摆腿时紧腰，脚、臀、肩、手在一垂直面上。

练习方法：

（1）靠墙或在其他人帮助下练习。

（2）独立练习倒立动作。

（三）软　翻

软翻是经手或肘支撑的一种翻转动作。从形式上它可以向前、向后和向侧来做。

前软翻

动作做法：两腿前后站立、两臂置于体侧，重心前移，上体前倒，两手撑地，同时两腿依次向后上摆腿、蹬地，经前后分踢倒立，顶肩（并稍后移）、抬头前翻。接着摆动腿与地面垂直落地，同时顶肩、推手、顶髋、立腰，蹬地腿伸向前上方后，于体前点地，成两臂斜上举的站立姿势。

技术要点：主动摆腿，顶肩，落脚时脚尽量接近手的位置。

练习方法：

（1）在其他人帮助下分解练习：分腿倒立前翻成一腿上举的桥；再顶肩、推手、伸腿起立。

（2）独立练习前软翻动作。

第二节　艺术体操身体动作练习注意事项

在艺术体操身体动作的训练过程中，应该注意以下四点：

1. 在初级训练中，首先要抓全身各关节的柔韧灵活性和身体各部位基本姿态的规范化训练。并且通过屈伸、绕环、摆动、弹动、波浪等动作的训练，掌握身体各部分协调运动的正确方法和韵律性节奏。

2. 在学习难度动作时，应当考虑各类动作的纵横关系。首先抓住基础难度动作，高标准高质量地熟练掌握，然后举一反三，引发出与此相关的同类型或不同类型动作，达到触类旁通，使运动员能够在较短的时间掌握较多的动作。

3. 在身体动作训练中，应当紧密结合扶把杆练习，利用把杆放慢动作节奏，体会肌肉用力的正确方法，改进身体姿态，提高能力。还应当配合身体素质的训练，使运动员身体素质的储备能量能够满足技术进步的需要，促进身体难度动作的发展。

4. 身体动作的训练不仅要全面扎实，而且要具有特色。个人项目的运动员，应最大限度地突出该运动员在技术、素质和表演能力方面的优势，发展具有个人特色的新颖高难动作。集体项目的身体动作训练则应特别强调 5 名运动员所完成的身体动作技术规格一致、动作速度和节奏变化一致、动作的协调性、熟练性、表情和风格一致。使 5 名运动员融在一个整体中，发展具有成队特点的身体难度动作和新颖巧妙的连接动作，在比赛中以整体的优势取胜。

思考题

1. 艺术体操的一般身体动作主要包括哪些？
2. 大众艺术体操和竞技艺术体操对于身体动作的要求有何区别？
3. 把杆练习对艺术体操运动员身体动作是否有影响？为什么？
4. 在艺术体操训练中，如何处理一般身体动作训练与专项身体动作训练的关系？
5. 如何将专项身体动作融入到把杆训练中？

参考文献

[1] 黄美琳. 全国体育学院教材委员会.艺术体操 [M]. 北京：人民体育出版社，1991.6：238−326.

[2] 阿尔弗莱特·阿·诺浦. 古典芭蕾基本技巧和术语 [M]. 北京：北京舞蹈学院内部教材，2005.

[3] 2013~2016 艺术体操评分规则[M]. 北京:国家体育总局体操运动管理中心,2013:6−19.

[4] 汪以平. 舞蹈艺术通论 [M]. 南京：南京大学出版社，2006.

[5] 曲世奎. 体操大辞典 [M]. 北京：人民体育出版社，1996.

[6] 彭万荣. 表演辞典 [M]. 武汉：武汉大学出版社，2005.6.

第五章
艺术体操器械动作

本章提要

持器械完成动作是艺术体操项目的主要特点之一，是进行艺术体操教学、训练和竞赛的重要内容，是艺术体操专项学生必须掌握的专项技术。由于艺术体操各项器械的特性各不相同，使艺术体操器械动作类型丰富、变化繁多。本章通过介绍器械动作的特点、种类、作用，以及对每项器械的特性及共性技术动作的做法、要领及教学步骤进行实践性指导，便于学生对艺术体操器械动作的掌握和教学能力的提高。

身体动作与器械动作的完美结合体现了艺术体操项目特点，身体动作和器械动作共同构成艺术体操动作体系，其中手持器械完成动作是艺术体操区别于其他运动项目的主要特征之一。持器械练习不仅能够提高练习者的兴趣，同时增加了动作幅度、强度和美感，有利于培养和促进练习者的协调性、灵敏性，以及控制力和表现力等多种能力的发展。

图 5-1

第一节　艺术体操器械动作的特点、种类和作用

一、艺术体操器械动作的特点

艺术体操所采用的器械种类极为广泛，包括绳、圈、球、棒、带、纱巾、彩绸、扇子、旗子、帽子、伞、棍和铃鼓等各种器械，由于它们的形状、重量、质地和结构均不相同，使艺术体操器械展现出不同的技术特性。就器械本身而言，艺术体操器械动作主要具有多样性、延展性、合一性、复杂性、合理性和扩展性等特点。

（一）多样性

由于艺术体操所使用的器械多种多样，器械的大小、长短、轻重和软硬各不相同，因而产生了极其丰富多变的器械运动形式，包括艺术体操器械共有技术动作，如绕环、“8”字、抛接和在身上的不稳定平衡动作，以及不同器械自身所具有的特性技术动作（分为基本组和其他组），如绳的过绳跳、放单绳；圈的各种转动、滚动、从圈中穿过/圈上越过；球的拍球、滚球；棒的双棒五花、小绕环、不对称动作、敲击和双棒抛；带的螺形蛇形、带棍小抛、拉带抛等。

此外，当器械动作与不同形式的身体动作结合时，将会产生更加丰富多变的动作形式，进一步体现了艺术体操器械动作的多样性。

（二）延展性

艺术体操器械是通过练习者手持或身体某一部位持器械完成各种动作，器械动作与身体动作构成统一的运动整体，因此器械被视为练习者身体的一部分，是练习者身体的延长线，当练习者通过用手、脚或身体某一部位持器械完成各种绕环、“8”字等动作时，舒展而大幅度的器械动作充分体现了器械的延展性这一特点。

（三）合一性

图 5-2

艺术体操是一项身体动作与器械动作紧密结合的运动项目，身体动作与器械动作互为存在的基础，二者缺一不可。（图 5-2）单纯的器械动作如同杂技，而单纯的身体动作视为舞蹈，只有当器械动作与身体动作紧密结合、融为一体时，才能充分体现艺术体操项目的精髓，才能称之为艺术体操。因此，与身体动作的合一性是艺术体操器械动作的显著特点。

（四）复杂性

艺术体操器械种类丰富，技术动作纷繁复杂，完成形式多样。以过绳小跳为例，包括向前、向侧和向后过绳小跳，单脚和双脚过绳小跳，原地和移动过绳小跳，同方向和改变方向的过绳小跳，交叉和不交叉过绳小跳，低姿过绳小跳等多种过绳小跳技术动作，由此可以看出器械技术动作是极其复杂多变的，一种技术动作蕴含了多种变化因素，每改变或增加一个因素，动作的复杂程度也随之增加。

艺术体操器械动作不仅包括各种摆动、绕环、“8”字等简单技术动作，也包括抛接、滚动、不对称等较为复杂的技术动作，还包括用手、脚或身体其他部位运用器械，以及在视线外、低姿、旋转等情况下完成各种高难度器械技术动作，同时还要结合各类高难度的身体动作，艺术体操器械动作复杂性不言而喻。（图 5-3）

（五）扩展性

图 5-3

艺术体操器械技术动作极为丰富，完成形式变幻多端，其动作的表现形式具有广阔的发展空间，可以通过两方面来体现：

1. 技术动作本身的完成形式

艺术体操器械技术类型是有限的，但是表现形式是无穷无尽的。同一个器械动作可以用不同的身体部位运用、与不同身体难度结合、在不同的方向和水平面完成，采用带旋转、低姿、视线外、不用手等多种形式，且每一种类的变化也是无限的。

2. 技术动作之间的连接形式

艺术体操的器械动作是将相同和不同的技术动作以不同的方式连接起来，以成套的形式予以呈现，因此，动作与动作之间的连接形式丰富多样，变化无穷，具有极大的拓展空间。

（六）创新性

艺术体操是一项艺术性很强的体育项目，追求艺术性的关键在于创新。器械作为艺术体操项目的主要特点之一，更需要不断地创新，器械技术没有创新，艺术体操就没有发展。中国艺术体操集体项目正是凭借器械动作创新的优势以及稳定的发挥，在 2008 年第 29 届北京

奥运会上，获得了集体全能第二名的历史性突破的好成绩。不断创新是艺术体操器械动作发展的主旋律。（图 5–4）

图 5–4 中国队 5 绳创新动作

二、艺术体操器械动作的种类

（一）艺术体操器械的种类

按照不同的任务、目的，艺术体操可分为竞技艺术体操和大众艺术体操，竞技艺术体操与大众艺术体操所使用的器械并不完全相同。

1. 竞技艺术体操器械种类

竞技艺术体操所使用的器械包括绳、圈、球、棒、带共计五项器械。根据艺术体操评分规则要求，对每项器械的大小、长短及重量都有明确的规定。（表 5–1）参加正式的艺术体操比赛时，必须使用符合规则规定的器械。

表 5 – 1 竞技性艺术体操器械规格表

项目	材质	尺寸	重量
绳	棉/麻或合成纤维	依练习者身高而定，双脚同肩宽，踩绳的中段，绳两端拉直至腋窝处，两头各打一个小结。	无
圈	塑料（空心）	内径 80 ~ 90 厘米	≥300 克
球	塑胶/橡胶	直径 18 ~ 20 厘米	≥400 克
棒	塑料或合成材料	长 40 ~ 50 厘米；棒头直径≤3 厘米	≥150 克/根
带	带棍：玻璃纤维 带：绸/缎	长 50 ~ 60 厘米；直径≤1 厘米 长 6 米；宽 4 ~ 6 厘米；与带棍连接的 1 米带是双层；用尼龙绳或金属链连接带和带棍	≥35 克

2. 大众艺术体操器械种类

大众艺术体操器械的选择较为宽泛不受限制，只要便于练习者运用，有利于提高练习者的协调性、灵敏性、表现力的轻器械都可以使用，例如：纱巾、扇子、绸带、旗子、铃鼓、伞、棍等，都可作为大众艺术体操器械进行练习和表演。（图 5-5~图 5-8）

图 5-5　扇子

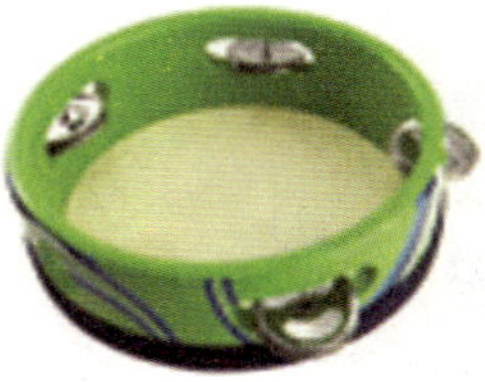

图 5-6　铃鼓

图 5-7　伞

图 5-8　旗子

（二）艺术体操器械动作的种类

基于艺术体操器械形状、结构和特性的不同，艺术体操器械动作的种类丰富多样，变化无穷。依据艺术体操竞赛的五项器械动作的技术特征，可将器械动作分为共性技术动作和特性技术动作。（图 5-9）

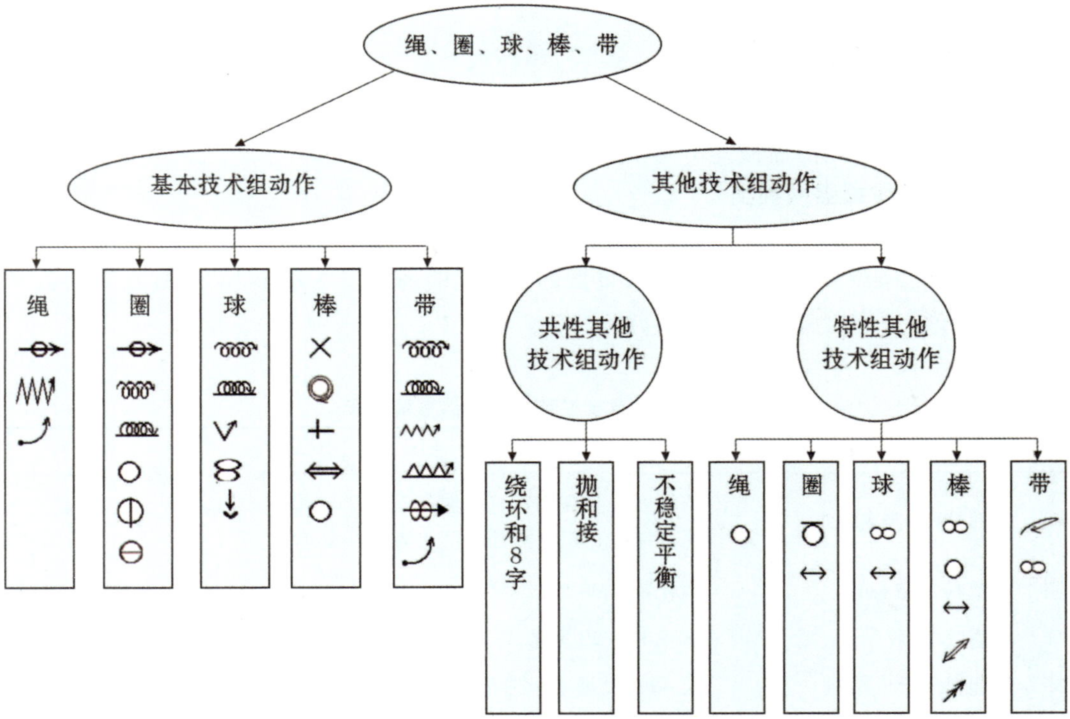

图 5-9　竞技性艺术体操器械动作种类图

与竞技艺术体操器械动作相比，大众艺术体操器械动作的种类更是多种多样，每种器械都有其各自的特性，器械动作也更加丰富多彩。首先，根据大众艺术体操器械技术特征，可将它们归纳为：摆动类、绕环类、“8”字类、抛接类等四类动作；其次，根据运用器械的形式，可分为：个人技术动作和配合技术动作。（图 5-10）

大众性艺术体操器械动作	
技术特征： 摆动类 绕环类 8字类 转动类 抛接类	运用形式： 个人技术动作 配合技术动作

图 5-10　大众性艺术体操器械动作种类图

三、艺术体操器械动作的作用

（一）促进身体素质的发展

艺术体操以各种自然、优美、充满韵律性的动作，使练习者的全身各部位得到充分锻炼，特别是通过多种多样器械动作练习，对于提高练习者中枢神经系统的协调关系、肌肉本体感觉的准确性和灵敏性，均可以起到积极的促进作用。因此，艺术体操器械动作练习具较高的锻炼价值，对于促进练习者身体素质的发展具有重要作用。

（二）增强练习的趣味性

不论是专业运动员还是健身爱好者，从事运动训练或体育锻炼都是一个长期的过程，需要持之以恒地坚持。在艺术体操练习过程中，器械动作不仅可以进一步丰富动作内容，增加动作的幅度和美感，而且能够增强练习的趣味性，避免了枯燥单一的练习内容，对于提高练习者的兴趣和积极性的作用显而易见。通过艺术体操器械练习，能够极大地提高人们的练习兴趣，有助于练习者坚持锻炼。

（三）提高动作的表现力

艺术体操是将身体动作、器械动作和音乐三者完美融合，全方位展现竞技美与艺术美的一项体育运动。练习者通过手持或身体其他部位持器械进行练习，能够增大动作幅度，提升动作美感，呈现出更加舒展和优美的动作，使练习者感受到自身的动作美，从而激发和促进练习者表现美的情绪，有助于提高练习者的动作表现力。

器械动作是艺术体操精华所在，合理地运用器械完成动作是艺术体操项目主要特点之一。完成艺术体操动作时，器械必须始终处于运动中，不能作为装饰或静止不动。国际体操联合会规定的正式比赛项目包括绳、圈、球、棒、带五项器械，且不同器械的技术动作应充分体现该项器械特性和技术特征。本节重点介绍正式比赛五项器械动作的主要内容。

第二节　艺术体操器械动作

一、绳

绳是人们较为熟悉的一种娱乐健身器械，跳绳是广大群众喜欢并接受的一种锻炼形式。艺术体操所用的绳与普通的绳有所不同，它是由棉、麻或合成材料制成。（图 5-11）绳的长度取决于练习者身高，一般以双脚分开同肩宽，踩绳中段，绳两头至腋窝处为宜，并在绳的两端各打一个小结即可。（图 5-12）

图 5-11　艺术体操器械-绳

图 5-12　踩绳

绳属于软器械，细长而柔软是其特质。绳的动作具有轻巧、快速、流畅及绳形多变的特点。主要持绳方法包括持单绳、双折绳、三折绳或四折绳；可以单手或双手持绳头完成各种摆动、转动、绕环、“8”字、缠绕、抛接等动作。绳的典型技术动作是过绳小跳、过绳大跳、放单绳、持绳的一头或中段。在练习过程中，可以将绳的不用技术动作与多样化的身体动作相结合进行练习，使绳的动作更加丰富多彩、富于变化和美感。练习者可根据自身情况，灵活调整和改变动作练习的速度、节奏、幅度和形式，以便有效地发展练习者的节奏感、灵活性，以及速度、耐力和弹跳力，同时对练习者的心血管系统功能的发展也有良好的作用。

（一）持绳方法

一般用拇指、食指和中指握绳，握绳松紧应适度，既便于绳头在手中灵活转动，又要有一定的稳固性。

1. 双手持绳

（1）双手各持绳的一端。（图 5-13）

（2）双手持双折绳的两端。（图 5-14）

图 5-13 双手各持绳的一端

图 5-14 双手持双折绳的两端

(3) 双手持三折绳的两端。(图 5-15)

(4) 一手持绳的一端，另一手持绳的中段。(图 5-16)

图 5-15 双手持三折绳的两端

图 5-16 一手持绳的一端，另一手持绳的中段

2. 单手持绳

(1) 单手持绳的一端。(图 5-17)

(2) 单手持绳的两端。(图 5-18)

图 5-17 单手持绳的一端

图 5-18 单手持绳的两端

常见错误：

未持绳头。(图 5-19)

屈臂持绳。(图 5-20)

图 5-19 未持绳头

图 5-20 屈臂持绳

（二）基本动作

1. 摆　动

动作做法：双手或单手持绳，手臂自然伸直，以肩为轴向不同方向做摆动。摆动至向下时稍屈肘，使力传至绳的远端。

（1）双手持绳左右摆动（图 5-21）

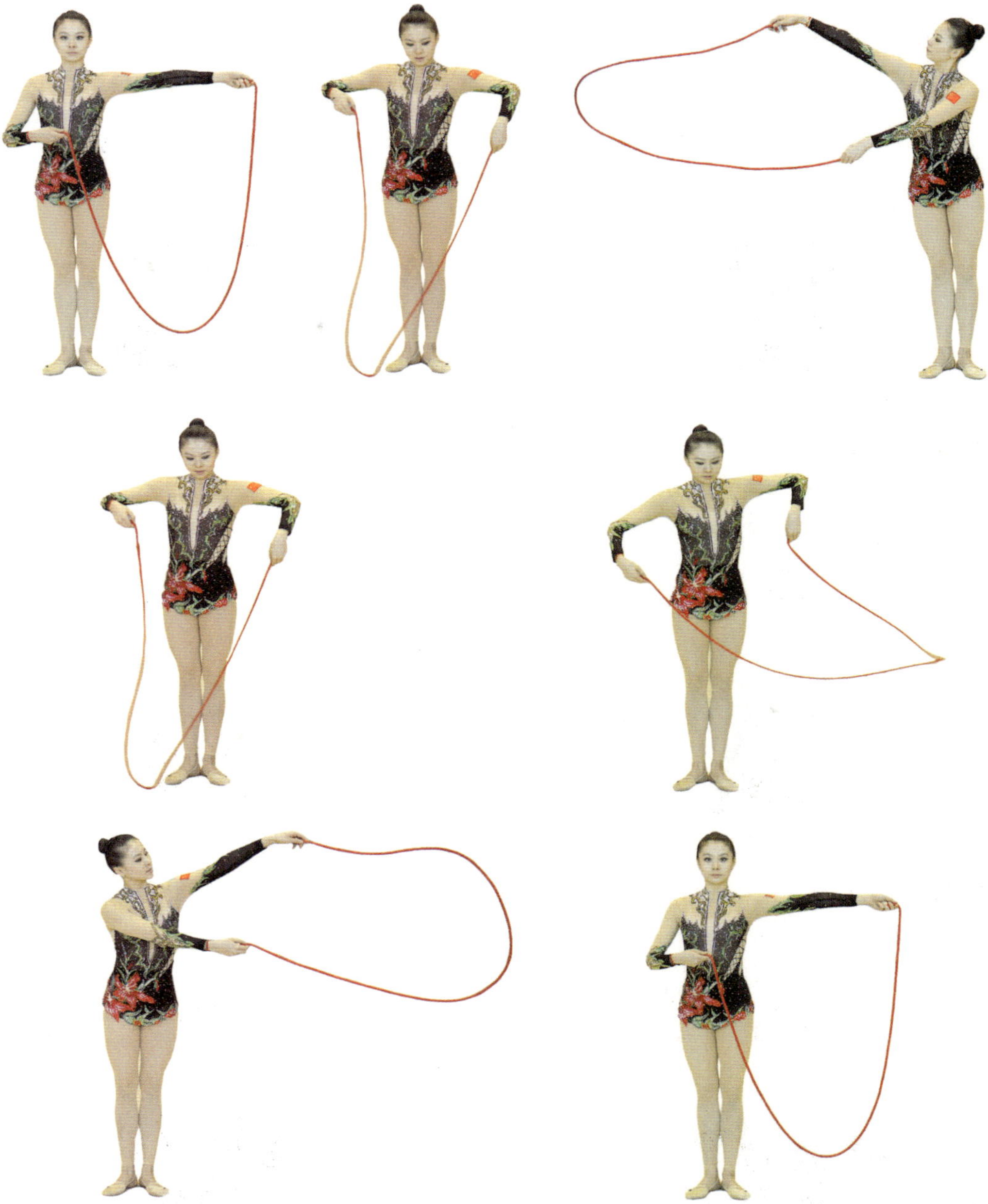

图 5-21　双手持绳左右摆动

（2）双手持绳前后摆动（图 5-22）

图 5-22　双手持绳前后摆动

动作要领：摆动以肩为轴和发力点，肩部下沉，绳经下时稍屈肘，避免绳的下部触地，绳始终保持弧形，使力传至绳远端，成为手臂的“延伸”部分。

教学步骤：

（1）原地站立持绳摆动。

（2）结合屈膝弹动、移重心、向前或后足尖步等身体动作进行练习。

（3）变换节奏进行练习。

2. 绕　环

动作做法：双手或单手持绳，手臂自然伸直，以肩为轴，使绳在不同面上、不同方向上做圆周运动。

(1) 双手持绳在体前做向右(左)大绕环(图 5-23)

图 5-23　双手持绳在体前做向右(左)大绕环

(2) 双手持绳在体侧做向后（前）大绕环（图 5–24）

图 5–24　双手持绳在体侧做向后（前）大绕环

(3) 双手或单手持绳在头上做向左（右）水平绕环（图 5–25）

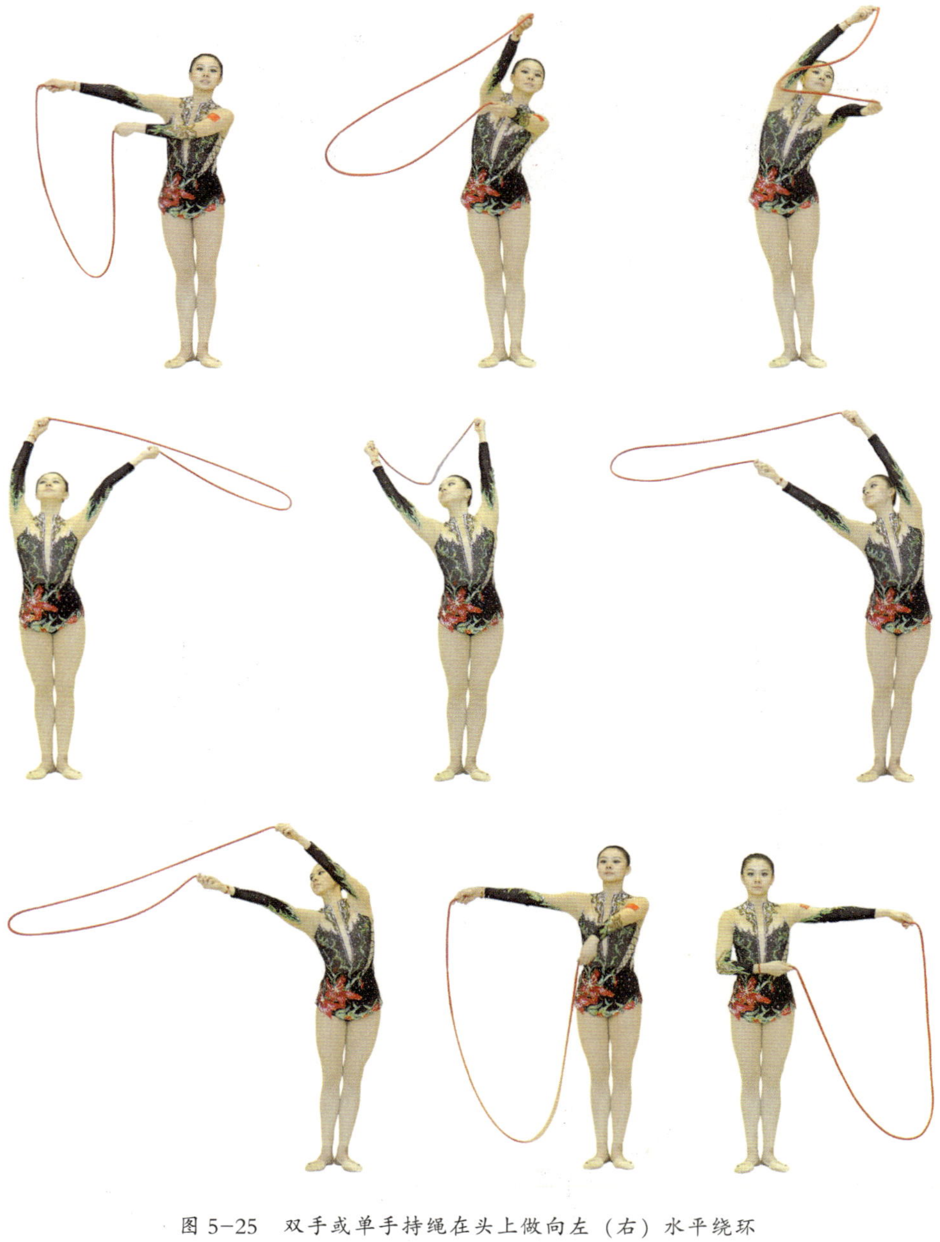

图 5–25　双手或单手持绳在头上做向左（右）水平绕环

动作要领：做大绕环时，以肩为轴，两臂伸直向前上方用力摆动，将摆动力传递至绳的远端，当绳绕环至向下时可顺其惯性自然摆动，此时同样应将摆动力传递至绳的远端。绕环时手臂和绳的轨迹应形成一个最大幅度的圆形。

教学步骤：

(1) 原地站立慢速练习不同面、不同方向的绕环动作。

(2) 按照正常节奏练习，并将摆动与绕环相结合进行练习。

(3) 结合屈膝弹动、移重心、足尖步以及柔软步跑等各种身体动作练习。

3. "8" 字

动作做法：双手或单手持绳，手臂自然伸直，以肩或肘为轴，使绳在两个相对称的不同方向、不同平面上连续做两个对称的绕环构成"8"字形。（图 5-26）

动作要领：

(1) 双手或单手持绳体侧绕"8"字，由前向下摆动时，两臂屈肘在左侧垂直绕绳，经下时用力向后上方摆绳，将摆动力传递至绳的远端，绳向上向前摆至水平部位时两臂自然伸直，绳通过矢状面，然后绳向右侧做垂直绕环，与向左侧动作相同，方向相反。两侧绕环交叉在正前方水平部位。

图 5-26　双手或单手持绳体侧绕"8"字

（2）双手或单手持绳体前体后绕“8”字，体前绕环以肘、肩为轴绕环一周，体后绕环以肘为轴绕环一周。绳置于左侧向下经垂直部位时经屈肘后用力向右上方摆动，手臂伸直将摆动力传递至绳的远端，绳摆至正上方屈肘，使绳顺其惯性从左侧经体后向右侧上方摆动，绳摆至正上方顺其惯性向左前下方摆动。（图 5–27）

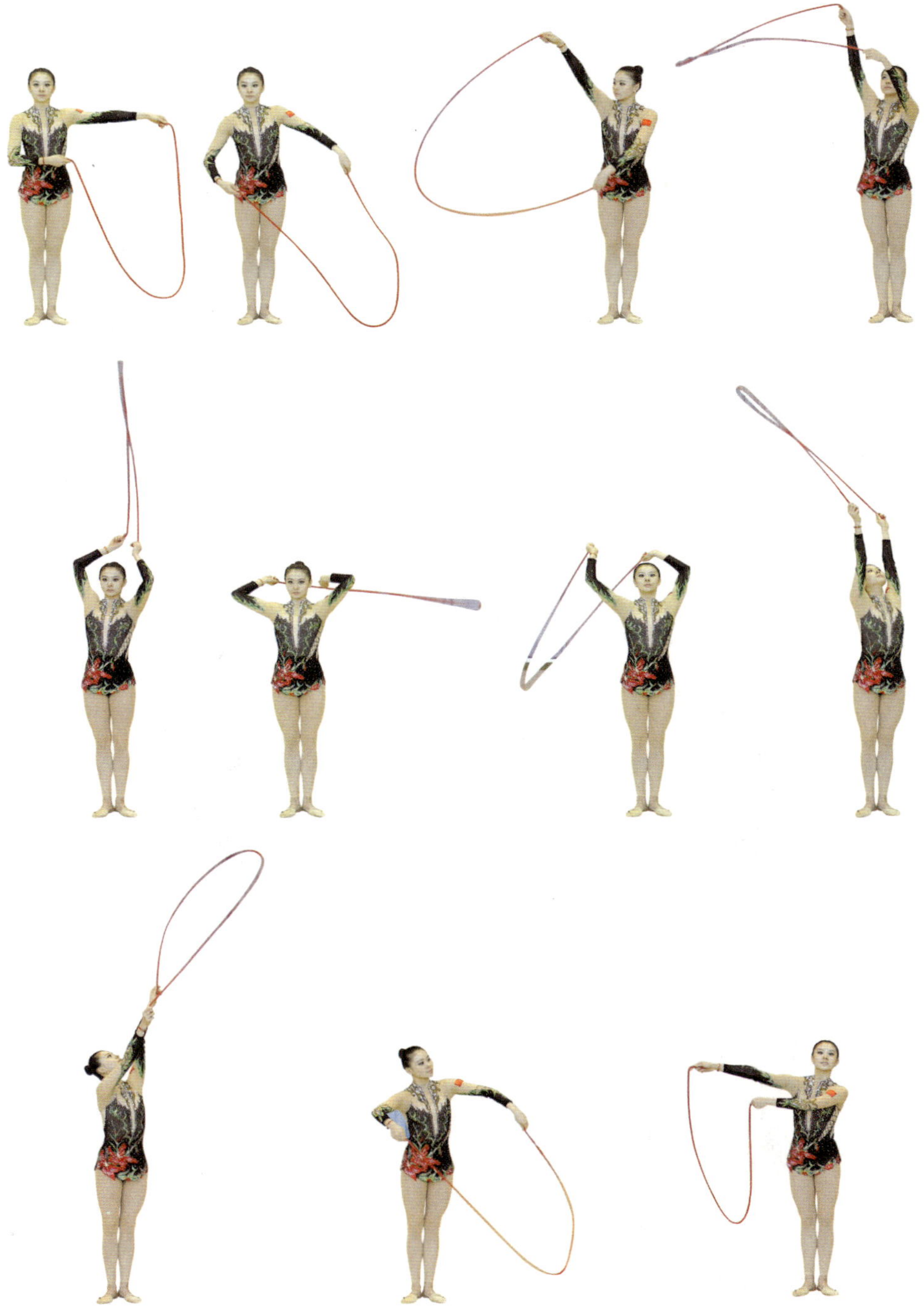

图 5–27　双手或单手持绳体前体后绕“8”字

(3) 双手或单手持绳在头上-体前水平绕“8”字，绳经前向右上方做头上水平摆动一周，然后经体前做水平绕环一周，绳不能触地，绕环时绳应保持在水平面上。(图 5-28)

图 5-28　双手或单手持绳在头上-体前水平绕“8”字

教学步骤：

(1) 原地徒手练习不同方向、不同面的绕“8”字动作。

(2) 单手或双手持四折绳或双折绳，慢速练习绕“8”字的动作。

(3) 单手或双手持持双折绳按正常速度练习绕“8”字动作。

(4) 结合屈膝弹动、移重心等身体动作练习绕“8”字动作。

4. 转　动

动作做法：单手持双折绳绳头，手臂自然伸直，以手腕为轴，绳在不同面上、不同方向上做圆周运动。

（1）双手或单手持绳头上水平转动（图 5-29）

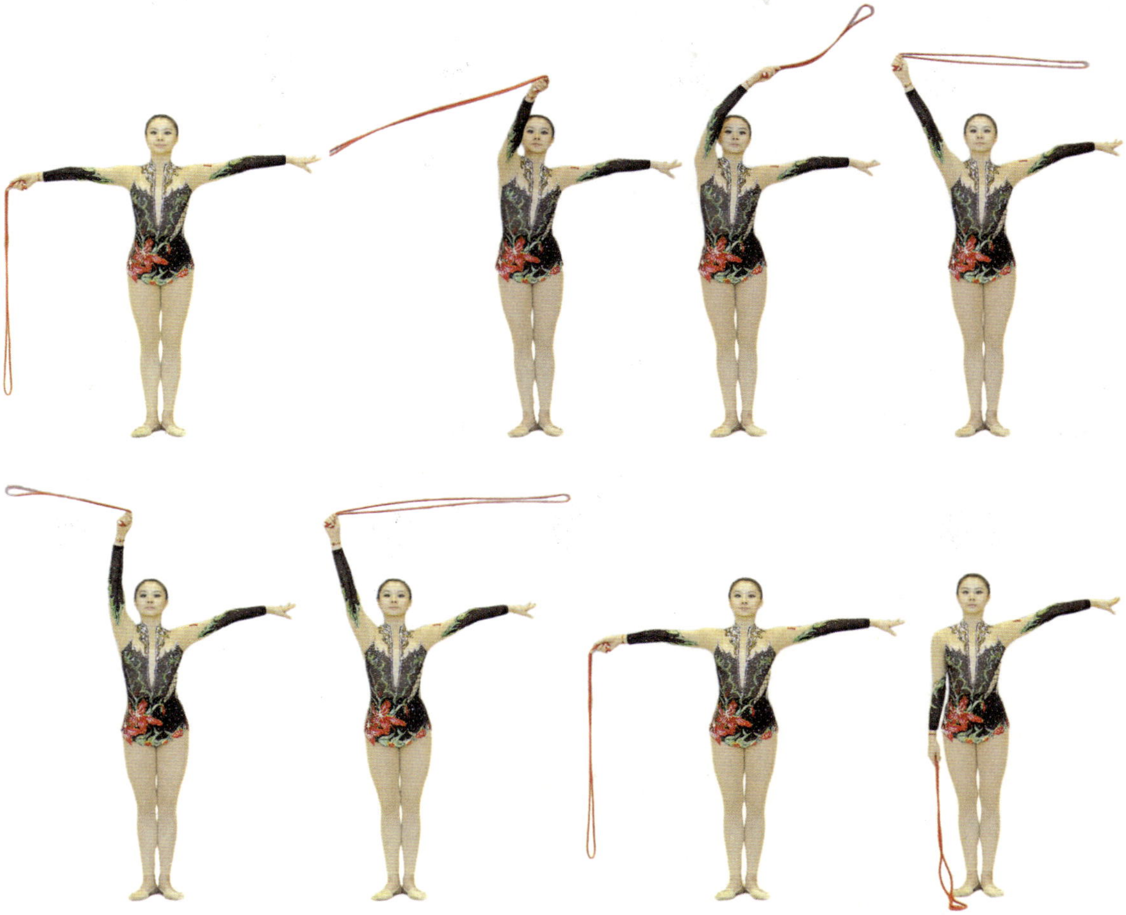

图 5-29　双手或单手持绳头上水平转动

（2）双手或单手持绳体前转动（图 5-30）

图 5-30 双手或单手持绳体前转动

（3）单手持绳体侧转动（图 5-31）

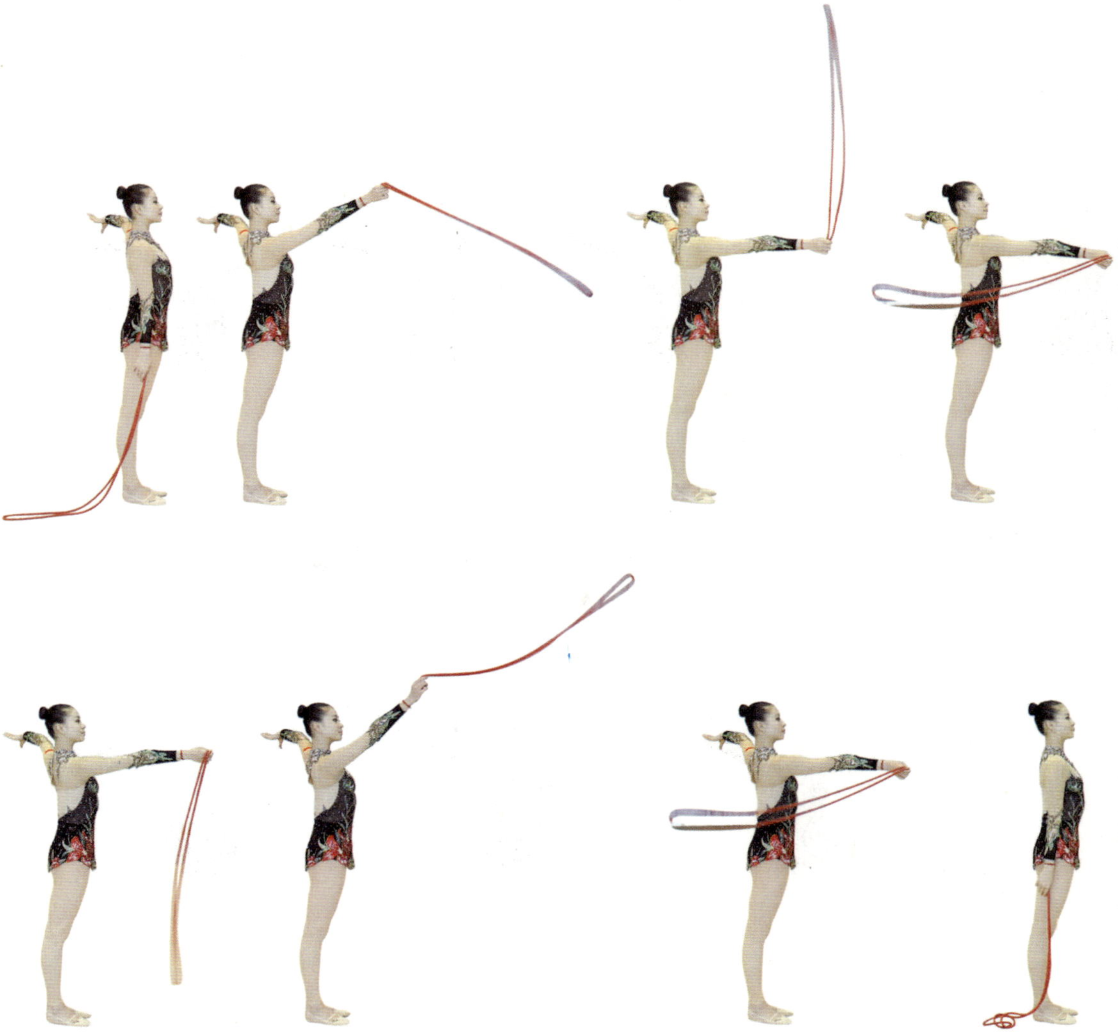

图 5-31　单手持绳体侧转动

（4）单手持折绳转动（图 5-32）

图 5-32　单手持折绳转动

动作要领：以手腕为轴，腕关节灵活快速转动，单手持绳的松紧应适度，以绳能够在手中自由转动为宜。转动开始时，摆动的起始力量稍大，待绳形成自主旋转后，依靠绳的转动惯性保持快速转动，手臂应自然伸直。

教学步骤：

（1）原地单手持四折绳或双折绳，慢速练习不同方向、不同面的转动动作。

（2）单手持绳，逐步加快绳的转动速度。

（3）结合移重心、简单步法等身体动作进行转动练习。

5. 小跳过绳

动作做法：自然站立，双手各持一个绳头侧下举（稍屈肘），将绳置于体后（前、侧），以手腕为轴向前（后、侧）做转动，绳经下时加速转动，双脚（单脚）同时或依次跳过绳，前脚掌着地稍屈膝缓冲。注意转动绳动作要连贯、均匀，向下时加速，小跳要轻巧，绳的转动速度与小跳速度一致、协调配合。

动作要领：

（1）原地小跳过绳（前摇），躯干始终保持正确姿势，两臂自然伸直于侧下举（以过绳跳时绳中段不触地为宜），松握绳头，手腕灵活地向前转动绳。过绳时两脚主动蹬地跳起，绷脚尖，绳不应触地，落地时前脚掌着地，屈膝缓冲。注意转动绳与小跳的节奏配合应协调一致。（图 5-33）

图 5-33　原地小跳过绳（前摇）

(2) 移动小跳过绳（后摇）躯干始终保持正确姿势，两臂自然伸直于侧下举（以过绳跳时绳中段不触地为宜），松握绳头，手腕灵活地向后转动绳。注意转动绳与小跳的节奏配合应协调一致。（图 5-34）

图 5-34　移动小跳过绳（后摇）

（3）原地小跳交叉过绳（前摇），躯干始终保持正确姿势，两手松握绳头，两臂自然交叉于体前，以手腕为轴灵活地转动绳，两脚依次小跳过绳，绷脚尖，绳不应触地，落地时前脚掌着地，屈膝缓冲。（图 5-35）

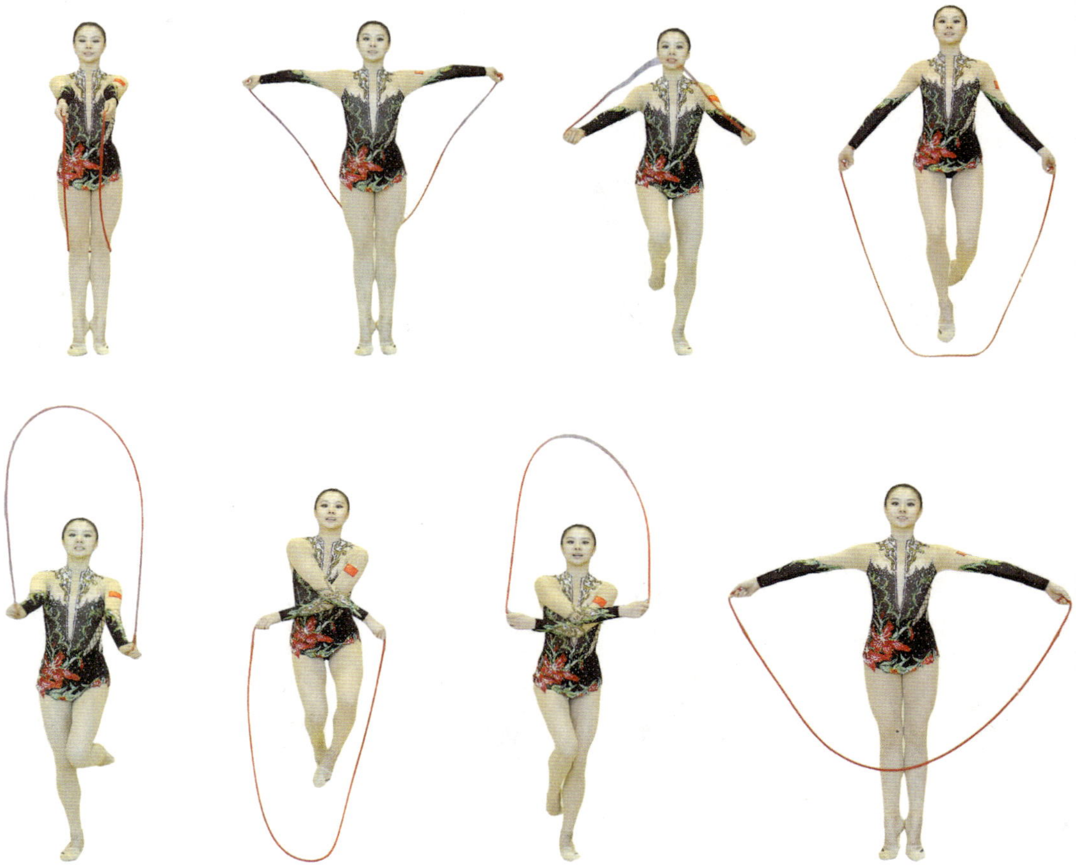

图 5-35　原地小跳交叉过绳（前摇）

（4）移动小跳转体过绳，躯干始终保持正确姿势，两手松握绳头，两肘稍弯曲固定于前侧举，以手腕为轴灵活地转动绳。做一次向前摇绳过绳小跳后，身体迅速转体 180°，做一次向后摇绳过绳小跳。身体的转体方向和绳的转动方向要准确清晰，绳的转动与转体小跳的节奏应协调配合。（图 5-36）

图 5-36　移动小跳转体过绳

教学步骤：

（1）双手各持一个绳头向前、后摆荡，小跳过绳。

（2）慢速练习原地连续向前（后）小跳过绳。

（3）按正常速度练习原地连续向前（后）小跳过绳

（4）慢速练习向前（后）移动小跳过绳。

（5）按正常速度练习向前（后）移动小跳过绳。

（6）慢速练习变换方向、交叉小跳过绳。

（7）按正常速度练习变换方向、交叉小跳过绳。

6. 大跳过绳

动作做法：

（1）原地大跳过绳：双手各持一个绳头前平举，以手腕为轴向左做一次向前转动绳，两臂自然伸直于前侧下举向后摆动绳，同时双腿屈膝大跳过绳，前脚掌着地，屈膝缓冲。（图5–37）

图 5–37　原地大跳过绳

（2）移动大跳过绳：双手各持一个绳头，前平举，左脚开始向前柔软步跑 3 步（左、右、左），同时双手以腕为轴在身体同侧做向前（后）转动绳（左、右、左各转动一周），第三步左脚蹬地跳起时，两臂打开由上向前（后）摆动绳，同时右（左）腿向前跨跳过绳，右脚前脚掌落地，屈膝缓冲。（图 5–38）

图 5–38　移动大跳过绳

（3）原地大跳双摇过绳：双手各持一个绳头前平举，以手腕为轴向左做一次向前转动绳，两臂自然伸直于前侧下举，快速做转动绳两次，同时双腿蹬地直腿跳过绳，形成双摇跳过绳，前脚掌落地，屈膝缓冲。（图 5-39）

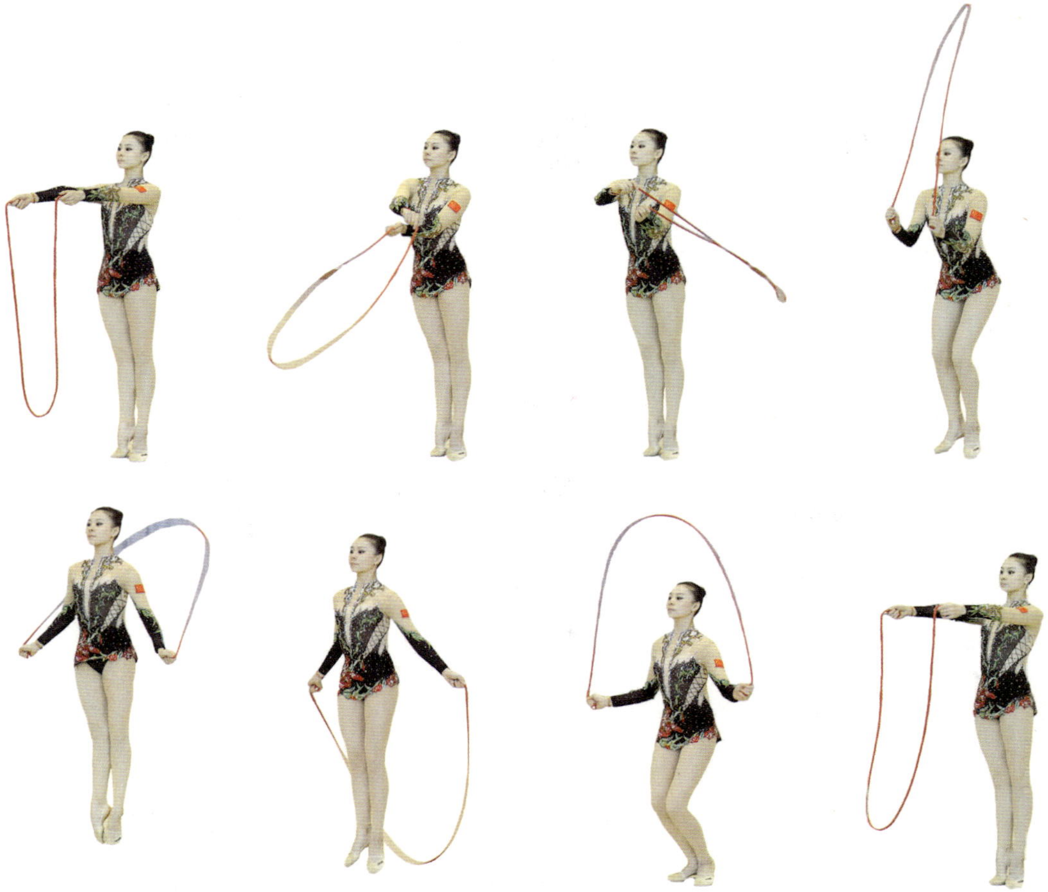

图 5-39　原地大跳双摇过绳（前摇/后摇）

(4) 原地大跳双折绳过绳：一手持两个绳头，一手持绳中段两臂上举，以肩为轴做向前转动绳一次，同时双腿屈膝蹬地吸腿跳过绳，前脚掌落地，屈膝缓冲。(图 5-40)

图 5-40 原地大跳双折绳过绳（前摇/后摇）

动作要领：

(1) 原地大跳过绳（双摇过绳）：躯干始终保持正确姿势，过绳时两臂自然伸直（以过绳跳时绳中段不触地为宜），松握绳头，手腕灵活地向前转动绳。两腿主动蹬地跳起有明显高度，绷脚尖，落地时前脚掌着地，屈膝缓冲，绳不应触地。双摇过绳大跳时，双臂肘关节应固定，手腕快速转动绳两次。

(2) 移动大跳过绳：躯干始终保持正确姿势，以腕为轴做向前转动绳与腿部柔软步跑协调配合，蹬地跳起时，两臂打开由上向前直臂摆动绳，同时大跳过绳，落地脚前脚掌着地，屈膝缓冲，绳经后向上摆动时两臂应伸直，使绳的摆动呈最大幅度。

(3) 大跳双折绳过绳：双手持折绳的两端，双腿高吸腿跳，跳起有明显高度，过绳时两臂尽量伸直同肩宽，落地屈膝缓冲。

教学步骤：

(1) 原地体侧转动绳 3 次接大跳过绳。

(2) 徒手练习体侧 3 次转动绳与 3 步柔软步跑的节奏配合，接小跨跳过绳。

(3) 持绳慢速练习体侧 3 次转动绳与 3 步柔软步跑的节奏配合，接小跨跳过绳。

(4) 按正常速度练习跨跳过绳。

7. 放单绳

动作做法：自然站立，双手各持一个绳头置于体侧。双手从下经前向后做绕环时，左臂弯曲置于右臂上肘关节处，绳在身体右侧继续向后绕环，当绳摆至前下方时，左手松绳头，使绳头顺惯性向前上方摆动后自动返回，左手接摆回的绳头。

(1) 体前垂直放单绳（图 5-41）

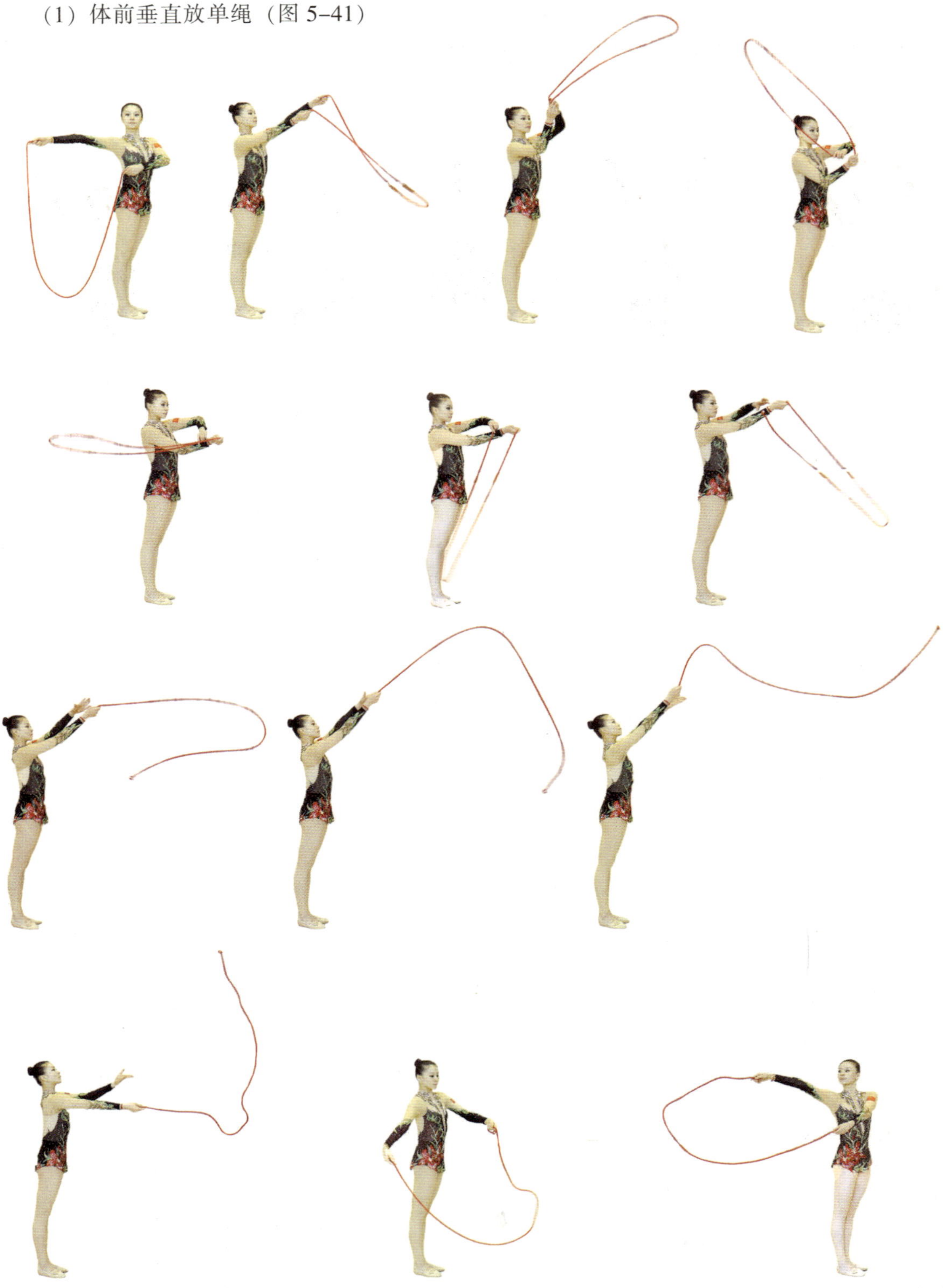

图 5-41　体前垂直放单绳

（2）体后向侧垂直放单绳（图 5–42）

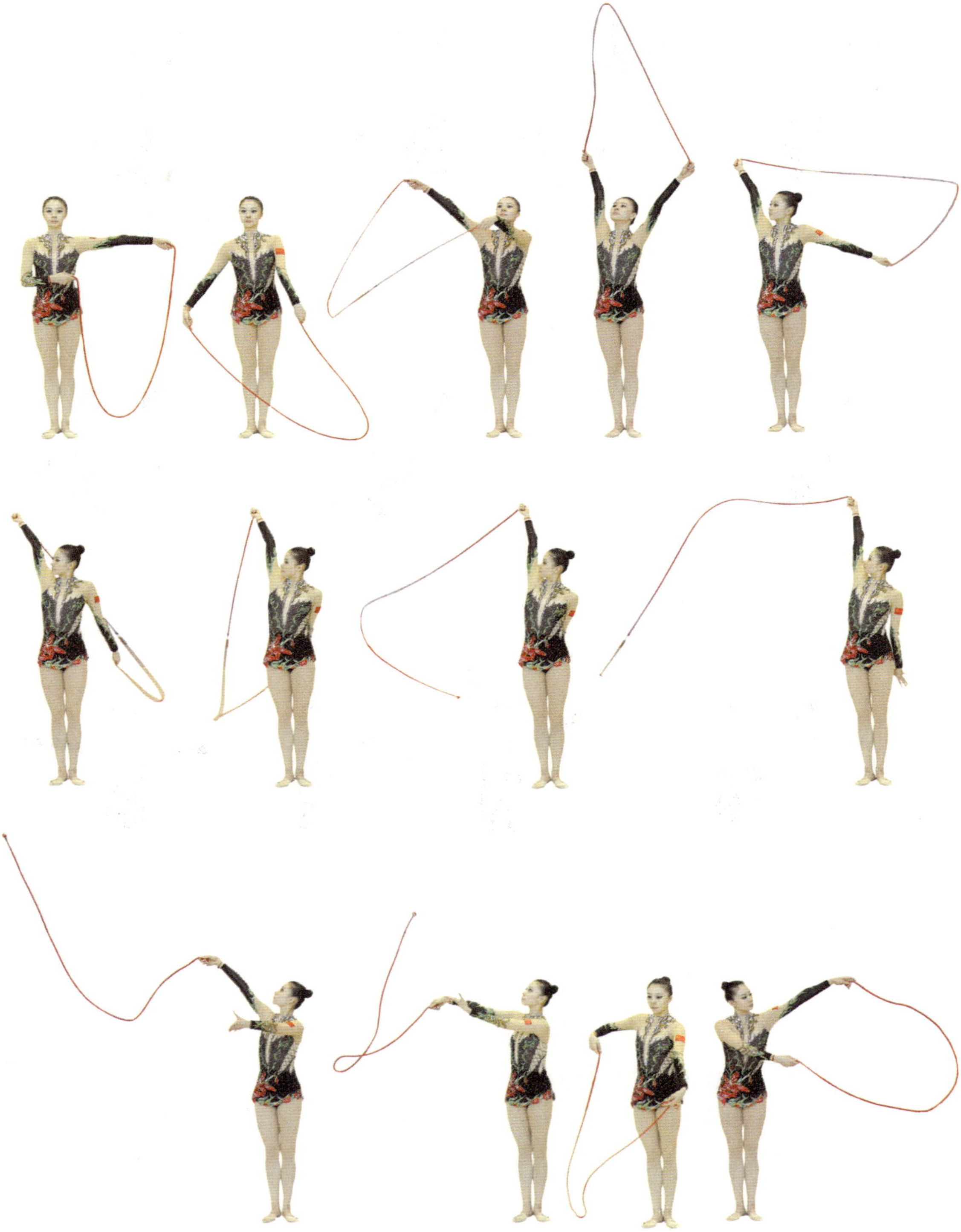

图 5–42　体后向侧垂直放单绳

（3）体后水平放单绳（图 5-43）

图 5-43　体后水平放单绳

动作要领：做体前垂直放单绳时，双手持绳头直臂从下经前向上做绕环，绳摆至后举时，左臂主动弯曲手腕置于右臂肘关节处，当绳摆至身体前下方时，左手快速松绳头，右手顺势往远送绳头，手腕稍向回带，使绳头顺惯性向前上方摆荡后自动返回，左手主动接摆回的绳头。

教学步骤：

（1）右手持绳的一头，将绳的另一头拉直置于右侧体后地面，练习向前摆动绳的另一头并接绳头。

(2) 双手持绳头，左臂弯曲在身体右侧做向后绕环练习。

(3) 慢速练习向后绕环结合左手放单绳。

(4) 按正常速度练习放单绳动作。

(5) 结合向后足尖步练习放单绳动作。

8. 持绳的一端或中段

动作做法：

(1) 持绳的一端：单手持绳的一头，置于后下举，经体前水平向上摆动，做头上水平转动，使绳形成一根直线。(图 5–44)

图 5–44　持绳的一端

(2) 持绳的中段转动：双手持绳的中段，由体侧从后经上向前摆动至前平举时，双手依次交叉做向前转动，使绳形成一个圆形。（图 5-45）

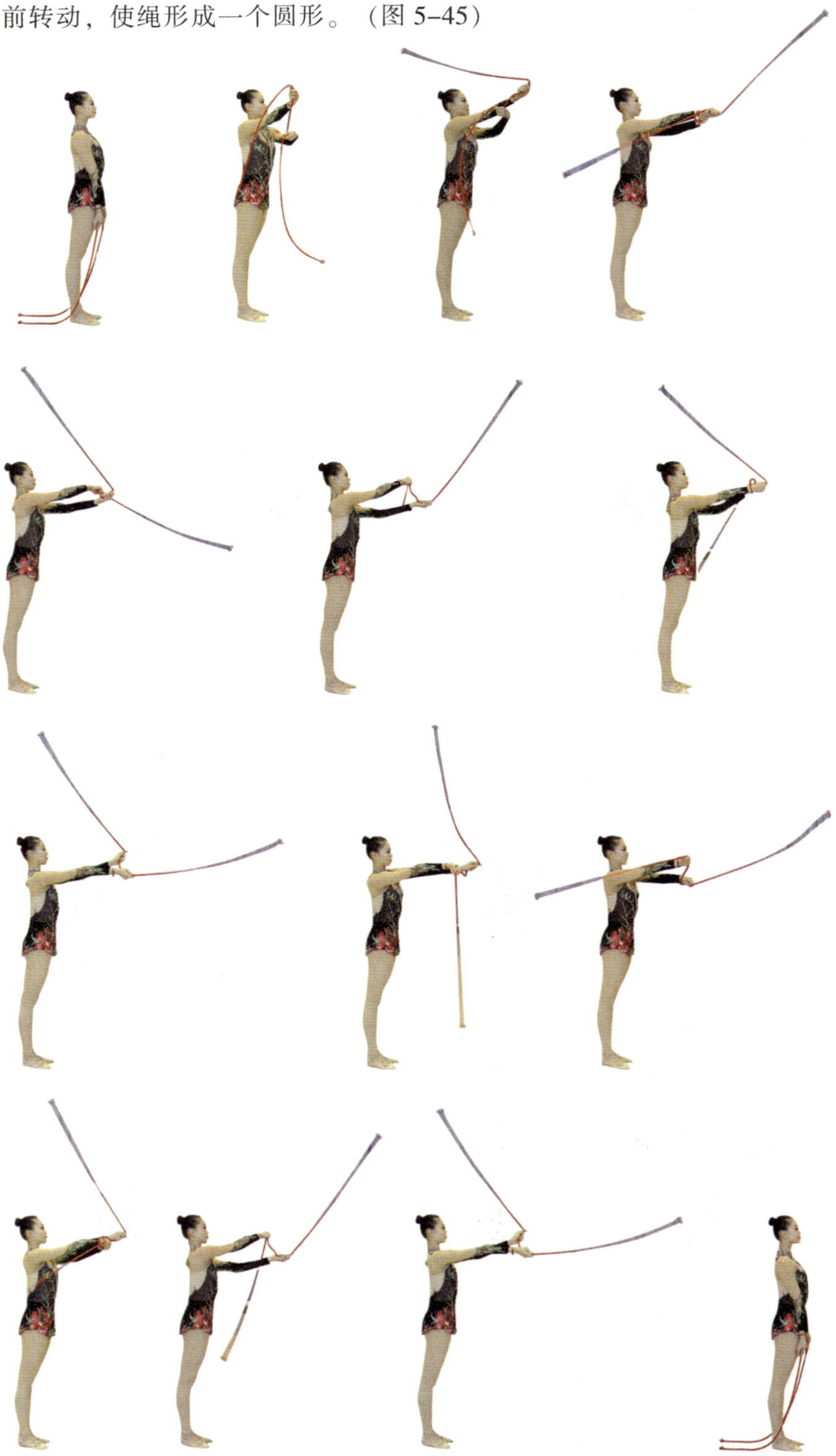

图 5-45　持绳的中段转动

动作要领：

（1）持绳的一端转动：单手紧握绳头，以手腕为轴灵活转动绳。肩部下沉，手臂自然伸直上举，初始的摆动力稍大，将摆动力传递至绳的远端，绳形清晰准确。

（2）双手持绳中段转动：双手间距约为 10~20 厘米，初始从身体左侧向后摆动经上至前平举时，手臂伸直，以手腕为轴，双手交叉依次向前转动。

教学步骤：

（1）原地站立慢速练习单手持绳上举水平转动。

（2）按正常速度练习持绳的一端水平转动绳。

（3）结合各种步法或简单的选转动作练习持绳的一端水平转动动作。

（4）原地站立，左右手依次单独练习前平举持绳的中段，向前转动绳的一端。

（5）慢速练习双手配合交叉依次向前转动绳，使绳形成圆形。

（6）完整练习双手持绳的中段做转动绳。

9. 抛接绳

动作做法：单手持双折绳头，以手腕为轴做 2~3 次向后（前）转动绳，当绳最后一次转动时，顺其转动惯性，从前上方将绳抛出。绳下落时，双手接绳，顺其惯性下摆。

动作要领：

（1）单手持双折绳抛接：绳的转动速度稍快，绳与地面垂直，当绳最后一次转动时，沉肩屈肘并快速直臂上举，利用绳的转动惯性从前上方将绳抛出，与腿部下蹲蹬地直膝提踵协调配合，整个抛绳过程应快速、连贯、流畅。空中绳形清晰准确，翻转速度平稳。接绳时，双臂伸直上举（同肩宽），双手主动接绳头，并顺势向下摆动缓冲，同时双腿并拢屈膝缓冲。(图 5–46)

图 5-46 单手持双折绳抛接

（2）向后小跳过绳抛：做 2 次向后小跳过绳，利用绳的转动惯性，最后一次小跳绳摆至体前上方时，双臂同时伸直上举（同肩宽）顺势向上抛绳，双腿并拢直膝提踵，整个抛绳过程连贯流畅。两手抛绳的时间、方向及用力要一致，空中绳形清晰准确，翻转速度平稳。绳下落时，双臂伸直前举（同肩宽），双手主动接绳头，顺其惯性下摆缓冲。（图 5–47）

图 5–47 向后小跳过绳抛

（3）单手持绳向前抛单绳：右臂伸直后下举，右手持绳的一头，将绳的另一端拉直置于右侧体后地面。右脚向前一步做并步跳，同时右手持绳从后经下向前摆动，当绳摆至前上方时，右臂伸直上举顺势抛出单绳，绳在空中呈一条直线。接绳时，右臂伸直前上举，右手主动接绳头，顺其惯性从下经后向前做摆动绕环，体前地面反弹绳，左手接另一个绳头，双腿并拢稍屈膝缓冲。（图 5-48）

图 5-48　单手持绳向前抛单绳

(4) 脚抛绳：双脚并立提踵，左脚脚趾踩绳中段，左手持两个绳头，将绳拉直。右脚向前一步，左腿向后踢腿将绳踢出，空中绳形清晰。两臂伸直主动迎绳，两手各接一个绳头。(图 5–49)

图 5–49　脚抛绳

教学步骤：

(1) 单手持双折绳绳头，绳呈一条直线放置于身体右后侧地面，右手向前上方摆动顺势将绳抛出。

(2) 慢速练习转动绳直接抛绳、接绳。

(3) 按正常速度转动绳直接抛绳，逐步提高抛绳高度，接绳头。

(4) 慢速练习后摇小跳过绳顺势抛绳。

(5) 按正常速度练习后摇小跳过绳抛绳，逐步提高抛绳高度，接绳头。

(6) 单手持一个绳头，将绳另一端呈一条直线放置于右后侧地面，练习右手向前上方摆动绳。

(7) 慢速练习右手向前上方摆动抛单绳。

(8) 按正常速度练习抛单绳动作，逐步提高抛绳高度，接绳头。

(9) 练习后踢腿抛绳，接绳头。

二、圈

艺术体操所使用的圈是由塑料制成的圆环形器械，（图 5-50）其运动形式丰富多变，人们喜闻乐见的“呼啦圈”就是通过圈在腰部转动进行健身的一种锻炼形式。除此以外，运用圈还可完成各种摆动、绕环、“8”字、转动、滚动、穿过/越过圈和抛接等动作。圈的动作幅度大，动力性强，圈面变化纷繁多样，具有较强的表演性、娱乐性和观赏性，深受练习者的喜爱。圈不仅常用于各种团体操表演的器械，也常成为青少年游戏和娱乐的器械。通过对圈的动作练习，可以培养练习者的灵巧、协调、力量等素质。同时，通过圈的练习对于提高练习者勇敢、果断的意志品质也起到积极的作用。

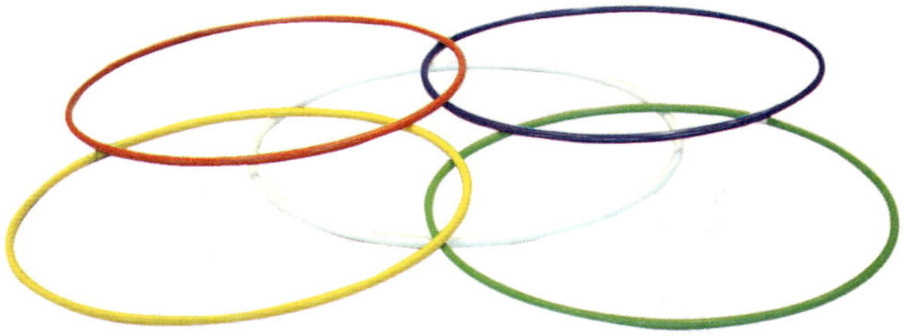

图 5-50

（一）持圈方法

持圈通常是拇指与其他四指相对握圈。一般要松握圈，便于灵活操纵，但是在完成一些抛接等技术动作时，为了保持圈面准确，则要紧握圈。

1. 正　握

单手或双手掌心向下握圈，四指自然弯曲，拇指自然贴在食指旁。（图 5-51）

图 5-51　正　握

2. 反　握

单手或双手掌心向上握圈，四指自然弯曲，拇指自然贴在食指旁。（图 5-52）

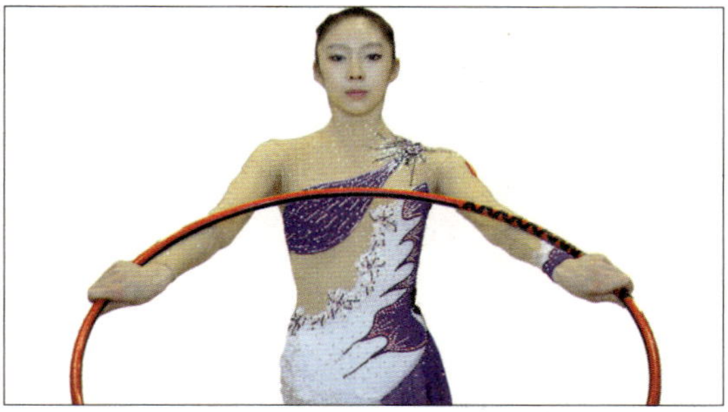

图 5-52　反　握

3. 外侧握

双手掌心向内握圈外侧缘，四指自然弯曲，拇指自然贴在圈侧缘。（图 5-53）

4. 内侧握

双手从圈内（掌心向外）握圈的内侧缘。（图 5-54）

图 5-53　外侧握

图 5-54　内侧握

（二）基本动作

1. 摆　动

动作做法：单手或双手持圈，手臂自然伸直，以肩为轴在不同面，向不同方向做幅度小于 360°的摆动动作，也可双手换握摆动。做摆动动作时，圈面要保持平稳与准确，动作连贯，流畅、舒展。（图 5-55）

动作要领：右手紧握圈，使圈保持水平面。肩部下沉，手臂伸直，躯干带动手臂以一定的速度沿水平面做大幅度摆动，同时双脚同肩宽，向左右移重心。

教学步骤：

（1）站立练习不同方向和水平面的摆动圈，左、右手交替做。

（2）结合屈膝弹动或移重心等身体动作进行摆动练习。

图 5-55　单手持圈体前向左右水平摆动

2. 绕　环

动作做法：单手或双手持圈，以肩为轴在不同面、向不同方向完成 360°或大于 360°的圆周运动。绕环要有一定速度，保持圈面的平稳与准确。

动作要领：

(1) 单手持圈体侧向前垂直绕环，右手反握圈，肩部下沉，直臂从后向前绕环一周，保持圈面与地面垂直。整个绕环动作要求大幅度、连贯流畅的完成。（图 5-56）

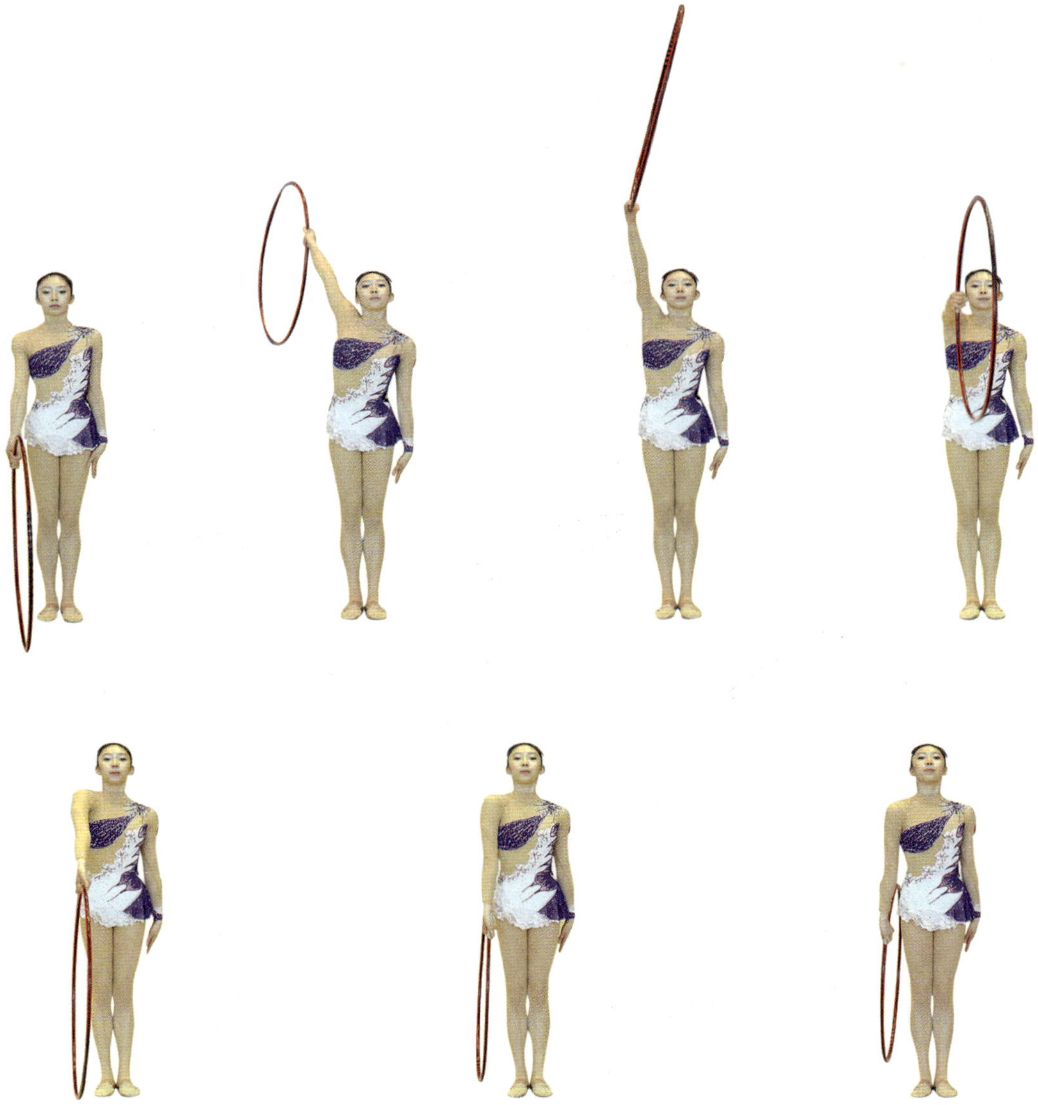

图 5-56　单手持圈体侧向前垂直绕环

(2) 水平绕环双手体后换握圈，右手反握圈，以肩为轴，直臂经前向右上方水平绕环一周，手臂内旋手心向上持圈摆动至体后，左手手心向上于体后接圈，经侧向右前上方绕环一周。注意双手在体后换握圈时应准确连贯无停顿。(图 5-57)

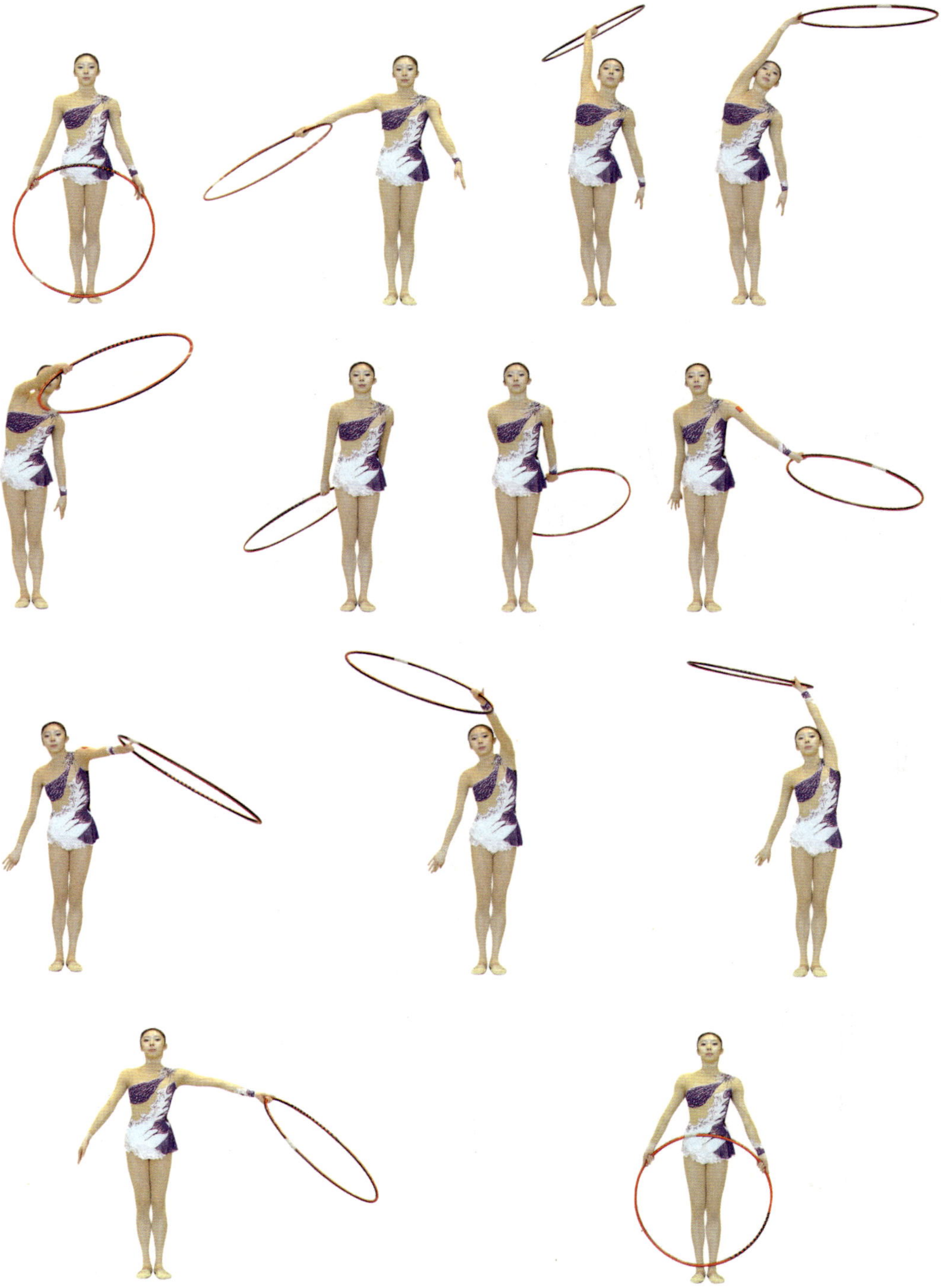

图 5-57 水平绕环双手体后换握圈

教学步骤：

（1）徒手练习垂直、水平绕环动作。

（2）原地持圈练习体侧垂直绕环动作。

（3）分解练习双手体后换握水平绕环。

（4）完整练习双手体后换握水平绕环。

（5）结合移重心、足尖步、转体等身体动作进行练习。

3. “8”字

动作做法：以肩（肘）为轴，在两个不同面上连续做两个对称的绕环动作，构成“8”字形。做绕“8”字时应松握圈，以便于圈灵活自由的运动。

动作要领：

（1）体侧垂直绕“8”字：右臂伸直右手反握圈，从后向前绕环至体前时，向左侧下方摆动，在左侧从后向前绕环一周，手腕灵活转动带动圈面的改变，圈面保持矢状面。整个绕环动作要求大幅度、连贯流畅地完成。（图 5-58）

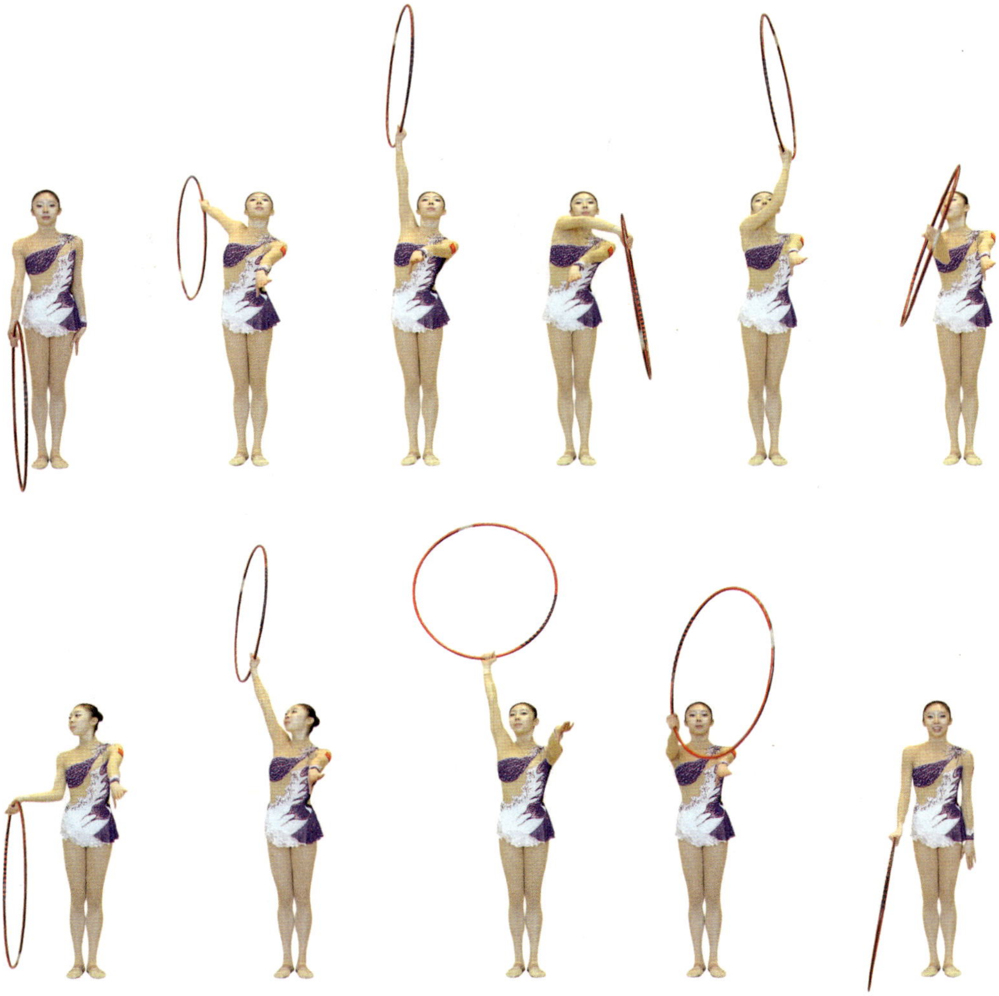

图 5-58　体侧垂直绕“8”字

（2）体前、后垂直绕“8”字：右手正握圈，直臂以肩为轴，经垂直部位时稍屈肘，过垂直部位后用力向侧向上摆绕至上举，在头后中绕环以肘为轴手心朝上反握圈，手腕灵活转动带动圈面的改变，圈面保持冠状面。（图 5-59）

图 5-59　体前、后垂直绕“8”字

(3) 体前头上水平绕“8”字：右手反握圈直臂于右后下举，从右经前向左体前水平摆动圈，至左前方时，屈肘向内做水平绕环，绕至右侧时手臂顺势内旋伸直，手心朝上持圈从右经前向左做头上水平绕环一周。(图 5-60)

图 5-60 体前头上水平绕“8”字

教学步骤：

（1）徒手练习绕“8”字，掌握绕动路线及手臂、手腕的转动动作。

（2）原地持圈慢速练习。

（3）左、右手交替进行，并可变换绕动方向。

（4）结合屈膝弹动及左、右移重心、螺旋波浪等身体动作进行。

4. 转　动

圈的转动包括圈绕身体某一部位的转动和圈绕自身轴的转动两类。

（1）圈绕身体某一部位转动

圈绕身体某一部位转动是指圈以身体某一部位为轴进行的自主转动，圈可以在不同面，向不同方向进行转动。一般除在手上转动以外，还可以在颈部、腰部、膝部、踝部等部位转动。

动作做法：单手持圈经摆动使圈在手的虎口处沿着掌心、手背连续地进行圆周运动。双手持圈置于腰部。

①体前向内转动圈（图 5-61）

图 5-61　体前向内转动圈

②体侧向后转动圈（图 5-62）

图 5-62　体侧向后转动圈

③头上向内转动圈（图 5–63）

图 5–63　头上向内转动圈

④腰部转动圈（图 5-64）

图 5-64　腰部转动圈

动作要领：

①手上转动圈时，大拇指张开，其余四指自然并拢伸直，虎口朝上。以手腕为轴，转动起始时手臂稍用力，手心手背紧贴圈内缘转动，圈保持一定的转动速度。

②腰部转动圈：双手持圈置于右侧，圈内缘贴在左腰部左侧，双手持圈向后预摆，以右手为主向左侧水平方向摆动拨圈，以腰部为轴，随拨圈的惯性做水平转动。

教学步骤：

①持圈慢速练习。

②左、右手交替练习不同方向、不同水平面的转动。

③结合移重心、身体波浪、移动等动作进行练习。

（2）圈在身体某一部位绕自身轴转动

圈在身体某一部位绕自身轴的转动，包括在手指上、手心上、手臂上、颈部、胸部、背部、腿部、脚等身体不同部位转动圈。

动作做法：

①手指转动圈：右手体前反握圈，向右前上方摆动，同时右臂内旋，圈随之围绕手指向内转动。（图 5-65）

图 5-65　手指转动圈

②手心转动圈：右手体前正握圈，向右上方摆动，同时右臂外展，圈顺势在掌心上向外转动。（图 5-66）

图 5-66　手心转动圈

动作要领：转动圈时，手腕先向内（外）旋转 90°，再快速向外（内）转动，使圈依靠起始动力绕圈自身轴转动，注意圈的转动轴要准确、速度平稳。

教学步骤：

①徒手练习圈绕手的转动。

②持圈慢速练习手上转动、腰部转动圈动作。

③手持圈前斜上举，做以肩为轴的内旋、外展动作。

④慢速练习在手指上和手心上转动圈。

⑤按正常速度练习在手指上和手心上转动圈。

（3）圈在地面上绕圈轴的转动

动作做法：将圈垂直放在地上，右手正握圈上缘，手腕内旋，圈随之向内转动 90°，接着手腕外展向右拧动圈，圈绕其垂直轴在地上似陀螺般自由旋转，要求圈垂直于地上匀速旋转，接圈时，手顺圈的转动方向握住圈侧上方。（图 5–67）

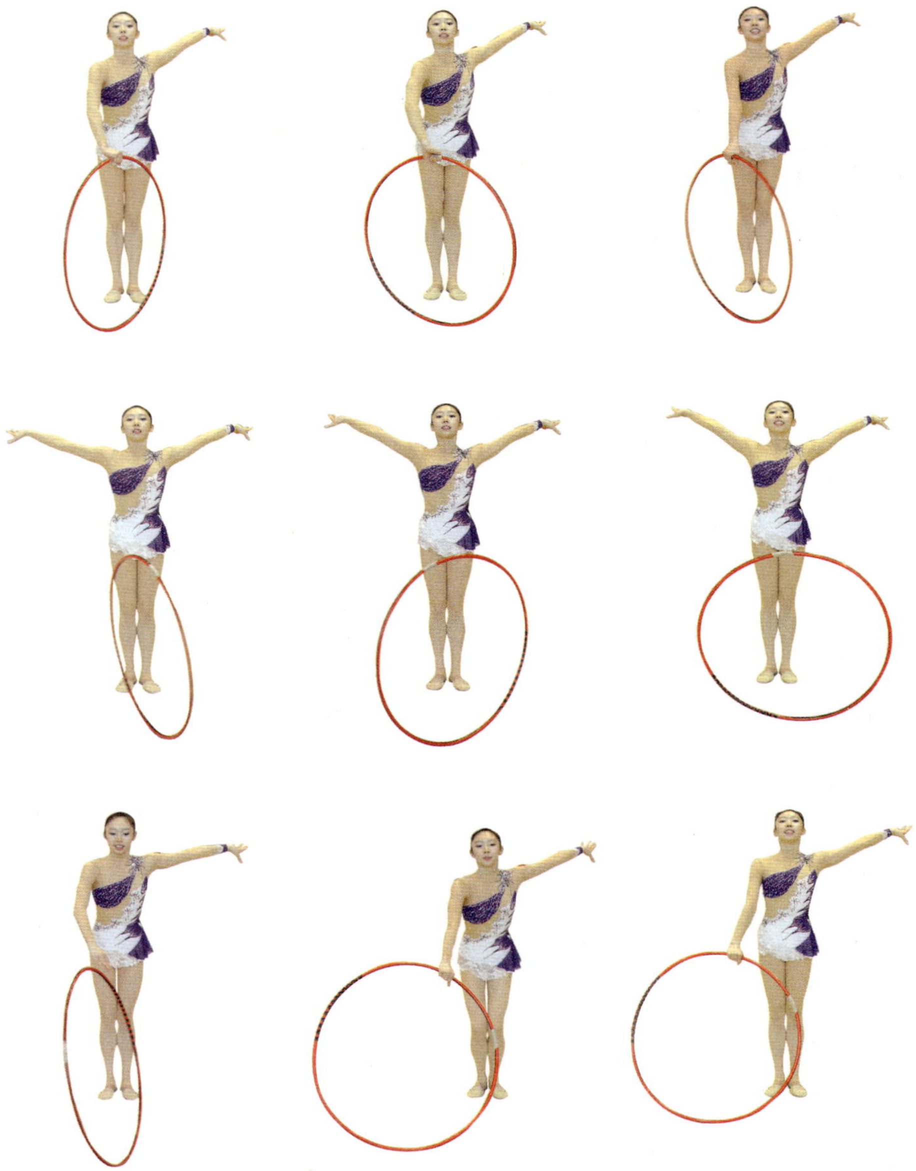

图 5–67　圈在地面上绕圈轴的转动

动作要领：右手预先向内拧握圈，然后向外快速拧转圈，拧圈动作发力不宜过猛，圈的旋转轴与地面垂直，圈尽可能保持在一点上转动，不移动，不偏倒，不跳动。

教学步骤：

①圈垂直放在地上，手持圈做手腕向外、向内的拧圈动作，两手交替练习。

②慢速练习地面转动圈。

③按正常速度练习地面转动圈。

5. 滚　圈

滚圈是指圈在外力作用下，在身上或地上沿直线或弧线滚动。

（1）双臂滚圈

动作做法：右手体前垂直向内转动圈 1~3 次，顺势将圈向右侧摆至侧平举，手心朝上，圈从右手经右臂、胸部、左臂滚动至左手。（图 5-68）

图 5-68　双臂滚圈

动作要领：最后一次转动圈时，圈顺势向右侧摆至侧平举同时四个手指向左带圈，双臂侧平举手心朝上，圈向左滚动。注意摆动至滚圈的连接过程要流畅，滚圈速度平稳，抬头挺胸，以利于圈从右臂经胸部滚动至左臂。

教学步骤：

①持圈练习体侧摆动圈，右臂伸直，同时手指将圈带至右手背上。

②慢速练习右臂滚圈。

③完整练习身上滚圈动作。

④结合转动圈练习身上滚圈。

⑤结合向后足尖步或各种平衡姿势练习身上滚圈。

（2）地上滚圈

动作做法：

①地上回滚圈，右手正握圈置于体侧地上，右臂向后预摆后迅速向前摆动圈，同时手腕向下、向后用力带圈、使圈沿地面向前直线滚出后，沿直线直接向回滚动。（图 5–69）

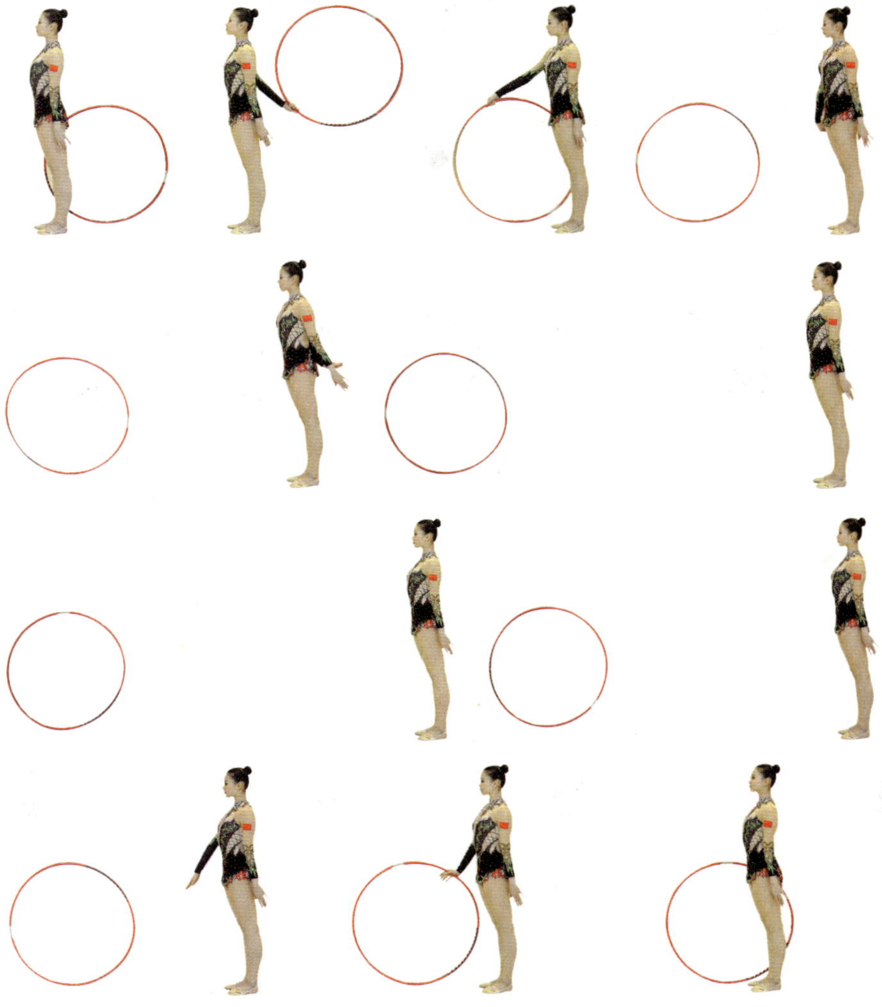

图 5–69　地上回滚圈

②地上弧线滚圈，右手正握圈，将圈向内稍倾斜放置于右前方地上，右手向外侧拨拉圈，使圈沿地面做弧线滚动 180°~360°。（图 5-70）

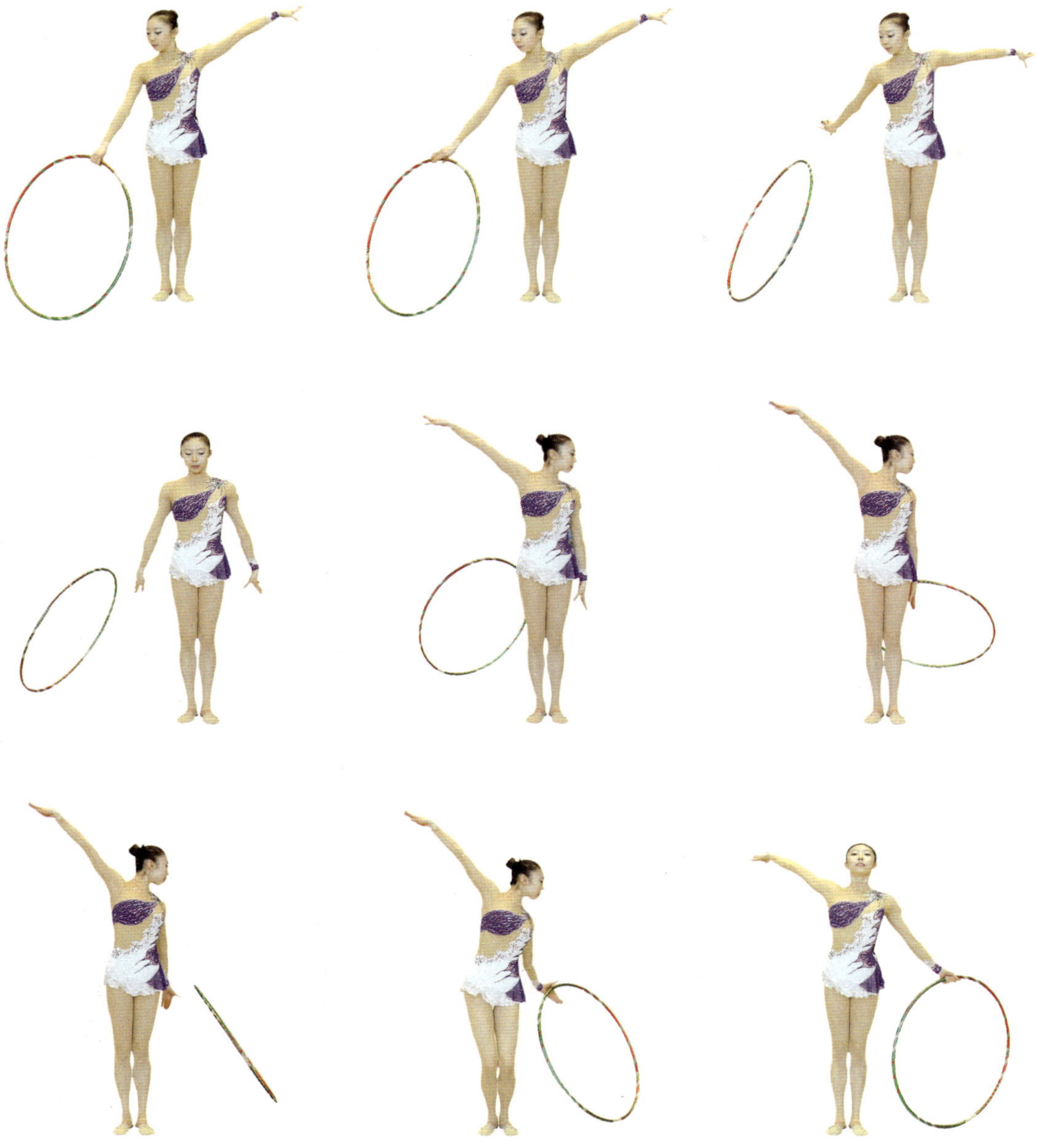

图 5-70　地上弧线滚圈

动作要领：

①做回滚圈时，紧握垂直圈，应向后用力带圈，使圈紧贴地面沿直线向前滚动后再沿直线滚回。

②做弧线滚圈，紧握向内倾斜的圈，直臂向外向斜后方拨拉圈，用力要适中。视圈滚动的弧线大小来决定圈倾斜的角度。圈滚动的弧线半径大，圈与地面倾斜的角度小，反之圈倾斜的角度大。

教学步骤：

①原地练习短距离滚动，左、右手交换做，以先练习体侧向后滚圈为宜。

②原地慢速练习地上弧形滚圈。

③结合步法或移重心等动作进行练习。

6. 从圈中圈穿过

穿过圈是指身体全部或部分穿入或穿出圈。

动作做法：单手或双手持圈，圈做摆动或转动时，身体全部或部分穿过圈。

(1) 站立穿圈（图 5–71）

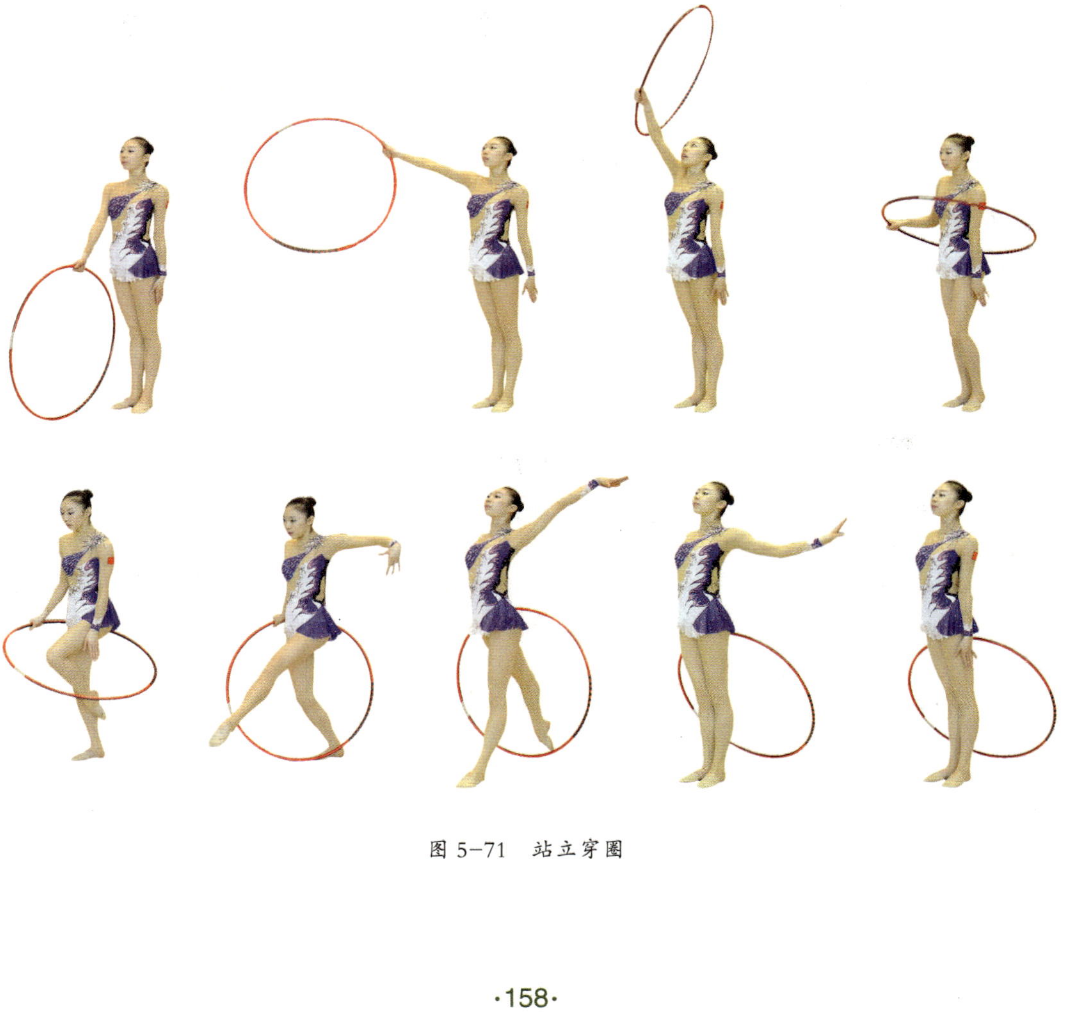

图 5–71　站立穿圈

（2）移动小跳向前过圈（图 5–72）

图 5–72　移动小跳向前过圈

（3）哥萨克跳过圈（图 5–73）

图 5–73　哥萨克跳过圈

动作要领：直臂持圈大幅度摆动，穿过圈时屈肘翻腕，身体迅速从圈中通过，避免身体碰圈。小跳过圈时身体要团紧，圈的转动节奏与小跳的节奏相吻合。哥萨克跳过圈时，直臂向前摆动圈，过圈时屈肘翻腕同时双腿夹紧，蹬地腿主动收紧。

教学步骤：

（1）原地持圈慢速练习各种穿进穿出动作。

（2）按正常速度练习穿圈动作，结合不同身体动作进行练习。

7. 从圈上越过

越过圈是指身体全部或部分从圈上越过的动作。

动作做法：

(1) 跨跳从回滚圈上越过，右手体侧持圈向后预摆后做回滚圈，当圈向回滚动时，向前跑动两步，跨跳时前腿从回滚圈上越过，右手接圈。（图 5–74）

图 5–74　跨跳从回滚圈上越过

（2）前踢腿转体 360°从地上转动圈上越过，右手持圈置于体前地面，手臂内旋使圈向内转动 90°–180°，然后手臂外展手腕向外转动圈，使圈在地面绕自身轴转动，同时右腿前踢腿向左转体 360°从圈上越过，右手接圈。（图 5–75）

图 5–75　前踢腿转体 360°从地上转动圈上越过

动作要领：

（1）地上回滚圈时向后带圈的力量稍大，滚圈速度稍快，向前跨跳前腿从圈外侧起腿同时越过圈，落地后迅速体后接圈。

（2）地上转动圈的速度要快，圈轴保持垂直定点，右腿从圈右侧向左侧水平踢腿同时转体 360°，接圈。

教学步骤：

（1）练习回滚圈动作。

（2）练习跨跳从回滚圈上越过。

（3）练习地面向内向外转动圈动作。

（4）练习前踢腿越过地面转动圈动作。

（5）练习前踢腿转体 360°越过地面转动圈动作。

8. 抛接圈

抛接圈动作主要是通过手或身体其他部位将圈抛向空中，然后接住圈。

动作做法：

(1) 垂直抛圈：右手正握圈向后预摆，两腿屈膝后迅速蹬地成提踵立，同时手臂快速向前上方摆动，接近最高点时将圈抛出，当圈下落至体前上方时接圈顺势后摆。(图 5-76)

图 5-76　垂直抛圈

（2）水平抛圈：两手握平面圈于体前，向左侧摆动，经下向右前上方水平抛圈，同时两腿屈膝下蹲后蹬地提踵立，当圈下落时右手主动接圈后摆。（图 5-77）

图 5-77 水平抛圈

（3）斜抛圈：右手持圈向右斜下方预摆，圈面与地面呈 45°夹角，然后向前上方摆动抛斜面圈，圈面与地面呈 45°夹角，接圈时主动迎圈，向后摆动缓冲。（图 5–78）

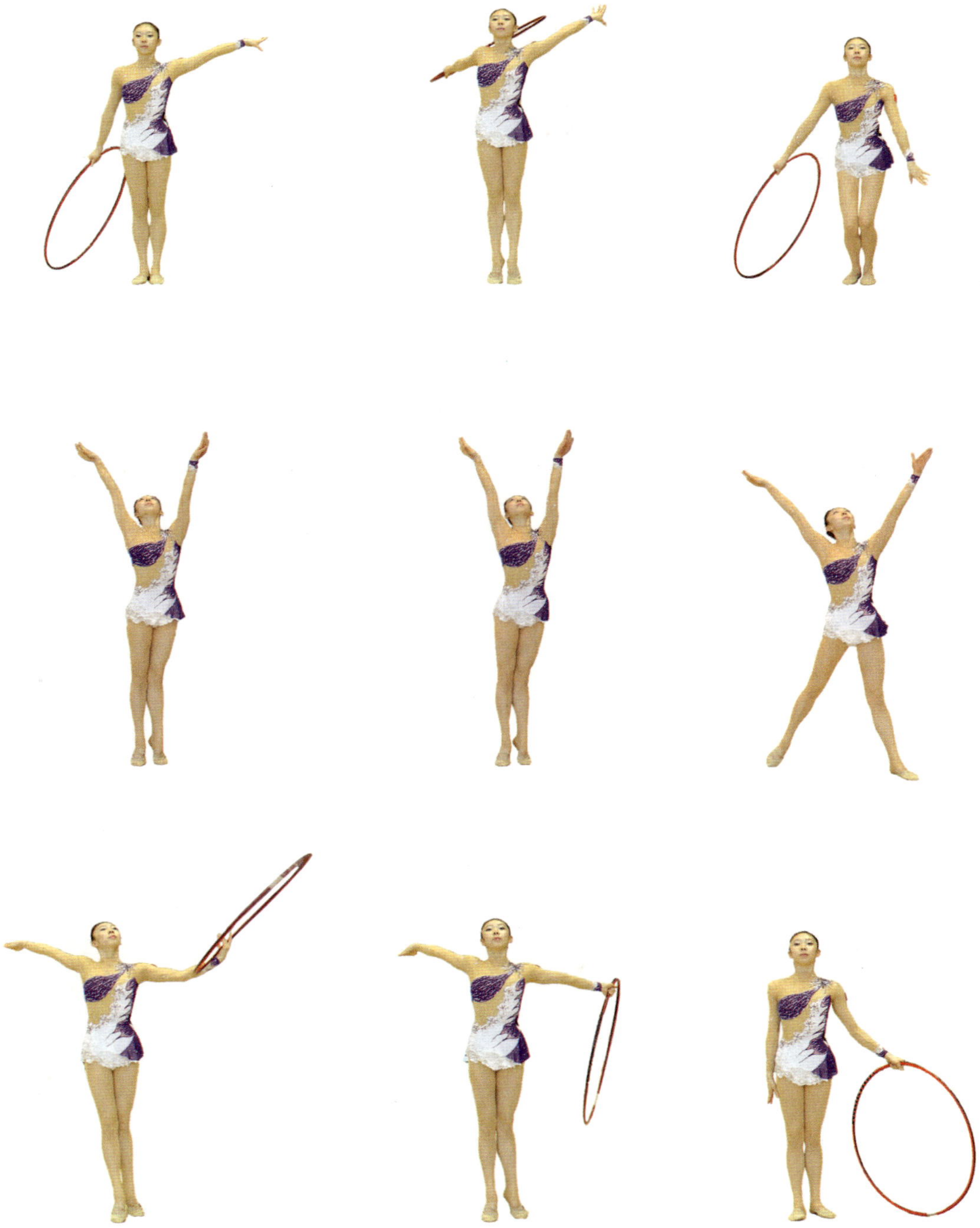

图 5–78　斜抛圈

(4) 翻转抛圈：右手侧握圈上缘置于右后方，右臂向前摆动直臂抛圈，圈下缘向上翻动使圈在空中形成绕自身水平轴翻转，右手主动接握圈。（图 5-79）

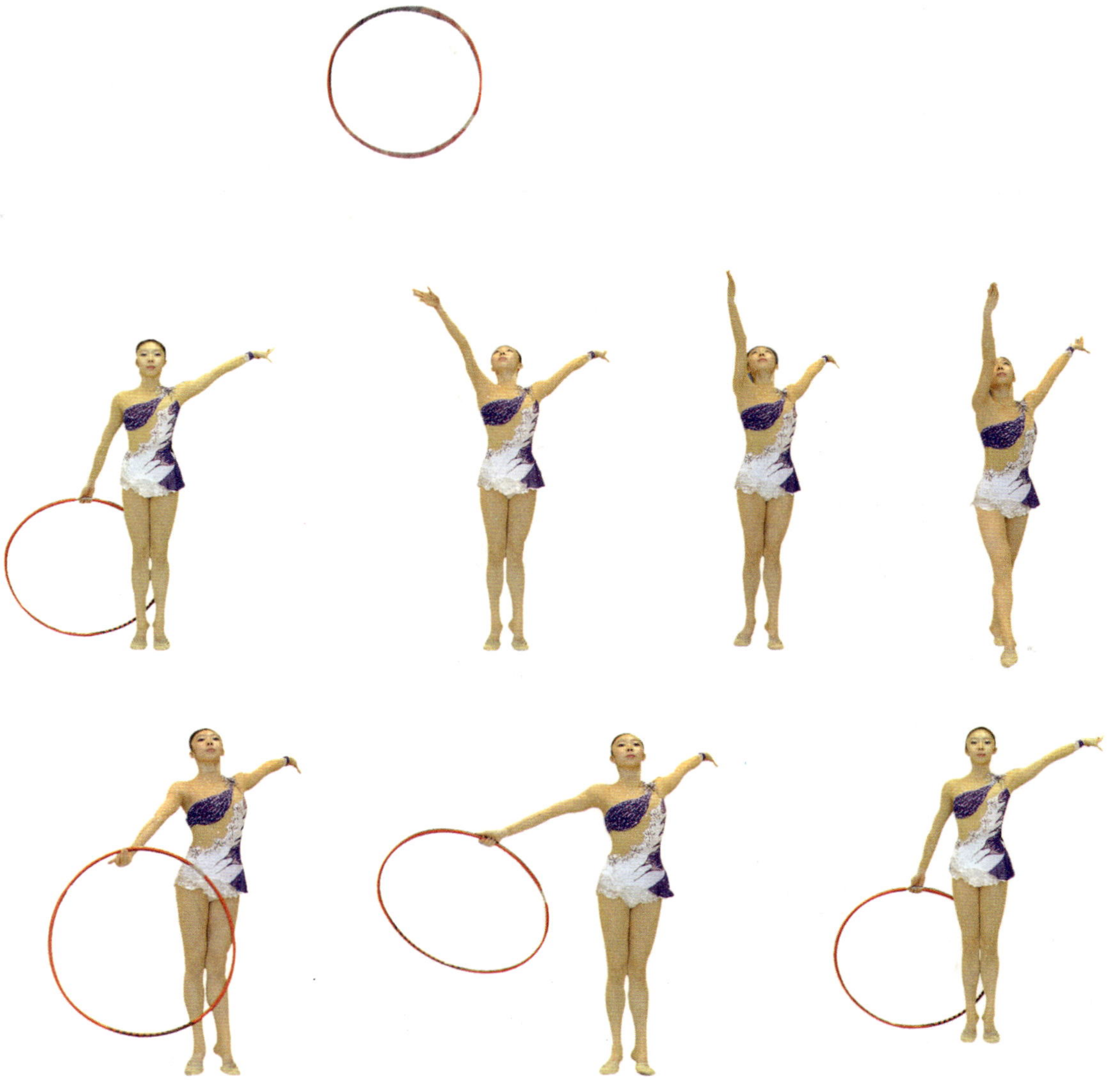

图 5-79　翻转抛圈

（5）脚抛圈：右脚踩圈，双腿并拢站立，经稍屈膝下蹲，右腿向后踢腿同时将圈踢出，双腿提踵立，右手主动接圈后摆缓冲。（图 5-80）

图 5-80　脚抛圈

动作要领：

(1) 摆动抛应紧握圈直臂抛、接，并与腿的蹬伸提踵动作协调配合，圈面与地面垂直或平行，接圈时准确判断圈的落点主动接圈，并顺势向下摆臂，两腿屈膝缓冲。

(2) 翻转抛圈控制好全面，使圈绕水平轴翻转，翻转速度均匀。

(3) 脚抛圈注意后踢腿方向要准确，腿伸直从后向前上方踢圈。

教学步骤：

(1) 持圈练习垂直抛，水平抛和斜面抛，抛圈高度可逐步增加。

(2) 两手持圈做向后翻转抛圈半周至一周，逐步增加抛圈高度。

(3) 徒手练习后踢腿脚抛圈动作。

(4) 持器械慢速练习后踢腿脚抛圈，逐步增加抛圈高度。

(5) 结合各种身体动作练习抛圈。

常见错误：

小臂接圈（图 5-81）

身体其他部位帮助接圈（图 5-82）

图 5-81　小臂接圈

图 5-82　身体其他部位帮助接圈

9. 圈的不稳定平衡

动作做法：体前屈后劈腿旋转 360°结合圈的不稳定平衡，左手持圈将圈置于颈部后面，左脚向前一步身体向右转 90°预摆，向左体前屈后劈腿旋转 360°，同时左手松圈，圈于颈后随旋转惯性形成不稳定平衡。旋转结束时，躯干直立，双手握圈外缘。（图 5–83）

图 5–83 颈部持圈不稳定平衡

动作要领：向左旋转前先向右预摆以获得起始旋转动力。左手松圈时向远放圈，使圈随旋转惯性摆动，形成不稳定平衡。

教学步骤：

（1）徒手练习体前屈后劈腿转体；

（2）双脚转体练习颈部持圈不稳定平衡；

（3）完整练习体前屈后劈腿旋转结合颈部圈不稳定平衡。

三、球

球是人们非常熟悉和喜爱的一项运动器械，艺术体操的球操，以其优美的身体动作与球的运动相结合，成为大众喜闻乐见的运动项目。

球用橡胶制成，呈圆形，直径在 18 厘米左右。球的体积小，便于操作。手持球不仅可做各种摆动、绕环、绕“8”字、转动和在身上或地上滚动、抛接等动作，而且因球是具有弹性的器械，还可以完成各种拍球动作，使球操动作丰富多变，具有较高的锻炼价值和一定的趣味性。特别是青少年进行球操练习，能引起练习者的浓厚兴趣，激发她们的童趣，达到愉悦身心的效果。

通过球操练习，不仅能锻炼和提高人体各器官的功能，而且还可以提高练习者身体各部位，特别是上肢各关节的灵活性，有利于发展动作的协调性和节奏感。

（一）持球方法

1. 双手持球

手掌心相对，持球的左、右两侧或上、下部位；也可两臂交叉持球。（图 5-84）

图 5-84　双手持球

2. 单手持球

五指稍分开微屈，掌心向上，用手指和手掌自然托球。（图 5-85）

3. 单手反托球

手臂以肩为轴内旋，使掌心向上反手托球。（图 5-86）

以上各种持球方法，手形与球形应完全吻合，提高球在手上的稳定性。球不能靠在前臂上，也不能用手抓球。

图 5-85　单手持球

图 5-86　单手双托球

常见错误：

勾手持球（图 5–87）

抓球（图 5–88）

图 5–87 勾手持球

图 5–88 抓 球

（二）基本动作

1. 摆 动

动作做法：单手持球，手臂以肩为轴在不同的面上向左右、前后或水平面做摆动。做摆动时，保持球在手上的稳定性，动作舒展、幅度大。

动作要领：

（1）单手持球体前水平左右摆动，手臂手腕自然伸直托球，躯干带动手臂左右摆动，摆动幅度尽量大。（图 5–89）

图 5–89 单手持球体前水平摆动

（2）单手持球体侧垂直前后摆动，手臂自然伸直以肩为轴，从下摆至前上方或后上方最高点时，手腕逐渐伸直，从上摆至下时，手腕逐渐弯曲，始终保持掌心向上自然托球，以便于球的稳定。（图 5-90）

图 5-90　单手持球体侧垂直摆动

教学步骤：

(1) 原地徒手练习不同面、不同方向的摆动动作。

(2) 原地练习单手持球水平摆动和垂直摆动。

(3) 配合腿的弹动或移重心练习球的摆动。

2. 绕　环

动作做法：单手或双手持球，以肩为轴手臂自然伸直，在不同方向、不同水平面上做360°或以上的圆周运动。

动作要领：单手持球体侧向后绕环，直臂持球，手腕随球灵活转动，保持掌心向上托球，避免在绕动过程中用手指抓球，身体也应配合手臂动作自然转动。绕环动作应伸展连贯，幅度充分，绕环面准确。（图 5–91）

图 5–91　单手持球体侧向后绕环

教学步骤：

(1) 原地徒手练习不同方向、不同水平面上的绕环动作。

(2) 单手持球练习不同方向、不同水平面上的绕环动作。

(3) 配合腿的弹动或移重心练习各种球的绕环动作。

3. “8”字

手持球所做动作的运动路线形似“8”字，故称“8”字或绕“8”字动作。

动作做法：单手或双手持球，以肩（或肘）为轴，在体侧或体前做连续两个对称的绕环动作，一个大绕环，一个小绕环，构成一个“8”字。绕“8”字动作要连贯、流畅，动作路线清晰，幅度充分。

动作要领：

(1) 双手持球体前头上绕“8”字，以肩和肘为轴，做两个大幅度水平绕环形成“8”字，同时身体体侧屈、体前屈应与手臂绕“8”字相结合。(图 5-92)

图 5-92　双手持球体前头上绕“8”字

（2）右手持球向内绕“8”字，右手托球以肘为轴，屈臂在体前侧做向内水平中绕环成反托，顺势伸直手臂，向左侧水平摆动，做以肩为轴的头上向内水平大绕环，整个动作保持手掌始终向上平稳托住球，躯干随球绕动。（图 5-93）

图 5-93　右手持球向内绕“8”字

(3) 右手持球向外绕“8”字，右手托球直臂以肩为轴，做头上向外水平大绕环成反托，接着以肘为轴，经内向外做中绕环，整个动作保持手掌始终向上平稳托球，身体随球绕动。(图 5–94)

图 5–94　右手持球向外绕“8”字

教学步骤：

(1) 徒手练习双手和单手不同方向绕“8”字动作。

(2) 双手持球练习各种绕“8”字动作，速度由慢至快。

(3) 单手侧平举持球，练习翻转球。

(4) 单手持球慢速练习向内、向外绕“8”字动作。

(5) 按正常速度，配合各种身体姿势，如弓步、跪立或在移动中进行练习。

4. 滚　球

滚球是球的典型动作之一，球可以在手臂、腿上、躯干等身体不同部位上进行自由滚动或扶持滚动，也可以在地面上滚动。

(1) 身上滚球

动作做法：

①扶持滚球：右手托球右前侧举，左手扶持使球沿右臂滚动至胸部，然后右手扶持使球沿左臂滚动至左手。(图 5–95)

图 5-95 扶持滚球

②手臂滚球，右手持球两臂侧平举，球从右臂、胸前至左臂自由滚动，左手接球。（图5-96）

图 5-96 手臂滚球

③地面体前滚球，坐地双腿可微分开，将球置于双腿脚背上，身体重心后倒，双腿举至45°，使球沿腿部滚动，经腹部、胸部，手臂滚至双手接球。（图 5-97）

图 5-97 地面体前滚球

动作要领：

①扶持滚球，手始终不离开球，两手可交替扶持滚球。

②手臂滚球，单手托球，伸指、沉肩，伸臂，使球借助重力在手臂上滚动。滚动时可通过肢体的起、落、伸、转动作来调整器械滚动的速度、方向和路线，接球时通过伸臂、抬臂、手掌成弧形使球平稳地停在手中。球的滚动应圆滑、连贯，不应出现跳动。避免用勾手腕的方式启动球的滚动。

③地面体前滚球，控制身体重心后倒的速度和举腿的高度，当球滚动至腹部时，身体应随球的惯性主动迎球，使球经手臂滚动至手上，手臂要尽量前伸，拉长身体线条。

教学步骤：

①原地慢速练习扶球滚动。

②练习单臂或身体某一部位的拨球滚动。

③练习双臂自由滚球。

④练习地面体前滚球。

⑤配合各种步法或舞姿进行身体各部位滚球练习。

(2) 地上滚球

动作做法：脚拨球地面滚动，球置于体前地面，右脚脚尖向前拨球，使球沿地面向前滚动，向前小跑后成左脚站立右脚后点地的双腿半蹲，右手贴在地面将球从地上“铲起”至手中。（图 5-98）

图 5-98　脚拨球地面滚动

动作要领：脚尖轻拨球，使球沿地面平稳滚动，没有小跳。接球时指尖触球的底部，球经手指至手掌。

教学步骤：

①练习用手向前、向后、向侧地滚球。

②练习脚拨球地滚。

③练习地滚球与结合各种舞步、柔软跑相结合。

5. 拍　球

拍球是球的基本技术组动作，也是球的典型技术。拍球不仅可以用手拍，还可以用胸、肘、腿、脚等身体不同部位拍球。可在原地拍球，也可结合各种步法和舞姿在移动中拍球。

动作做法：用双手或单手掌心（或身体某一部分）向下拍球，手形与球形吻合，当球从地上反弹至体前时，手顺球的外缘接球。

（1）双手体前拍球（图 5–99）

图 5–99　双手体前拍球

（2）单手体前拍球（图 5–100）

（3）胸部拍球（图 5–101）

动作要领：手拍球时肩下沉，手臂自然弯屈，手形与球形吻合，手控制好拍球的方向，拍球时不可有击打声音。胸部拍球时，当球刚从地面向上反弹应即刻体前屈胸部拍球。

教学步骤：

（1）原地双手拍球练习。

（2）原地两手交替拍球练习。

（3）改变节奏拍球。

（4）胸部拍球练习。

（5）可配合各种舞姿和舞步练习拍球。

图 5-100 单手体前拍球

图 5-101 胸部拍球

6. 抛接球

抛球是用手或身体其他部位，向不同方向将球抛起。可原地也可以在移动中抛接球。接时可以用手或身体的其他部位接球。

动作做法：两手或单手通过手臂的摆动，将球抛向空中，抛球可低抛、中抛和高抛。接球时，判断好球的落点，伸臂主动迎球，接球瞬间手臂下摆缓冲，也可用双手手背接球。

(1) 双手抛接球（图 5–102）

图 5–102　双手抛接球

（2）单手抛接球（图 5–103）

图 5–103　单手抛接球

（3）单手体后抛球手背接球（图 5-104）

图 5-104　单手体后抛球手背接球

动作要领：抛球时肩应放松、手臂伸直，同时配合蹬地、立腰。接球时伸臂迎球，手指尖触球时，手臂顺球下落的冲力顺势后摆缓冲，两腿半蹲。手背接球时，两手背向上靠拢，稍屈腕，使球落在两手腕凹处。

教学步骤：

（1）练习两手抛球，两手接球，高度稍低。

（2）练习单手抛球，单手接球，或用双手手背接球。

（3）逐渐增加抛球的高度。

（4）配合各种身体动作进行练习，如大跨跳接球等。

7. 球的不稳定平衡

动作做法：

（1）指尖转动球，右手五指张开托球，右臂屈肘稍向内旋 90°左右，然后快速向外旋转球并使球在食指的指尖上转动，同时结合身体平衡动作。（图 5–105）

图 5–105　指尖转动球

(2) 体前屈后劈腿旋转 360°结合球的不稳定平衡，左脚向前一步成弓步，右手持球至于颈后，向右旋转 90°预摆后向左做体前屈后劈腿旋转 360°，同时右手松球，双臂打开成侧后举，使球在颈后和背部形成不稳定平衡。（图 5-106）

图 5-106　体前屈后劈腿旋转 360°结合球的不稳定平衡

动作要领：指尖转动球时，球的起始转动速度要快，食指转动球要平稳。体前屈后劈腿旋转 360°结合球的不稳定平衡，右手松球要轻柔，与旋转动作协调配合。转体时两臂侧后举，躯干保持水平部位以利于球的稳定状态。

教学步骤：

(1) 练习手指尖转动球动作。

(2) 结合不同身体姿势练习手指尖转动球动作。

(2) 原地练习颈部和背部托球动作。

(3) 结合体前屈球置于颈部和背部旋转 360°动作。

(4) 完整练习体前屈后劈腿旋转 360°结合球的不稳定平衡。

四、棒

棒是一种比较难掌握的器械，是艺术体操中唯一的双器械（图 5–107），需要用双手各持一根棒进行练习，对练习者的协调性要求较高。也正因为如此，通过棒的练习，能够有效促进和提高练习者的灵活性和协调性。通常两手握棒头做各种摆动、小绕环、小五花、敲击、不对称动作、双棒/单棒小抛，以及转动、滚动、滑动棒等动作。

图 5–107

（一）持棒方法

棒的基本动作类型丰富多样，根据不同动作的技术特点，持棒方法可分为紧握棒和松握棒两种。

在完成棒的摆动、绕环、“8”字动作时，通常采用紧握棒的方法，其握法是两手各持一棒，棒头贴近掌心，拇指和食指紧握住棒头与棒颈的连接处，使棒成为手臂的延伸。这种握法又称紧握。（图 5–108）

在做小绕环、小五花动作时，应采用松握法，其握法是大拇指、食指、中指三指弯曲松握棒头与棒颈的连接处，使棒头能够灵活转动。（图 5–109）

图 5–108

图 5–109

常见错误：

未持棒头（图 5–110）

持棒体（图 5–111）

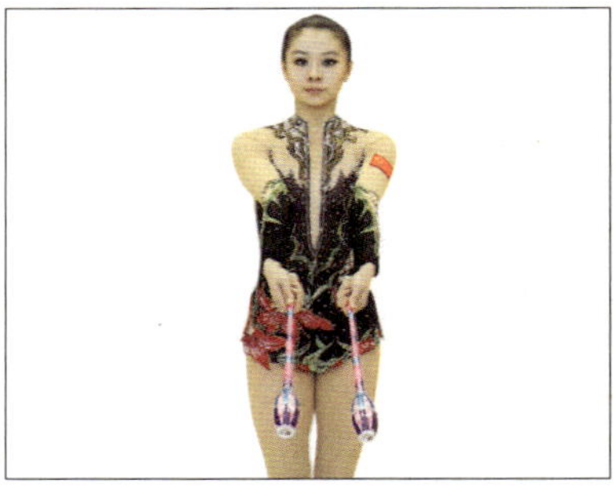

图 5–110　未持棒头

图 5–111　持棒体

（二）基本动作

1. 摆　动

动作做法：双手紧握棒头，手臂自然伸直，使棒与手臂成一条直线，以肩为轴，在不同方向、不同面上做摆动。

（1）双棒体侧前后摆动（图 5–112）

图 5–112　双棒体侧前后摆动

（2）双棒体前左右摆动（图 5-113）

图 5-113 双棒体前左右摆动

(3) 双棒体侧反向摆动（图 5-114）

图 5-114　双棒体侧反向摆动

动作要领：摆动时肩放松，手臂始终伸直，使棒成为手臂的延长线，下摆通过垂直部位时，沉肩加速。

教学步骤：

(1) 单臂前后摆动棒。

(2) 双臂前后摆动棒，幅度由小到大。

(3) 双臂反向前后摆动棒。

(4) 配合屈膝弹动及向前、向后移重心等各种步法练习摆动棒。

2. 绕　环

棒的绕环包括向不同方向在不同面上的同时或依次的各种大绕环和中绕环。大绕环以肩为轴，中绕环以肘为轴。

动作做法：两手紧握棒头，大绕环时手臂始终伸直，保持手臂与棒成一条直线，以肩为轴，向各方向划圆。中绕环时前臂与棒始终成一条直线，以肘为轴，向各方向划圆。

（1）双棒体侧向后大绕环（图 5-115）

图 5-115　双棒体侧向后大绕环

（2）双棒体前大绕环（图 5-116）

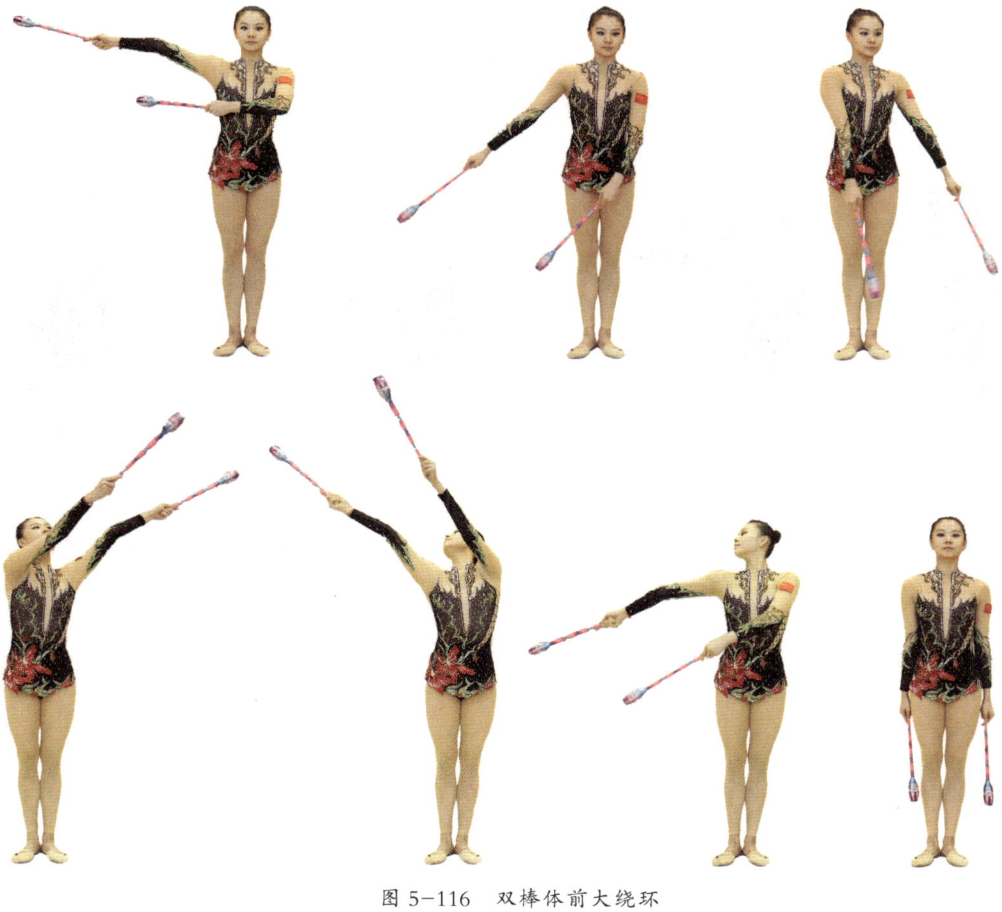

图 5-116　双棒体前大绕环

(3) 双棒头上水平大绕环（图 5-117）

图 5-117 双棒头上水平大绕环

（4）双棒体侧反向大绕环（图 5–118）

图 5–118 双棒体侧反向大绕环

动作要领：做大绕环时直臂持棒，肩部放松，手臂尽量远伸，通过垂直面时加速用力摆动，棒与手臂保持一条直线。

教学步骤：

（1）徒手完成各种绕环动作。

（2）单手持棒，练习大、中绕环。

（3）两手持两棒练习手臂绕环动作。

（4）配合步伐完成各种大、中绕环动作。

3. “8”字

动作做法：双手持棒，以肩、肘为轴，使棒在两个不同部位、不同平面上连续做两个对称的绕环构成“8”字形。

（1）单手持单棒体侧垂直绕“8”字（图 5–119）

图 5–119　单手持单棒体侧垂直绕“8”字

（2）双手持棒水平绕“8”字（图 5-120）

图 5-120　双手持棒体前水平绕“8”字

(3) 双手持棒体前体后垂直绕“8”字（图 5-121）

图 5-121　双手持棒体前体后垂直绕“8”字

动作要领：双手紧握棒头，以肩为轴，手臂与棒保持一条直线，两臂协调配合，形成清晰地“8”字绕环，绕环幅度尽量大。

教学步骤：

(1) 徒手练习左、右手单臂左右“8”字绕环动作。

(2) 两手持棒，用慢动作熟悉左右“8”字绕环动作。

(3) 动作熟悉以后，由慢逐渐加快。

(4) 配合身体动作来完成。

4. 小绕环

棒的小绕环包括在向不同方向、不同面上的同时或依次的各种小绕环，小绕环以腕为轴。

动作做法：手臂伸直，两手松握棒头，手腕发力带动棒体做以手腕为轴的圆形运动。可以向不同方向在、同部位做小绕环。

(1) 双棒体侧小绕环（图 5–122）

图 5–122　双棒体侧小绕环

（2）双棒体前小绕环（图 5-123）

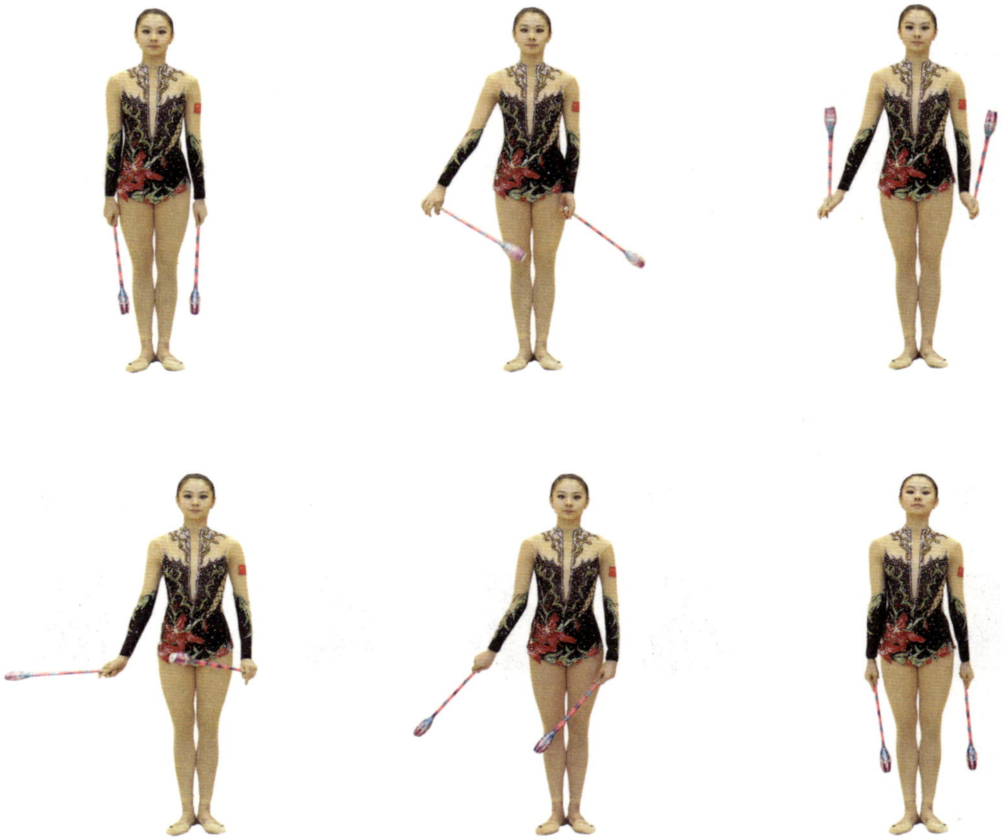

图 5-123　双棒体前小绕环

(3) 双棒体侧水平小绕环（图 5-124）

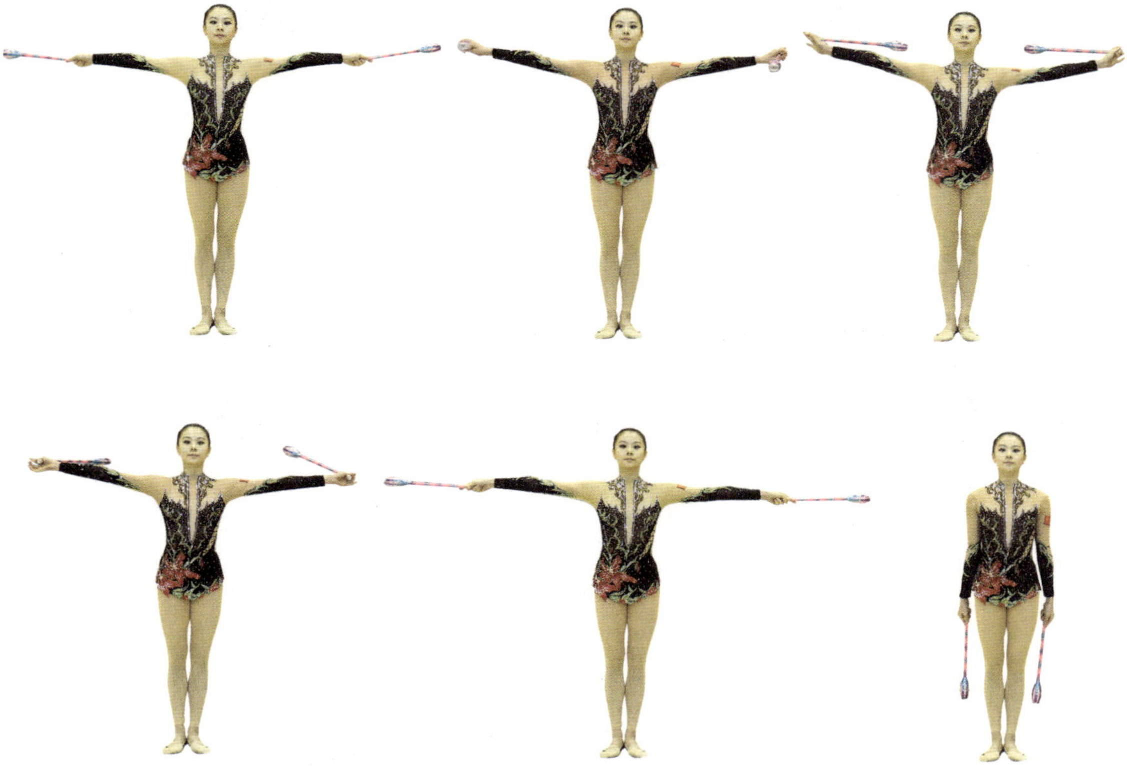

图 5-124 双棒体侧水平小绕环

(4) 双棒体侧垂直小绕环（图 5–125）

图 5–125　双棒体侧垂直小绕环

（5）双棒体侧反向小绕环（图 5–126）

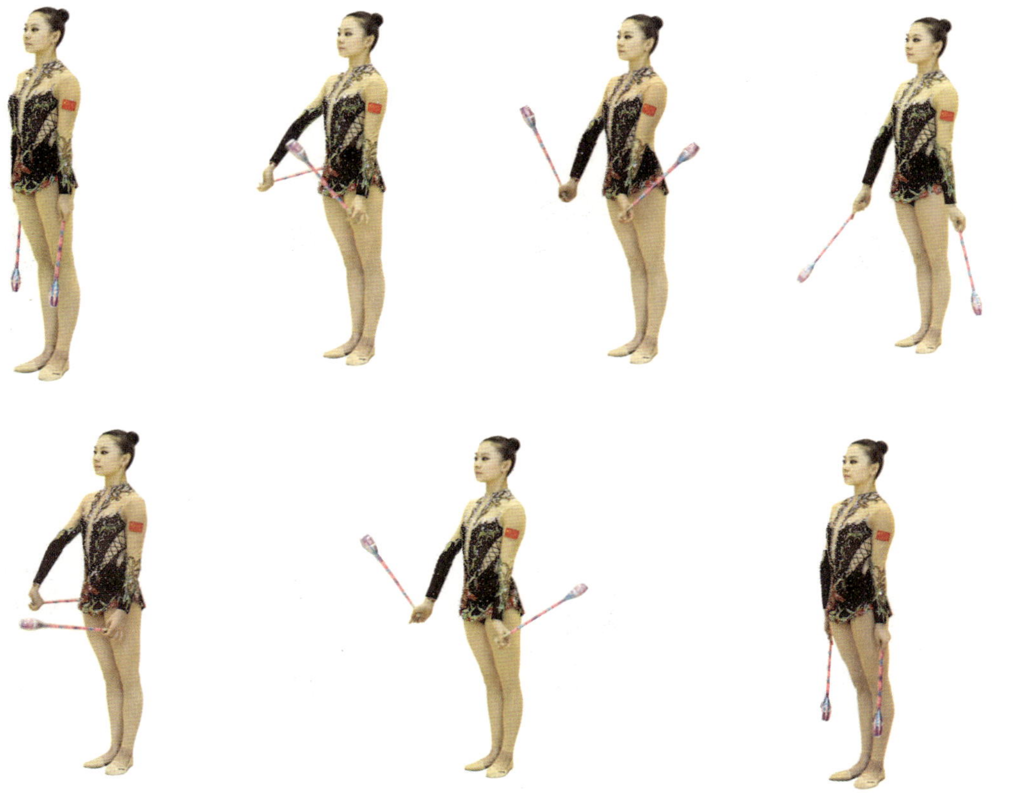

图 5–126　双棒体侧反向小绕环

动作要领：拇指、食指和中指松握棒头，使棒头在掌心内和虎口处灵活转动，腕关节放松，棒利用转动惯性和重力形成小绕环，通过垂直线时加速发力，小绕环应有一定的速度。

教学步骤：

（1）持单棒完成向前或向后的小绕环。

（2）两手各持一棒同时完成向前或向后的小绕环。

（3）持两棒依次完成向前或向后及反向小绕环。

（4）配合身体动作完成各种的小绕环。

5. 小五花

小五花是棒的典型动作之一，由一系列不同面、不同方向的上下、左右、前后对称的小绕环组成。

动作做法：两臂在前举、上举或前下举等不同部位，两手持棒手腕交叉靠拢，两手按依次的节奏，连续做小绕环，形成小五花动作。

(1) 体前水平小五花(图 5-127)

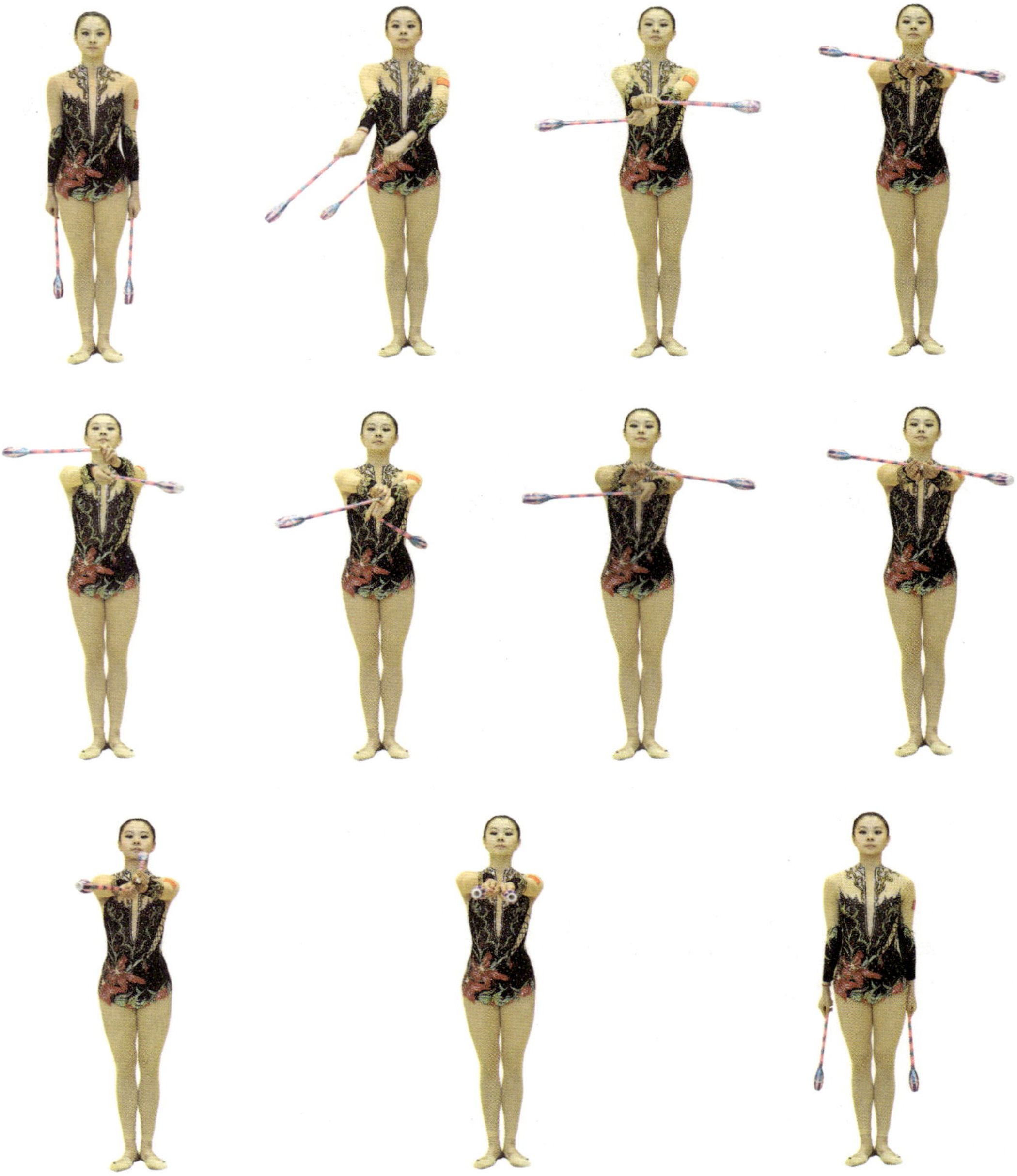

图 5-127 体前水平小五花

(2) 体前垂直小五花（图 5-128）

图 5-128 双臂前平举体前垂直小五花

(3) 头上垂直小五花（图 5–129）

图 5–129　双臂上举头上垂直小五花

（4）改变方向连续小五花（图 5–130）

图 5–130　改变方向连续小五花

动作要领：两臂伸直，两手腕应尽量贴紧，以手腕为轴，棒在手中灵活转动，两棒协调配合，形成连贯、流畅、清晰的小五花。

教学步骤：

(1) 熟练掌握左、右手持棒，臂上臂下水平小绕环动作。

(2) 徒手练习两手腕交叉的小五花动作。

(3) 持两棒采用紧握棒头的方法，用慢动作熟悉小五花的动作全程。

(4) 采用松握法做完整练习，由慢逐渐加快。

(5) 配合身体动作练习不同方向、不同面的小五花。

常见错误：

小五花双手距离过大（图 5-131）

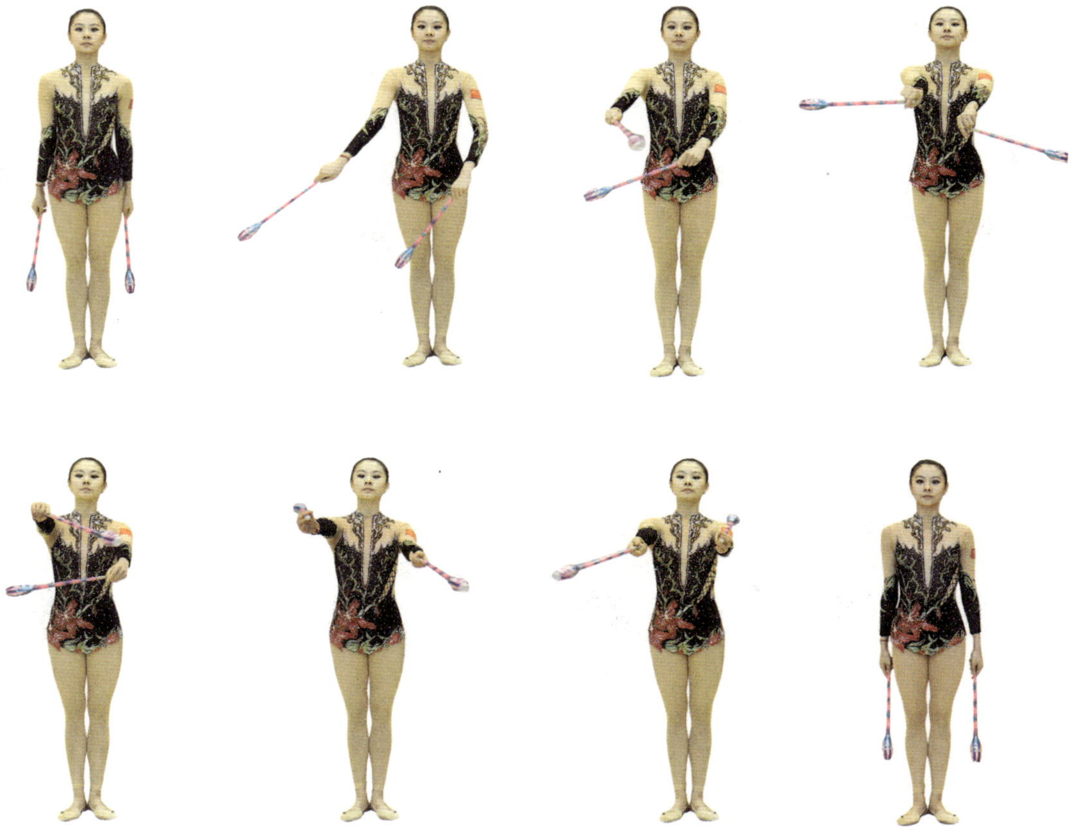

图 5-131 小五花双手距离过大

6. 敲　击

动作做法：双手持棒头（棒颈或棒体），使两棒有节奏地相互敲击。

（1）敲击棒体（图 5-132）

图 5-132　敲击棒体

（2）敲击棒颈（图 5–133）

图 5–133　敲击棒颈

（3）敲击地面（图 5–134）

图 5–134　敲击地面

动作要领：敲击棒时应紧握棒，敲击的节奏清晰。

教学步骤：

(1) 两手紧握棒，练习在体前、体后、头上、地面等位置的敲击。

(2) 结合身体动作练习棒的敲击。

7. 不对称动作

不对称动作是棒所特有的典型技术动作，是指双手持棒同时完成两个不同结构组的动作，或同时完成不同方向，不同水平面来的同一结构组动作。不对称抛两根棒时，要求棒的方向、水平面，或高度是不同的。

动作做法：一棒做水平（垂直）大绕环，同时另一棒做垂直（水平）小绕环，两棒形成不对称动作；一棒小绕环，同时另一棒做小抛，形成不对称动作；同时抛双棒，一根棒水平面，另一根棒垂直面，形成不对称动作；同时抛双棒，一根棒向前抛，另一根棒向后抛，形成不对称动作。

(1) 水平大绕环垂直小绕环（图 5-135）

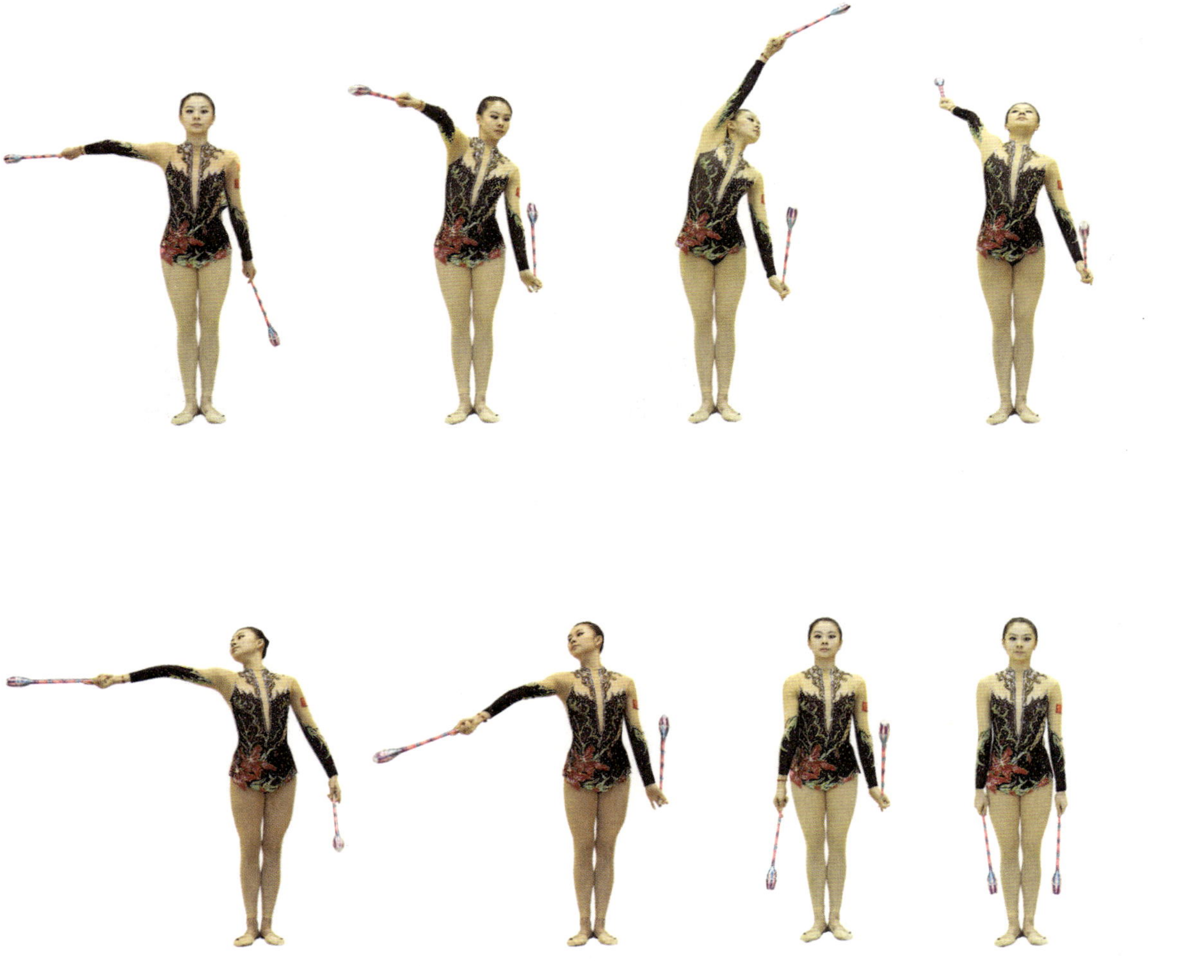

图 5-135　水平大绕环垂直小绕环

（2）水平小绕环垂直大绕环（图 5–136）

图 5–136　水平小绕环垂直大绕环

(3) 小绕环与小抛（图 5-137）

图 5-137　小绕环与小抛

（4）垂直抛与水平抛棒（图 5–138）

图 5–138　垂直抛与水平抛棒

（5）向前与向后抛棒（图 5-139）

图 5-139　向前与向后抛棒

动作要领：两手配合协调，小绕环和大绕环构成的不对称动作的每根棒的方向和水平面应准确，不对称抛棒应注意两根棒的出手时机、方向和距离。

教学步骤：

(1) 徒手练习不对称动作。

(2) 分别练习单棒动作。

(3) 持两根棒练习不对称动作。

8. 小　抛

动作做法：单手或双手持棒头，手腕下压，手指向上拨棒，使棒在空中翻转，接棒时尽量接棒头，手臂随之下摆缓冲。

(1) 单棒小抛（图 5-140）

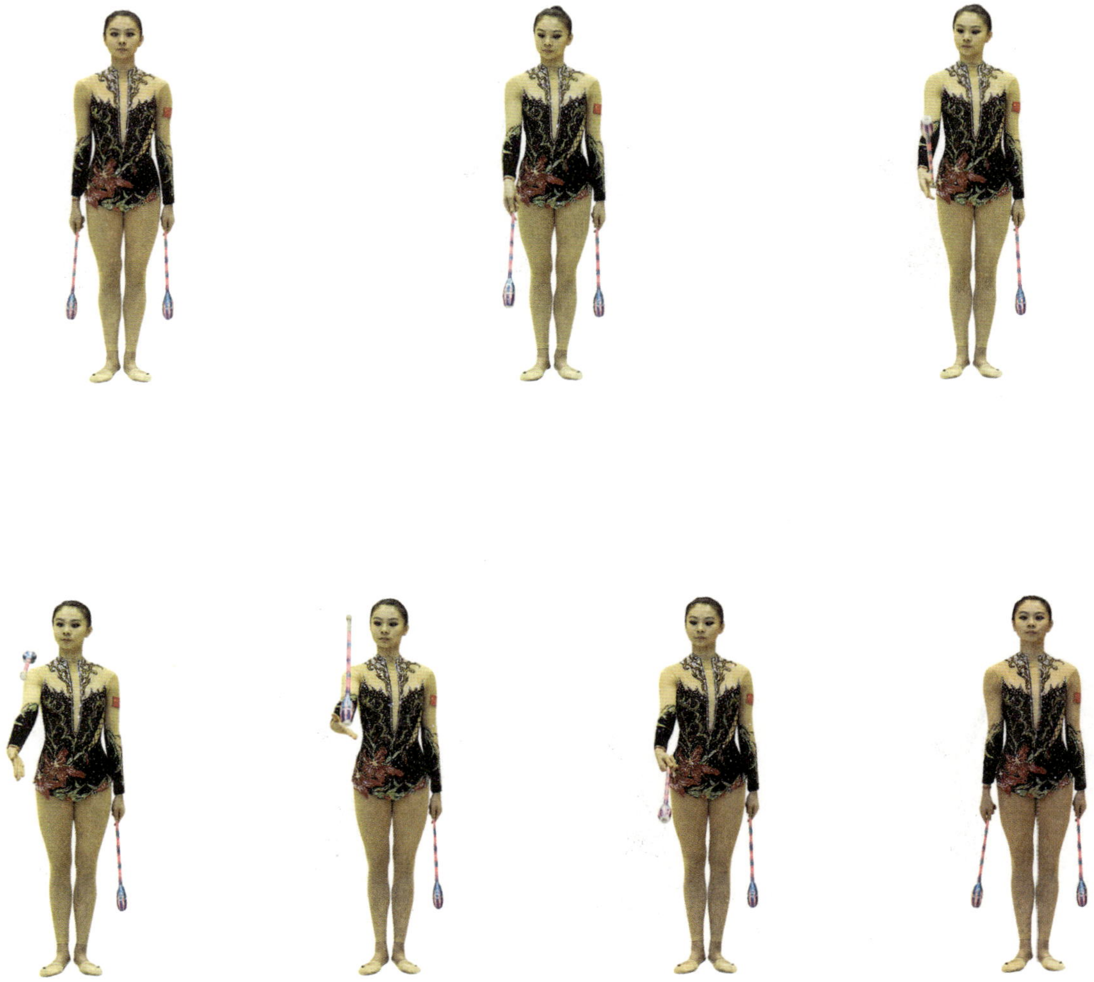

图 5-140　单棒小抛

（2）双棒小抛（图 5–141）

图 5–141　双棒小抛

（3）双棒不对称小抛（图 5–142）

图 5–142 双棒不对称小抛

（4）双手依次小抛棒（图 5-143）

图 5-143　双棒依次小抛

（5）单手依次小抛双棒（图 5–144）

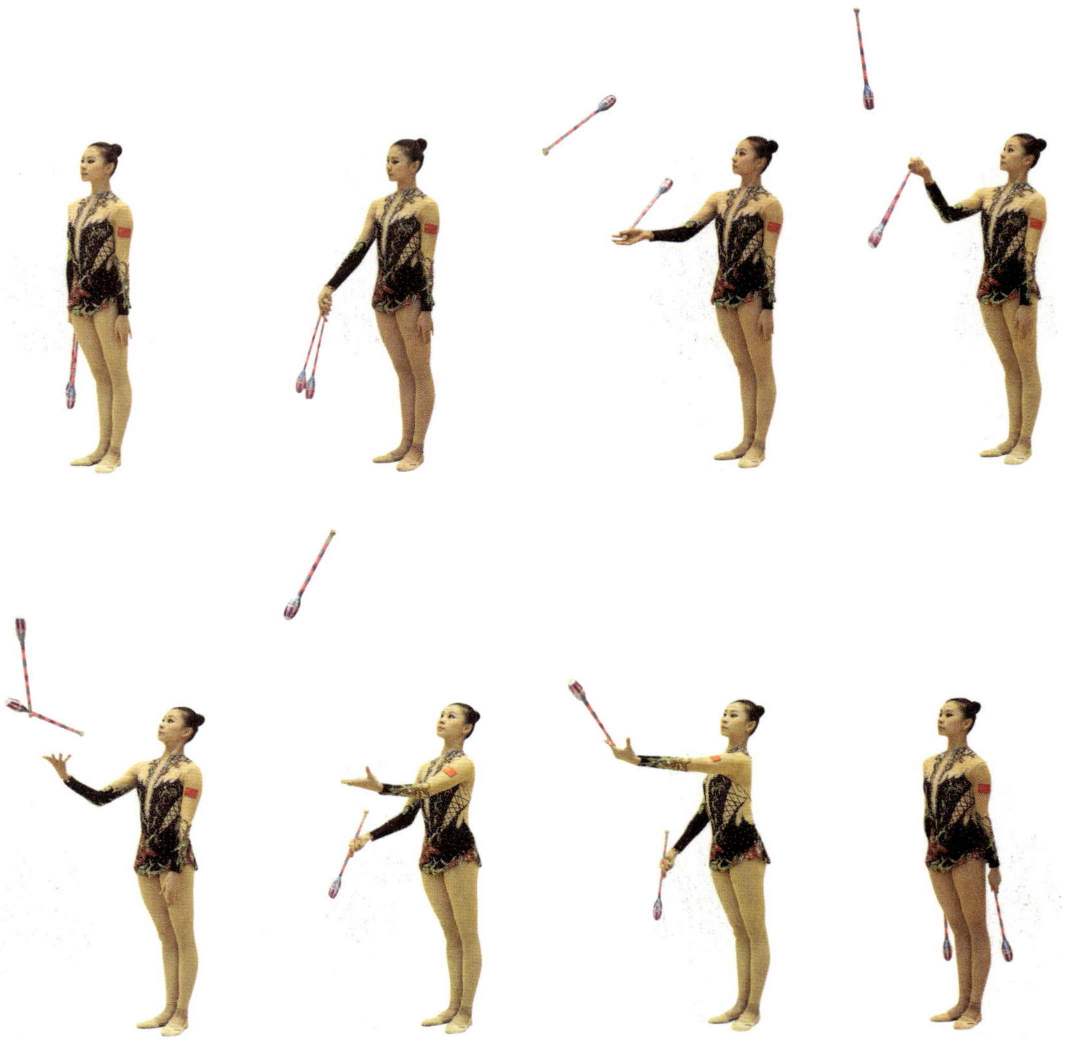

图 5–144　单手依次小抛双棒

动作要领：小抛棒主要靠手腕下压，手指向上带动，使棒体向上翻转，使棒体在空中形成翻转。单手依次小抛双棒时，注意两棒依次出手的节奏和时机，两手各接一根棒。

教学步骤：

（1）练习单棒小抛，翻转 180°~360°接棒。

（2）练习双手同时双棒小抛，翻转 180°~360°接棒。

（3）练习双手持双棒依次小抛。

（4）练习单手持双棒依次小抛

（5）结合身体动作练习各种小抛棒。

9. 抛　接

动作做法：单手或双手持棒头，手臂伸直向上摆动，摆至前上举时，将棒抛出，同时双腿蹬地并立提踵，棒在空中形成翻转，接棒时掌心向上迎棒，接棒头，手臂随之下摆缓冲。

（1）单棒大抛（图 5-145）

图 5-145　单棒大抛

（2）单手双棒大抛（图 5–146）

图 5–146　单手双棒大抛

(3) 双手依次大抛棒（图 5-147）

图 5-147 双棒依次大抛

(4) 单手依次抛双棒(图 5–148)

图 5–148 单手依次抛双棒

动作要领：屈膝蹬地提踵，直臂摆至前上方抛棒，控制出手时手指拨棒的速度，避免棒的空中翻转速度过快。主动接棒头，下摆缓冲。单手依次抛双棒时，控制好依次抛棒的节奏和时机，看准棒的翻转面接棒。

教学步骤：

（1）徒手练习棒的大抛动作。

（2）练习单抛棒动作，可逐步增减抛棒高度。

（3）练习抛双棒动作。

（4）结合身体动作练习抛棒。

10. 棒的不稳定平衡

动作做法：

（1）棒压棒，单手持棒头，翻腕用棒压住另一棒，形成不稳定平衡。（图 5-149）

（2）体前屈双棒置于颈后不稳定平衡。（图 5-150）

图 5-149　棒压棒

图 5-150　颈后不稳定平衡

动作要领：棒压棒不稳定平衡动作持棒的手臂伸直，压住另一棒的棒体与棒颈处。双棒置于颈后形成不稳定平衡，应避免抬头用颈部夹棒。

教学步骤：

（1）练习体前屈单棒置于颈后。

（2）练习体前屈双棒置于颈后的不稳定平衡。

（3）结合旋转动作练习棒的不稳定平衡。

五、带

带操动作柔软、流畅、飘逸、优美，深受女性的喜爱。它既可作为比赛项目，又可作为表演项目。通过带操练习能激发练习者的兴趣，并且通过带操练习达到健身的目的。

带由棍和带两部分组成，带长 6 米，初学者或一般练习者可使用 4~5 米长的带，以降低难度。

持带练习不仅可以发展肩部、上臂、前臂及手腕的力量，也可以发展上肢各关节的灵活性。配合各种身体动作，在音乐的伴奏下还可以发展和提高练习者的协调性、节奏感及美感。为了使身体得到全面发展，在练习过程中还应注意左、右手的均衡使用。

在练习过程中，带应成为手臂的延伸，力量传递至带尾，使带在空间运动有力而连贯，图形清晰而准确，避免带尾拖地。

（一）持带方法

手持带棍时，食指伸直贴于棍上，其余四指握住棍端，将棍端抵于掌心。做动作时握棍要紧，手腕放松，带动带棍和带的灵活运动。

图 5−151

（二）基本动作

带的基本动作有摆动、绕环、绕“8”字、螺形、蛇形及抛接等。这些动作可以在不同的部位、向不同的方向、以不同的速度和幅度完成。

1. 摆　动

单手持带棍，以肩为轴，在不同的部位、向不同的方向做钟摆式运动。

动作做法：手持带棍，手臂自然伸直，以肩为轴，通过弧形摆臂带动带的摆动。带的摆动可在不同的部位、不同方向进行。

（1）单手持带体前左右摆动（图 5-152）

图 5-152　单手持带体前左右摆动

(2) 体侧前后摆动（图 5–153）

图 5–153　体侧前后摆动

（3）头上左右摆动（图 5–154）

图 5–154　头上左右摆动

动作要领：做带的摆动时，肩部放松，手臂伸直将摆动力量传递至带尾。当手臂摆动接近最高点或最远端时，手腕稍用力将带尾挑起，带形舒展、连贯、流畅、不出声响。带应成为手臂的延长，避免带尾拖地。

教学步骤：

(1) 原地持带摆动，左右手交替练习。

(2) 结合移重心或屈膝弹动等身体动作进行。

2. 绕　环

单手持带棍，以肩或肘为轴，使带在不同的部位、不同的平面上和不同的方向做圆周运动。以肩为轴的绕环为大绕环，以肘为轴的绕环为中绕环。

动作做法：右手持带，手臂自然伸直，以肩为轴，棍带是手臂的延伸。手臂沿顺时针方向做圆周运动，带呈圆环状。

(1) 体前向内大绕环（图 5–155）

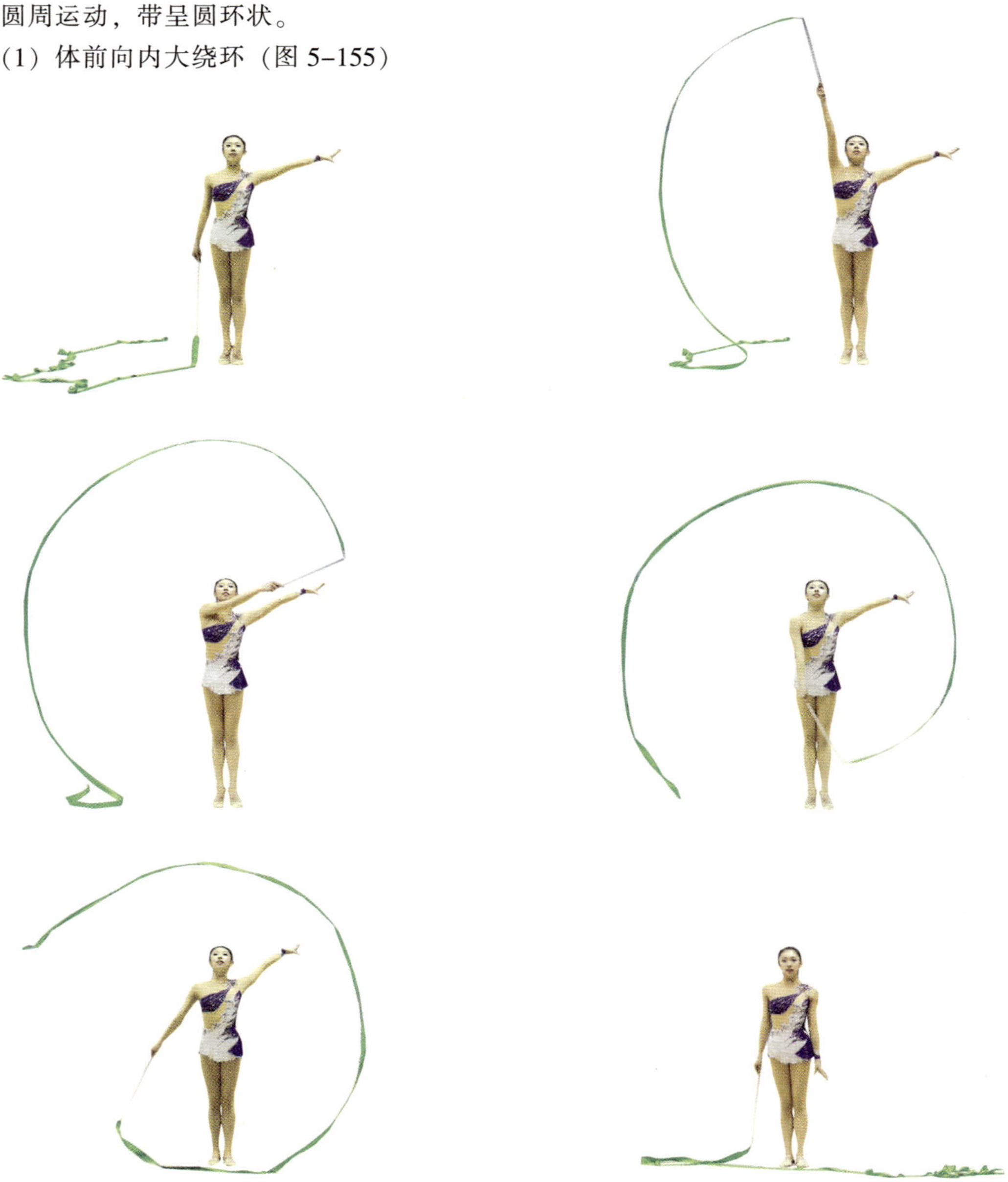

图 5–155　体前向内大绕环

（2）体侧向后大绕环（图 5-156）

图 5-156　体侧向后大绕环

（3）头上水平大绕环（图 5–157）

图 5–157　头上水平大绕环

动作要领：直臂以肩为轴做绕环，当手臂持带向上绕环时应用力摆臂，向下绕环时顺势自然摆臂；沿水平面绕环时，加大摆动半径（手臂与棍尽量向远伸），并以一定的速度绕环，使带在空中始终保持在水平面上运动，带形准确、清晰，动作连贯、流畅。

教学步骤：

（1）原地持带练习，左右手交替进行。

（2）结合屈膝弹动，移动步法、舞步、双脚转体等动作进行。

3. 绕“8”字

动作做法：单手持带，以肩（肘）为轴，通过手臂的圆周运动及手腕向内、向外的转动，带在不同部位、不同平面上连续做两个对称的绕环，使带的运动轨迹形成“8”字形。与地面垂直的称为垂直“8”字，与地面水平的称为水平“8”字。

（1）体侧绕“8”字（图 5–158）

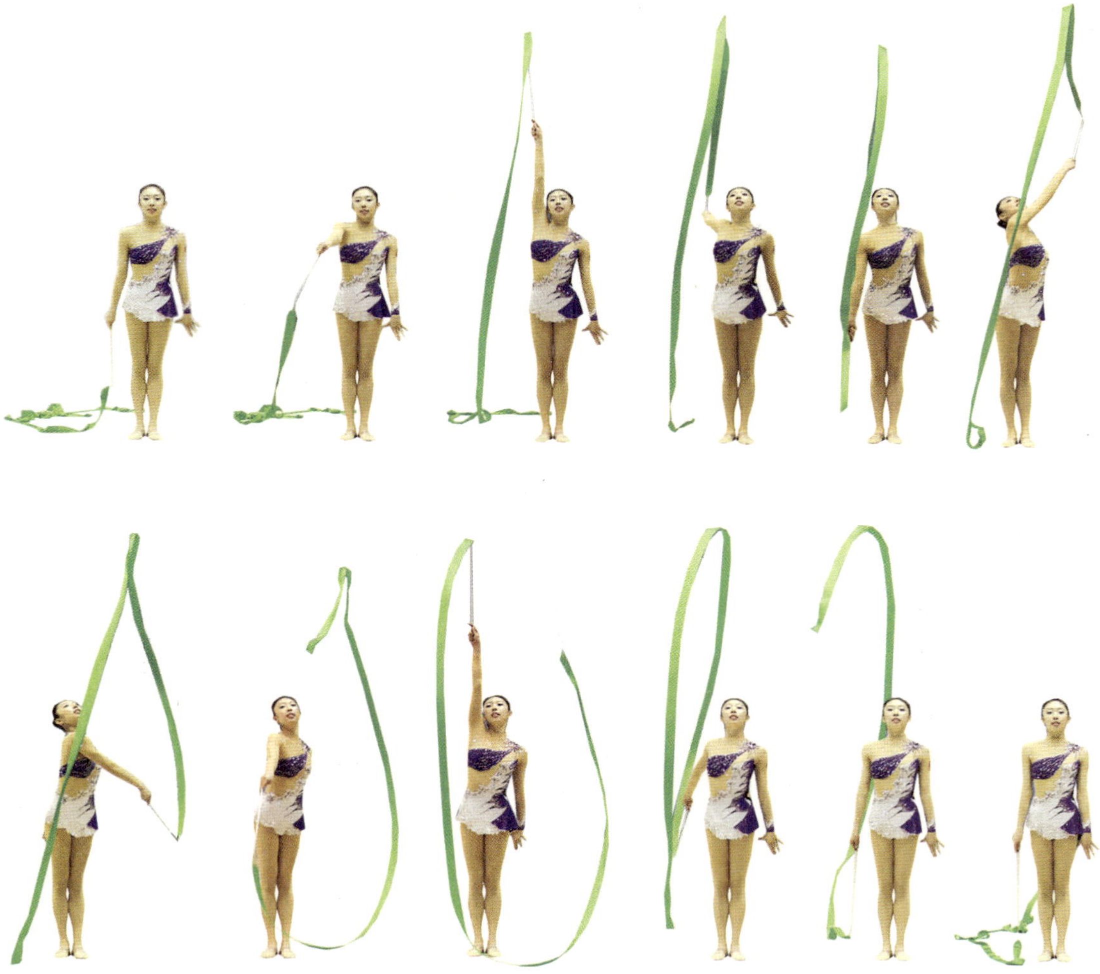

图 5–158　体侧绕“8”字

（2）体前后绕“8”字（图 5-159）

图 5-159　体前后绕“8”字

（3）持带尾水平绕“8”字（图 5–160）

图 5–160　持带尾体前头上绕“8”字

动作要领：直臂大幅度完成动作，技术同绕环，形成8字的两个绕环的方向和水平面要准确，两个圆形均匀对称，绕“8”字动作连贯、流畅。

教学步骤：

(1) 徒手练习绕“8”字，左右手交替进行。

(2) 持带慢速练习不同方向、不同水平面的绕“8”字动作。

(3) 结合屈膝弹动、移动步法或舞步、移重心等动作进行。

4. 螺　形

动作做法：单手持带，以手腕为轴，手腕沿顺时针或逆时针方向快速、均匀地做小绕环，形成一串大小相等的环状图形，可以在不同部位、不同方向、不同平面上完成。环状图形与地面平行，称作水平螺形；环状图形与地面垂直称垂直螺形。

(1) 体前螺形（图 5-161）

图 5-161　体前螺形

（2）体前左右螺形（图 5–162）

图 5–162　体前左右螺形

(3) 体前改变方向螺形（图 5-163）

图 5-163　体前改变方向螺形

(4) 带棍穿螺(图 5–164)

图 5–164 带棍穿螺

动作要领:手臂自然伸直,肘、腕放松,以腕为轴,手快速、均匀地做环状运动,将力量传递至带尾,形成的螺形大小均匀,紧密相连,带形清晰准确。

教学步骤:

(1) 徒手练习,左右手交替做。

(2) 持带练习,左右手交替做。

(3) 结合移动的步法或舞步等动作练习。

5. 蛇　形

动作做法：单手持带，以手腕为轴，手连续、快速、均匀地做上下或左右小摆动，使带形成一串大小、幅度相等的波浪图形。波浪图形与地面平行，称作水平蛇形；波浪图形与地面垂直，称垂直蛇形。

（1）体前水平蛇形（图 5–165）

图 5–165　体前水平蛇形

(2) 头上水平蛇形（图 5-166）

图 5-166　头上水平蛇形

（3）体前垂直蛇形（图 5–167）

图 5–167　体前垂直蛇形

动作要领：手臂自然伸直，肘、腕放松，以手腕为轴，做连续、快速、均匀的小摆动，形成大小相等、紧密相连的蛇形。带形清晰，准确，连贯，流畅。

教学步骤：

（1）徒手练习，左右手交替进行。

（2）持带练习，左右手交替练习。

（3）结合移动步法或舞步等动作进行。

6. 脱手小抛

动作做法：

（1）体前向外垂直脱手小抛，右手持带棍于身体右侧，做体前以腕为轴的垂直向外小绕环，当带棍摆至右斜下方时，顺绕环惯性将带棍向上挑起，形成脱手小抛，右手翻腕虎口朝下掌心朝上迅速接带棍末端向右侧摆动。（图 5–168）

图 5-168　体前向外垂直脱手小抛

（2）体前向外水平脱手小抛，右手持带棍于身体右侧，做体前以腕为轴的水平向内小绕环，当带棍摆至左斜前方时，顺绕环惯性将带棍向上挑起，形成脱手小抛，左手迅速接带棍末端向左侧摆动。（图 5-169）

图 5-169　体前向外水平脱手小抛

技术要领：脱手小抛时，带棍的摆动、翻转和出手动作应连贯、流畅、快速，一气呵成，应将力量传递至带尾，避免带尾拖地。接时要主动迎带棍，并顺势下摆缓冲（持带棍末端）。

教学步骤：

（1）徒手练习脱手小抛动作。

(2) 持带慢速练习脱手小抛，高度稍低。

(3) 结合各种步法练习，适当增加脱手小抛的高度。

7. 抛 接

动作做法：单手持带棍，利用摆动或绕环惯性，将带抛出，带在空中呈抛物线轨迹。抛带动作包括持带抛、持带棍抛、全带抛和拉带抛等类型。

(1) 向后抛带，右手持带向后大绕环一周，顺惯性向后上方拉带棍，接带头 10~20 厘米处，从下经前向后上方将带抛出，同时配合屈膝蹬地动作，接时尽量接带棍末端。(图 5–170)

图 5–170 向后抛带

（2）拉带抛，右手持带向前小绕环，顺惯性向前上方挑带棍，左手接带尾，右手接带头10~20厘米处，从下经后向前上方将带抛出，同时配合屈膝蹬地动作，双手持带尾从上经前向侧拉带尾，接时尽量接带棍末端。（图 5–171）

图 5–171　拉带抛

（2）持带棍抛，右手持带向后大绕环，顺惯性向后上方抛带棍，同时配合屈膝蹬地动作。转体 180°右手接带棍末端。（图 5-172）

图 5-172　持带棍抛

动作要领：抛带时，以肩为轴手臂大幅摆动绕环，双腿并拢屈膝下蹲后迅速等地提踵，同时手臂下沉向后（前）上方抛带，接时主动迎带棍，接带棍末端，手臂和腿部配合协调。

教学步骤：

（1）徒手练习，体会抛带动作。

（2）持带头向后抛带，高度稍低。

（3）结合摆动绕环练习抛带动作。

（4）抛带时用力要柔和，不可用力过大，接带时接带棍末端。

（5）练习不同方向、不同形式的抛带动作。

8. 从带中穿过

动作做法：右手持带于右侧，做三次大绕环（体前–体侧–体前），同时向前小跑 3 步身体向右跳转 360°（90°，180°，90°），每一步小跑从大绕环中穿过。（图 5–173）

图 5–173　从带中穿过

技术要点：手臂自然伸直，以肩为轴做大幅度绕环，身体旋转跑跳应与带的大绕环协调配合，每一步都要从带的图形中穿过。

教学步骤：

（1）徒手身体旋转跑跳动作。

（2）持带慢速练习大绕环结合身体旋转跑跳动作。

（3）按正常速度大绕环从带中穿过。

9. 从带上越过

动作做法：

（1）从地面摆动带上越过，右手持带于右侧，在地面做连续左右摆动，当带棍向右摆过地面垂直部位时，右脚向前跑一步从带上越过，当带向左摆动时，左脚向前跑一步从带上越过，连续进行。（图 5-174）

图 5-174　从地面摆动带上越过

（2）从地面螺形上越过，右手持带置于左侧，向右做地面水平螺形，双腿吸腿跳转体360°从螺形上越过。（图 5–175）

图 5–175　从地面螺形上越过

动作要领：从带上越过时，身体动作与器械动作协调配合，自然流畅地完成从带上越过动作。

教学步骤：

(1) 徒手慢速练习从带上越过动作。

(2) 持带慢速练习从带上越过动作。

(3) 按正常速度练习从带上越过动作。

思考题

1. 艺术体操器械技术主要特点是什么？
2. 艺术体操器械技术种类包括哪些？
3. 艺术体操绕环类动作的要领是什么？
4. 艺术体操球的基本技术组动作有哪些？
5. 完成艺术体操棒的小五花动作时易犯错误是什么？如何纠正？

参考文献

[1] 全国体育学院教材委员会. 艺术体操 [M]. 北京：人民体育出版社，1991：6，2-18.

[2] 2013~2016 艺术体操评分规则 [M]. 北京：国家体育总局体操运动管理中心，2013.

[3] 王爱兰. 艺术体操运动训练之研究 [M]. 北京：人民体育出版社，1991.

[4] 柳德米拉·科娃利科. 2002 年 3 月全国艺术体操教练员培训班授课记录. 2002：8.

[5] 毕罗科比托娃等；乌克兰艺术体操教学训练大纲 [M]. 黄孝瑛译. 乌克兰国家体委和体操协会科学教法委会，2000：20.

[6] 全国体育学院教材委员会. 大众艺术体操 [M]. 北京：人民体育出版社，2000.

第六章　艺术体操教学

本章提要

艺术体操教学是艺术体操理论的重要组成部分，本章主要阐述艺术体操教学原则、教学方法和教学文件制定。通过本章学习，使学生对艺术体操教学理论有一个全面的了解，初步掌握艺术体操教学原则、教学方法，以及教学文件的制定，并能够运用于教学实践中，提高教学能力。

第一节　艺术体操教学原则

一、艺术体操教学原则

体育教学原则是体育教学过程客观规律的反映，是通过长期教学实践积累起来的经验总结，对体育教学活动具有普遍的指导性意义。在艺术体操教学过程中，应根据该项目的特点，正确地贯彻与运用体育教学中的各项基本原则。

（一）师生协同性原则

是指在教学活动中，教师在充分发挥自身作用的同时，还要充分调动学生的积极性和主动性，使教学过程真正处于师生协同活动，相互促进的状态之中，其实质就是要处理好教师与学生，教与学的关系。贯彻此原则应注意以下几点：

1. 教育者（教师）和受教育者（学生）在人格上是平等的，在情感上是相容的。人格的平等，形成师生情感的相容。协同教育是促进人与环境协同发展的活动，协同教育是遵循人、社会与自然发展规律，顺应历史、现代与未来发展潮流的教育，协同教育是哲学、科学、实践三维一体的教育，协同教育是人类生存与发展的综合艺术。

2. 协同教学是学生与教师双边主体活动，即学生是自发满足需要、自觉规划未来、按照教学目标，自主系统学习、自为图强创新的主体；教师是整合教育资源、创设教学情景、优化教学过程、实现教育目的的主体。

3. 教师优化教学过程是从学生走进大学开始。教师要根据教学大纲把所学的内容结构模块化，教师要深刻理解模块的知识结构、系统内容、应用方法及多模块的系统性，融会贯通本学科与相关学科，全面开启学科通道，不断优化学生的整体知识结构，构建开放型的知识大厦与思维模式。教师要从学生的整体发展和终身发展出发教书育人，教书是手段，育人才是目的。在教学过程中始终坚持“需要与目标，道德与智慧”双向建构、良性互动的法则。[1]

（二）直观性教学原则

直观性教学原则是根据人们对客观事物和现象的认识规律提出来的教学原则。学生通过视觉、听觉、触觉和肌肉本体感觉来感知所学动作的技术，也就是学生将所看到、听到和肌肉在时间、空间感觉到的用力程度等，通过思维活动反复思考并加以多次实践（模仿练习），使之建立正确的动作概念。贯彻此原则应注意以下几点：

1. 教师的示范动作是最生动的直观教学

艺术体操动作要求优美性、艺术性，因此教师示范动作应准确、优美、规范、有表现力，这能使学生在课堂上直接感受到动作的正确性，形象地接受美育教育，对建立正确概

[1] 陈代军. 教师优化教育过程.http://blog.ntjy.net/my_blogs/159467/.

念、强化动作要领、迅速掌握动作技术都有着十分重要的意义。示范是教学法中最易于令人接受的方法。示范在直观教学法中占主导地位。为了正确地掌握身体练习，直接领会动作是必要的，动作示范是最容易直接领会动作的方法。直观教学法全都使用示范，示范可以引导学生模仿标准动作，特别是在初学者和低年级学生的教学中必须使用示范法。

直观教具有图片、图表、挂图、照片或多媒体教学。把这些教具挂在班里或艺术体操馆的墙上，上课时在教师的指导下观看，或者课外学生自己观看。

2. 教师生动形象的讲解具有直观作用

要使示范更有效果，必须很好地组织队伍，示范配合讲解能保证学生对动作的理解，这对于正确完成动作是必要的，给学生指出应注意的主要动作，哪些动作是相同的，哪些动作是有变化的，与以前学过的动作不同。

为了更好、更快地掌握具有一定节奏的身体动作，示范应当配合口令进行练习（数数、音乐、节拍器）。

3. 创造观看示范的条件

示范应当在全体学生都能看得很清楚的地方进行。因此，示范必须结合讲解，在教学的各个阶段，如学习新的教学内容，在完成身体练习中改进技术和提高技能等，都可以采用直观性原则。

4. 要启发学生积极进行思维

在教学中教师要善于启发和培养学生独立思考的能力，发展她们的想象力和独创精神。对所学理论及技术不仅要知其然，而且要知其所以然，这样就能使学生从看、听、练当中所得到的感性认识上升到理性认识。教师要善于启发诱导学生通过对动作的比较分析，加深对动作技术、动作各部分之间、动作与动作之间的联系的理解，以及区分正确动作与错误动作的界限，更好地掌握专项知识和技术。

（三）循序渐进原则

艺术体操教学是一个系统的工程，在这个工程中的每一个细节都要遵循运动机能形成的客观规律，遵循循序渐进的原则。艺术体操项目、内容繁多，从专项身体素质练习到徒手基本动作练习，从绳、圈、球、棒、带各种器械的单个动作练习到组合、成套动作练习，从个人练习到集体练习等等，因此在教学内容、教学顺序上要进行科学的安排，逐步深化，同时在运动量及能力培养上也应遵循循序渐进的原则。贯彻此原则应注意以下几点：

1. 教材的安排应由易到难、由简到繁、由单个动作到组合动作最后到成套动作，由基本动作到难度动作。安排各种类型动作练习时，应前后衔接、承前启后，逐步提高，在学习掌握一个动作后就要发展、变化、加难。如：先学习柔软步，再学习变换步；先学习足尖步，再学习弹簧步和华尔兹步及华尔兹组合。同时也要考虑各种类型动作之间的纵向与横向联系，前面学习的内容为后面学习的内容打基础，不断扩大教材的广度和深度，如：先学习大跨跳，再学习大跨跳抛接器械等等。要考虑各种类型动作之间的互相促进、相互配合、动作技能的转移和身体素质的转移等因素。使教材具有系统性、科学性、渐进性。

2. 教学步骤一般由徒手练习到手持轻器械练习，由原地练习到移动练习，由身体的局部动作练习到全身动作练习、由慢节奏到正常节奏、由快节奏到变化节奏的练习，这样一个循序渐进的教学过程。在联合动作、组合和成套练习中还应注意由简单的路线变化、队形的变化过渡到较为复杂的路线、队形变化，由不配音乐到配音乐，由选用简单的乐曲到较为复杂的乐曲的发展过程。

3. 教学中运动量的安排应由小到大，小、中、大相结合，使其按适应——加大——再适应——再加大，有节奏螺旋式地上升。练习的运动量必须根据学生的身体素质水平、技术水平及接受能力等各种实际情况进行安排，不能操之过急，违背循序渐进的原则。

4. 能力培养应循序渐进地贯穿在整个教学过程中。学生在学习和掌握艺术体操理论知识和动作技术、技能的同时，各种能力也应逐步得到相应发展。如：课堂中单个动作的教学能力，在队列队形的教学组织形式上，记写单个动作和组合的能力、创编动作组合的能力，组织竞赛与裁判工作的能力，全课的教学组织能力等应有计划地安排在教学的各个学期。

（四）因材施教原则

即教师要使学生都能按照教学大纲、教学计划的统一要求，完成教学任务，同时又要根据每个学生在身体素质、技术水平、专项意识及智力条件等方面的差异性，进行个别对待的教学，此外，教学中教师了解学生的性格特点也具有很大的意义，有积极与消极的学生，有对艺术体操感兴趣与不感兴趣的学生。贯彻此原则应注意以下几点：

1. 教师上课前应当很好地了解每个学生的具体情况。为此，教师要了解学生生活情况，这能给教师提供许多有益的帮助。所有这一切，使教师在教学过程中对学生进行仔细观察有了很好的补充材料。

2. 技术训练水平高的学生也需要个别对待。防止学生达到教学要求后停步不前，有时她们在课上同全体学生一起完成同样的练习内容，会因为动作太容易而感到乏味，没有新颖刺激。因此，要因势利导，敢于突破统一要求，提出新的任务，激发和发挥学生已经具有的优势和创造精神，使她们的学习再前进一步。对技术训练水平高的学生在进行身体练习或器械练习时必须高标准地要求她们完成更高一级的难度技术动作。此外，为提高这些学生的积极性，要求她们在同学之间相互帮助、纠正错误或做示范动作。但是，在任何情况下，教师都不要把这些学生单独分出来练习。

3. 教学内容应符合大多数学生的实际水平，使她们都能接受。同时要采用适当的教学方法，合理、恰当地规定教学任务，使学生尽快掌握动作技术、技能，达到教学一般要求，每个班都有技术训练水平不同的学生。在完成技术练习时，有的学生训练水平较低，成绩表现较差，有的学生训练水平较高，因而获得好成绩。技术训练水平差的学生常常表现为爱面子，不愿意做动作或根本就没有信心做动作。在这种情况下，教师要耐心地鼓励学生振作精神，有时可采用降低动作难度的方法，使学生感到有希望和信心，指出落后是暂时的，特别要指出，利用课外活动时间做一些补充练习，就可以赶上同学们。对于这些学生，教师在课上不要为她们制造任何特殊的气氛，也不要把全体学生的注意力引到这些学生身上，而是要因材施教、个别对待。

4. 必须把集体的与个别的教学形式运用恰当。尽管艺术体操教学主要是采用集体教学的形式，但也应使个别对待寓于其中。除对所学动作提出一般的要求外，还需根据每个学生的不同情况及出现的特殊错误动作采用不同的教法，进行个别纠正，提出不同的要求和任务。

如练习单脚转体 540°，未掌握好的，先要求转好 360°，已掌握的则要求练习转体 720°等。

5. 教师应当特别注意身体练习的选择和身体负荷量的大小。根据每堂课的具体情况，教师采用一定的手段，以便吸引这些学生完成身体练习和游戏，或者相反，教师可采用限制性活动的措施。例如，如果学生因为患病而属于见习的，身体还没有完全恢复健康的，对于她们的身体练习和游戏应该给以限制，做一些力所能及的活动，特别是对于身体负荷量相当大的身体练习更应当限制。如果有的学生因为身体素质差，就应当要求她们多做身体素质练习，但是，这时身体的负荷量应当是中等水平的，即学生的身体不需要过于紧张用力就能承担的负荷量。

另外，学生在学习时会有一定的个体差异，教师应注意这一现象，根据学生的实际情况采用相应的教学方法，活跃学生的思维，针对他们的特点因材施教，发展个人技术专长。

（五）积累知识与熟练掌握原则

这一教学原则是指教学活动应该使学生在理解的基础上，获得广博、深厚和牢固的基础知识和基本技能，形成良好的个性品质，进而使她们对知识、技能的掌握能够达到熟练和运用自如的程度。[2] 贯彻此原则应注意以下几点：

1. 复习和巩固是教学中必不可少的环节

在复习和巩固的环节中教师可巧妙地设计多种教学活动，引导学生在实践中学习，既可以培养学生学习的兴趣，激发学生学习的主动性和自觉性，培养学生的参与意识和合作精神，又可以促使学生有效地巩固和复习，最大程度地提高动作的学习效率。

2. 感受中巩固所学知识

随着科学技术的不断发展，多媒体教学进入课堂，利用课件进行教学，将多种知识和资源直观地展现在学生的面前，让学生在感受各种教学的同时复习和巩固所学知识。观看各种类型的短片及精彩的影音活动，不仅能增长和巩固学生的新知识，活跃课堂气氛，更能增加他们的学习积极性。此活动适用于各年级教学内容，根据不同的教学内容，配合不同的音、视频教材，重在培养学生的兴趣。

3. 在平时的训练、测验、考试中巩固所学知识

技术必须通过实践学习，而不应只通过理论学习，艺术体操是以组合或成套动作为表现形式，用评分来衡量动作质量效果的项目。为此对已掌握的动作，要不断提出更加完善的质量要求。如提高抛、接动作的稳定性；加大动作幅度，提高动作的表现力等，并应指导学生按照音乐的性质、风格独立编排自选动作，从实践运用中达到巩固提高的目的。

4. 应尽量使学生在实践中学习

在比较接近考试和比赛的情境中进行各种技术训练，这不仅能给学生展现自我的机会，而且也能培养学生的兴趣和动作感觉，真正做到学以致用。在新教授动作之后，编排、设计一些合理有效的组合、成套动作练习来检测学生对新知识的掌握程度，可以使教师及时了解学生对所学知识的掌握情况，发现自己教学中的不足。同时也帮助学生进一步掌握和牢记新知识。

[2] 李秉德. 教学论 [M]. 北京：人民教育出版社，2005.1.

5. 对一般和专项身体素质的训练程度也要不断巩固和提高

这是保持良好的机能状态，进一步提高运动技术水平的基础。采用评定成绩、测验、表演和教学比赛等形式，巩固提高所学技术动作的熟练性。

总之，运用和巩固是达成教学目标的重要环节。我们应在丰富多彩的巩固环节中，让学生们感受到教学课和训练课的魅力，在学习、训练中享受快乐，不断地提高自身的技术能力。

第二节　艺术体操教学法

艺术体操教学方法是实现艺术体操教学任务和目标的方式、途径、方法和手段的总称。教学方法是指教师在教学过程中为了完成向学生传授专项知识、技术、技能，指导实践、发展与专项有关的各种能力等教学任务，而采用的措施和办法，既包括教师教的方法，也包括学生学的方法。教师应在了解和掌握各种具体教法手段的基础上，根据艺术体操运动的特点，以及学生的具体情况和各阶段不同的教学目的任务，在教学中正确运用各种教学手段，提高学习效率，这对于不断改进和提高教学质量，完成教学任务有着极重要的作用。

艺术体操的教学是一个比较特殊的过程，它不只是单纯的身体动作练习，而是练习者要手持轻器械在音乐的伴奏下进行练习的一种复杂的教学过程。艺术体操教学方法就其来源而言，一方面是体育教学方法在艺术体操教学中的应用；另一方面来源于艺术体操实践，是艺术体操教学中所特有的。艺术体操教学方法是多种多样的，每一种教学方法对完成教学任务都有它特殊的作用，要根据艺术体操教材的特点、学生的实际水平等具体情况正确选择与灵活运用教学方法。采用哪种方法及如何运用，应根据教学任务、教学内容、学生特点及场地设备等具体情况来决定，这样才能充分发挥教学方法的作用，取得较好的效果。艺术体操技术课教学方法一般可归纳为以下五种方法：即完整法与分解法、语言法（讲解法、示范法）、观察法、练习法及助力法。各种方法中又包括了一些具体的方法。

一、讲解法（语言教学法）

艺术体操教学中的讲解，即教师运用语言向学生说明教学任务，主要是说明动作名称、动作部位、动作过程、作用、要领、做法、动作要点和动作规格，以及在做动作过程中常出现的错误、纠正错误动作的方法等，以指导学生掌握基本知识、技术、技能。讲解要做到目的明确、重点突出，讲解时应该语言简明、具体、形象、生动，而且尽量使用艺术体操术语，要根据不同的教学内容，采取不同的教学方法和手段；要富于趣味性和启发性，并注意掌握讲解的时机和效果。讲解中教师要精神振奋，掌握语速，比较复杂和难点的动作要放慢语速，语言表述要到位，轻重缓急要掌握的恰到好处，对于重点的问题可以重复提示。

（一）采用此教法时应注意以下几点

1. 讲解要有目的性

所讲的内容要围绕教学任务、内容、要求以及教学过程中学生学习动作时存在的问题等情况，有针对性地进行讲解。

2. 讲解要正确

教师所讲的内容应是科学的、准确的，即言之有理，实事求是的，并运用艺术体操统一规范的专业术语。

3. 讲解要简明扼要

简单、通俗易懂，力求少而精，尽可能使用艺术体操术语和口诀。

4. 注意讲解的时机和效果

艺术体操教学的讲解可在示范后进行，也可边做边讲解。讲解时要根据学生掌握动作情况来确定讲解内容的深度和广度，以便使学生更好地理解和掌握动作。

5. 讲解的顺序要合理

讲解的顺序一般先讲下肢动作，再讲上肢动作，最后讲躯干与头颈、手和眼睛的配合。

6. 讲解要有启发性

在教学中力求用生动形象的语言引起学生的兴趣、启发学生的积极思维能力，使学生听、看、想、练有机地结合起来。

7. 讲解要有艺术性

讲解必须用普通话，口齿清晰，层次分明，表达生动形象，有趣味性，有感染力。同时，恰当的情感声调都会使语言产生良好的艺术效果。

8. 讲解要有节奏感和鼓舞性

讲解的语言节奏是指语言的声调、强弱应按特定的顺序和时间间隔交替进行。讲解的语言应有利于激发学生的练习积极性。

（二）讲解的内容

1. 基本技术

指艺术体操动作中经常出现的有规律性的技巧和方法。如：踢腿时脚尖、膝盖要伸直，跳步时腿的开度、手臂姿态、上身的感觉，头的位置，转体时蹬地向上立、带手、留头等。

2. 动作规格

讲解动作规格可使学生明确动作标准、要求，有助于动作技术的掌握和提高。

3. 身体与器械配合时的相互关系

协调性很重要，使学生正确地掌握动作过程，明确动作的实质，有助于学生准确理解、掌握动作要领和正确使用器械的方法。

4. 关键环节

讲解如何掌握动作的关键环节，有助于帮助学生较快地掌握所学的动作。

5. 易犯错误

对易犯错误的动作进行分析、讲解，可以防止此类动作错误的再次发生。

（三）讲解的方法

1. 术语形式讲解

指运用动作名称和艺术体操术语进行讲解。动作名称是根据动作结构、形象和运动方法而取名。一般能表达动作的全貌，如：身体动作术语“弓步”、“两腿弹动”“身体波浪”等，器械动作术语有手持器械“摆动、绕环”、“抛、接”等，顺序上一般先讲下肢，再讲上肢，然后讲上下肢配合或与器械配合。

2. 形象描述讲解

指用自然景物和动物来比喻动作，便于理解和记忆。如：“手臂波浪”像小鸟的翅膀、“多努转体”像帆船的帆、“鹿跳”像小鹿腾跃的动作、“下腰”像拱桥似的等。

3. 单词形式讲解

指把动作过程归纳为简明、扼要的几个字进行讲解。如“哥萨克跳”可把蹬地起跳、摆腿、吸腿、提腰、摆臂的过程，归纳为“蹬、摆、吸、提”4个字讲解。

讲解可根据学生学习程度不同，采取精讲或泛讲，学生初学时，不宜过多地用语言分散其注意力，可精讲动作要领，对于有一定基础的学生或学生对技术掌握达到一定程度时，可深入讲解。

（四）讲解与示范的结合

1. 讲解与示范的配合有不同的做法

在艺术体操的教学中，讲解与示范应是有机地结合。一般的做法有以下几种：

（1）只示范不讲解

对于较简单的身体动作或器械动作，可采用这种方法。教师先示范，然后教师领做（镜面示范），学生跟着教师的动作和节拍一起进行动作练习，动作由慢到快。

（2）先示范后讲解

对于稍有难度的身体动作或器械动作，先进行完整示范，然后简练讲解动作过程、动作要领、动作的用力方法，最后教师示范、领做，与学生同时进行动作练习。

（3）边示范边讲解

对比较难的动作要求教师进行完整示范，然后按照每个节拍的动作边示范边讲解；也可以要求学生跟随教师的示范、讲解，一同进行动作练习。这样学生看得明白、听得清楚，学生的视觉器官及身体各部位协同作用，而且边讲解边示范，可以减缓动作的速度，能使动作规范，达到良好的效果。

给低年级学生上课时，经常采用的是开始先示范，然后加讲解。在给高年级学生上课时，教师讲新的教学内容，同样也是先示范，然后加讲解。如果需要学生对观察做出反应，首先要给学生提示动作中有几个重要点要注意，在做准备时（观察时有目的），可先讲解，然后做示范（如：华尔兹转体180°，1-向前上右脚，2-向右转体，3-向后退右脚）。学习新动作和复习动作时，经常采用这种方法。做由几个单个动作组成的比较复杂的动作时（每个动作需要学生注意看明白），通常示范和讲解同时进行。

2. 口令和提示的运用

(1) 口令的运用

口令是指挥艺术体操在做动作过程中节拍、节奏、强度、速度和起止的主要手段。口令的运用，首先要求洪亮、清脆。其次要求根据不同的动作要求，要有不同的节奏和语速。例如：走、跑、跳、转体等动作的节奏和速度要适中；踢腿、跳跃运动的节奏和速度应加快；波浪、全身等运动的节奏和速度要缓慢。另外，口令的强弱和长短也随者不同动作有区别。有时二、三拍要加强拍节的强度，音调就应提高和急促；一、四拍强度较小，音调就应降低和平缓；有时几拍的力度平均，口令就应缓慢和柔和，例如：腰部运动或放松运动等。

(2) 提示的运用

在运用口令时，可以根据学生的练习情况，把“一、二、三、四……”的口令用简短的语言来代替，强调动作要点或纠正错误动作，起到提示的作用。例如“一、二、直、臂，五、六、挺胸、抬头”有时也可提示“脚尖、膝盖”或“重复一遍”等。这种做法，既能强化动作的要求，又能及时指明动作的规格，还能保持动作的连贯性，提示法也是广大艺术体操教师经常采用的教学方法之一。

3. 非语言提示

教师用肢体语言、面部表情、视线接触等提示学生完成动作的一种方法。

采用此教法时应注意以下几点：

(1) 利用肢体语言做提示时，必须使学生明确肢体语言的含义。因此，最好预先向学生讲明课上所要采用的几种身体语言动作提示。

(2) 用手势提示时，应根据需要提前 2 拍或 4 拍做出，掌握好提示的时机，并且要使每一位学生都能清楚地看到教师所做出的手势。教师做出的手势要相对固定、形象，选用大家公认的手势动作，也可形成自己独特的手势风格。

(3) 在用身体动作进行提示时，力求使动作做得准确、规范，在必要时可将动作表现的夸张一些。例如“起跳摆腿快”，“平衡立高”，抛器械时“出手速度快”等。

(4) 在使用肢体语言时，可配合语言的提示。例如：手持带做大幅度、大舞姿转体时配合蛇形或螺形时，教师可用语言提示“注意带形、手腕用力做螺、做蛇”，使所提示的内容变得更加明确、到位。

(5) 教师要善于运用面部表情和眼神的变化来激励学生。如微笑、眼神对视、点头、鼓掌、加油、表扬等来鼓励学生，从而达到最佳的教学效果。

二、示范法

示范教学法是教师以自身完成技术动作为范例，学生通过视觉感官直接来学习动作的方法。示范教学法是艺术体操教学中最常用的方法之一，示范是最生动、最逼真的直观教学方式，教师通过技术示范同时配合讲解动作要点，使学生了解技术动作的概念，明确技术动作的各个环节从而达到学习的目的。

艺术体操动作的示范，能给学生以直接的视觉形象，尤其对学习新动作和路线变化较多的组合、成套动作，身体各部分配合较难的动作，运用示范要比讲解会更清楚、更具体、形象地展示在学生的眼前，有利于学生观察、模仿，对促进其建立正确的动作表象和概念，激发起她们学习的兴趣和积极性都起着极其重要的作用。在示范教学中应注意以下几点。

（一）示范的要求

教师要以自身完成动作作为教学的动作范例，用以指导学生进行练习。此种方法可以使学生了解所要学习动作的具体方法、形象、结构和要领。

1. 首先教师要熟练技术动作的各个环节，确保动作的准确性、规范性；示范要有目的性：即要根据教学具体任务，明确所示范的动作要解决什么问题，让学生了解什么、怎么看，使学生随着教师的示范，边看边想。如初教变换步，开始应进行完整动作示范，要求学生观察动作的全过程及其结构，当学生初步有了感性认识后，就应针对学生在出脚、重心前移等技术要领及姿态方面，进行重点示范或正误对比演示，使学生进一步明确动作细节和技术关键环节。

2. 示范的动作应力求技术正确、姿势优美、节奏鲜明、富有表现力。如示范跳步动作应做到轻松自如，做到蹬地、摆腿有力，重心向上，两腿膝、脚面绷直并达到一定的开度，两臂配合协调，准确到位，注意动作的规范性。

（二）示范教学的方法

示范要比讲解更清楚、更具体，形象地展示在学生的眼前，有利于学生观察、模仿，对促进其建立正确的动作表象和概念，激发起她们学习的兴趣和积极性都起着极其重要的作用。

1. 完整示范

即示范动作的完整过程，常用于新学动作、复杂动作，以建立正确的概念和动作形象。在学习组合动作中，为说明动作前后连接也需采用。完整示范应配合音乐或口令进行，效果更好。教师的示范要力求做得准确、熟练、轻松、优美。例如教授新教材时，为了使学生建立完整的动作概念，一般可先做一次完整的示范，给学生留下深刻印象，使学生看完示范后就产生跃跃欲试的感觉。

2. 分解示范

即把完整的动作，合理地分成几个部分，各部分分别进行示范。如先示范下肢动作，再示范上肢动作或先示范身体动作再示范器械动作等，常用于技术结构或身体各部位配合较为复杂的动作，示范要有明确的目的性。教师的示范要根据教学任务、步骤以及学生的水平确定。

3. 重点示范

它是根据所学动作或纠正错误动作的需要，重点地示范动作某一技术环节或在组合动作中，重点示范某一动作，以便于学生加强对动作细节和技术关键部分的认识，然后结合教学要求，做重点示范、慢速和常速的示范。

4. 带领示范

教师做各种面的示范，要有利于学生的观察，带领学生一起做动作，教师起着示范的作用，要注意选择合适的示范面、示范速度以及学生观察示范的距离和角度，这对于初学者来说是很重要的。

5. 正误对比示范

示范教学要与语言讲解相结合，启发、诱导学生掌握技术动作及其原理，既示范正确动作，又演示错误动作，进行正误比较。常用于纠正错误动作，让学生知道错误在什么地方，以便改进。教师在演示错误动作时注意不要过于夸张，应实事求是。

采用以上各方法示范，在速度上，可按常速示范，即按动作应有的正常速度进行示范，也可采用慢速示范，即放慢动作速度进行示范。示范常配以讲解，收效更为显著。

（三）示范的方向和位置

1. 教师示范的方法要突出多样性与针对性

示范面是指教师示范时学生观察教师的最佳角度，示范位置的选择应以所有学生都能看清楚为原则，教师示范位置要根据学生所站队形来确定，所以教师进行示范时要注意示范面的问题。如一排或二排横队，示范位置应在与横排两侧成等腰三角形的顶端处；如体操队形应站在正前方的中央；如圆形则站在中心不断变换面进行教学。

2. 示范方向还应根据动作结构来选择所采用的面

镜面示范（也称正面示范，是指教师与学生相对站立，此时教师示范的方向与学生是一致的，就像学生对着镜子练习一样，称为镜面示范）以左右移动、侧伸、侧屈为主的动作一般采用镜面示范；侧面示范（是指教师侧面对着学生站立，此时教师所做的示范动作称为侧面示范）以前后移动、前后屈伸及前后波浪为主的动作应采用侧面示范；背面示范（是指教师背对学生站立，此时教师所做的示范动作和学生所做的动作是同一个方向称为背面示范）；若带领学生进行较复杂的动作练习时常采用背面示范。

若是在散开的纵队前面做示范的话。那么矮个学生应当站在纵队最前面。如果教师是在学生行进间做示范的话，教师应该面向学生做镜面示范，如果学生是站成圆形队时，教师应当和学生并排站立做示范。

（四）图示法

图示法教学是利用艺术体操动作画图、动作照片，动作路线或队形变化图等进行教学。图示法可弥补讲解、示范的不足，通过静止的图像观察，有助于学生对动作各部位的身体姿态、动作的表现力、身体或器械运动状况的技术细节以及对场上的动作移动路线与队形构图等加深理解。因此绘制或选择画图、照片，应能表现艺术体操动作的优美感和规范化，达到高质量的标准。

三、多媒体教学法

以多媒体优化组合形式应用于体育教学中，是近几年来常采用的一种教学手段，使传统的教学内容、方法、手段及其结构向全新的现代化教学形式转变，从而提高学生学习的主动性，提高教师课上的教学效果。

（一）多媒体教学在艺术体操教学中的作用

艺术体操教学活动是一项实践性很强的体育教学双边活动。教学过程中，教师通过生动、形象地讲解与示范动作向学生传授知识与技术，学生在积极的身体练习中也伴随着思维的积极活动，从而达到掌握体育基础知识与技能，发展身体素质、提高健康水平为目的。艺术体操发展至今，教学基本上是以教师讲解动作要领、示范，学生模仿练习为主要手段。在这种传统的注入式教学模式下，学生的练习是被动的、机械的，造成学生的学习主动性和学习潜能得不到充分发挥，从而影响学习效果。在教学过程中，教师也往往感到自己的示范力不从心，讲解不能被学生形象化地理解，特别是低水平的学生，体会不到教师所讲的。而应用多媒体优化组合教学可以大大的弥补教师在教学过程中的这种缺憾，有效提高学生学习的主动性、积极性，使学生愿意学，在学习和掌握的基础上，达到更高境界，从而提高教学效果。

（二）建立正确的动作概念，促使运动技能的形成

在艺术体操教学中，有许多技术动作不仅结构复杂，要求瞬间完成，而且还有很多非常态的动作，如腹平衡转、顶踹燕转体、转体过程中变换姿态、器械中不同面的抛接动作、不对称抛、不用手的抛接、从器械中穿过等等，球在身体某部位不稳定的平衡，圈在胸部、手掌心上的陀螺转等技术，有很多难度对有些教师来说，要想准确地完成也存在着一定的困难。由于教师在很大程度上无法示范这些难度动作，学生对动作的变化过程、完成时机不得要领，难以掌握。如果利用多媒体教学，通过电视屏幕，将复杂的技术用慢镜头或定格的方式从不同角度清晰地展现在学生面前，就可以从容地将每个难度动作要领讲解得清晰、准确，重点突出，从而加强了学生对所学动作要领和动作过程的理解，进而让学生去练习，使技术动作更为规范，提高学生掌握运动技术的能力。

（三）激发学生学习兴趣，提高学习的积极性

艺术体操学习兴趣的养成一般经过好奇——求知——爱好——入迷等过程，但在传统艺术体操教学中由于教法单调、呆板，存在着一些欠缺，并缺乏适应时代气息应有的变化，一些学生对艺术体操课认识不够透彻等各方面原因，导致学生对艺术体操课程兴趣点降低。而教师借助于多媒体优化组合等手段进行直观教学，刺激学生的多种感官，吸引学生的注意力，激发学生的学习兴趣，调动学生的积极性。如：观看等级规定动作录像、重大比赛录像、电视台播放的艺术体操表演、艺术体操的技术影片、不同项群各种艺术表演等等，要针对性地突出动作的要点与重要环节。这些手段一方面是对示范、讲解的补充，可进一步巩固课堂教学，同时也有助于开扩学生眼界、丰富专业知识、了解新的技术信息。还可以通过现场录制学生自己练习时的动作完成情景，回放给学生们自己看，通过对比找出不足以及存在的问题，进行改进和提高，激发学生的审美能力和成就感，提高学生学习的兴趣，加速其对动作技术的掌握进程。

(四) 合理应用反馈控制原理，建立牢固的动力定型

控制论的创始人美国科学家维纳指出："任何有效行为必须有某种反馈过程来提供信息，看它是否达到预测目标。"多媒体优化组合教学的实质和核心就是力求建立一个良好的教学反馈信息控制系统。反馈是输出信息的一部分，而这部分输出的信息又返回到输入信息中去，经过调整使再次输出更为精确。加以分析，通过自我调整完善动作。经过多次反复后，这种反馈信息就可以纳入自我控制系统，建立牢固的运动动力定型。[3]（图 6–1）

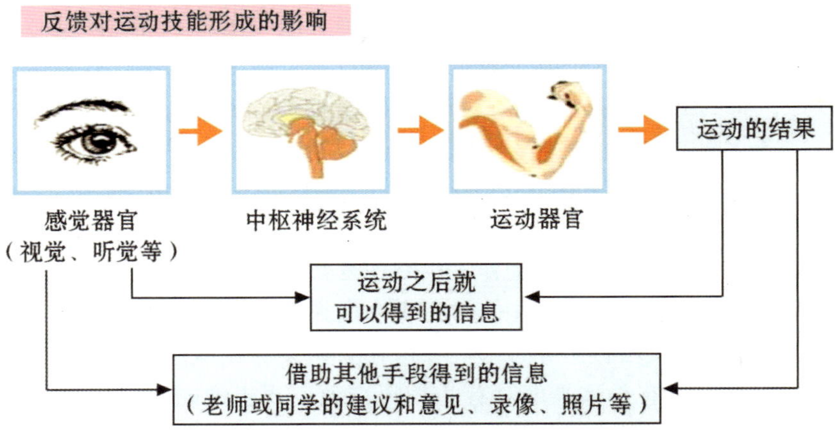

图 6–1 [4]

运动技术的形成可分为三个阶段：

1. 粗略形成技术阶段——泛化过程

此阶段动作特点：动作不协调，缺乏自控力，常常出现多余动作，稳定性差，缺乏节奏感，紧张，相同的错误动作重复出现。

学习策略：开始采用分解教学法，并抓住动作的主要环节和掌握动作过程中存在的主要问题，尽可能多做练习。

2. 改进提高技术阶段——分化过程

此阶段动作特点：多余动作基本消失，动作较轻松自如、稳定，能比较顺利和连贯地完成完整动作技术，基本形成了动力定型，但不稳固，还会产生已克服的多余动作或错误动作重新出现的现象。

学习策略：主要采用重复训练法和变换训练法，集中精力纠正错误动作，反复练习，体会动作的要领方法，从机体的内部去进行控制和调整。

3. 巩固运用技术阶段——巩固过程

此阶段动作特点：动作熟练准确，完成动作省力自如，已达到自动化程度，形成了技术动力定型。能够独自完成动作，对突发情况能够随机应变做出相应的反应。

[3] 罗智勇. 试论应用多媒体优化组合体育教学活动的特点 [J]. 体育科技，2002.1.
[4] 普通高中课程标准试验教科书. 体育与健康 [M]. 北京：人民教育出版社，2009.

学习策略：巩固动力定型，使之对比赛中可能出现的情况应对自如。

四、完整法与分解法

（一）完整法

完整法是指从动作的开始到结束，不分部分和段落，完整地进行教学和训练的方法。即从动作开始到动作结束不分部分或段落进行完整讲解、完整示范、完整练习，从而掌握动作的一种方法。完整法的优点在于一开始就使学生建立正确的完整的动作技术概念，并且在练习过程中不致影响动作结构和动作连接技术，此种方法不破坏动作结构、技术动作各部分或动作之间的内在联系，可使学生建立完整的动作概念，迅速地掌握动作。完整法广泛使用于那些相对简单易学的动作，而对那些相对具有一定难度和复杂的动作，只要与学生的技术水平相适应也可采用。

采用完整法教学时应注意以下几点：

1. 学习技术结构比较简单的动作，采用完整法进行教学。

2. 学习较为复杂的技术动作，可采用慢速完整练习方法，即放慢动作的节奏，以加强学生对动作的运动轨迹、动作各环节的变化、动作与音乐的配合等有进一步的了解，提高学生正确理解、完成动作的本体感觉，做到快与慢的结合，待学生建立了正确动作概念之后，再按正常速度进行完整练习。

3. 对于复杂和难度较大的技术动作，一般要先作分解教学，然后再作完整教学。

（二）分解法

分解法是指教师对学生所要学习的复杂结构动作或组合，按其技术环节、身体环节合理地分解成几个局部动作，依次按段落分解进行教学，即分解讲解、分解示范、分解练习。分解法是最后达到全部掌握动作的方法。

分解法的优点在于能减少学生开始学习的困难，把复杂动作简单化，组合动作及成套动作分解化教学，从而掌握动作细节，提高学习的兴趣与效率，增强掌握动作的信心。但分解法容易使单个动作之间脱节，连接技术遭到破坏，因此，最后还必须用完整法来教。分解法主要用于复杂的单个动作，在纠正错误动作，提高动作质量时也广泛运用。在技术教学实践环节中，完整法与分解法通常是紧密配合，交叉使用。

采用分解法教学时应注意以下几点：

1. 分解教学法适用于难度较高、较复杂的动作，划分动作时要遵循人体运动的规律和动作的结构特征，要便于动作的衔接。另外，要向学生讲明动作之间的联系。

2. 对于要求协调性较高的动作往往按身体各部分预先把它分解成几个局部动作分别进行教学，待学生基本上掌握了分解动作之后，再进行完整动作的教学。例如，把艺术体操的身体动作分解成上肢动作、下肢动作、头部动作和器械动作等，先分别进行练习，然后再上肢、下肢、头部等配合进行完整练习。

3. 运用分解法是为了完整地掌握动作，因此，分解教学时间不宜过长。

五、实践教学法（练习、比赛）

各种教学法是紧密关联的，教师将上述的各种教学法作不同的配合，就能保证在体育教学过程中充分实施。

（一）直观教学法

具体地讲有图文并茂教学法，利用挂图法，实物演示教学法，多媒体教学法，现场参观教学法，视频教学法等等。

（二）练习法

练习法是指学生在教师的指导下，依靠自觉的练习，反复地完成一个动作，以形成技能、技巧的教学方法。从生理机制上说，通过练习使学生在神经系统中形成一定的动力定型，以便顺利地、成功地完成某个动作。练习法在各项器械教学中得到广泛的应用，尤其是身体动作练习对于巩固知识，引导学生把知识应用于实际，发展学生的能力以及形成学生的道德品质等方面具有重要的作用。

（三）帮助法

帮助法是艺术体操教学中的一种特殊教学手段。它是对教学中较复杂的一些难度动作起到更准确、更易于理解动作的形式和更具有安全性的教学手段，对学生完美地完成动作和防止运动损伤的起着重要的作用。

从艺术体操项目的特点，身体动作技术分类看：有支撑、摆动、翻转、平衡、转体、跳跃等等，在做身体动作的同时还要紧密结合器械动作。常见受伤部位是腕关节、肩关节、髋关节、踝关节与腰部。滚翻动作特别要保护颈部。除关节损伤外，肌肉、韧带亦经常出现扭、拉、撞伤。因此，加强保护与帮助措施是很有必要的。每个人都要在学习技术的同时学会保护与帮助的方法或自我保护方法，防止关节损伤。在艺术体操教学过程中要强调上课安全无事故，要做到这点，就要从各方面加强安全措施教育。

第三节　艺术体操教学文件的制定

教学文件是指教学过程中的指导性文件工作计划，它是教师进行教学工作的重要依据，也是顺利地进行教学工作的根本保证。

艺术体操教学是一项系统而细致的工作，要顺利地完成教学任务，必须制定教学工作计划，必须反映艺术体操教学的客观规律，并应与本单位学生的实际情况相结合。切实可行的计划，才能使教学目的、任务得到落实。

制定一个好的切实可行的教学文件，有助于教师全面地考虑和安排教学工作，充分发挥教师的主导作用，准确处理好教材、课次之间的关系，加强教学的系统性。教学文件包括教学大纲、教学进度、（课时计划）教案。

教学大纲是教师依据教学计划中所规定的培养目标、教学目的任务和基本要求以及对本专项课程规定的总时数，从整体上以纲要的形式规定出该门课程的教学内容、顺序、时数的分配、考核内容与标准、完成大纲措施的文件，教学大纲是教师教学的工作指南，也是编写教材、测量和评价学科教学质量的基本标准，是教师进行教学的主要依据，对教师的教学工作有直接的指导意义。

一、教学大纲

（一）艺术体操教学大纲的结构

结构即是组成整体的各部分的搭配和安排，不同类别或相同类别的不同层次按程度多少的顺序进行有机排列。

教学大纲一般包括以下几个部分：

1. 说明部分

主要概述艺术体操这门课程的目的和任务，选择教学内容的主要依据，包括内容范围、教学进度的安排，提出运用教学方法的原则性建议等。

2. 基本部分

列出本专项的教学内容及动作要点，授课时数、作业、考试、测验的要求和时数，参观及其他实践活动的要求和时数。

教学时数的分配，一般是将总的教学时数合理地分配给理论、实践、考核、机动等部分，教学内容包括：理论和实践两部分。

3. 列出教学参考书目，提出使用各种教具、器械和现代化教学技术的指导意见

（二）艺术体操教学大纲内容的组成

艺术体操教学大纲由课程性质、课程教育目标、教学内容及基本要求、学时分配、考核安排、大纲的说明等内容组成。

1. 课程性质

在这一部分中，要说明授课对象、授课性质、授课时数、获得学分等内容。

2. 课程教育目标

是指通过本课程的学习，学生最后所能达到的目标要求。

3. 教学内容及基本要求

这部分是大纲的主体部分，它以系统性和连贯性的形式按章节、题目和条目规定学科的内容，并提出应掌握哪些知识、技术、技能、能力，培养哪些优良品质，说明应完成哪些作业等。

4. 学时分配

指每项教学内容在整个艺术体操教学中所占的学时总数及学时分配数。

5. 实践环节

为了培养学生理论联系实际的工作能力和教学能力，应安排学生进行必要的实习，大纲中应对实习的内容、要求、方法等做出说明。

6. 考核安排

考核安排主要包括：考核的依据与要求、考核的内容与比例、考核的方式、方法与要求。

7. 大纲的说明

主要是针对教师执行大纲时提出的各项要求。

（三）制定艺术体操教学大纲过程中应注意的问题

1. 艺术体操教学大纲，要根据本学科在学校整个课程计划中的任务，按教学计划对本门课程的要求及本学科在实现培养人才目标上的作用，分析并明确提出本课程的教学目标、内容范围和教学任务，以通过本学科的学习所能达到的目的。

2. 有科学性。艺术体操教学大纲的制定要体现科学性，教学内容的层次和系统性应与学生的身心发展规律、身体素质、运动能力、运动技术水平等相适应，注意教材内容的科学性、系统性和先进性。

3. 据艺术体操运动项目的特征、本课程的任务和时数，确定具体的教材内容，突出基本知识、基本技术、基本技能的教学培养。

4. 合理分配教学时数、注意理论与实践的合理搭配，使学生从实践中体会理论的真正含义，以理论联系实际，遵循理论与实践相结合的原则。

5. 考核内容应以基本理论知识、基本技术和基本技能为重点。

6. 艺术体操教学大纲应体现改革精神，要有一定的新颖性、趣味性，大纲的制定要有助于培养学生学习的积极性、主动性、创造性及不断追求新知识的渴望精神。

二、教学大纲案例

案例 1

（一）课程性质

1. 艺术体操课程的教学性质：是坚持“以人为本”的教学理念，在教育过程中充分体现学生主体存在的意义。艺术体操课的最终目的是建立与培养学生的“终身体育”意识：以提高我校学生的健康意识，培养与建立正确的人生态度和生活方式。

2. 艺术体操课程的设置本着循序渐进的原则，使学生能够系统地学习和掌握艺术体操理论知识和运动技术；塑造美的形体、陶冶美的情操。

3. 通过本课程的学习，让学生掌握艺术体操徒手动作和轻器械的练习方法，达到健身健体的目的，更重要的是能在获得健康的基础上同时培养练习者的优美形体和优雅气质。

（二）课程目标

本课程要求学生掌握艺术体操的基本理论知识、舞蹈基本功、徒手成套动作、器械组合、成套动作，并能持之以恒地加以练习，为学生今后的学习、工作打下一个良好的身体基础。

（三）教学内容

1. 理论部分（表 6–1）

表 6 –1

章节名称	教学内容	基本要求
第 * 章　* * * * * *	特点：	特点及注意事项
第一节 * * * * * *		
第二节 * * * * * *		
第三节 * * * * * *		
第 * 章　* * * * * * *		
第一节 * * * * * * *		
第二节 * * * * * * *		
第 * 章　* * * * * *		
第一节 * * * * * *		
第二节 * * * * * *		
第三节 * * * * * *		

2. 实践部分（表 6–2）

表 6 –2

章节名称	教学内容	基本要求	注
第 * 章　* * * * * *			
第 * 章　* * * * * *			

（四）学时分配

学时分配参见表 6–3。

表 6 –3

	教学内容	教学形式	教学时数	百分比
理论部分	* * * * * * * *	课堂讲授	4	
		课堂讲授	4	
		观看教学录像	4	
实践部分	身体动作	教学实践	46	
	理论辅导		2	
考试	理论考试		2	
	技术考试		2	
合计			64	

（五）考核形式

1. 考核的依据

根据教学目标，本课程主要考核学生技术的掌握程度及考察学生对基本理论知识的了解程度。

2. 考核内容、方法与要求

（如有理论课就安排考试的百分比，考试百分比根据上课内容来制定）

（1）考试内容及比例

技术考试：占 70%

理论考试：占 20%

平时成绩：占 10%

（2）考试的内容方法与要求

技术考试：技术部分考试由任课教师组成考评小组，根据学生考试动作的完成情况进行评分。如：身体动作占 30%（表 6–4）、器械技术占 40%（表 6–5）。

表 6 –4　身体动作评分标准

评分标准	等级	成绩
熟练地完成身体动作及组合动作，幅度大、动作连接流畅，动作规范、准确，富有一定的表现力，动作优美。	优秀	27 ~ 30 分
较熟练地完成身体动作及组合动作，幅度较大，动作连接比较流畅、规范、准确，组合动作有小失误，动作表现力较好。	良好	22 ~ 26 分
身体动作组合熟练程度一般，动作基本规范，幅度较小，动作连贯性较差，有明显的失误，动作有一定的表现力。	及格	17 ~ 21 分
不能完整地完成组合动作，动作不规范、不准确，动作中多次出现失误，动作缺乏表现力。	不及格	17 分以下

表 6 –5　器械技术评分标准

评分标准	等级	成绩
熟练地完成器械动作及组合动作，幅度大、动作连接流畅，动作规范、准确，富有一定的表现力，动作优美。	优秀	57 ~ 60 分
较熟练地完成器械动作及组合动作，幅度较大，器械动作用运较流畅、规范、准确，组合动作有小失误，动作表现力较好。	良好	47 ~ 56 分
器械动作组合熟练程度一般，动作基本规范，幅度较小，器械与身体动作配合较差，有明显的失误，动作有一定的表现力。	及格	37 ~ 46 分
不能完整地完成器械组合动作，器械动作不规范、不准确，动作中多次出现失误、器械掉地，动作缺乏表现力。	不及格	37 分以下

评分标准内容可根据相关内容进行修改。

学生教学能力的考核：可放在技术课中考核或单独进行考试。

3. 平时成绩考核

根据学生的出勤情况、学习态度、回答课堂提问等情况评定成绩。（表 6–6）

表 6 –6　平时成绩评分标准

优秀	良好	一般	及格	不及格
100 ~ 90 分	89 ~ 80 分	79 ~ 70 分	69 分以下	60 分以下

案例 2

教学时数分配参见表 6–7；理论与实践教学大纲参见表 6–8。

表 6 –7　教学时数分配表

学期	周数	周学时	学期总学时	学时分配				
				理论课	技术课	能力培养	考查、考试	机动
一	18	8	144	14	114	8	4	4
二	18	10	180	16	144	12	4	4
三	18	10	180	12	150	10	4	4
四	10	12	120	16	88	8	4	4
总计	64		620	58	496	38	16	16

注：以上大纲只做参考，可根据课的内容进行撰写。

案例 3

表 6－8　理论与实践教学大纲

时间	序号	教学内容	教学时数	教学形式	时数分配
第一学期	1	艺术体操概述	4	讲授 讨论	2 2
	2	艺术体操术语	6	讲授 实践	4 2
	3	艺术体操基本动作	12	讲授 实践 录像	6 4 2
	4	艺术体操动作绘图（一） 考核	8 2	讲授	8 2
第二学期	1 2 3	略			
第三学期	1 2 3	略			
第四学期	1 2 3	略			

注：具体情况根据各自学校教学安排进行调整。

执行艺术体操教学大纲应注意的事项：

1. 教师要严格遵守学校对教学管理的各项规章制度及规定，严教、严管。

2. 教师要重视课堂上对学生的思想教育，贯彻教书育人的主体思想，激发学生的学习兴趣、积极性和自觉性，充分发挥学生的创造性，使学生成为学习活动的主体。

3. 加强教师自身业务学习、进修，认真钻研教法，备好、上好每一堂课，不断提高教学质量。

4. 安排好学生校内、校外的观摩和实习课，做到有组织、有计划地进行，使学生切实做到理论联系实际。

5. 教学大纲是教学的重要文件，个人不得擅自修改。

三、教学进度

教学进度是教学的重要文件，对教学质量有着直接的影响。艺术体操教学进度是把教学大纲规定的教学内容和教学时数，按照规定的要求和顺序，合理地分配到每次课之中的教学文件，是教师编写课时计划的主要依据，在整个教学进展的安排中，要反映出教学计划的完整性和连贯性。

教学进度安排的合理，不仅能够调动学生学习的积极性，而且可以节省学时，有助于提高学习的质量。

艺术体操教学进度的安排方法是根据教学大纲规定的教材内容和学时，按照教学顺序，依次排出每一次课的内容。因此，教学顺序的排列对于教学进度的制定是十分重要的。教学顺序的安排是一个值得研究和探讨的问题，通常有阶梯式、整体式、阶段螺旋式等几种安排。

（一）制定教学进度时应注意的问题

1. 根据艺术体操运动发展规律、特点和培养目标的要求，为了使学生对艺术体操有一个比较系统完整的概念，一方面要全面安排大纲所规定的教学内容，另一方面要从实际需要出发，在时数分配、课的次数上突出重点，加强基本理论、基本技术和基本技能的教学与培养。

2. 制定教学进度时要考虑教材之间的纵横联系，应保证每项技术、技能本身系统性以及不同技术、技能之间的合理性，安排动作顺序应按动作的难易程度由浅入深；安排项目顺序应考虑不同项目、不同类型动作之间的联系，安排好主、次教材和新、旧教材。因此，在安排教学进度时，既要循序渐进，注意系统性，又要注意教材之间的横向联系，合理搭配，有利于学生身体全面发展，有利于巩固和提高学生的知识、技能。

3. 本着理论联系实际的原则，教学大纲必须重视理论在实践中的应用，根据不同技术阶段的教学任务与要求，有的放矢地安排理论课、教法课、实践课，把传授知识与掌握技术与技能培养有机的结合起来进行，联系实际，指导实践。

4. 要考虑每次课教材分量，既不能安排过多，也不能太少，教学进度要与教学具体条件相适应（如：上课的场地、器械数量、上课班级人数等），应保证在规定的时间里，基本能完成每次课的教学内容。

5. 合理安排每次课的运动负荷，尽量做到大、中、小量相结合。

6. 安排进度时，要课内、课外相结合、校内、校外相结合，如：学生裁判能力的培养、组织竞赛能力的培养、教学能力与考核等，要把课堂教学与课外作业和校内的竞赛任务结合起来，把课堂教学实习和校内、校外教育实习结合起来。

在学期教学进度计划中，应将技术课、理论课及能力培养的内容及要求列表说明。

（二）教学进度格式

案例 1

表 6－9　教学进度计划

周数	课次	教学内容	备注
第一周	1	1. 柔软步、足尖步组合　2. 把杆：蹲、擦地 3. 绳：摆动、绕环、跳绳（前摇跳）	
	2	1. 变换步组合　2. 把杆：小踢腿 3. 跳跃：变身跳、大跨跳　4. 圈：转动圈，摆动抛圈	
	3	1. 华尔兹组合　2. 把杆：大踢腿　3. 跳跃：变身跳、大跨跳 4. 球：拍球、滚球：球从一手经胸滚至另一手前举	
	4	理论课：艺术体操发展史	
略	略	略	
第十八周	69	复习徒手及器械练习的考查内容	
	70	考查：徒手各类组合	
	71	考查：三级各项器械规定动作	
	72	机动	

注：以上大纲只做参考，可根据课的内容进行撰写。

案例 2

表 6－10　教学进度计划

科目	学时	内　容	要　求
理论课	8	1. 艺术体操概述	初步掌握艺术体操发展史……
	8	2. 艺术体操教学法	了解艺术体操主要教学内容、方法及用运，培养学生的教学能力。
技术课	144	1. 艺术体操徒手部分：各种组合、把杆练习	提高身体动作质量，体会动作感觉，动作与音乐的配合，注意表现力。
		2. 器械部分练习、成套动作练习	正确掌握各项器械的技术……
能力培养	10	1. 每人进行 1～2 次课的准备活动实习，培养教学能力，讲解示范能力	根据课上学的初步编制一套准备活动，编写教案及动作记写方法，采用基本的教学方法进行教学实习。
		2. 制定一份艺术体操竞赛规程	条理清晰、内容正确、文字通顺。

四、教　案

教案是教师上课时执行的具体计划，是每一次课堂教学的依据。教师要有条不紊地进行教学，保证完成教学大纲、教学进度中所规定的教材内容，合理地运用课的时间，必须根据教学进度的安排，在每次课前编制好教案，编写教案是课前的重要准备工作，它直接关系到每一次课的教学任务能否顺利完成。同时编写教案也是教师深入地钻研教材教法的过程，是提高教师教学技巧和思想、业务水平的一项有效措施。

（一）编写教案的一般步骤

1. 课的任务要明确，教学要求要具体，在充分了解学生情况的基础上，根据学生的实际水平和本次课教材的内容特点，并结合以往教学情况，确定课的具体任务及要求，课的组织要严密，教法要科学多样。

2. 根据课的任务和学生情况，以及场地、器械设备等情况科学而全面地安排课的各部分(开始部分——准备部分——基本部分——结束部分）具体教材内容和组织教法，场地的安全，保证课的任务能够顺利完成。

3. 安排课的各项教材练习的次数与时间，预计课的密度和运动量要适宜，安全措施要落实。

（二）教案格式

编写教案要了解学生情况，在钻研教材、教法的基础上进行编写。

1. 编写教案应注意课的任务要明确具体，文字要简练，组织教法要周密，主要的练习内容，如单个动作及组合练习等，在做法、节拍上要记写清楚。每次课后，要认真总结，以便研究和改进教学时参考。

2. 了解学生情况，如学生对知识、技术和技能的掌握情况及个性特点。在此基础上还应对学生新知识、新技术的掌握上有哪些困难？哪些问题？要采取哪些措施等有充分的把握。

3. 认真钻研业务、钻研教材。教师要认真研究教学大纲，明确本学期各个阶段的教学目标。

第四节　艺术体操课的结构

一、学校艺术体操课的结构

艺术体操课的结构是指构成教学活动的相对稳定而又有区别的基本组成部分及各部分的活动顺序与时间分配。简单地说，就是一节艺术体操课由哪几部分构成，各部分的内容安排顺序、组织教法及时间分配等。艺术体操课的结构一般是以三部分的课为主体，也有多段教学的课。无论何种课的结构，其实质都必须遵循人体生理机能能力变化的规律和艺术体操课教学活动的特点，同时也考虑到学生心理活动的变化规律。目前，学校艺术体操课多采用准备部分、基本部分和结束部分的结构。

（一）准备部分

1. 准备部分时间

一般为 30 分钟左右（以 90 分钟或 100 分钟的课为例）。

2. 准备部分任务

迅速地组织学生. 集中她们的注意力，明确上课的内容和要求，调动学生学习的积极性，使学生精神振奋、情绪饱满地开始一堂课的学习。做好准备活动，使身体各器官系统功能迅速地进入工作状态，一方面为基本部分的学习做好充分的准备；另一方面也是全面发展学生的体能，培养正确的身体姿势的手段。

3. 准备活动内容

艺术体操课中的准备活动一般是以行进间走、跑、跳、简单步法、柔韧练习的形式出现，踢腿、各种跳步等内容进行互换练习，主要以身体动作配合手臂动作为主的单个动作和组合动作构成。

（二）基本部分

1. 基本部分时间

一般为 60 分钟左右（以 90 分钟或 100 分钟的课为例）。

2. 基本部分任务

学习新内容。复习已学过的内容。使学生掌握艺术体操知识、技术、技能，发展身体素质. 培养综合能力。

3. 教学内容

徒手练习、手持轻器械练习及借助于固定器械的练习。

（1）徒手练习：单个动作、组合动作、成套动作。

单个动作：身体各部位基本动作跳、转、平、柔韧/波浪等基本步法及各种跳步动作。

组合动作：徒手组合、姿态组合、身体波浪组合、跳步组合、综合练习结合器械练习等。

成套动作：艺术体操等级动作、个人或集体自选动作。

（2）手持轻器械练习：手持绳、圈、球、棒、带；纱巾、旗子、手鼓、哑铃等轻器械进行的单个动作、组合动作及成套艺术体操动作练习。

（3）借助各种辅助器械进行练习：利用垫子、平衡板、健身球等辅助器材进行的各种身体动作练习。

（三）结束部分

1. 结束部分时间

一般为 10~15 分钟（以 90 分钟或 100 分钟课为例）。

2. 整理练习内容

伸拉性放松练习；配合呼吸进行的放松练习；以弹动和抖动为核心的动作组编成轻松、活泼的放松操；局部按摩放松肌肉；借用气功、瑜伽的理论，用意念放松身体等。

3. 结束部分任务

有组织地结束教学活动：通过整理练习，使学生逐渐恢复到相对安静状态；简要地进行课后的小结，布置课外作业。

在艺术体操课的结构问题上，不能将这三个部分作为固定不变的模式加以运用。一堂艺术体操课总有开始、结束和中间过程，总要有准备活动和整理运动，所以称这三个部分为基本结构。在实践中，课的结构形式多样，无论采用三个部分结构，还是多段结构，都必须符合人体生理功能变化规律。各部分或阶段之间要紧密衔接，有机联系，而且必须根据课的任务、练习的内容和学生的特点灵活应用，不能千篇一律，更不能认为艺术体操课无合理顺序，因而随心所欲。应从实际出发，讲求实效，采用适当的课的结构。

二、俱乐部艺术体操课的结构

俱乐部艺术体操课的结构与学校艺术体操课的结构基本相同，每次课都应包括热身及整理，主要变化在于中间练习部分：根据中间部分的练习内容可将整堂课划分为多段式结构。

（一）三段式结构

三段式结构主要分为热身活动、中间部分身体各个部位练习和整理运动。中间部分练习可包括不同类型、不同风格的艺术体操动作，如各种身体动作组合、器械动作组合等。

（二）四段式结构

四段式是俱乐部常用的结构形式，主要分为热身、成套动作练习、体能练习（身体素质练习）及放松整理运动。

三、艺术体操教学训练课教案范例

1. 艺术体操徒手练习教案

授课周次 <u>6</u> 周 <u>12</u> 次　授课对象 <u>* * * * 体育教育普修</u>　日　期 <u>* * 年 * 月 * 日</u>

课的任务　1. 加强思想教育，遵守学校各项规章制度，不迟到、早退。

2. 通过复习基本步法组合，提高动作的熟练性。

3. 学习并初步掌握华尔兹组合、身体波浪难度动作。

部分	时间	教 学 内 容	分量	组 织 教 法
准备部分	30′	准备部分： 1. 集合师生相互问候。 2. 布置本次课的任务、内容及要求。 3. 一般性准备活动。 集体准备活动： 跑步、各种跳步练习。 地面练习：体前屈、纵叉（左、右）、横叉、勾蹦脚尖、屈伸、绕腿、腰绕环、搬腿、划腿、躯干练习、波浪练习。 行进间大踢腿：前、侧、后。	各 2×8	队形： ×××××××××××××× ×××××××××××××× Θ 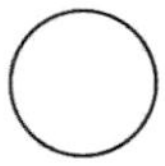 要求： 调动积极性，充分活动开各个关节，进入准备状态，注意动作规范化，按动作要求完成每一个动作，提高动作质量。 教法： 教师领做，边做边讲解。尽可能活动开各关节，配合音乐进行练习。
基本部分	55′	基本部分： 1. 复习手臂摆动、绕环练习， 复习手臂波浪。 2. 复习姿态组合， 复习身体波浪组合。 	2×8 4×8 4×8 4×8 3 套	队形： * * * * * * * * * * * * * * 要求： 熟练掌握动作，体会手臂用力的感觉，手臂波浪要伸到指尖，依次向外推。手臂摆动、绕环走最远的路线，大绕环以肩为轴。姿态要到位，注意手的运动路线，初步掌握动作，记住动作连接。全身波浪动作连贯，依次进行，从头到脚连续不断，侧波浪从头到脚，先含胸再挺胸。 教法： 讲解示范，分解慢动作练习，体会动作细节，注意重心向不同方向的移动，做完整练习，配合音乐。

<table>
<tr><th>部分</th><th>时间</th><th>教 学 内 容</th><th>分量</th><th>组 织 教 法</th></tr>
<tr><td></td><td></td><td>3. 复习柔软步组合，
足尖步组合，
变换步组合，
弹簧步组合。
4. 学习华尔兹组合。
</td><td>
4×8
4×8
4×8
2×8</td><td>队形：
* * * * *
* * * *
* * * * *
要求：
1. 做华尔兹转体时掌握转的时机、上步、退步的节拍，提踵立高，收腹立腰，动作平稳，髋要正，边转体边绕手，腿下动作要柔和，体会膝关节、踝关节的用力，动作连贯。
2. 手脚的动作配合协调，前后摇华尔兹手走最远的路线，腿下动作要柔和，动作连贯，步幅第一步大，后两步小，不能有跳动。熟记动作的连接。
教法：
讲解示范，分解慢动作练习为主，体会手脚动作协调配合的感觉，完整练习，配合音乐。</td></tr>
<tr><td>结束部分</td><td>10′</td><td>结束部分：
放松练习：
课后小结：</td><td></td><td>要求：
原地做放松练习。</td></tr>
<tr><td>见习生安排</td><td colspan="2">适当减少运动量，认真记笔记。</td><td>场地与器材</td><td>地毯、钢琴</td></tr>
<tr><td>课后小结</td><td colspan="4"></td></tr>
</table>

2. 艺术体操器械练习教案

授课周次 6 周 12 次　　授课对象 ＊＊＊＊艺术系艺术体操普修　　日　期 ＊＊年＊月＊日

课的任务　1. 加强思想教育，组织严密，不迟到早退，见习生认真记录。

2. 通过复习圈操组合和身体波浪组合，提高动作的熟练性。

3. 学习并初步掌握球操中间部分。

部分	时间	教　学　内　容	分量	组　织　教　法
准备部分	35′	准备部分： 1. 集合师生相互问候。 2. 布置本次课的任务、内容及要求。 3. 一般性准备活动。 集体准备活动： 地面练习：体前屈、纵叉（左、右）、横叉、勾蹦脚尖、屈伸、绕腿、腰绕环、搬腿、划腿、躯干练习、波浪练习。 仰卧踢腿或行进间大踢腿：前、侧、后。	各 2×8	队形： ×××××××××××××× ×××××××××××××× Θ 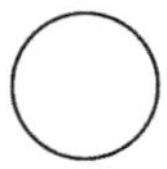 要求： 调动积极性，充分活动开各关节，进入准备状态，注意动作规范化，按动作要求完成每一个动作，提高动作质量。
基本部分	50′	基本部分： 1. 复习姿态组合。 2. 复习全身波浪。 器械练习： 球操难度动作：背抛接球  体前抛接球  学习球操中间部分  	2×8 4×8 各5 4×8	教法： 教师领做，边做边讲解。配合音乐进行练习。 要求： 熟练掌握动作，注意手臂用力的感觉，手臂波浪要伸到指尖，依次向外推。手臂摆动、绕环以肩为轴，走最远的路线做动作。姿态要到位，全身波浪动作连贯，依次进行，从头到脚连续不断，侧波浪先含胸再挺胸。向前移重心时，注意手脚配合协调。 教法： 分解慢动作边讲解边示范练习，体会向各方向移重心，配合音乐进行完整练习。 队形： ▼ ×　×　×　× ×　×　×　×　× 要求： 持球动作正确，姿势优美，身体动作与球之间协调配合，注意器械所走的路线。 教法： 讲解示范，分解慢动作练习，体会滚球的感觉，做完整练习。

部分	时间	教学内容	分量	组织教法
				要求： 球操联合动作要求较为熟练掌握，技术要求正确，争取达到60%的成功率。 教法： 学生分组进行练习，相互观摩、互相纠正球的错误动作，正确掌握球基本技术。 要求： 动作技术规范，球在滚动时不能有跳动。 持球动作手要松弛，不能抓球。 队形： ▼ × × × × × × × × × × × × × × × × 单个动作练习按照队形做，分组组合按照成套组合路线做。
结束部分	5′	结束部分： 整理放松练习。 集合整队，小结，下课。		要求： 将垫子、器械、凳子收拾摆放整齐，认真进行身体放松练习。
见习生安排	适当减少运动量，认真记笔记。		场地与器材	器械、地毯、钢琴
课后小结				

3. 艺术体操专项训练课教案

课　　程：＊＊＊＊级体育教育专业艺术体操专项训练课
任课教师：＊＊＊
课　　次：1
日　　期：＊＊＊＊年＊＊月＊＊日
课的任务：①介绍本学期艺术体操专项课的教学计划、大纲和要求。
　　　　　②介绍艺术体操项目的基本知识。
　　　　　③学习并基本掌握芭蕾舞基本脚位、手型、手位和场地的基本方位。

顺序	课的内容、练习方法、分量及时间	组　织　教　法
开始部分 10′	（一）课堂常规　5′ ·队长集合整队，考勤。 ·师生相互问好，并做自我介绍。 ·教师宣布本课任务、内容及要求。 ·安排见习生并提出要求。 （二）专项介绍　5′ ·讲解艺术体操的基本知识。 ·了解学生的专业技术水平。	队形： 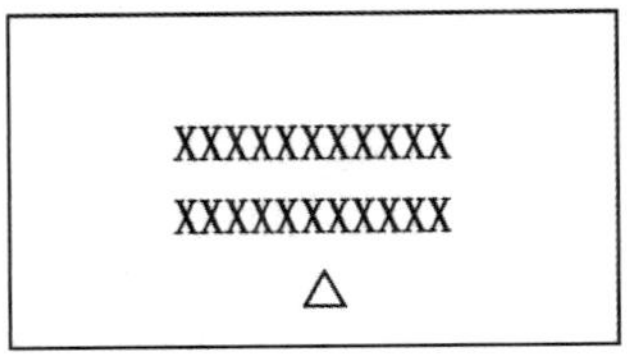 要求： （1）整队迅速整齐。 （2）见习生记录所学内容。 教法： （1）讲解法。 （2）口令、提示法。
准备部分 25′	（一）准备活动 1. 原地练习　10′ （1）头颈练习：前、后、左、右的屈伸，转动，绕环练习。 （2）肩臂练习：提、沉、绕环、上肢基本方向练习。 （3）胸腰练习：含展胸，前、后、侧体屈，绕环练习。 （4）髋部练习：左右摆动髋关节练习。 （5）腿部练习：弹动、绕环、屈伸、脚踝练习。 2. 绕场行进练习　5′ （1）柔软步及柔软步跑。 （2）向前、向侧的小踢腿跑。 （3）含展胸跑（变换舞姿）。 3. 垫上练习　10′ （1）勾绷脚练习：双脚，交替，绕环。 （2）屈伸腿练习：单腿，双腿，绕环。 （3）柔韧练习：压腿，踢腿，搬控腿。	队形： 1. 原地练习： 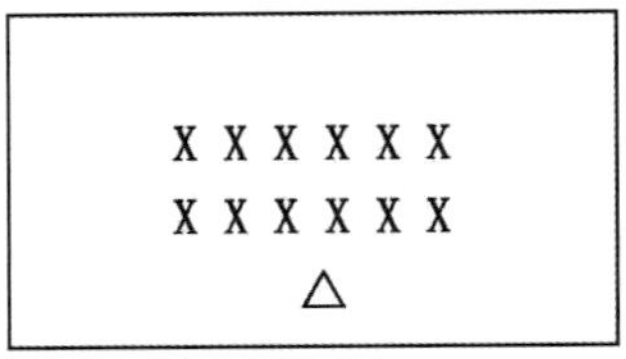 2. 绕场行进练习： 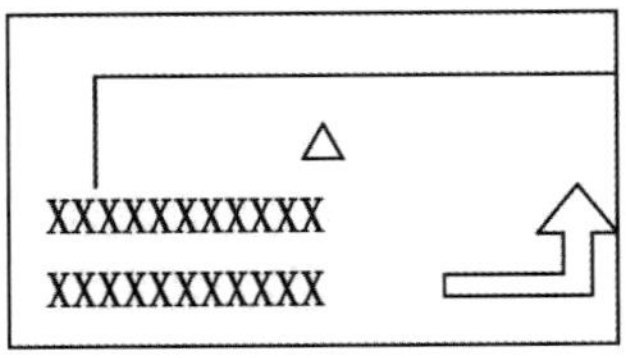 3. 垫上练习： 

顺序	课的内容、练习方法、分量及时间	组　织　教　法
基本部分 60′	（二）学习身体基本姿态　40′ 1. 基本站姿 2. 基本脚位 并立——两脚并拢，脚尖向前。 小八字——脚跟相靠，脚尖斜前方成“八字”。 大八字——两脚侧开同肩宽，脚尖斜前方。 丁字步——脚跟在另一脚弓处成“丁”字。 点立——一脚站立，另一脚向前（侧、后）伸出脚尖点地。前、后点地脚面绷直向外，侧点地是脚面向上。 3. 芭蕾基础 （1）芭蕾基本脚位：1－5 位。 一位：两脚跟靠拢，脚尖向两侧，两脚成一横线。 二位：两脚跟左右距离约一脚，脚尖向两侧，两脚成一横线。 三位：脚跟相叠在另一脚弓处，脚尖向两侧，平行横立。 四位：两脚前后距离约一脚，脚尖向两侧，两脚前后平行。 五位：两脚前后平行相靠，脚尖向两侧，平行横立。 （2）芭蕾手臂姿势和手型。 手臂：肩关节放松，肘、腕关节自然微屈，手臂呈弧形。 手型：手指并拢，自然伸长，拇指与中指稍向内合。 （3）芭蕾基本手位：1－7 位。 一位：两臂体前自然下垂，掌心向内。 二位：两臂保持弧线前举，稍低于肩。 三位：两臂保持弧线上举，稍偏前方。 四位：一臂上举，一臂前举。 五位：一臂上举，一臂侧举。 六位：一臂前举，一臂侧举。 七位：两臂侧举，掌心向前下方。	队形： X X X X X X X X X X X X △ 要求：基本站姿练习时，重心稍向前，应抬头、挺胸、沉肩、收腹、立腰、提髋、夹臀、并腿、脚跟靠拢。 教法：讲解示范法。 要求：基本脚位练习时，注意两脚位置正确，身体重心置于两脚之间。 教法：讲解示范法。 要求：脚位双腿绷紧并伸直髋、膝关节充分外开，腿部外旋，身体重心平均在两脚上。 教法： （1）讲解示范法。 （2）正误对比法。 要求： （1）手臂及手型自然、柔和、正确。 （2）手位姿态准确并固定。 （3）手位动作连接流畅，节奏清晰。 教法： （1）讲解示范法。 （2）分解与完整练习法。 （3）口令提示法。

顺序	课的内容、练习方法、份量及时间	组　织　教　法
基本部分 60′	4. 基本方位 为了准确说明练习者在场地上的运动方向，把动作开始确定的场地的某一边或裁判席、主席台的方位定位为基本点“1 点”，按照顺时针方向，每45 度为一个基本方位点，将场地划分 8 个点： “1 点”——正前方 “2 点”——右前方 “3 点”——右侧方 “4 点”——右后方 “5 点”——正后方 “6 点”——左后方 “7 点”——左侧方 “8 点”——左前方 （三）身体素质练习　20′ 1. 纵跳　　数量 30 × 2 2. 腹肌练习　数量 20 × 2 3. 背肌练习　数量 20 × 2	要求： 基本方位清晰，反应灵敏。 教法： （1）讲解示范法。 （2）口令提示法。 场地划分图： 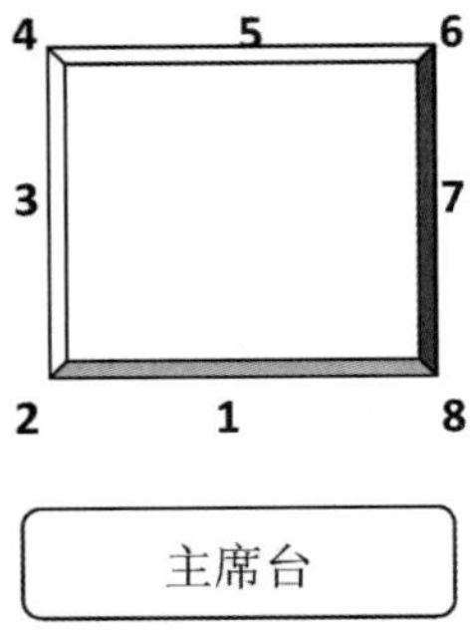 要求： （1）纵跳要并腿。 （2）腹、背肌练习要直腿绷脚尖。 教法： 口令法。
结束部分 5′	· 整队集合 · 全身放松练习 · 小结本次课的学习情况 · 提出课后自我练习内容	队形： 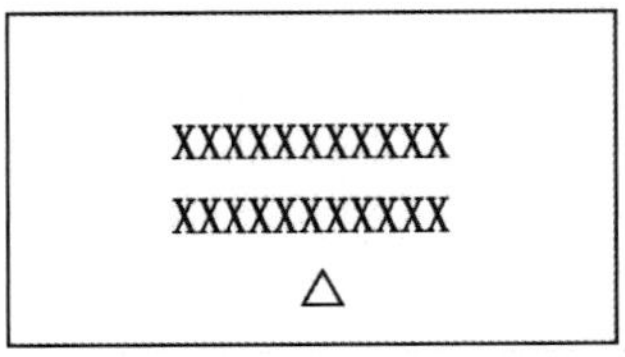

课后小结：

本次课是＊＊＊＊级新生入学后的第一堂课，课的主要目的是以轻松、愉快的课堂气氛，简洁的活动秩序让学生进入学习训练状态，选择课的内容的出发点是以简单而典型的艺术体操基础练习让学生更容易入门，并通过训练掌握艺术体操运动项目的基础知识和基本技能。总体上，本次课的课堂秩序好，学生对新领域的新知识和新技术接受较慢，但仍然保持了较高的学习兴趣。

课的内容略为紧凑，但难度较大。

思考题

1. 请举例说明在艺术体操教学中如何发挥教师的主导作用？
2. 作为一名艺术体操教师，在教学过程中你会如何综合运用艺术体操教学原则？
3. 请结合实践谈一谈动作技能形成各阶段的教法特点。
4. 如果你是一名艺术体操教师，在教学中会运用哪些教学方法？请举例说明。
5. 艺术体操的教学文件有哪些？在制定教学文件时应注意哪些问题？
6. 请设计并撰写一份 90 分钟的艺术体操普修课教案。

参考文献

[1] 百度词典.

[2] 袁振国. 策略 [M]. 北京：教育科学出版社，2005.1.

[3] 陈代军. 教师优化教育过程 http：//blog.ntjy.net/my_blogs/159467/.

[4] 李秉德，教学论 [M]. 北京：人民教育出版社，2005.1.

[5] 罗智勇. 试论应用多媒体优化组合体育教学活动的特点 [J]. 体育科技，2002.1.

[6] 普通高中课程标准试验教科书. 体育与健康 [M]. 北京：人民教育出版社，2009.

[7] 缑小燕主编. 艺术体操运动教程 [M]. 北京：北京体育大学出版社，2007.9.

[8] 肖光来等. 健美操教法 [M]. 北京：人民体育出版社，2006-8.

[9] 北京体育大学全校公共选修课教学大纲. 北京体育大学教务处，2007.8.

第七章　艺术体操训练

本章提要

艺术体操训练是一个多层次、多因素、多变化的动态开放系统，运动员水平的提高是多方面整体效应的综合作用。一名运动员从选材到成才一般需要经过 8~10 年系统科学的训练才能实现。培养高水平艺术体操运动员，必须根据项目特点和运动员特点制定训练计划，有针对性地进行体能、技能、心理、智能等多方面训练，争取最大限度地挖掘运动员潜能，不断创造优异成绩。本章主要对运动员选材、训练内容与方法、训练计划制定等进行了实践性指导，以期培养学习者从事艺术体操训练的基本能力和实际应用能力。

第一节　艺术体操运动员的选材

一、选材在艺术体操训练中的作用与地位

科学选材是艺术体操训练的重要组成部分，选材成功意味着训练成功了一半。当今艺术体操运动的快速发展，对运动员的身体形态、身体素质、技术水平及表现力都提出了更高的要求，教练员科学选材的意识进一步增强、对运动员选材的认识也在不断深化。科学训练的进一步提高，使得艺术体操强国的技术水平日趋接近，国际大赛中对手之间的差距往往只为零点零几分。在高科技与科学训练的帮助下，运动员的成绩有了前所未有的飞跃，而训练手段、训练方法的差异逐步缩小，相形之下，运动员个人的先天条件在提高艺术体操技术水平方面的重要作用就更加突出了，这也是科学选材越来越受到重视的根本原因。

二、选材指标

科学选材是根据艺术体操项目特点的要求，运用现代化的手段和方法，借助生理、医学、心理等学科的方法，全面研究运动员的天赋和竞技能力，从众多儿童少年和运动员后备力量中，比较准确地选拔出先天和后天条件均较优秀的艺术体操人才。但选材标准并非是绝对的，应辩证地看待选材问题。

（一）年龄指标

近年的研究成果表明，艺术体操运动员的初训年龄集中在6~8岁，以7岁参加初训的人数为最多。经过8~12年左右的系统专项训练后，我国运动员在16~19岁左右成才，参加国际性比赛，而国外运动员的成材年龄稍早于我国运动员1~2年左右。因此，艺术体操运动员的选材在6~8岁为宜，根据我国实际情况，选拔年龄可扩大为5~9岁。从6~8岁开始进行广泛的业余训练和群众性选拔，到9~10岁时，女孩子的骨骼和肌肉类型、体型及神经类型等方面的发育趋势较为明显，所以在9~10岁进行专门性的选拔更为适宜。

（二）形态指标

艺术体操成套动作完成的准确性、规范性、优美性以及艺术性，都是通过运动员的身体形态直接展现出来的，因此，艺术体操运动员形态特征与身体指数对技能水平有着极其重要的影响。身体形态是艺术体操运动员在接受运动训练前的一个重要参考基础，身体形态特征是预测艺术体操运动员运动潜力的重要因素之一，在艺术体操训练领域中的作用不可低估，尤其是在艺术体操运动员的初级和中级选材过程中，运动员身体形态特征具有十分重要的地位。

1. 外　貌

脸型以瓜子脸或鹅蛋脸为宜，五官端正，面目清秀，气质高雅，具有个性。

2. 身体形态结构

身高较高，体重较轻、头部略小、颈部略长、四肢长而直，手腕、膝、踝关节纤细，跟腱细长，手脚稍大且脚背弯弓大，肩稍宽、骨盆较窄，臀肌上收，臀下线较高，肌肉呈条型。

3. 身材比例

体型匀称，颈部略长，上下肢较长，躯干较短。当两臂侧举时其长度应等于或大于身高；当坐地两腿向前伸直时，其坐高应小于腿长；当直立两臂下垂时，腕线接近或超过臀下线。

4. 身高体重

应选择在同年龄组中身高属中等或中等偏上的少年儿童，体重偏轻。通常利用体重身高指数来控制体重的增长。指数计算公式如下：

体重身高指数=体重（千克）–［身高（厘米）–100］。

艺术体操运动员的体重身高指数一般在–14 以下。

2006 年对我国 165 名艺术体操运动员进行了身体形态指标的测试，对测试数据进行统计分析并与 20 世纪 80 年代的研究结果进行了对比研究。研究表明：艺术体操运动员具有身材较高、身体围度较小、下肢长、跟腱长、小腿长的发展趋势。

随着艺术体操项目的不断发展，运动员身高也有不断增高的趋势，俄罗斯、乌克兰等国家集体项目运动员身高都在 173~175cm 左右，优秀个人项目运动员身高大部分在 170cm 以上，因此我国运动员在选材过程中，应注重对身高这一指标的测试。

（三）身体素质指标

根据国际艺术体操技术的不断发展，那些具有良好的柔韧性、速度和爆发力，高度的灵巧性、协调性和平衡能力，且运动技能形成快，技能巩固性高，具有创新能力，动作质量高，素质增长快，受伤率低的运动员更具有发展潜力。具体各项选材素质指标如下：

1. 柔　韧

肩部：握棍转肩；胸部：含挺胸；腰部：下桥；髋部：纵向、横向劈腿，扶把前侧后搬腿。

2. 速　度

可通过 30 米和 100 米的短跑计时测定一般速度。

3. 力　量

艺术体操项目对运动员耐力力量、速度力量等要求都很高，通常测定方法有以下几种：

纵跳摸高（38~40cm）；立定跳远（176~180cm）；腹肌（20 次，17~18 秒）；立蹲撑（10 次，18 秒以下）；上步蹬地跳、踢腿等。

4. 灵巧和协调性

游戏、跑跳小组合等。

（四）心理品质指标

艺术体操属于技能类表现难美性的项目，比赛成绩由裁判员根据运动员临场发挥的技术水平进行打分，在与众多对手得分相比较之后判断名次而决定的，要求运动员能够将自身所具备的技术水平在比赛中充分发挥出来，这有赖于运动员所具备的良好的心理品质，可以说心理品质是艺术体操运动员比赛取胜的关键因素之一，选材时应注重对心理品质的测试。研究表明，根据艺术体操项目特点，艺术体操运动员以活泼型的神经类型为宜，应该将喜爱艺术体操运动、个性鲜明、性格倔强、胆大、不服输、刻苦、具有应变能力和强烈表现欲，且智力发育良好、思维敏捷、富于想象力的对象挑选出来。

（五）表现力指标

艺术体操项目要求运动员具有较强的动作节奏感、音乐节奏感和表演能力，因此，在选材时可以通过让被选拔对象任意唱一首歌、表演一段舞蹈或器械动作，或根据所给出的一段音乐进行即兴表演，观察其动作节奏感、音乐节奏感、器械感、即兴表演能力和表现力，从中选拔出表现突出的对象。

三、选材方法

运动员选材方法很多，根据艺术体操项目特点选择适宜的方法进行科学选材至关重要。选材工作是一项长期、系统、细致的工作，不是一蹴而就的。艺术体操运动员选材工作常采用以下方法。

（一）年龄选材法

年龄选材法是通过人体生长发育的年龄特征、少儿发育程度、青春期发育特点的鉴别，以及艺术体操项目适宜的年龄特征进行选材的方法。年龄选材法的应用关键是了解人体生长发育和运动素质发展的年龄特征以及对儿童、少年发育程度的鉴别方法。其发育程度的鉴别常用日历年龄与生物年龄的关系，根据青春发育高潮期起始时间和持续时间的长短来判断。常用骨龄法、齿龄法，以及用“第二性征”法来鉴别发育程度。在艺术体操运动员的选材中，适宜挑选日历年龄与生物年龄的关系相一致，或日历年龄稍大于生理年龄的对象。

（二）遗传选材法

遗传选材法是根据多基因遗传的连续性原理提出来的，通过对被选者家族情况的调查，对影响运动员运动能力的某个或某些因素（性状）的遗传规律、遗传方式和遗传情况进行了解，从而对运动员的现状和未来趋势进行测评再决定取舍的方法。由于运动员选材主要是选天才，而天才即指父母遗传给子女的先天条件。因而，遗传因素自然就成为选材必须考虑的主要因素。例如：身高、臂长、腿长等遗传度较高，通过训练产生变化的可能性较小。在艺术体操运动员选材方法中，遗传选材法是运用极为普遍的方法之一。

（三）形态选材法

身体形态是运动员选材的重要参考指标，不同的运动项目其身体形态要求也有所不同。艺术体操是表现难美性的项目，优美的身体形态能够为运动员带来良好的外部形象分，提高成套动作的艺术性。艺术体操运动员身体形态选材主要从外貌、身体形态结构、身材比例、身高体重等四个方面进行，其中形态结构是通过长度、围度、宽度和充实度等指标进行测试。

（四）机能选材法

机能选材法指通过对运动员生理机能的测评选拔优秀运动员苗子的方法。生理机能测评的指标很多，根据不同的运动专项要有针对性地选择相关指标。艺术体操项目是一项有氧与无氧供能相结合，以无氧供能为主的运动项目，对运动员心血管机能、呼吸系统等机能有着严格的要求。常用的测评指标有心血管系统和呼吸系统机能测评。

1. 心血管系统机能测评法：60 米跑心功指数法，30 秒三次蹲起机能试验法，哈佛台阶试验法，联合机能试验法等。

2. 呼吸系统机能测评法：肺活量测定法，五次肺活量测定法，最大摄氧量测定法，氧债测定法等。

（五）技能选材法

技能选材法通过运用科学诊断和经验判断，对被选拔对象的技术能力进行分析和评价，从而选拔优秀运动员苗子的方法。运动技能选材法通常在中级选材过程中运用。

艺术体操运动员技能测评主要包括以下四个方面：

1. **身体技术**：准确规范且全面的基本动作；类型多样且高质量的身体难度。
2. **器械技术**：规范熟练全面的基本技术；熟练多样且复杂的多因素技术。
3. **表演能力**：具有强烈的艺术表现力和感染力。
4. **创新能力**：至少能完成一个具有独创性的身体难度或多因素器械技术。

（六）身体素质选材法

身体素质是艺术体操运动员竞技能力的重要组成部分，是运动员身体能力水平高低的外在标志，身体素质直接影响技术的掌握程度和运用效果。身体素质选材法是对运动员各项身体素质指标进行测评的方法，通过对运动员身体素质的测评，决定运动员取舍的选材方法。根据艺术体操项目特征，身体素质包括一般身体素质和专项身体素质两类，其中一般身体素质是运动员完成一般身体活动所需的力量、速度、耐力等素质，而专项身体素质主要有：柔韧、协调、力量、速度、耐力、灵敏等。

（七）心理选材法

心理选材法指运用现代心理学的理论，从心理素质方面选拔优秀运动员后备人才的方法。神经类型、反应速度及个性特点等后天不易改变的素质，历来是各运动项目心理选材的重点。优秀的艺术体操运动员大多有鲜明的个性、富有创新精神和应变能力，并能在复杂的环境中保持稳定的情绪和最佳的心理状态。掌握动作比较快，做动作时器械感、音乐感、时间空间感、肌肉用力的强度感觉特别精准。艺术体操运动员心理能力主要包括：注意力的集中和持久性，运动记忆的准确与牢固性，运动知觉的广度与深度，运动反应的速度与稳定性，运动表象的完整与清晰性，运动感觉的敏锐与稳定性，运动思维的迅速与实效性等。

四、选材的阶段划分与步骤

（一）选材的阶段划分

根据训练学选材划分及艺术体操项目特点，可将艺术体操选材分为初级选材、中级选材和高级选材三个阶段。

1. 初级选材

初级选材一般以幼儿园大班、学前班儿童（6 岁）、少年宫舞蹈班、艺术班及小学 1~2 年级（7~8 岁）的女孩子为主要对象，通过对她们进行目测和简单测试，初步筛选出适合参加艺术体操训练的对象。这一阶段的选材目的是尽可能多地发现那些适合从事艺术体操训练的儿童，因此，在幼儿园和小学低年级中开展和普及群众性的艺术体操活动是选材来源的重要保证。初级选材是整个运动训练系统工程中的基础工程，它的成功与否将对整个训练工程产生重大影响。实践证明，为了更好地发现人才，初选时应采用选拔与推荐相结合的方法。

2. 中级选材

中级选材一般是在以各省市业余体校或专业队 9~12 岁的青少年运动员为主要对象，经过 2~3 年专业（或半专业）训练，再次对她们进行筛选，包括外貌、身材、身体素质、掌握技术动作的速度、表现力、接受能力和意志品质等各方面水平进行综合分析，选拔出具备优秀运动员条件、更有培养前途的少年运动员进行高层次的专项训练。根据训练实践需要，在经过 1~2 年训练后还可以进行一次中级选材的复选。

3. 高级选材

该阶段选材的目的是根据优秀运动员的模式标准，对 13~15 岁经过专项系统训练的运动员进行筛选，对那些技术水平、动作质量和表演能力等方面进步甚慢，完成不了该年龄阶段的大纲动作，很难承受大运动量的训练，心理品质很差，主动积极性低落，不适宜继续作为艺术体操高级运动员的培养对象，采用自然淘汰和复选的方式再次精选，留下外貌佳、身材好、运动成绩优、技术水平高、心理状态稳定和表现力出色的运动员，继续进行高水平的系统训练，代表省市和国家参加国内外大赛。此阶段的选材是优中选优，故也称为“专项精选阶段”。

（二）选材步骤

艺术体操运动员的选材工作一般分成四个步骤进行，即家系调查、生长发育状况调查、专项选材指标调查和综合评价与分析。

1. 家系调查

目前，利用遗传因素进行科学选材越来越受到广泛的重视。人类遗传的基本规律表明，反映人体运动方面的各种性状的优势，在一定范围内受到遗传因素的制约，而那些优秀的运动员后代中，只要不是极端的个体，其子代中有50%以上的人在运动能力方面会有突出的表现。因此，通过对运动员家庭成员（父母、兄弟姐妹）和父系及母系上下几代成员进行遗传与家族谱系调查，运用遗传学的观点、方法来分析和判断被选对象的某些遗传性状（形态、机能、运动素质、代谢特征、心理品质等）和发展潜力，以提高预测判断的准确性。

家系的调查主要包括以下内容：

（1）形态特征

如身高、臂长、体重、体型特征等。

（2）身体健康水平

是否患有慢性疾病，特别是有无遗传性较高的疾病。

（3）运动能力

包括劳动能力与兴趣爱好，特别是对体育运动的兴趣，尤其要注意体育世家和运动员的后代。

（4）相似度

对与被试对象相像者的情况要着重了解，注意到他们之间可能有更多相似的遗传联系。

2. 健康检查

健康检查是对被选者生长发育情况进行全面细致地检查，一般包括对肌肉、骨骼、心血管系统、呼吸系统、肝功能、血液、尿及询问个人病史等8个方面的调查，其结果基本能够较全面地反映被选者的健康情况，可作为入选依据。

多年来，在艺术体操运动员选材过程中出现过先天性脊柱侧弯、先天性心脏病或呼吸系统等疾病，经过长时间的训练后，运动员的先天性疾病才被发现，无法继续训练，不得不过早退役，这不仅对运动员的身体健康造成一定的影响，也极大地浪费了人力、财力和物力。因此，在艺术体操选材过程中，一定要重视被选择的健康检查，以避免上述现象的出现。

3. 选材指标测试

根据艺术体操运动具有的竞技性、艺术性和优美性的特点，儿童少年运动员的选材应考虑从身体形态、生理机能、运动素质、心理素质和智力因素等五个方面确定。通过对被选者各项指标进行测试，获取有关运动能力显示状态的各种信息。测试具体内容应根据初级、中级和高级选材不同层次而有所区别和侧重，越是高层次选材，测试内容和指标越要突出专项特点。在专项选材指标测试中，测试数据的准确性尤为重要。

此外，还应结合教练员对被选对象是否真正喜爱艺术体操运动，以及协调能力与应变能力、接受力与创新能力、意志品质和训练作风等方面的评定进行综合选材。

4. 试训观察与选育相结合

目前，限于选材指标的研究水平，其科学性只是相对的。艺术体操运动员选材的初选年龄为6~8岁，被选者正处于生长发育期，其身体形态、机能水平、运动素质等方面的发展具有极大的可塑性和变异性，选材是否准确、是否有发展前途，需要通过一定时间的训练才能逐步表现出来。实践证明，对儿童少年运动员增长趋势的评价，要从起点、增长速度和持续时间三个方面进行综合考虑。起点高、进步迅速而持续时间又长的人，是属于具有运动天赋者；起点居中，进步速度快而持续时间长是成才率较高的一类人；起点居中，进步速度中等、持续时间也较长的一类人是艺术体操运动的基础队伍；而起点虽高，但进步不快且持续时间又短的人很难成才。因此，将选材与育才有机结合起来，不断完善选材指标、评定标准和方法，才能提高艺术体操选材的成材率。

五、艺术体操选材中应注意的问题

（一）注重“遗传度高”、“可塑性小”的指标

在选材过程中，年龄越小，层次越低，就越要注意遗传度高、可塑性小的性状因素，因为这些优势性状在其发展的“敏感期”内会得到训练环境的诱发和促进，为其运动成绩的提高和达到预定目标打下坚实的基础，是育才工作的高起点，但随年龄和训练时间的增长，对层次较高、训练年限较长的被选者，应逐步向遗传度小，后天影响大的选材指标转移。这样，才符合人体发育的规律，符合运动训练的规律。

（二）以发展的眼光看待选材

在早期选材中，不仅要看选材对象现有的条件和水平，更重要的是看到其内驱力、接受能力、年龄等潜在因素，用长远的目光预测她们发展的前景，以做出最佳的选择。谨防因急功近利的短视行为，浪费和错失了具有发展潜力的好苗子。

（三）以辩证的眼光看待选材

十全十美的运动员是没有的，现有的专项群体选材模式往往是一种理论上的理想模式，真正全面能够达到这样一种模式的运动员几乎是没有的。因而，在选材工作实践中，要考虑被选拔对象的个体特点，选拔具有显著特点的对象，从各个指标之间的互补和迁移关系上去全面、整体地预测和评价其成才的可能性。只要对专项起主导因素的指标处于较理想的水平，其他一些次要指标稍差，也可以考虑选材。重要的是要辩证地处理选材中“全面性”与“个性差异”的关系。

（四）以科学的眼光看待选材

在早期选材中，要坚持讲究实际、相信科学、尊重客观事实、实事求是的原则，不凭印象、看表面，不凭经验、讲人情，不弄虚作假。科学选材是选材工作的核心。

（五）重视文化课学习

在青少年的层层选拔过程中，不可放弃文化课的学习，要帮助青少年运动员处理好学习与训练的关系。我国运动员整体素质偏低，比赛意识、理解能力、接受能力差与青少年时期忽视文化学习有较大的关系。因此，保证文化课学习，积极开发智力因素是青少年运动员选材与训练不可缺少的内容。

第二节　艺术体操训练方法

一、身体训练

（一）身体训练的概念与意义

运动员的身体训练水平对技术、心理、智能的训练水平以及身体机能、身体形态的发展起着重大的作用。具有良好的身体素质有助于高难动作的完成，可以减少一些慢性损伤的发生，同时，有利于运动员训练和比赛时的心理稳定。可见，系统的身体训练是掌握艺术体操技术的基础与前提。但在实际训练中，身体训练水平又被技术、心理等因素制约，通常以一种复杂的综合体出现。

身体训练通常分为一般身体训练和专项身体训练两种。一般身体训练理解为在协助发展运动素质的过程中不涉及专项运动的特点，只有助于培养运动员的体能和素质，而专项身体训练所发展的运动素质，应严格与运动员所要参加的比赛项目的要求一致，是为了改进和提高艺术体操动作所必需的专项柔韧、速度、力量、耐力及动作的协调性等。

（二）身体训练的内容和方法

艺术体操身体训练的主要内容有柔韧、力量、速度、耐力、灵敏等运动素质。

1. 柔韧素质及其训练

（1）柔韧素质概念

柔韧是指人体各关节活动幅度的大小以及肌肉、韧带的伸展能力。柔韧素质是艺术体操中最重要的素质之一。良好的柔韧素质是完成艺术体操动作技术和提高动作质量的基础，对艺术体操器械的动作技术也具有很重要的意义。它反映出完成大幅度动作的能力，发挥动作表现力和塑造优美造型的能力。同时，良好的柔韧性可减少运动损伤的发生。反之，缺少这一素质会影响动作技术的完成和动作质量的提高，使动作受到局限，变得僵硬、不松弛。

（2）柔韧训练的方法和手段

柔韧训练基本采用拉伸法，分为动力拉伸法和静力拉伸法。动力拉伸法是指有节奏地、通过多次重复同一动作的练习使软组织逐渐地被拉长的练习方法。静力拉伸法是指练习时先通过动力拉伸以缓慢的动作将肌肉等软组织拉长，当拉伸到一定程度时暂时静止不动，使这些软组织持续被拉长。

训练中通常将两种方法结合起来，即在做拉伸练习时动静结合。在这两种方法中又都有主动拉伸和被动拉伸两种不同的训练方式。主动拉伸是指运动员靠自身肌肉力量将软组织拉长。被动拉伸则指在外力帮助下使运动员软组织得到拉长，如教练员、同伴的帮助，或器材、负重练习等。

根据艺术体操项目要求，发展肩部柔韧性主要手段有：双臂摆动、振动、绕环；压肩、拉伸、转肩等。发展脊柱（颈、胸、腰）柔韧性主要手段有：桥（大桥、曲桥）、俯卧背伸、转体、甩腰及绕环（胸腰、大腰）、软翻。发展髋部及下肢的柔韧性主要手段有：压、搬、劈、摆、踢、控。发展踝和腕的柔韧性主要手段有：压、绷及绕环等。

（3）柔韧训练的注意事项

①儿童少年柔韧训练

儿童少年较成人更容易进行柔韧训练，这是因为儿童少年的关节面角度大、关节面的软骨厚、关节内外的韧带较松弛等，但是在儿童少年发展柔韧训练时，应采用主动和缓慢的方式活动。因为儿童少年的关节牢固性差，骨骼易弯曲变形，长时间使用外力容易造成关节、韧带的损伤和骨骼的变形。

②柔韧训练与温度的关系

外界温度过高或过低将会影响肌肉的状态，影响到肌肉的伸展能力。一般来讲，当外界温度在 18°C 时，有利于柔韧性的表现。且在进行柔韧训练前，运动员要做好充分的准备活动，提高肌肉温度，预防运动损伤。

2. 速度素质及其训练

（1）速度素质概念

速度素质是指人体快速运动的能力，它包括反应速度、动作速度和移动速度。现代艺术体操项目的发展在惊险性动作的引领下已经进入高难技术为主流的全新发展时期，速度素质作为发展技术难度的一种手段愈显重要。

（2）速度训练的方法和手段

①反应练习：培养运动员对各种信号刺激快速应答的能力，如听到信号，立即转身接住抛来的器械；按不同手势或口令做向前、向侧、向后、向上、向下的各种滚动、跳跃、倒地等动作；结合艺术体操的跑、跳、转身、体前后屈等动作，编成综合反应练习组合，并进行计时；随着音乐的变化即刻做出相应的变化动作等。

②动作速度练习：是技术动作不可缺少的要素，主要表现为快速完成动作的能力，如完成一系列难度时的挥摆速度、踢踹速度等。通常为提高完成某单个动作速度时采用重复练习的方法，即要求运动员在一定的时间内完成规定的动作数量。

③移动练习：常采用 20~30 米或 60 米的短距离跑，练习的重复次数不应过多，保证间歇的时间以保证下一次练习的进行，并且也可用追跑等游戏形式来培养移动速度。

（2）速度训练的注意事项

①速度训练应在运动员兴奋性高、运动欲望强的情况下进行，一般安排在训练的前半部，练习时要注意强度、重复的次数，组与组之间的间隔时间以及运动员身体的恢复情况。

②反应速度练习时要求运动员注意力集中，这样可使神经系统和肌肉同处于适宜的兴奋状态，此时，肌肉的反应速度比处于松弛状态时可提高 60%左右。

③提高动作速度应与掌握和保持正确的技术动作紧密结合，片面地发展快速动作是不对的。

3. 力量素质及其训练

（1）力量素质概念

运动员做动作时，力量表现为肌肉的紧张程度。力量的大小取决于肌肉的生理横断面，支配肌肉收缩的神经中枢的作用程度，肌肉组织的生化过程及完成动作的技术。

在训练学理论中按力量素质的不同特点分为最大力量、快速力量和力量耐力。最大力量指肌肉通过最大随意收缩克服阻力时表现出来的最高力值。快速力量是指肌肉快速发挥力量的能力，在日常训练中常使用的“爆发力”即是快速力量的一种表现形式。力量耐力是指肌肉长时间克服阻力的能力。

（2）力量训练的方法和手段

艺术体操中对弹跳力、腰腿的控制能力等有特殊的要求，在一套成套动作中包含多种跳步、平衡和转体，需要运动员腿部肌肉具备快速力量（爆发力）和力量耐力的能力。在训练中通常采用：

①重复练习：是培养最大力量和力量耐力的一种方法，如连续双摇跳 50~100 次；连续大跳 10~20 次；连续腹肌两头起 30~50 次等。

②动力练习：它的特点是用最快的速度完成不同负荷的动作，如双摇跳 10 次计时，负重或不负重的腹肌两头起 10 次计时。

③静力练习：是培养控制能力的一种手段，这种方法是使肌肉经受长达 5~6 秒钟最大的、重复性的紧张。如负重和不负重的控腿持续 10 秒钟；俯平衡持续 10 秒钟；各方向搬腿平衡持续 10 秒钟等。

（3）力量训练的注意事项

①处理好负荷与恢复的关系

在一个训练阶段中，负荷安排应大中小结合，循序渐进地提高负荷量度。在每组重复练习中注意组间的休息。力量训练后，要特别注意肌肉的放松。肌肉在力量训练后会产生酸胀感，肌肉酸胀是肌纤维增粗现象的反映，也是力量增长的体现。应采取积极措施消除肌肉的酸胀感，以利于减少能量消耗，并更好地保持肌肉弹性。

②注意不同肌群力量的发展

在培养艺术体操力量素质训练时，应注意使不同肌群的训练交替进行，在主要发展运动员大肌群和主要肌群的力量时，也要重视小肌肉群、远端肌肉群和深部肌肉群的力量训练。

4. 耐力素质及其训练

（1）耐力素质概念

耐力素质是指有机体坚持长时间运动的能力，可分为一般耐力与专项耐力。一般耐力就是持续完成某项动作的能力，往往这项动作可使许多肌群参加活动，而且会对心血管系统、呼吸系统和中枢神经系统提出更高要求，是承受大运动量的基础。艺术体操的专项耐力是完成某种非常剧烈但为时不长的动作的能力，与提高专项运动成绩有直接的关系。

（2）耐力训练的方法和手段

①发展一般耐力可采用间隔短暂的跳绳动作。运动员以全速的四分之三做跳绳 45 秒钟，然后休息 45 秒钟，重复 3 次构成一组练习，共做 3 组；每组动作间歇 3 分钟，休息时运动员可做些腰部伸展的动作。

②培养专项耐力，主要依靠艺术体操的各项技术训练结合在一起，可以增加完成成套动作的数量，如连续完成 1+1/4 套，1+1/3 套，1+1/2 套或两套完整成套动作，严格控制成套动作之间的间歇时间，最短的间歇时间为 20~30 秒，以此增加训练负荷量，从而有效提高运动

员专项耐力。

（3）耐力训练的注意事项

一般耐力和专项耐力的训练比例根据不同训练期、不同的训练对象有所不同。在儿童期一般耐力训练比例较大，而随着训练水平的提高，专项耐力训练则逐渐增多；在全年训练的过渡期和准备期的早期，一般耐力训练较多，而在准备期的后期和竞赛期则以专项耐力训练为主。

5. 灵敏素质及其训练

（1）灵敏素质概念

灵敏素质是指在各种突然变换的条件下，运动员能够迅速、准确、协调地改变身体运动的空间位置和运动方向，以适应变化着的外环境的能力。在艺术体操中，灵敏体现在运动员能根据各项艺术体操器械特点，合理地运用器械技术的能力。这种灵巧来自神经系统的灵活性、可塑性和良好的肌肉感，必须建立在大量的实践经验基础上。运动员对自己所做动作的领悟能力越高，领悟的越正确，就能越快地掌握新动作的要领。

（2）灵敏训练的方法和手段

①一般灵敏素质常采用球类活动；游戏，如“往返”式赛跑；技巧等。

②专项灵敏素质可采用加大抛器械的难度，如迅速转体后接住教练员向任意方向抛出的器械；同时抛接两三个器械等。

（3）灵敏训练的注意事项

灵敏训练中要注意使用变换训练法，训练强度一般较大，速度较快。练习次数不宜过多，训练时间不宜过长，因为机体疲劳力量就会下降、速度变慢、反应迟钝，不利于灵敏素质的发展。每组练习之间应有足够的休息时间，但休息时间不宜过长。

二、技术训练

（一）技术训练的意义

运动技术是指符合人体运动科学原理，能充分发挥身体潜在能力，有效地完成动作的合理方法。技术训练的中心任务是培养能完成竞赛活动的技能。技术训练是难美项群训练的核心组成部分，占有很大的比重。

（二）技术训练的内容和方法

艺术体操技术训练可分为四个主要部分：舞蹈训练、音乐节奏训练、身体动作训练和器械动作训练。以上四部分的每一部分都包括了基本动作训练和难度动作训练，其中基本动作训练贯穿于运动员多年训练全过程，而难度动作训练则根据运动员的年龄、训练水平、比赛任务循序渐进地进行。

1. 舞蹈训练

艺术体操是一项表现美的运动项目，而身体动作是表现美的重要载体之一，其中舞蹈训练是艺术体操最为重要的身体基础训练内容，包括古典舞、民间舞、现代舞和芭蕾舞等，通过舞蹈训练能够培养运动员身体姿势的规范性、身体重心的控制能力、身体动作的正确发力、身体动作的多样性及艺术表现力等。随着艺术体操项目的发展，成套动作的艺术性已成为裁判员评判的主要内容之一，2013~2016 年评分规则中，在难度分中增加了舞步组合这一新的动作类型，并要求每套动作至少有一个 8 秒的舞步组合动作，进一步突出了成套动作艺术性的发展趋势和和舞蹈训练的重要性。

2. 音乐节奏训练

音乐不仅是艺术体操项目的基础，更是主题思想的诠释，对动作提示、身体位置和情绪变化都发挥着极其重要的作用。艺术体操的音乐能力主要由动作与音乐合拍的协调能力；理解音乐主题并能够配合动作表现的能力组成。可运用音乐欣赏能力训练、音乐节奏感训练等提高对音乐的欣赏、辨析、运用能力。

3. 身体动作训练

身体动作是艺术体操器械动作的基础，一般包括身体摆动、绕环、波浪，各种走、跑、步伐，以及跳、旋转、平衡等动作。其中，跳、旋转、平衡是艺术体操评分规则所规定的三类身体难度动作。

（1）跳类基本动作训练

跳类动作多种多样，主要包括跨跳和鹿跳类、接环跳类、反跨跳类、哥萨克跳等难度动作。在进行跳的难度动作训练时，应先进行各种快速灵巧的小跳练习，主要有一位、二位和五位小跳，行进间小跳、单脚和双脚小跳等。小跳练习是大跳动作的基础，只有正确掌握了小跳技术，才能进一步学习和发展大跳动作。

（2）旋转类动作是艺术体操动作中技术结构最复杂，最难掌握的技术。旋转类难度包括单脚支撑旋转和身体其他部位支撑旋转，其中以单脚支撑的巴塞转、阿提丢转、阿拉贝斯转、多努转、浮埃迪转、自由腿有帮助转体和自由腿无帮助转体最为常见。

旋转类动作需要一个长期、系统的训练过程，通过多种练习形式和练习方法进行训练，常采用地面、扶把、双脚、单脚等形式，从 90°、180°、360°、720°、1080°，逐步增加旋转周数，以确保旋转技术的正确性与稳定性，为发展高难度旋转动作奠定坚实的基础。

（3）平衡类动作是以单脚或身体某一部位为支点，保持一定姿态的静止动作。单脚支撑的平衡（提踵或不提踵）主要包括巴塞平衡、自由腿水平或高举部位平衡、浮埃迪平衡和哥萨克平衡。此外，以身体其他部位支撑的平衡包括单膝跪平衡、腹部支撑平衡、肘部支撑平衡等。艺术体操平衡动作主要以躯干前屈或后屈、自由腿水平或高举为主，因此，良好的柔韧性和较强的身体重心控制能力是平衡类动作训练的基础和重点。

4. 器械动作训练

手持轻器械完成动作是艺术体操项目主要特点之一，也是艺术体操训练和竞赛的主要内容。器械动作训练包括绳、圈、球、棒、带五项器械，由于每项器械都具有不同形态与性能特征，因此各项器械动作训练内容包括了五项器械基本技术组动作和其他技术组动作，其中其他技术组动作有分为共性技术和特性技术。

（1）五项器械基本技术组动作

①绳

绳的基本技术组动作训练主要包括过绳大跳、过绳小跳、放绳的一端三类动作。

②圈

圈的基本技术组动作训练主要包括身上滚圈、地上滚圈、从圈中穿过、圈绕身体转动和圈绕自身轴转动五类动作。

③球

球的基本技术组动作训练主要包括身上滚球、地上滚球、拍球、8字和单手接球五类动作。

④棒

棒的基本技术组动作训练主要包括小五花、双棒小绕环、不对称动作和双棒小抛四类动作。

⑤带

带的基本技术组动作训练主要包括空中和地面螺形、空中和地面蛇形、在带形中穿过或带形上越过，以及脱手小抛四类动作。

（2）五项器械其他技术组的共性动作

五项器械其他技术组共性动作包括抛接、器械运用（8字、大绕环、器械传递、缠绕）和不稳定平衡三类。

（3）五项器械其他技术组的特性动作

①绳

绳的其他技术组的特性动作训练主要包括绳的转动和持绳的一端/中段两大类动作。

②圈

圈的其他技术组的特性动作训练主要包括从圈上越过和圈的小抛两类动作。

③球

球的其他技术组的特性动作训练主要包括球翻转/旋转/小滚动/绕地面球的滚动和球的小抛两大类动作。

④棒

棒的其他技术组的特性动作训练主要包括棒的旋转/滚动/滑动/敲击、单棒小抛、双棒抛/不对称抛和快速连续抛四大类动作。

⑤带

带的其他技术组的特性动作训练主要包括拉带抛、带棍绕手旋转/带棍滚动/带棍反弹两大类动作。

（三）技术训练的基本要求

1. 进行技术动作训练时，要领要正确、动作要准确规范，有意识对技术动作进行探索、尝试、发展和创造，促进技术水平的不断提高。

2. 技术训练要与专项素质训练相结合，重视基本技术的熟练性和难度动作的全面性，避免成套动作中难度动作的单调和同类动作过多的缺陷发生。

3. 结合个人技术特点，充分体现动作的个人风格。

三、心理训练

（一）心理训练的概念与意义

艺术体操心理训练是指有计划、有目的地采用某些方法和手段，对运动员的心理施加影响，培养和提高运动员在训练和比赛中把握和调整心理过程的能力，使艺术体操运动员的心理素质更加适合艺术体操项目训练和比赛的需要。

心理训练是艺术体操运动训练体系中重要的组成部分。运动实践和科学研究以证明，艺术体操运动员需要具有较强的心理自我调控能力和稳定的心理素质，才能够将自身所具备的技战术水平发挥出来，心理因素影响和制约着运动员技战术水平的发挥，心理训练是艺术体操运动员发挥最佳竞技状态、创造优异成绩的基础和保证。

（二）心理训练的作用

1. 培养运动员对训练的良好动机和态度

良好的动机来自于运动员的理想信念，明确的奋斗目标，同时培养运动员热爱集体，有责任感、义务感，尊重教练员、裁判员和队友的道德观等。

2. 培养运动员坚强的意志品质

运动员要承受大运动量的训练，要与困难、失败、危险等做斗争，容易出现心理状态不稳定的情况，因此要注意培养运动员吃苦耐劳的精神，提高自我控制、自我监督、自我评价的能力。

3. 提高运动员的专项心理素质

培养运动员的感觉、视觉和听觉的精确度，使她们形成和具备专项感受，如“器械感”、“乐感”等，同时培养运动员集中精力、稳定情绪和合理分化注意力的能力。

4. 在竞赛过程中要引导运动员形成良好的心理定向

研究证明，中等偏高强度的动机水平对取得成绩最为有利。运动员过于强烈的动机水平会造成精神过度紧张，心理和生理功能紊乱，影响比赛成绩。教练员要培养运动员控制和调节情绪的方法，如调节呼吸、肌肉放松、自我暗示、集中和转移注意力等，以消除运动员的心理障碍，形成赛前最佳心理状态。在竞赛后要对成功者和失败者的积极、消极情绪做恢复引导。

（三）心理训练的内容和方法

1. 表象训练法

表象训练也称为念动训练，是指运动员在暗语的引导下，有意识地利用大脑中已形成的运动表象或运动情境进行训练的方法，是艺术体操运动员在训练和赛前常采用的一种心理训练方法。

进行表象训练时应注意以下几个方面：

（1）表象训练与具体技术动作相结合：技术训练是基础、表象训练是辅助手段，表象训练以具体的技术动作为对象，不存在没有具体技术动作的表象训练。

（2）表象训练的重点之一是建立和完善动作细节表象，通过动作细节表象训练，能够促进技术动作的稳定性、规范性和成功率。

（3）以简练清晰的文字提炼出技术要领的关键点，例如："提髋、下沉、跟、带"等，以暗语的形式进行表象训练，帮助运动员加深对正确技术的理解和掌握。

2. 自我暗示训练法

自我暗示训练是透过五种感官元素（视觉、听觉、嗅觉、味觉、触觉）给予自己心理暗示或刺激，以自己的思想、词语对其心理施加影响的过程，是人的心理活动中的意识思想的发生部分与潜意识的行动部分之间的沟通媒介，是一种启示、提醒和指令，目的在于调节自己的心境、情绪和意志及工作能力。

潜意识也不是盲目的，意识和潜意识之间存在着沟通和联系。但由意识控制潜意识的能力各人是不同的。同时，观念的形成是外因通过内因起作用。在内因方面，主观检验的水平由各人的智力结构和素质而定。运动员可以选择积极的自我暗示调节训练、比赛、生活状态。

3. 模拟训练法

模拟训练法是指模拟比赛条件和比赛环境进行的一种训练方法，对于促进运动员适应比赛环境，培养运动员的应变能力，保证技战术水平的正常发挥具有积极作用。

对艺术体操运动员进行模拟训练的关键在于尽可能创造接近真实比赛的条件和环境，例如在比赛场地设置方面应包括裁判席、观众席、替换器械摆放、灯光音响效果，以及运动员上下场位置等；在比赛程序安排方面应包括宣告员宣告、运动员出场顺序、宣告比赛得分等；运动员自身的妆容、头饰和体操服方面应完全按正式比赛要求进行；裁判员评分方面应严格评判，甚至故意错判、误判；在比赛环境方面应制造观众喧哗和喝彩、灯光忽明忽暗、音响忽高忽低等效果。

通过模拟训练，可以促进运动员逐步适应比赛环境、排除不良心理状态、做好参赛的心理准备、提高技战术水平发挥的稳定性。模拟训练已成为艺术体操运动员心理训练常用方法之一。

4. 集中注意力训练法

注意是心理活动对一定事物的指向的集中。艺术体操的项目特点决定了运动员需具备较高的集中注意力的能力，同时又要求注意转移灵活而迅速，才能适应艺术体操项目发展的需要。保持注意力的高度集中已成为艺术体操运动员获得比赛成功的重要条件之一。

艺术体操运动员集中注意力训练的主要方法：

（1）明确训练任务和比赛目标，培养运动员参加训练和竞赛的良好动机，提高训练的自觉和主动性。有利于集中注意。

（2）选择注意的对象。运动员根据自身技术水平，可选择某些难度动作、难点动作或动作表现力为集中注意力的对象。

（3）有意识在外界干扰及精神紧张时进行集中注意力训练。

5. 放松训练法

放松训练是指使机体从紧张状态松弛下来的一种练习过程。放松有两层意思，一是肌肉松弛，二是消除紧张。放松训练的直接目的是使肌肉放松，最终目的是使整个机体活动水平降低，达到心理上的松弛，从而使机体保持内环境平衡与稳定。

放松训练的核心在“静”、“松”二字：“静”是指环境要安静，心境要平静；“松”是指在意念的支配下使情绪轻松、肌肉放松。放松训练可以减轻焦虑、稳定情绪，对于缓解运动员紧张的心理压力具有显著效果。

放松训练的主要方法包括：

(1) 深呼吸放松法：深呼吸放松法是便于运动员自我调节、缓解紧张情绪、平缓心绪的一种简单易行的放松方法。具体步骤是：站姿、坐姿或仰卧均可、两肩下沉、慢慢闭上双眼、缓慢做深呼吸，吸尽量多的气、呼气时让气流缓慢流出（不要太猛）。该放松法可以转移心理压力和紧张注意力。

(2) 想象放松法：想象放松法是艺术体操运动员心理训练常采用的方法。练习时应想一些令人愉快的场景，如在平静的湖面上划船、在微风吹过小船轻轻摇动、在细软的沙滩上晒太阳等，体会轻松平和的感觉。对自己说：“我现在很放松……我的腿放松了……臀部、大腿、腹部放松了……我的手臂、双肩、下巴、脸、眼睛放松了，紧张完全消失了。”

四、智能训练

（一）智能训练的概念与意义

优秀的艺术体操运动员比一般运动员具有更高的观察力、模仿力、记忆力、想象力、姿态的本体感觉、实际操作能力、注意力、接受能力、节奏感、空中定位感及应变能力的专项特殊能力。而这些能力的发展与运动员的智能水平密不可分。因此，发展艺术体操运动员智能水平，对提高训练效率、运动水平、竞赛成绩有着重要的意义和作用。

（二）智能训练的内容和方法

1. 提高运动员专业理论知识水平

首先应学习一般文化理论课，并结合训练实践学习专业、专项理论知识，同时广泛学习相关学科的科学知识。

2. 在训练中，应有意识的培养运动员灵敏的思维能力、注意力、观察力、理解能力、记忆力、想象力、创造力等。

3. 通过各级各类大赛，为运动员提供学习和交流的机会。也可通过观看国外高水平艺术体操比赛录像，提高运动员对成套动作编排、动作完成质量、音乐与动作融合，以及艺术表现力的认知水平。

五、表现力训练

（一）表现力训练的意义

艺术体操运动员在一定时间与空间内，通过对线、面、轴、弧、点、转、角、空间等因素的合理布局编排，在出色完成难度技术的基础上来表现主题、创造意境、渲染气氛和塑造形象。因此，提高运动员表现力，对运动员构成统一完美的艺术整体，提高对项目的理解能力，提高竞争力有着重要的意义和作用。

（二）表现力训练的内容和方法

1. 情绪训练

情绪训练主要包括眼部、面部、头部、躯干以及四肢的训练。可以运用定睛法、扫视法、转动法提高眼神注意力、眼肌力量，使人的情绪、态度和情感变化由眼睛准确、生动地流露展现；运用沉着表情训练、喜悦表情训练、振奋表情训练法来调节、控制面部表情变化，以表现出令人满意的状态；运用移颈训练、绕环训练增强头颈部肌肉力量，加强稳定性和控制力，同时也放松颈部，防止僵硬；运用松弛与控制训练法、表演训练、芭蕾把杆、地面等丰富运动员肢体语言和表达能力。

2. 剧目表演训练

剧目表演是融艺术体操技术技巧、风格、表演于一体，并与音乐、舞美、戏剧、文学等元素紧紧相依，需要多种艺术形式协同完成的创意活动，促进练习者将自己专业知识与这些元素融合，提升对艺术元素感悟能力，提高专业综合素质。

第三节　艺术体操训练计划的制定

一、艺术体操训练计划与组织

训练计划是整个训练过程中的主要组成部分，它是对整个训练过程进行合理的、整体的规划，对训练起指导作用，并根据训练实践对训练计划进行必要的调整和变更，保证多年训练取得理想的效果，使训练过程更具有科学性。

（一）艺术体操训练计划的种类

根据不同的标准可将训练计划划分为不同的种类。从训练计划的时间性、时效性来看，可将艺术体操训练计划分为：多年训练计划；年度训练计划；阶段训练计划；周训练计划；课训练计划。（表 7–1）

表 7-1　艺术体操训练计划的种类

类型	时间跨度	基本任务
多年训练计划	2~20 年	系统培养高水平运动员
年度训练计划	6~12 个月	参加 1 次至多次比赛
	4~8 个月	参加 1 次至多次比赛
	2~5 个月	参加 1 次至多次比赛
阶段训练计划	5~20 周	准备期
	3~20 周	比赛期
	1~4 周	恢复期
周训练计划	4~10 天	有针对性地提高竞技能力
课训练计划	2~4 小时	完成训练任务

（二）艺术体操训练计划的内容

1. 艺术体操多年训练计划

多年训练计划是对运动员多年训练过程的总体规划，对运动员两年以上训练过程的设想和安排都属于多年训练计划。多年训练计划其时间跨度可长达几年、十几年、甚至二十几年，这类训练计划具有较强的程序性，严格按照培养优秀艺术体操运动员的训练规律进行。

在训练实践过程中，会出现所制定的训练计划不能适应或满足运动员技术发展需要时，应该及时对训练计划进行必要的调整和变更，以提高训练的科学性、可控性和有效性。

多年训练计划主要包括：（表 7-2）

表 7－2　国家艺术体操队个人项目一组多年训练计划（2012～2016）

<table>
<tr><th>项目</th><th colspan="6">内　容</th></tr>
<tr><td>指导思想</td><td colspan="6">2012 年伦敦奥运会仅邓森悦一人入围参赛，而在 2013～2016 奥运周期，个人项目力争两名运动员入围决赛。在 2011 年国家队队伍调整后，广泛吸收年轻队员入队，其目标是为在巴西奥运会上，我国的个人项目有所斩获。
为了更好的备战下届奥运会，明确任务目标，我们的指导思想为：“卧薪尝胆，努力提高自身技术实力”，有实力和能力与他国的高水平运动员抗衡。</td></tr>
<tr><td rowspan="5">任务目标</td><td colspan="6">2012 年：学习和掌握新技术，发展新难度；参加个别国际比赛，锻炼新人，增加国际比赛经验。</td></tr>
<tr><td colspan="6">2013 年：熟练应用新技术，提高完成规格及质量；参加世界锦标赛，积累重大比赛经验，提高场上心理和身体的自控能力；力争在比赛中个人团体获得前 8 名，全能进入决赛。</td></tr>
<tr><td colspan="6">2014 年：进行独创技术创新，加强成功率；重点运动员参加亚运会，力争在亚运会上获得个人团体前 3 名，全能前 3 名；在世界锦标赛上力争个人团体获得前 8 名，全能进入决赛。</td></tr>
<tr><td colspan="6">2015 年：完善创新技术动作，确保完成质量和成功率；重点运动员参加世界锦标赛及奥运会入围赛，力争个人团体获得前 7 名，一名或两名运动员获得参加奥运会资格。</td></tr>
<tr><td colspan="6">2016 年：全面成熟参加比赛，在巴西奥运会，力争在个人全能的比赛中进入全能第八名，实现个人项目历史突破。</td></tr>
<tr><td rowspan="5">运动员基本情况</td><td>姓名</td><td>年龄</td><td>训练年限</td><td>体重</td><td>最好成绩</td><td>运动等级</td></tr>
<tr><td>刘佳慧</td><td>20 岁</td><td>6 年</td><td>39KG</td><td>成年第 6 名</td><td>健将</td></tr>
<tr><td>余浩聪</td><td>20 岁</td><td>6 年</td><td>39KG</td><td>成年第 7 名</td><td>健将</td></tr>
<tr><td>王子怡</td><td>19 岁</td><td>6 年</td><td>37KG</td><td>少年第 2 名</td><td>一级</td></tr>
<tr><td>徐晓岚</td><td>18 岁</td><td>4 年</td><td>39KG</td><td>少年第 3 名</td><td>一级</td></tr>
<tr><td rowspan="5">主要解决的问题</td><td colspan="6">2012 年：1. 全面发展能力，预防伤病。
2. 学习掌握各种新的技术。
3. 参赛锻炼队伍，积累比赛经验。</td></tr>
<tr><td colspan="6">2013 年：1. 提高综合能力。
2. 动作规范、质量达到较高水平。
3. 参加锻炼队伍积累重大比赛经验。</td></tr>
<tr><td colspan="6">2014 年：1. 提高综合能力，预防伤病。
2. 提高技术动作稳定性和成功率。
3. 参加重要比赛，积累大赛经验。</td></tr>
<tr><td colspan="6">2015 年：1. 继续提高综合能力，预防伤病。
2. 提高成套成功率、稳定性。
3. 提高抗压和自控能力，正常发挥。</td></tr>
<tr><td colspan="6">2016 年：1. 继续提高综合能力，预防伤病。
2. 提高成套成功率、稳定性。
3. 提高抗压自控能力高水平发挥。</td></tr>
</table>

续表 7–2

项目	内　容
措施、手段	2012 年：1. 发展一般体能和专项体能。 2. 增加舞蹈课，学习新技术动作，提高艺术表现力。 3. 器械训练贯穿于整堂课。 4. 强化成套训练。 5. 增加各种比赛次数。
	2013 年：1. 发展综合能力和全身肌肉力量。 2. 舞蹈课丰富舞种，提高表现力。 3. 器械训练时间增多，提高熟练性。 4. 强化成套训练技术达到较为稳定水平。 5. 增加比赛次数
	2014 年：1. 发展综合能力和全身肌肉力量。 2. 舞蹈课提高表现力技术控制力。 3. 增加器械训练时间，提高熟练性。 4. 强化成套训练技术达到高质量稳定水平。 5. 增加比赛次数。
	2015 年：1. 全面发展综合能力和肌肉力量。 2. 舞蹈课提高表现力和自控力。 3. 增加器械训练时间，提高熟练性。 4. 强化成套训练技术达到稳定高规格高质量水平。 5. 增加比赛次数。
	2016 年：1. 发展综合能力和肌肉力量。 2. 舞蹈课完善表现力、自控力。 3. 器械训练时间增加，熟练性稳定性达到高水平。 4. 强化成套训练。 5. 心理稳定，参加重大比赛。
检验方案	队内测验、实战、比赛、国际比赛
伤病监控	队医、科研团队定期测试、监控

2. 艺术体操年度训练计划

年度训练计划是运动训练过程的重要文件。通常以年度训练作为组织系统运动训练的基本单位。年度训练计划是根据多年计划所确定的该年度的训练目标，在总结上一年度训练和比赛情况的基础上，结合本年度的主要任务而制定的训练计划。计划的制定可使教练员和运动员明确本年度将参加哪些比赛活动，达到什么目标，主要训练阶段的划分及每个阶段应达到的训练或竞赛目标。

年度训练计划的基本内容如下：

（1）全年的训练指导思想

明确训练的总目标和总的方向，要培养达到什么标准的运动员及所采取的方法。

（2）情况分析

了解当前国内外艺术体操发展的动向，如国际比赛规则、规程的变化、艺术体操先进国家的技术发展及趋势。全面分析本队的现状，包括运动员思想、技术、身体状况、比赛能力、心理状态、存在优势、不足和弱点等。

（3）总任务及个人任务

在制定任务指标时，应充分发动教练员和运动员进行讨论，制定出实际能够达到的指标。

（4）阶段划分及阶段任务

根据总的训练时间和比赛日程划分阶段任务。按顺序列出本年度主要的各大比赛、阶段测验和检查、选拔和汇报表演的日程，科学合理地划分训练周期和日期。

（5）训练大纲和进度

根据本年度训练任务、训练时数和运动员实际水平列出运动员所要学习和掌握的各项基本动作、难度动作以及舞蹈和专项身体训练的内容，以及音乐知识、艺术体操专业理论等。制定学习的进度、完成日期和检查方法等。

（6）主要措施

包括：主要的教学手段及运动量的安排；全队教学训练等各方面的思想工作；教练员的进修与学习；运动员应遵守的纪律；保障良好的训练环境；医务监督等。

（7）测验及考核

通过测验及考核可看出训练计划的落实情况，根据具体情况及时调整训练计划及训练方法，同时也可以调动运动员训练比赛的积极性，培养良好的比赛心理素质。

3. 阶段训练计划

主要内容有：准备部分、基本训练部分、比赛部分、调整部分。一般来讲，全年重要比赛的次数是划分训练阶段和制定阶段训练计划的根据。阶段训练计划的内容与年度训练计划大致相同，但内容应更加详细和具体，如各项器械练习的内容、运动量的安排等。

4. 周训练计划

周计划是阶段任务落实的关键。大致内容为：周的主要任务；周的训练次数；每日的训练时间、项目的安排、素质的安排；一周内的运动量节奏等。（表 7–3）

表 7－3 国家艺术体操队个人一组周训练计划（2011. 12. 5～12. 11）

周一 12 月 5 日	1. 基本能力：跑步、腰腹力量 2. 基训：身体难度及发展难度 3. 器械：基本技术、编排、新动作 4. 拉伸、放松	1. 舞蹈课 2. 徒手成套 5 次 3. 器械：编排、设计新的动作 4. 柔韧力量及专项能力修补
周二 12 月 6 日	1. 基本能力：腰腹及腿力量 2. 基训：身体难度及发展难度 3. 器械：基本技术、编排、新动作 4. 拉伸、放松	1. 舞蹈课 2. 徒手或器械成套 5 次 3. 器械：编排、设计新的动作 4. 柔韧力量及拉伸
周三 12 月 7 日	休息、治疗	14:00～16:00 器械基本技术 16:00～17:30 体能训练 17:30～18:00 放松
周四 12 月 8 日	1. 基本能力：腰腹、踝、膝力量 2. 基训：把杆及 D1 3. 器械：基本技术、编排 4. 修补专项能力	1. 基训：地功、跳、转技术 2. 专项：徒手或器械成套 5 次 3. 器械：基本技术、编排 4. 柔韧力量及拉伸
周五 12 月 9 日	休息、治疗	14:00～16:00 器械基本技术 16:00～17:30 体能训练 17:30～18:00 拉伸、放松
周六 12 月 10 日	1. 游戏或基本能力 2. 舞蹈课 3. 器械：编排及难度训练 4. 控制和器械力量	1. 基训：地功 2. 徒手或器械成套 5 次 3. 器械：编排及难度训练 4. 柔韧力量及拉伸
周日 12 月 11 日	休息	休息
小结	本周队员通过较系统的训练，在体能和成套动作的编排上有所收获，因本组队员人数较多，每个队员重新编排和修改的成套情况不一，编排工作还需一些时间，力争在本月全部完成！上周后半周已进入徒手成套的训练，下周训练中继续徒手或持器械的成套训练。体能仍将安排两次，分别练习不同部位的肌肉力量，以达到提高肌肉力量和减去脂肪的目的。 队员对于训练的精神面貌和自我要求在教练的调教下在改进，虽还不够但看到她们的努力，大队员除窦宝宝没达标外，舒思瑶和侯亚男达标，希望下周有明显进步！	

5. 课训练计划

课计划是所有计划的基础，所有训练任务都要靠每次训练课的积累。根据训练课的主要任务和内容，可以把训练课分为不同的类型。构成运动员总体竞技能力的体能、技能、战术能力、心理能力及智能等都需要在具体的训练课中培养。

日计划的主要内容有：课的目的、任务和要求；课的内容（包括项目、技术、素质、时间及数量的分配）；个人训练的具体内容、要求；训练方法和手段；课的评讲等。

二、训练的周期

运动训练过程的特征是通过许多大小周期循环往复表现出来的。运动训练学上将训练期、比赛期和过渡期这三个阶段的一个完整的训练过程称为一个训练的大周期。训练的大周期是以成功地参加 1~2 次重大比赛为目标而设计的。其时间的确定主要以比赛日期为标定点，向回程方向依次确定主要比赛阶段和比赛时期，以及完整的训练大周期。

三、训练各阶段的特点

（一）准备期（1~2 个月）

1. 基本任务

提高运动员竞技能力，发展身体素质，逐渐培养运动员的竞技状态。

2. 训练特点

（1）体能方面：加强身体素质训练，如耐力素质的练习，以确保成套动作完成质量。

（2）技能方面：进一步改进技术环节，加强单个动作的练习。掌握持器械的技巧动作；发展新的技术动作，重新编排和修改成套动作。

（3）运动量：时间较长、运动量较大、强度较小。

（4）训练安排上：加强舞蹈训练及音乐乐感训练，培养完成个别动作时的表现力。

（二）比赛期（1 个半月 ~2 个月）

1. 基本任务

发展艺术体操运动员专项竞技能力，使运动员在比赛中充分表现自己已具有的竞技能力。

2. 训练特点

（1）以成套训练为主，提高成套动作的稳定性和成功率。教练员应记下每名运动员的成套完成情况，及时点评，指出动作中存在的问题，有针对性地增加成套中出现失误的动作练习。

（2）对几个高难度动作和没有把握完成的动作和连接技术，要反复练习，保证有一定数量的单个动作和联合动作训练。

（3）要求技术动作的细节，包括肢体、眼神、表现力等，做到严格要求，精益求精。

（4）后期训练中安排适当的实战性练习，模拟比赛氛围，安排裁判员和观众，观察运动员在实战性练习中的表现，激发运动员的竞赛欲望，但不宜安排过多的比赛引起运动员的厌烦和对比赛的恐惧。

（5）运动量：在竞赛期初期，训练时间比准备期稍短，数量相对稍少，强度大，密度小，到临近比赛时逐渐减小。

（三）过渡期

1. 基本任务

通过更改负荷内容、量度、组织形式等，对运动员进行心理、生理上的休整调节，达到消除疲劳的目的。

2. 训练特点

（1）保持一定训练活动的积极恢复。

（2）可进行转换项目的训练，如游泳、滑冰、球类运动和游戏等。

（3）总结全年训练的经验，制定下一年度的训练计划。

思考题

1. 如何用辩证的观点看待运动员选材？

2. 在选材过程中如何处理好科学选材与经验选材的关系？

3. 如何把握艺术体操运动员身体训练与技术训练的关系？

4. 试述艺术体操技术训练的主要内容及其相互关系？

5. 假设你将作为学校艺术体操代表队教练，参加2个月后的全国大学生体育艺术节展演，参加一个10人的表演节目，请根据此次活动制定一份训练计划。

参考文献

[1] 黄美琳. 全国体育学院教材委员会. 艺术体操 [M]. 北京：人民体育出版社，1991.6：175−203.

[2] 田麦久. 运动训练学 [M]. 北京：人民体育出版社，2000：47.

[3] 郭秀文. 我国优秀艺术体操运动员科学选材与应用系统的开发研究 [D]. 北京体育大学博士论文，2006.

[4] 曾凡辉，王璐德，邢文华等.运动员科学选材 [M]. 北京：人民体育出版社，1992.8：376−384.

[5] 王爱兰. 艺术体操运动训练之研究 [M]. 北京：人民体育出版社，1991.

[6] 2013~2016 艺术体操评分规则 [M]. 北京：国家体育总局体操运动管理中心，2013.

[7] 北京体育大学 2012 教学大纲. 北京体育大学教务处，2012.

[8] 匡小红. 健美操 [M]. 北京：高等教育出版社，2011.10：134−142.

第八章
艺术体操的编排

本章提要

动作编排是艺术体操教学和运动训练过程的一个重要组成部分，也是艺术体操教学、训练的一项重要内容和主要工作环节。通过本章节学习，不仅使学习者全面了解艺术体操编排的基本理论知识、创编的方法，提高创编者的基本技能，同时拓展艺术体操专业领域的知识面。

第一节　艺术体操编排概述

一、编排的概念

艺术体操项目是以组合或成套动作形式呈现，动作编排是艺术体操教学、健身、表演、运动训练过程的一个重要组成部分，也是其重要内容和主要工作环节。在教学和训练中，练习者在具备完成一定数量单个动作能力时，教师、教练员或练习者，对已掌握的或通过努力能够掌握的单个动作精心的编排，形成组合或成套动作，使练习者通过组合或成套动作练习，提高其兴趣和积极性，发展其协调性、节奏感以及巩固与提高单个动作技术，并完成教学和训练任务。

艺术体操动作编排是指：依据编排目标和对象特点，按照一定的规律将丰富多样、不同形式的身体动作、器械动作、音乐等因素，经过提炼和加工，优化成统一的整体。艺术体操动作编排不是简单地单个动作罗列，而是动作间的有机联系、和谐配合、完整统一，是具有时间和空间要素的立体性艺术，是一项创造性的工作。为了进一步提高教学效果和运动成绩，艺术体操教师和教练员必须具备创编动作的知识和能力。

二、编排的依据

艺术体操成套动作是依据竞赛规则和项目发展趋势、运动员特点、不同器械特点、时代发展的审美需求编排而成。

（一）依据编排目标创编

由于编排的目标不同，在设计编排的动作、音乐的选择、动作结构与风格的定位、难度水平、表现形式等有所不同。

1. 教学动作编排

在编排教学动作组合时需按照教学大纲的要求，以教学大纲中规定的内容为核心，运用丰富多样的排列和连接方法编排出单一型动作组合、综合型动作组合和成套动作，以巩固和提高动作技术和质量，发展学生的协调性节奏感和表现力，培养学生对艺术体操的兴趣，以完成教学任务。

2. 表演性大众艺术体操动作编排

根据表演任务设计核心动作、成套动作风格和乐曲，编排的成套动作应符合表演的主题。在编排过程中应注重表演效果，不受表现形式的限制，并充分展示艺术性，有着促进项目发展和宣传价值。

3. 大众健身艺术体操动作的编排

根据锻炼目的选择动作、音乐、练习方式等。动作编排突出优美性、实效性、趣味性、可操作性。

4. 竞技艺术体操成套动作编排

竞技艺术体操成套动作编排的目标是最大限度地挖掘运动员潜能，编排出符合规则要求、运动员特点、时代特征、具有高竞技性和观赏价值的成套动作，在竞赛中获得优异运动成绩。因此编排必须以评分规则条款中身体与器械动作难度数量、类型；非难度动作类型及标准；音乐的表现方式与要求；成套动作时间、空间的运用；编排风格、创新、加分因素、集体项目中的交换、队形与协作等为依据，同时在编排上符合国际发展趋势与变化。

（二）依据编排对象的特点创编

在编排艺术体操动作时，应依据编排对象的年龄、形态、技术水平、体能状况、心理素质、个性特征等因素，设计编排能够充分彰显出练习者、表演者或运动员优势，避免表现其弱点。例如：年龄较小的运动员，在编排时以基础动作为主，具有趣味性的动作，选择活泼欢快的音乐；对成年运动员选择与其技术水平相一致的动作，编排具有明显风格特征和个性特点的动作。对于大众艺术体操动作的编排则应充分考虑难度水平应与练习者的水平相适应，以免影响练习者的兴趣和积极性。

（三）依据不同器械的特点创编

艺术体操器械丰富多样，形态各异，质地不同，各种器械具有不同的特性。编排器械动作时应充分利用和发挥器械特点，形成风格、表现形式多元化。

例如：大众艺术体操中纱巾的动作编排：利用纱巾的轻盈、飘浮和展开在空中可形成造型的特点，做各种摆动、绕和绕环、“8”字动作、飘纱、抖纱、盖纱、抛接等等动作，还可以使用5×5米或更大的纱，集体完成抛接整纱、抛一部分纱等动作，或将部分表演者盖在纱中完成动作，形成梦幻和奇妙的艺术效果。并对各类动作没有数量、类型、表现方式等要求。

在竞技艺术体操编排中则必须依据评分规则中对每项器械的基本技术组和其他技术组动作要求，充分展示器械特点，并突出运用各项器械特性的基本技术组动作。例如：绳，大跳或小跳过绳、脱手小抛和接、螺形等特性动作；圈，利用其形状完成滚动、从圈中穿过、转动圈、旋转圈等；球，该项器械呈圆形并有弹性，因此应充分反映其特性，应多选择滚动和拍球、大幅度的“8”字类动作等；棒，由于棒是双器械，它的特性动作为小五花、双棒小绕环、不对称动作、小抛双棒等；带，依据带外形的特点，其特性动作为螺形、蛇形。同时，抛接、摆动、绕环、不稳定平衡等等动作是各项器械共性技术动作，在各项器械编排中均可运用。在编排中应重视器械动作与身体动作的完美结合，任何无器械动作参与的身体难度动作将不被认可，因此艺术体操成套动作编排中，器械不能静止，且器械的运用丰富，不能被作为装饰品，应合理、流畅。

（四）依据时代发展的审美需求创编

艺术体操是一项具有时尚元素及优美特点的运动项目，无论在动作风格、技术特征、服饰特点等方面都体现出时代的烙印。在音乐选择时虽然不必追逐时髦，但应与时代同步，能够满足观赏者的审美需求，同时能推动艺术体操项目的发展。在编排中对于经典乐曲不能因为时间的久远而排斥，对于流行音乐也不能因为时尚就刻意追逐。关键是音乐的选择应符合运动员和器械的特点，能创造出和谐、优美、符合竞赛需要和能够引起观赏者共鸣的成套动作。

（五）依据不同的场地环境创编

大众艺术体操练习特点为集体练习多于个人练习，因此在编排组合或成套动作时，动作的位移在一个方向时不宜过大，可采用前、后、左、右交替变换方向位移。同时，可在室内或室外进行练习，编排时可利用室内外不同条件编排出具有不同特点、不同锻炼价值的动作。

表演性大众艺术体操需根据演出场地的位置（室内、室外）、场地面积、高度、地面条件、灯光效果、季节、舞台背景等条件进行创编。

竞技艺术体操依据评分规则，在 13×13 米的地毯上充分流动和位移，编排出不同空间变化的成套动作。

第二节　艺术体操编排的基本要素

艺术体操组合、成套动作构成的基本要素是艺术体操成套动作存在的基础，这些基本要素构成可以从两个层面分析：其一，从成套动作的外部表现来看，是由运动员完成的动作和为其伴奏的音乐为基本要素。其二，从成套动作存在的载体来看，是由空间和时间构成。因此，动作、音乐、空间、时间是构成艺术体操编排必不可少的基本元素。

一、动作要素

动作是指全身或身体的一部分的活动。动作是形成艺术体操成套的最基本要素之一，构成艺术体操成套动作最小的单位是身体和器械单个动作→通过合理连接组成联合动作→构成成套动作。艺术体操的“动作要素”包含着身体动作和器械动作两大部分，身体动作是艺术体操项目的基础动作，器械动作必须与身体动作完美配合，构成和谐统一的整体，才能称之为艺术体操。只有身体动作而无器械动作的运动只能称之为舞蹈，只有器械动作而无身体动作的运动则是杂技。艺术体操正是这两大类不同动作的统一。因此，艺术体操的动作要素主要包括身体动作和器械动作两大类。

二、音　乐

艺术体操音乐不同于一般性音乐，它具有自身所特有的特征和形式。在艺术体操运动中，音乐的主要任务不是让观众去单纯欣赏音乐，而是为艺术体操成套动作进行情绪上和动作的烘托与渲染，提高成套动作的效果和气氛。艺术体操与音乐不仅是合作关系，而且成为本体因素。当音乐作为艺术体操伴奏时，它的全部织体并不能拆开而应同时进入，连同旋律、和声、音色、复调等整体参与到艺术体操动作中，教练员、运动员尽力使“音乐视觉化”，用人体动作“展现音乐”。因此，在艺术体操中音乐与动作的关系不能简化为仅仅是在时间范畴内的简单“粘贴”。而应达到“和谐一致的融合关系”，在编排的结构中给音乐一个位置，不能将它看作是附属品，而应是它成为创作的组成部分。

三、空　间

艺术体操成套动作中的空间主要是由身体和器械动作来构成。具体表现在动作出现的运动场、运动器械、身体动作与器械的相互位置，完成动作时器械的高度、宽度、角度、长度，完成动作时身体及身体借助器械性能所能获取的三维空间范围。身体与器械动作在空间的高度或远度上以及空间运动的丰富与多样性程度。

竞技艺术体操成套动作是在 13×13 米的地毯上，馆高至少 8 米的三维空间中进行。在规则中对空间的使用是从方向、轨迹、水平、方式等方面进行评价，具体体现为动作的方向和路线变化、空间层次的运用以及集体项目的队形变化等等。

在艺术体操成套动作中空间的运用是水平空间与垂直空间的复合体，往往处于共享空间之中。共享空间又是流动的空间，因为它的空间是互相贯通、渗透、穿插和连续地有机结合。

四、时　间

在艺术体操项目中完成成套动作时间是指动作过程的顺序性、间隔性和持续性。具体表现在成套动作的各部分自始至终依次出现的顺序；动作强弱和快慢周期的交替；单个动作、成套动作或整个比赛动作过程持续的时间。

在编排竞技艺术体操动作时，受评分规则的限制和要求，个人项目成套动作时间为 1 分 15 秒~1 分 30 秒，集体项目成套动作时间为 2 分 15 秒~2 分 30 秒。而大众艺术体操组合或成套动作时间没有严格的限制，但应根据目的、任务以及练习对象的不同确定适宜的时间长度，以达到预期的效果。

第三节　大众艺术体操动作编排

大众艺术体操动作编排包括教学动作编排、健身动作编排和表演动作编排三个部分。其编排在内容的选择上具有较大的灵活性，它包括各类身体动作和器械动作练习。如，器械除绳、圈、球、棒、带外，还可以运用各种规格的扇子、纱巾、旗，以及开发新颖、漂亮、丰富多样的轻器械进行练习。它不受难度水平、动作数量、时间、场地、人数、器械规格、队形变化、表现形式等等限制。

一、大众艺术体操教学动作的编排

大众艺术体操教学组合及成套动作是学校艺术体操课程中常用的教材内容和教学形式。以传授知识、巩固动作技能为主要任务。教学组合和成套动作编排依据教学需要，以艺术体操项目基本动作及教学大纲规定的核心动作为基础，根据现实具备的器械种类和数量、教学场地、环境及相关条件进行编排。教学组合动作或成套动作形式多样，可原地练习、行进间练习；个人练习或集体配合练习，在教学中最常用的是以集体形式教学和练习。

（一）大众艺术体操教学组合动作的类型

根据教学组合所选择动作内容的特点和性质可分为单一型组合和综合型组合。

1. 单一型组合

单一型组合是以某一种技术类型的动作为编排组合动作。其目的是以巩固和提高某类动作技能，将同类不同形式的单个动作变换节奏、方向和路线，按一定规律将动作连接，编排成组合或成套动作进行练习。如足尖步、变换步、华尔兹、波浪动作组合等，即属于单一型组合动作。同时，在单一型组合动作编排中也可运用一些简单动作作为连接动作，但主题动作必须突出。

2. 综合型组合和成套

综合型教学组合动作是由若干个不同技术类型的动作编排而成的教学动作组合。该形式是艺术体操项目典型的表现方式。其目的是以巩固和提高不同类型动作的技术水平和动作间连接技术水平，使学生适应不同的动作节奏、速度和强度等方面的变化，以及器械在空间的应变，从而提高自我控制及应变能力。例如，在身体动作组合中将各种舞步、波浪、旋转、摆动、小跳等动作按照音乐特点和动作技术结构的逻辑关系编排成成套动作练习；在圈操教学动作编排中可以将转动、“8”字动作、滚动、旋转圈、从圈中穿过、抛接等不同技术类型动作按照音乐特点和动作技术结构的逻辑关系结合各种身体动作巧妙合理地组合在一起，即属综合型组合和成套动作。

（二）大众艺术体操教学组合动作的编排特点

教学组合和成套动作按照合理性、适应性、可接受性原则进行编排，组合和成套动作的内容和结构具有其特点。

1. 针对性

教学组合动作编排是根据教学内容和教学阶段的需要有针对性地进行编排。其目的是为了巩固和提高某一类技术；熟练掌握和运用各类型动作技术；以及重点发展某部分能力。但在编排中应考虑到学生的能力与水平，因此，动作的选择应该是学生学过的，或者可以有简单的连接动作，以便学生更快地掌握。

2. 重复性和对称性

艺术体操动作教学动作目的之一是为了巩固和提高已学基本动作使身体得到均衡的发展。在编排教学组合动作时，一些基本动作在组合中可多次重复和对称地出现。例如，华尔兹组合编排时可以是：向前华尔兹 4 次，向侧华尔兹 4 次，向后华尔兹 4 次，旋转的华尔兹 4 次等（左右交替进行）。可以每个动作重复 2~4 次，为避免枯燥，相同动作的重复可以与变换队形、变换方向、变换姿势，也可与运用不同动作的衔接、配合交替进行。

3. 集体性

由于教学课学生人数较多、时间有限、教学内容多、动作技术比较简单，通常采用集体练习的形式。在编排动作时可考虑三种集体练习形式，即：第一，原地动作和仅有小范围移动的动作，可采用体操队形（即散点队形）；第二，行进间动作组合，可采用圆形队形练习；第三，编排中如队形变化、动作移动、方向变化较为丰富等，可采用分组练习。

4. 音乐节奏的鲜明性和完整性

艺术体操教学组合和成套动作伴奏乐曲的选择，应符合结构简单、节奏清晰、节拍较规整、旋律优美流畅、速度不宜太快的规律。注意乐句、乐段、乐曲的完整性，易于被学生理解。单一型组合动作节拍应与乐曲的节拍保持一致。例如：变换步组合采用 4/4 或 2/4 拍、华尔兹采用 3/4 拍、弹簧步采用 2/4 拍的音乐。综合型组合和成套动作可选择节奏、旋律等变化较为丰富的乐曲。

一套教学组合动作乐曲的长度多采用 4×8 拍、6×8 拍、8×8 拍、12×8 拍等较为完整的音乐伴奏。

（三）大众艺术体操教学组合动作的编排步骤

1. 设计与构思

根据所编组合动作核心内容，确定组合类型是单一型还是综合型；确定练习形式是定位练习还是行进间练习，有无队形变化等，依据核心动作的逻辑关系确定开始姿势、动作顺序、结束姿势，并根据不同类型动作确定动作风格。

2. 选择音乐

根据核心动作的节奏、风格特点、组合的长度选择适宜的乐曲。伴奏音乐可以是一首乐曲的一部分或一个段落或整个乐曲。

3. 编排动作

单一型动作组合的编排可以是由易到难、由简到繁、由静到动、由小到大以及重复性出现。复合型组合或成套动作则以核心动作为为主，配合连接动作，按照音乐乐句的长度编排联合动作。根据动作之间的逻辑关系以音乐的结构和特点，将联合动作串编成组合或成套动作。

音乐与动作的选配方法可以是：第一种，先选择或创编音乐，根据音乐的长度、风格和节奏编排；第二种，也可以先编排组合或成套动作，再根据动作特点和风格选择或创编音乐；第三种，先选择或创编音乐，根据音乐编排动作，再根据编排中的需要修改音乐。

4. 修饰加工

动作编排完成后，检查动作类型与形式是否完整，所需内容是否充分体现，动作之间连接是否合理，动作节拍是否完整，动作长度是否合适等，对不妥之处进行修改、完善。

二、大众艺术体操健身动作的编排

大众艺术体操健身动作编排内容丰富，形式与方法多样，以提高练习者身体健康水平、改善身体形态、愉悦身心为目标；练习内容可依据年龄、性别、兴趣随意选择；练习人数不受限制，可在室内或室外进行；也可因地制宜创造性地开发选用轻器械或居家环境的物品进行练习。

（一）大众艺术体操健身成套动作的特点

1. 动作注重优美性和健身效果

健身性艺术体操成套动作练习，其主要目的是改善内脏器官和神经系统的机能水平，提高身体素质，增强体质；改善身体形态和不正确的身体姿势，在动作中体验和形成形态美、动作美、音乐美，建立正确的审美观。在动作中形成积极的心理状态，达到预期效果。因此，动作的选择应充分体现健身、健心、娱乐的功能，同时应注重可接受性和运动量的合理性，以达到最佳健身效果。

2. 动作因地制宜

健身性艺术体操可以徒手练习、持轻器械练习、还可以利用室内外环境和设施设计各类动作，例如：地板操、椅子操、扶窗台或桌子练习或利用台阶等进行练习。采用各种方式均可达到健身目的。

3. 易于推广

健身性艺术体操动作技术简单，编排时注重优美性、时代性和可操作性，有利于参与者练习。练习者可根据自已的年龄、身体健康状况、兴趣、目的选择练习内容。大众艺术体操健身动作适宜于在各种年龄层次、文化背景、身体状况的人群中推广。

（二）大众艺术体操健身成套动作的创编步骤

健身性大众艺术体操成套动作是以全面均衡发展身体素质与技能为目标，动作的构成是由多个不同锻炼价值的联合动作组成，每个联合动作中由2~4个核心动作以及必要的连接动作，约2~4个8拍。动作可重复。依据动作性质、动作幅度、动作速度和运动强度确定动作时间。

1. 总体构思

依据编排的目的任务、练习者的特点及场地确定动作形式（徒手、轻器械或利用场地环境、器物）、动作类型、核心动作，根据练习者的特点确定动作特点和音乐风格、节奏特点等。

2. 选择音乐

音乐的选择应符合健身艺术体操的特点，选择节奏鲜明、旋律优美、结构完整的乐曲。同时，体现动作与音乐风格、音乐的旋律节奏融合的一致性。

3. 编排动作

以核心动作为主，设计连接动作、趣味性动作、协作配合动作等形式，按照音乐乐句的长度编排联合动作。根据动作之间的逻辑关系以音乐的结构和特点，将联合动作串编成组合或成套动作。

4. 完善成套动作

选择与编排对象年龄、基础相近的人员试做编排完成的成套动作，检验动作的运动负荷、难易程度、连接动作、健身效果、动作与音乐的协调程度、优美性的满意度。对不足之处进行修改与完善，使其具有较强的科学性、适应性和艺术性，便于普及开展。

三、大众艺术体操表演动作的编排

大众艺术体操表演动作编排是结合一定的主题，以美和艺术欣赏为目标，达到宣传艺术体操项目、促进项目发展、丰富文化艺术表演形式。

（一）大众艺术体操表演动作的特点

大众艺术体操表演动作的编排，对内容、形式、服饰、器械的运用、时间等没有限制，编排无固定模式。但表演动作编排的主题应鲜明、格调高雅，动作与音乐呈现出优美和新意。通过人体与器械的配合展示人体与器械的动感美；展示表演者形态的柔美和气质美；展示集体动作的整齐一致性、巧妙变化及合作精神，表现主题和意境。在表演动作中可编入较为复杂的队形变化、空间层次的运用，营造出强烈的艺术效果以满足人们审美需要。

1. 主题鲜明，动作与形式丰富

大众艺术体操表演动作编排是围绕主题和故事情节展开，每一次表演动作的编排都是运用丰富的动作与形式满足主题的需要，主题可以是抽象的，也可以是有具体故事情节和内容。在编排中动作与形式不仅限于教材中内容，可依据表演主题的需要博采众长，达到满足观众期待的艺术效果。

编排中可大量借鉴和吸收现代舞、芭蕾舞、民族舞、体育舞蹈、健美操等动作和艺术表现形式。在器械运用中可使用现有的艺术体操器械，还可以发掘新的器材和器械，或者是将现有器械增加更多的装饰，例如彩带加宽，圈上加装饰表现出火焰状等等；服饰、头饰根据需要可夸张地表现，达到视觉冲击的效果；表演动作可单人完成也可双人或多人完成，动作可进行双人、多人配合，在一个多人表演中可以不同性别和年龄段的人员共同参与，例如：增加男性，帮助完成托举等动作，丰富其表现形式。

2. 表演的音乐选择具有灵活性

大众艺术体操表演动作乐曲选择灵活，表演动作的音乐的时长、演奏方式、演奏风格等没有具体要求，只要符合表演主题的风格、表现形式和动作特点，旋律优美、节奏鲜明的乐曲或歌曲均可作为伴奏音乐。

3. 表演服饰多样性

大众艺术体操表演动作的服装依据表演主题选择与之风格、内涵一致的服饰即可。服饰风格可以是典雅型、动感奔放型、抽象梦幻型等等，但在设计中应考虑服饰的面料和款型便于运动，同时应显示出优美的身体形态。

（二）大众艺术体操表演动作的编排步骤

1. 总体构思

总体构思阶段是编排工作中非常重要的环节。根据表演目的、任务、表演者的特点、表演时间、场地条件及特殊要求等，确定表演的主题、意境、风格、内容和形式。

表演动作可以单一性地进行身体动作或某种器械动作构成表演成套动作，也可以将身体动作表演和器械动作表演结合起来，以分段落表现的形式出现。

2. 选择音乐

根据表演的主题选择结构符合需要、长度适宜、旋律优美、能引起共鸣和创编激情的乐曲。乐曲可以是一首完整的乐曲或歌曲，也可以是几首乐曲剪接而成，还可以在乐曲中增加各种特效，但是制作完成的乐曲在旋律结构上必须完整、流畅。同时在此阶段应选择音质好的音源为后期制作奠定好的基础。

3. 创编表演动作

按照总体构思和音乐旋律、节奏的特点，以及成套动作时间的总体设计进行动作创编。

（1）划分段落：确定每一段落的表演主题、核心动作、队形及变化、节拍长度等等。

（2）分段编排：创编以核心动作为中心的联合动作，确定联合动作之间的连接顺序及连接方法、队形和移动方法，落实每个表演者的移动路线和方法，赋予每个音乐节拍上的身体与器械动作。在创编中应追球表演呈现的艺术效果，在特色音符、重点段落部分编排出特色，将队形最佳面呈现给观众，以小变化求大效果。

（3）整合成套：在分段编排的基础上按整体结构的需要将开始动作、中间动作、结束动作整合成完整的成套动作。在此阶段：第一，审视整套表演动作编排的结构、表演主题的展现、表演作品艺术感染力的传达；第二，调整各段之间的连接、队形变换、空间运用等因素，使表演作品的编排具备合理性、优美性、新颖性和艺术性。

（4）加工修饰：对编排完成的大众艺术体操表演动作进行全面审视，从艺术性、观赏性、娱乐性的角度进一步美化和修饰，对动作、音乐、服饰搭配、器械色彩及种类等等进行调整、修饰和加工，使其更加完善。

第四节　竞技艺术体操成套动作编排

竞技艺术体操成套动作编排是为了最大限度地挖掘运动员潜能，编排出符合规则要求、运动员特点、时代特征、具有高竞技性和观赏价值的成套动作，在竞赛中获得优异运动成绩。其编排是艺术体操教练员和运动员依据竞赛评分规则、运动员的运动竞技能力特征、艺术体操编排规律等，将身体动作、器械动作以及音乐，在一定的空间和时间范围内进行想象、概括、提炼、加工并有机组合为一个整体的创造性活动。成套动作编排的质量与水平高低直接影响到比赛运动成绩的优劣。

一、成套动作的构成

动作是形成艺术体操成套的最基本的元素，构成艺术体操成套动作最小的单位是身体和器械单个动作→通过合理连接组成联合动作→构成成套动作。艺术体操的动作包含着身体动作和器械动作两大部分，身体动作是艺术体操项目的基础动作，器械动作必须与身体动作完美配合，构成和谐统一的整体，才能称之为艺术体操。

（一）身体动作

1. 艺术体操身体动作的分类及特征

艺术体操的身体动作是指运动员在规则允许的范围内，全身或身体的某一部分进行符合艺术体操技术规律的活动或运动。艺术体操的身体动作是由各种舞姿、舞步移动动作、摆动、绕环、波浪、柔韧、滚翻、软翻、侧手翻，以及跳、平衡、旋转等动作构成。由于身体动作类型丰富，在完成过程中通过不同运动方向、不同动力变化、不同表现形式以及身体不同部位的运动，从而形成绚丽多姿、纷繁优美的身体动作。身体动作分为基本技术动作组、其他技术动作组和近似技巧动作三类。

（1）基本技术组动作

身体基本技术组动作是成套动作编排中最为重要的组成部分，是构成难度动作的基础，也是成套动作中动作内容的活跃点，深受广大教练员、运动员的关注。目前，在评分规则中被认可的难度动作是基本技术组的跳（∧）；平衡（T）；旋转（）；三类动作选择，并在规则中有数量、类型规定。在2013~2016年国际评分规则中，舞步系列也成为难度动作的一部分，并在每套动作中必须体现，如缺少将被扣分。难度动作价值水平的高低直接影响着运动员能否取得优异的运动成绩。

（2）其他技术组动作

身体其他技术组动作是构成成套动作不可缺少的主要成分，是身体动作训练的基础。一套动作中身体其他技术动作组的使用率占成套动作的2/3或更多。该动作组在成套动作的编排中起着举足轻重的作用。身体其他组动作主要是由舞姿、移动、小跳、摆动、绕环、柔韧、波浪等动作构成。

身体其他技术组动作在成套动作编排中具有为难度动作进行有效的连接、丰富成套动作的表现形式及方法、形成优美的造型、增强成套动作的流动性、动力性和多样性等作用和功能。

（3）近似技巧动作

近似技巧动作在规则中有着严格的限制，是指无腾空的向前或后的滚翻、软翻和侧手翻动作，并且在垂直部位无停顿。由于近似技巧动作不具备艺术体操典型特征，属于不提倡过多使用的动作类型，因此，每套动作编排中有严格地限制。在成套动作构成中，并不具有不可替代的作用，但合理巧妙地使用近似技巧动作可使成套动作达到新奇和动作形式丰富多样的效果。

2. 身体动作的选择

在竞技性艺术体操成套动作的编排中，应依据评分规则中各项难度动作的数量、价值、类型、表现方式，以及个人或集体队伍的特点和优势选择不同级别、不同呈现形式、类型丰富的身体动作。

（二）器械动作

竞技性艺术体操的器械包括绳、圈、球、棒、带 5 种，国际体操联合会对艺术体操器械的性质、质地、大小有着具体的规定。艺术体操器械动作是指运动员在规则允许的前提下身体的某部分运用器械进行的活动，并使器械运动形成一定的形、面或轨迹的变化。运动员合理运用器械是艺术体操项目的最主要特征之一。在艺术体操评分规则中明确规定：运动过程中，器械必须始终处于运动状态，其技术动作的形式、幅度、方向、平面和速度均应有不同的变化，器械的运用应多样化。同时，评分规则中还明确指出，身体动作必须与器械动作结合，握着器械或者将器械放在地上不能超过规则规定的数量，否则将被视为器械静止，予以扣分。目前，器械运用主要表现在：器械动作的频率加快，身体动作与器械的结合方式、结合的关系、结合的程度等更加复杂化。

1. 各项器械动作技术分类及特征

规则规定艺术体操正式比赛的项目是绳、圈、球、棒、带 5 种器械。虽然这 5 种器械具有某些共同的特点，但由于器械的构造、质地各有所不同，因此，各器械技术的特征及符合器械特征的动作及类型就存在一定的差异。

（1）“绳”动作技术特征——快速、活泼、流动

由于绳的质地和形状特性，便决定了动作技术组的性质，绳操的技术组动作有大跳过绳和小跳过绳、脱手小抛一端和接、抛和接、螺形、转动展开的直绳、转动、摆动、绕环、8 字等动作类型。其中两手握绳的两端向前、向后、向侧摆动，同时大跳过绳和小跳过绳，抛绳的一端是绳操的典型性动作，在成套动作编排中应充分运用，其他技术组动作使用应保持均衡。除此之外，运动员还可以运用器械做缠绕、螺形、反弹等动作，它们虽然不是该项目特有的技术组动作，但在动作的连接以及特殊表现时使用可以丰富动作的表现形式，使成套动作变化多样。不过缠绕、反弹等非典型性动作在成套动作编排中使用不得过多。

（2）“圈”动作技术特征——变化形式丰富、力度强、流动性大

圈的质地与构造决定了其动作的技术类型特征。圈操的技术组动作有身上和地面上的滚动、绕手或身体各部位的转动、绕圈自身轴的旋转、抛和接、从圈中穿过、圈上越过、摆动、绕环、8 字等动作类型。其中滚动、从圈中穿过、旋转圈、转动是圈的典型性动作。而抛和接、圈上动作、摆动、绕环、“8”字动作应均衡地运用在成套动作编排中。

（3）“球”动作技术特征——柔和、流畅、柔美

球呈圆形，弹性极佳，滚动和拍球构成球操的典型性动作。运动员可单手、双手或身体其他部位运用球完成身上或地上自由滚动、拍球、反弹、抛和接、摆动、绕环、“8”字、手臂绕环或不绕环的翻转动作类型。球的技术动作最能体现柔和、流畅的特征。利用球的特性做伴随滚动、被动性拍球、旋转等动作能够丰富成套动作的表达形式，但由于该动作不属于技术组动作，因此不宜使用过多。

(4)“棒”动作技术特征——双器械、小巧动作丰富

持棒小头完成动作是棒的基本技术，只允许暂短地使用棒体和棒颈部分。可手持器械，亦可身体其他部位运用器械完成动作。棒的基本技术组动作是由小绕环、小五花、抛接、敲击、摆动、绕环、“8”字动作、棒的旋转和滚动、不对称动作类型构成。其中小绕环和小五花、不对称动作、抛双棒是棒的典型性动作。滚动、在身上或地上旋转、反弹、滑动、敲击等动作的运用能够增加成套动作的变化和趣味性。但由于是非典型性动作，使用不得过多。

(5)“带”动作技术特征——流畅、飘逸、图形优美

带操的技术组动作是由蛇行、螺形动作类型组成，摆动、绕环、“8”字、抛接、拉带抛、带棍绕手的旋转动作、身体从带形成的图形中或图形上通过、反弹、缠绕等允许使用，但这类动作不是该项器械的典型技术，因此这些动作在编排中不能过多出现。

运用绳、圈、球、棒、带5种器械，做摆动、绕环、“8”字动作以及器械抛接等的几类动作，是体现艺术体操器械共同特性的动作，是每一项器械均需要编排并完成的动作类型，但各项器械都有表现其不同性能的特定动作类型。每项器械又都有各自技术组特有的动作技术组，在编排中应充分体现各类器械典型性的基本技术组动作，并使各类基本组动作之间的使用保持均衡。

2. 器械动作的选择

使用器械是艺术体操项目的主要特点之一，在成套动作编排中器械动作的选择首先应遵循艺术体操项目特点，即全面丰富、且均衡使用器械基本技术组中各类型动作；其次选择各项器械具有典型性的动作类型，突出各项器械的特性，使同一名运动员在完成不同项目中体现出不同的风格和特色，避免各项之间雷同现象的产生，形成成套动作多样化态势，既能显示运动员运动综合能力、又能提升成套动作的观赏性；最后在满足以上两点的基础上，运动员选择具有技术优势的动作编排在成套动作中，形成巧妙、独特和突出个人特点与风格的成套动作。

3. 器械动作与身体动作结合的形式

艺术体操评分规则规定，成套动作过程中器械必须始终处于运动状态中，握器械的状态(即没有完成明显的器械技术动作）不能超过一个动作，否则将按器械静止予以扣分（0.3)，同时要求，器械动作和身体动作必须协调一致。因此，在成套动作编排中身体动作与器械动作的结合应追求流动性、多样性、优美性，构成器械与人体和谐统一的整体。

艺术体操各项器械的基本技术动作是有限的，然而，将这种有限的器械动作与不同类型的身体动作有机的结合，便构成了艺术体操婀娜多姿的造型以及多变的运动形式和空间，为艺术体操向运动美方向发展提供广阔的前景。

运动员在器械动作与身体动作结合关系方面应做到紧密化、复杂化、多样化和个性化。

4. 集体项目的交换及协作配合动作

艺术体操评分规则规定，集体项目每套动作必须由5名运动员来完成，其典型特点是，集体项目中每名运动员和谐一致地完成整套动作，并充分体现集体合作精神。因此，在集体项目成套动作编排中必须表现出运动员的合作思想，并清晰地体现在成套动作的各个部分。集体项目的交换难度和运动员或器械之间的协作与配合是编排中不可或缺的内容，为了充分

反映集体项目的特征，在评分规则中明确指出，在一套动作中至少应有5个交换难度，同时，在编排中要以不同的方式来体现“运动员之间的关系”和团体动作。除器械交换外，还要有不同类型的协作性动作。

集体项目编排，在重视交换与协作这些具有加分和扣分因素的配合外，同时应对团体的一致动作、团体快速连续性动作、依次完成动作、团体以类似“轮唱”的形式完成动作、团体有对比地完成动作以及团体如同合唱队十分协调地完成动作等形式给予足够的重视。这些团体类型动作虽然在评分规则中没有赋予它们具体的加分和扣分值，但是，对于缺少该类动作而引起的艺术性、观赏性和团队精神欠缺等因素，将会在完成的艺术评价中扣分。

二、音乐选择与运用

（一）艺术体操成套动作中的音乐结构

艺术体操音乐的特征与结构是由艺术体操自身的特点和艺术体操评分规则对音乐的有关规定所决定。在评分规则中规定：一套动作长时间或整套动作有意不使用音乐伴奏，不予评分；艺术体操音乐的编排必须具有所需的特性；与动作的发展相连贯，并具有很好的、清晰的韵律，能胜任艺术体操的伴奏；凡能演奏表现艺术体操动作特点的音乐（构思清晰明确）的乐器均可使用；音乐的主题、特征和节奏必须与动作保持严格的一致性，而不是几个无关联的音乐片断的组合。不允许使用混杂的声音。

（二）艺术体操成套动作音乐的选择

艺术体操成套动作音乐的选择非常重要，同时，音乐的选择与运用也存在一定的难度。通常，一段好的音乐不一定能编排出好的成套动作。在艺术体操项目开展初期，规则规定成套动作音乐只允许使用一种乐器，随着项目发展的需要逐渐过渡至允许使用两种乐器。近年来，为了使艺术体操的表演能够与时代接轨，并能够充分满足观众的审美需求，因此，评分规则对音乐伴奏有了突破性的变化，即可以使用一种或者几种乐器，其中嗓音也可以作为一种乐器，目前开始尝试每名运动员或每一支集体队允许一套动作音乐带有歌词。这样就使艺术体操的音乐更加丰富多彩，更能体现出优美、活力、时代感，更富表现力，为艺术体操伴奏乐曲的选择提供了广阔的空间。

为了使成套动作的音乐能够充分反映艺术体操项目特点，能够演绎出优美、动人的艺术体操成套动作特点与风格，在成套动作编排中对于音乐的选择应符合运动员特点、符合器械特点、符合时代及大众审美的需要。

三、空间运用

艺术体操成套动作是在13×13米的地毯上，馆高至少8米的三维空间中进行。在规则中对空间的使用是从方向、轨迹、水平、方式等方面进行评价，具体体现为动作的方向和路线变化、空间层次的运用以及集体项目的队形变化等等。

在艺术体操成套动作中空间的运用是水平空间与垂直空间的复合体，往往处于共享空间之中。共享空间又是流动的空间，因为它的空间是互相贯通、渗透、穿插和连续地有机结合。

（一）艺术体操成套动作的空间类别及运动方向

艺术体操成套动作的空间可分为地面空间（二维空间）——路线及队形和垂直空间（三维空间）——空间层次两大类。但是，无论是地面还是垂直空间，他们都有方向的变化。

艺术体操的场地呈正方形，四面都有观众，在编排动作时应充分考虑这一情况，使各种身体动作和器械动作有序地在场地的各个部分与方向全面展开，形成一幅优美的流动画面。但是，在比赛中裁判员和主席台总是在一个固定的方向，所以，为了充分地展示最佳技术动作，应掌握部分类型动作展现方式的规律，在编排中恰当地运用，使运动员的优势得到最大限度地展现。如：踹燕和跨跳类动作，由于该类型动作腿部或躯干是前后运动，便出现了在不同方向观察效果截然不同的现象。如果是右腿在前完成动作，我们在前、后或右侧观看会感觉动作的开度与高度不甚理想，然而，同一个动作在左侧观看效果就大不一样，能够较好地欣赏运动员动作的开度、力度及优美的姿态。因此，在编排中类似这样的动作应尽可能地安排其左侧方对着裁判员。

（二）艺术体操成套动作编排中的空间运用

1. 地面空间的运用

在艺术体操比赛中，地面空间的运用主要体现于个人运动员成套动作的路线和集体项目队形变化。

（1）个人运动员成套动作路线的运用

艺术体操成套动作的路线是由运动员在比赛空间的一系列位移而形成的。它是运动员实现难度动作的展示。运动员的成套动作路线丰富多彩、变化万千。

一套丰富、优美的成套动作的路线必须具备两个条件：第一，对动作由哪个位置开始、做哪一类动作并采取什么线条（如：直线、曲线、弧线等）、向哪个方向移动、结束的位置及方向等进行仔细的构思与策划；第二，运动员应具备快速完成动作的能力，以满足在规定的时间内能够移动至设计的距离和位置。成套动作的路线的安排应使运动员的动作移动布满全场，包括场地的四个角和中间，移动的路线应满足多样化的要求从而构成多姿多彩的图案。（图 8-1）

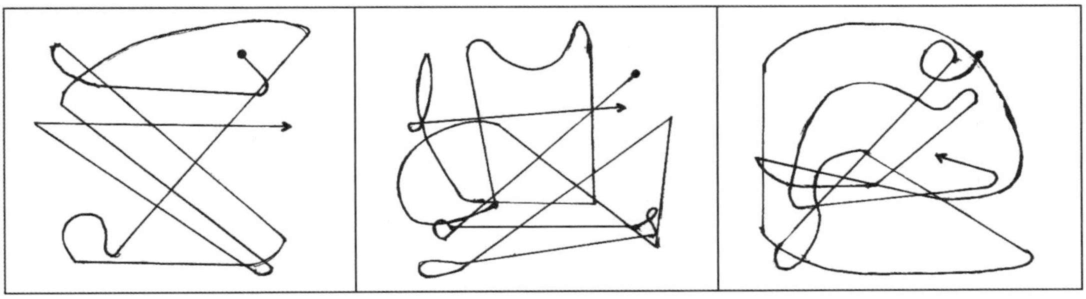

图 8-1　艺术体操个人项目成套动作路线例图

(2) 集体项目中队形的运用

队形变化是集体项目编排中不可缺少的主要因素之一。在成套动作编排中合理、并具有创意的队形选择、队形与音乐的和谐配合、队形与动作的合理搭配等都将对成套动作编排的整体效果产生重要的影响。

评分规则关于队形有着明确的规定，即“每套集体动作包括至少6个不同的队形；根据情况，队形可以由5名运动员或不同的小组组成；运动员不能在同一个队形中停留时间过长；以及集体动作必须通过队形变化、不同的幅度（密集和分散队形）、场上位置以及方向的变化来使用整个场地”。

艺术体操的队形丰富多彩，变化多样。在成套动作编排中由于受器械、运动员、技术风格、音乐风格等因素的影响，在不同的项目和集体队形中运用的队形各不相同，但对于能够反映集体项目特点、有利于完成交换和配合动作、形成对比、构成优美的图案等的队形形式会经常地被采用。

不同的空间形式具有其不同的特性和气氛。直线、圆、三角形等严谨规整的几何形式空间（图形），给人以端庄、平稳、肃穆、庄重的气氛；不规则的空间形式（图形），给人以活泼自然、流畅无拘无束的气氛。封闭式空间给人内向、肯定、隔世、宁静的气氛；开敞式空间给人以自由、流动、爽朗的气氛。在成套动作的编排中应根据动作的类型、音乐的气氛、器械的特点、运动员的特征等适时地将不同的队形巧妙地安排在成套之中，既不能只重视规整的几何图形，也不能轻视它，而是应依据成套动作的需要合理将几何图形和不规则图形灵活地运用于成套之中，并使各种图形的转换流畅、清晰。（表8-1）

2. 垂直空间的运用

艺术体操垂直空间（即空间层次）的运用，与其他项目相比较具有其特殊性。在艺术体操成套动作中，人体运动在形成高、中、低三个不同层次的同时，器械的运动同样能够构成多个层次的变化，使空间层次中形成人体与器械、人体与人体、器械与器械交织，构成高低起伏、参差错落、千变万化的生动的立体画面，这正是艺术体操项目的魅力所在。

在艺术体操编排中，空间层次的清晰、流畅与丰富是高质量编排的基础。在艺术体操的编排中空间的运用形式应多样化，抛器械的高度不能仅仅使用超高空，而是各个层次的合理分布、和谐使用，既满足艺术价值中熟练性、惊险性加分的需要，同时又满足艺术价值中器械使用多样性的加分需要和形式美中“均衡”的特点。

表 8－1　艺术体操集体项目常用队形（例）

序号	队　形		各队形适宜动作类型举例
1	直线型		一致性舞蹈动作，协作动作，对比动作，从中间分组（两人向后转）绕中间的轴旋转，非交换难度动作，交换难度动作等。
2	圆形	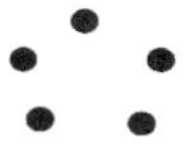	圆的顺时针或逆时针流动动作，向外放射或向圆心聚拢的动作，造型动作，交换难度、非交换难度动作等。
3	梯形		交换难度、非交换难度动作，一致性舞蹈动作，协作动作，两组交错、对比性动作。
4	弧形		表现性动作，非交换难度动作，协作动作。
5	T字形		一致性舞蹈动作，交换难度、非交换难度动作等。
6	剪头形		集体由后半场向前半场完成连续大跳、旋转或动力性动作，协作动作，交换难度等。
7	V字形		一致性舞蹈动作，非交换难度动作，对比性动作等。
8	十字形	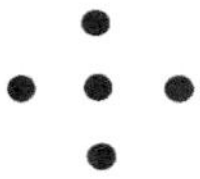	非交换难度动作，交换难度等。
9	L形		非交换难度动作，交换难度等。
10	不规则形	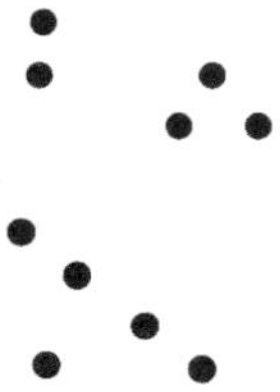	是构成成套动作表现形式多样性的重要途径之一，这类图形可以使观赏性大增，提高成套动作的流动性，是形成动感和美感不可缺少的因素。

四、时间的合理运用

（一）艺术体操成套动作的时间特征

在艺术体操项目中完成成套动作时间是指动作过程的顺序性、间隔性和持续性。具体表现在成套动作的各部分自始至终依次出现的顺序；动作强弱和快慢周期的交替；单个动作、成套动作或整个比赛动作过程持续的时间。

艺术体操成套动作的时间可以从两个层面来分析：其一，评分规则限定的每一个成套动作整体时间范围的运用；其二，每一套动作之中节奏的强弱、缓急、长短、快慢等时间的变化，以及各动作类型或完整成套动作各部分占有时间的比例。

（二）成套动作节奏及各部分时间安排

艺术体操成套动作编排从某种意义上就是合理分割时间，从而让时间产生效益的艺术。艺术体操成套动作是由开始部分、中间部分和结束三个部分构成，每一部分的目的、任务不同，它们所需表现的时间亦有差异，因此在时间的分配与安排上应有所区别，以达到和谐、均衡的艺术效果。

五、成套动作编排的步骤和方法

（一）成套动作编排的程序及阶段划分

艺术体操成套动作编排活动，一般都具有准备、实施、检验三个主要环节。因此，可将艺术体操成套动作编排过程划分为三个基本阶段，即编排的准备阶段、编排的实施阶段和编排的检验阶段。上述艺术体操成套动作编排的三个基本阶段也就是艺术体操成套动作编排的基本程序。（图 8–2）

（二）成套动作编排各阶段的内容

根据艺术体操成套动作编排三个阶段任务不同，每个阶段的具体内容与操作方法也各不相同。

在编排的第一阶段，即编排的准备阶段，主要任务是进行成套动作编排的前期准备。工作内容主要是进行各种技术准备，包括各种动作素材准备和音乐素材准备，以及对成套动作进行总体构思，构思的内容包括成套动作的风格、设计成套动作中的核心动作、成套动作的基本结构以及伴奏音乐的选编等。

编排的第二阶段，即编排的实施阶段，主要任务是在总体构思的基础上进行成套动作编排。工作内容主要是构建成套动作基本框架（包括成套动作中段落的划分、成套动作路线的队形及变化方式的设计等），分段进行动作编排和依据艺术体操评分规则的要求与整体艺术效果对动作、音乐、空间和时间等四个基本要素进行整合。

编排的第三阶段，即编排的检验阶段，主要任务是对已编排成型或已在训练和比赛中运

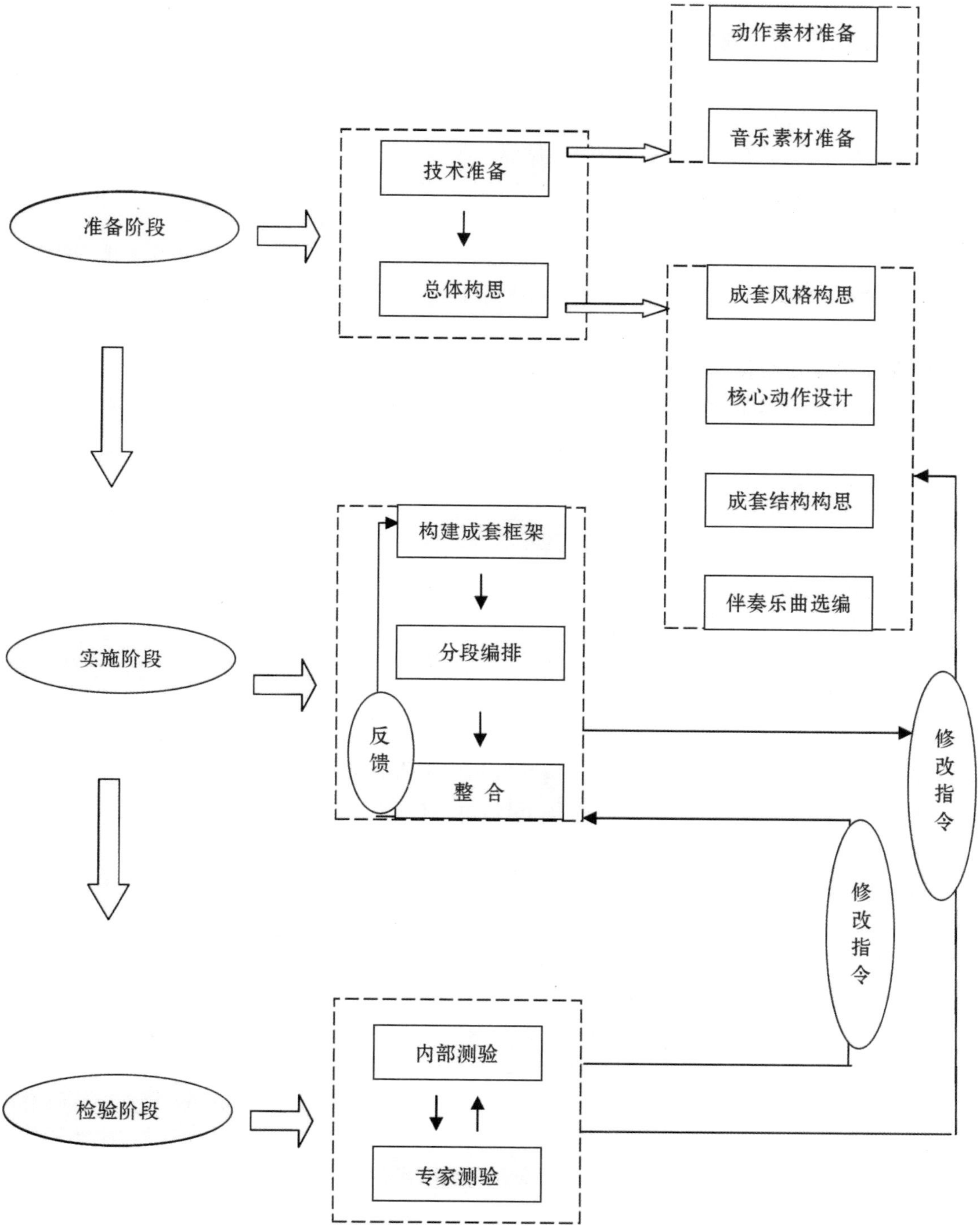

图 8-2　艺术体操成套动作编排程序示意图

用的成套动作进行修改和完善。检验的方式、方法包括运动队内部检验和组织专家进行检验。

需要明确的是每个编排阶段的结束意味着下一个阶段的开始，他们之间相互联系，没有明显的界限。在编排的过程中当遇到问题而需要对前一个或两个环节进行必要调整时，则发出相应指令，并予以实施，从而保证成套动作编排高质量和顺利完成。所以，艺术体操成套动作编排过程是一个设计、实施、调整、修改、发现问题、再调整的不断完善过程。

（三）各阶段编排方法

艺术体操成套动作编排方法源于编排实践活动，而编排实践活动又推动着编排方法的不断创新和发展。同时，在成套动作编排的不同阶段，应根据编排的实际需要合理选择与运用具体的方法。

1. 编排的准备阶段

准备阶段是成套动作编排实施的预备阶段，编排的准备阶段主要包括技术准备和成套动作总体构思两部分内容。

（1）技术准备

①动作素材的准备

动作是编排的基础，在成套动作编排前，教练员应客观地分析运动员的特点，依据艺术体操评分规则的基本要求及艺术体操技术的发展趋势，为运动员设计需要学习和开发的技术动作内容，并组织其进行实践活动，以丰富动作贮备，为满足成套动作编排所需的各类动作奠定基础。

②音乐素材的准备

在成套动作编排过程中，选择符合运动员特点、评分规则和审美需求的音乐是我们追求的目标。在技术准备期，教练员、运动员和音乐伴奏教练应开始为成套动作的音乐选择做准备，即试听各类型音乐，大范围收集音乐素材，进行音乐资料储备。

（2）动作编排的总体构思

艺术体操成套动作编排的总体构思是编排者在“头脑中的创造”，是对成套动作的效果进行预期描述，也是对成套动作进行初步而又完整的构想。它是一个充满联想的“作品雏形”，而这个雏形决定着成套动作的基调和整体轮廓。

同时，在成套动作编排的总体构思时还必须遵循艺术体操项目发展的趋势和社会主流审美趋势，以此来确定成套动作的表演风格、核心动作的选择和成套动作的结构构思等。

①成套动作表演风格的构思与设计

艺术体操成套动作的表演风格是通过运动员的身体技术动作、器械技术动作的时空变化，以及情绪、意境等与音乐和谐配合所呈现出主体与客体统一的整体特征。艺术体操成套动作表演风格的形成受到运动员的主观因素和客观因素的制约。

艺术体操成套动作风格的呈现具有多样性特点。成套动作风格取决于运动员个体独特的身体形态、运动素质、个性心理、技术特点、文化艺术素养水平等多种因素，从而呈现出每名（或每队）运动员独具特色的成套动作风格。

②核心动作的设计与选择

艺术体操成套动作是由个人项目的数十个和集体项目的近百个身体和器械动作构成，然而在总体构思时，对成套动作中的难度动作、器械基本组动作以及营造成套动作艺术效果不可缺少的主要核心动作进行设计与选择，将会为编排的实施和成套动作定位奠定良好的基础。

③成套动作基本结构的构思

成套动作的结构形式主要由开始、中间和结束三个部分构成。

艺术体操成套动作结构与布局是表现动作主题、形成动作风格的重要内容之一。在一套动作的编排过程中，当教练员、运动员确定了整套动作风格之后，便要考虑如何安排难度动作、如何运用器械各技术组的动作；需要突出的重点动作，即运动员的优势动作、创新动作、特色动作等应放在醒目和最佳表现位置；根据运动员的运动素质、音乐的特点、整套动作气氛等因素构思哪些动作在前，哪些动作在后；如何开头，怎样结束，高潮放在何处；整套动作如何串联为一个整体等等，这些都属于成套动作的结构与布局。在编排过程中必须对这些问题做细致而恰当的构思与处理。总之，成套动作结构与布局应当符合运动员能力结构特征、显示动作内容的需要、动作过渡合理、满足人们审美的心理需求。

艺术体操成套动作结构从开始到结束的整个发展过程，应当布局合理，起伏自然，整个结构既应浑然一体，又要层次分明，富于变化，构成完整而统一的整体。

（3）伴奏乐曲的选编

音乐的选择与编辑是成套动作编排过程中非常重要的环节之一，在艺术体操评分规则中对音乐的表现形式、时间、音乐与动作的配合等都有着明确的规定，并赋予了一定的分值，因此，音乐的选择与编辑就显得尤为重要。伴奏乐曲的选择是在成套动作整体构思的基础上，教练员、运动员、音乐伴奏教练共同协作，选择和创编符合总体构思的乐曲。

艺术体操成套动作伴奏乐曲的选编方式通常有以下两种：

①根据动作编写乐曲

作曲者依据运动员的动作风格、器械特点，成套动作开始部分、中间部分、结束部分的核心动作设计和构思，为运动员创作出成套动作的专用伴奏乐曲。这种为特定动作专门创编音乐的方法，能够使音乐与动作形成较为和谐的、统一的效果，音乐能充分地展现动作的特点及优势，为动作服务。但是，由于当今艺术体操成套动作编排更新的节奏不断加快，规则对演奏方式的变革、伴奏乐曲演奏形式高科技成份的含量不断增加，同时又受到作曲者的专业水平、演奏条件、经济状况等多种因素的制约，目前，采用为特定的成套动作编写乐曲的方式非常少见。

②根据成套动作需要，对已有的音乐作品改编

根据成套动作的需要，将一个或几个乐曲主题不同但基调一致的作品中的一部分乐曲或乐曲的一个段落，按照动作的结构，合理、巧妙地剪辑在一起，形成较为完整，并符合成套动作要求的伴奏乐曲。这种选编方式目前在国内外被广泛运用。

2. 编排的实施阶段

成套动作编排的实施阶段是将准备阶段所制定的方案付诸行动的过程，它是整个艺术体操成套动作编排过程的核心。实施阶段的主要任务是如何将评分规则对成套动作的具体要求

和构思中对艺术性、表现意境以及运动员的高超技艺充分展现的具体落实。编排实施是构思的具体体现和深化。编排实施阶段主要包括构建成套动作框架、分段编排动作、成套动作的整合等三部分内容。

（1）构建成套动作框架

根据已确定的成套动作音乐结构，构建成套动作框架，这是成套动作编排实施阶段的第一个环节。构建成套动作框架的主要任务是：划分段落和设计成套动作路线的队形及变化方式。

①划分段落

教练员、运动员、音乐伴奏教练经过反复聆听已确定的成套动作音乐，并分析音乐的结构、情绪、意境，将一套完整的音乐划分为3~5个段落，进而设计各段落的乐曲配合什么类型及表现形式的动作。划分动作段落的步骤为：

◆ 将准备阶段构思与试练的核心动作（即难度动作、创新动作、特色动作等）分配到各个段落中。

◆ 根据音乐的情绪和性质，安排与音乐吻合的动作表现形式，例如，在哪一段音乐做慢动作，在哪一段音乐做快速、动力性强的动作等。

◆ 确立全套动作中主要环节部分和高潮部分的位置。

◆ 对难度动作、同类型动作在各段落分布的均衡性进行检查和调整。

②设计路线及队形

在构建成套动作框架的过程中，非常重要的一个环节便是个人运动员的路线和集体项目的队形设计，教练员、运动员应根据动作结构和段落规划出符合动作和音乐风格、动作类型的路线和队形。

（2）整　合

艺术体操成套动作编排的整合是一个精雕细刻的过程，是指将成套动作应具备的各要素及分段动作通过合理的方式有机地结合在一起，从而形成主题一致，具有完整性、竞技性、艺术性、观赏性的成套动作。为了使成套动作达到编排价值最大化、审美价值最优化、动作完成合理化，以及编排的动作、音乐、空间和时间符合评分规则指标的要求，从编排整体艺术效果审视与修饰两个方面进行整合。

（3）成套动作编排整体艺术效果的审视与修饰

艺术体操成套动作具有审美属性，即具有人体美、动作美、音乐美、服饰美、构成空间性、时间性、综合性的动态艺术特征。在艺术体操成套动作的编排和表现时，创编者从现有的审美意识和审美理念出发，以人体为工具，在一定的时空内，按照一定的目的和规律创造出可感知的、富于乐感的动态的艺术美。在艺术体操竞赛中，美学因素决定完成情况的重要依据。艺术体操成套动作所呈现的不仅是由技术难度构成的惊险场面和超越运动极限带给人们的震撼，同时，更应表现出具有极高艺术欣赏价值的美的享受。因此，编排整体效果的审视与修饰应符合形式美的特征并遵循形式美的基本规律。

3. 编排的检验阶段

艺术体操成套动作编排具有显著的目标性功能，个人项目运动员或集体项目队的成套动作编排都会针对每一年度或周期性重大比赛而进行重新调整或改编。一套动作的生命周期为半年至一年，其过程主要包括：编排→训练→比赛→淘汰。在这个过程中，教练员、运动员应对编排成型的成套动作进行不断的修改和完善。特别是在编排的后期，也就是编排的第三阶段，应对所编排的成套动作进行不同形式的检验。一般有内部测验→组织专家检验→公开测验三种方式对编排提出修改意见和建议。教练员、运动员根据专家提出的意见和建议，结合自身的特点，进行必要的修改和调整，以达到符合运动员竞技能力水平、规则和审美要求的标准。

思考题

1. 艺术体操动作编排应遵循的依据有哪些？
2. 大众艺术体操动作编排包括哪几种？
3. 大众艺术体操教学组合动作的类型有几种？
4. 创编 2×8 拍单一性教学动作组合。
5. 大众艺术体操表演成套动作的特点是什么？
6. 大众艺术体操健身成套动作的特点有哪些？
7. 艺术体操编排要素有哪几方面？
8. 竞技艺术体操编排的动作结构是什么？
9. 竞技艺术体操成套动作编排中空间运用包括那些？
10. 竞技性艺术体操成套动作编排程序分为几个阶段？

参考文献

[1] 黄俊亚．艺术体操训练理论与方法 [M]．北京：北京体育大学出版社，2009.
[2] 邝丽．艺术体操编排理论与方法 [M]．北京：北京体育大学出版社，1995
[3] 王爱兰．艺术体操运动训练之研究 [M]．北京：人民体育出版社，1991.
[4] 全国体育学院教材委员会．大众艺术体操 [M]．北京：人民体育出版社，2000.
[5] 全国体育学院教材委员会．艺术体操 [M]．北京：人民体育出版社，1991.
[6] 金秋．舞蹈编导学 [M]．北京：高等教育出版社，2006（2）.
[7] 孙天路．中国舞蹈编导学程 [M]．北京：高等教育出版社，2004（9）.
[8] [法] 卡琳娜．伐纳．郑慧慧译．舞蹈创编法 [M]．上海：上海音乐出版社，2009（9）.
[9] 彭吉象．艺术学概论．北京：北京大学出版社，1994.
[10] 王宏建．艺术概论．北京：文化艺术出版社，2000
[11] 张同道．艺术理论教程．北京：北京师范大学出版社，1997
[12] 桂迎，赵丹丹．舞蹈欣赏与创作 [M]．杭州：浙江大学出版社，2006（12）.
[13] 全国体育学院教材委员会．艺术体操 [M]．北京：人民体育出版社，1999.
[14] 李心峰．艺术类型学．北京：文化艺术出版社，1998
[15] （德）莫里茨·盖格尔；艾彦译．艺术的意味．北京：华夏出版社，1999.

第九章
艺术体操竞赛组织与裁判

本章提要

艺术体操竞赛组织和裁判评分方法是艺术体操教学过程中能力培养的重要组成部分，是艺术体操工作者必须具备的能力之一。本章节对艺术体操竞赛目的意义、种类、内容、竞赛的组织、裁判评分方法等进行全面的论述。作为艺术体操专项学生，不仅应掌握艺术体操竞赛的组织、学会记录、计时、视线、检录、播放音乐等辅助裁判的工作，还应该掌握艺术体操竞赛的评分方法，能够担任一般艺术体操竞赛的裁判工作。

第一节　艺术体操竞赛概述

一、艺术体操竞赛的目的意义

艺术体操在我国尚属较年轻的运动项目。通过各种竞赛活动，对于促进艺术体操运动的开展、普及，提高运动技术水平有着十分重要的作用。

（一）有利于艺术体操项目的推广普及

艺术体操竞赛活动，通过视觉、听觉来感受艺术体操悦耳的音乐、运动员优美的形体、高超的难度、富有激情的表现力，不仅给广大观众以美的感染，使其得到艺术享受，扩大该项运动的影响，吸引更多的人了解和参与艺术体操运动，有利于该项运动的普及与开展，而且对于丰富校园及社会体育生活，起着非常重要的作用。

（二）提供学习交流的平台、促进运动技术水平的提高

竞赛活动为教练员、运动员提供了互相观摩、学习、交流的平台。通过各种竞赛活动，可以使教练员、运动员找到差距、取长补短、开阔思路，可以促使艺术体操动作及成套编排的不断创新，促进训练水平的不断提高，对于推动该项目运动技术的更新和发展具有重要意义。与此同时，教练员和运动员通过竞赛提高对评分规则的理解，加深对艺术体操竞技性与艺术性的认识，为训练实践起到导向作用。裁判员通过规则学习、比赛评分，业务水平得到不断提高。

（三）有利于后备人才的选拔培养

竞赛活动可为广大青少年运动员提供显露艺术体操才华的机会，有利于发现和培养优秀的青少年运动员，有利于运动员队伍的不断扩大和质量的提高，为充实我国艺术体操运动员选材基础并促使其早日达到世界先进水平，创造了有利的条件。

二、艺术体操竞赛的种类

根据不同的分类标准，可以将艺术体操竞赛划分为不同的种类。以评分规则为标准，可分为大众艺术体操比赛和竞技艺术体操比赛；以参赛人数为标准，可分为个人项目比赛和集体项目比赛；以动作编排形式为标准，可分为规定动作比赛和自选动作比赛等。

以竞技艺术体操比赛为例，竞技艺术体操比赛分为个人项目比赛和集体项目比赛。

（一）个人项目包括三种比赛：团体赛、全能赛和单项决赛

1. 第一种比赛：也称团体赛

每队由 3~4 名成年运动员（少年）组成，每名运动员完成 1~4（1~5）项器械成套动作，

共计 12 套动作（少年运动员共计 15 套动作）。取 12 套动作中的 10 套动作（取 15 套动作中的 12 套动作）最高得分相加，成年满分为 200 分（少年满分为 240 分），根据成绩多少，确定团体比赛名次。该种比赛也是第二种及第三种比赛的资格赛。

2. 第二种比赛：也称全能赛

参加第一种比赛的运动员，须参加了 3 项（或 4 项）器械的比赛，方可获得第二种比赛的资格（每个单位/国家最多 2 名）。取第一种比赛 3 项最高得分相加，前 18 名运动员（依竞赛规程定）参加全能决赛。以全能赛 4 项器械得分相加计算成绩，满分为 80 分（少年满分为 100 分），根据成绩确定全能比赛名次。

3. 第三种比赛：也称单项决赛

取第一种比赛 4 个（或 5 个）单项前 8 名的运动员（每单位/国家最多 2 名）参加单项决赛。根据单项决赛的成绩确定单项比赛名次。

（二）集体项目包括三种比赛：团体赛、全能赛和单项决赛

1. 第一种比赛：也称团体赛

参加比赛的成年组和少年组的每个队需要完成两套不同的成套动作（每套动作满分为 20 分），将 4 套动作得分相加计算成绩（满分为 80 分），根据成绩确定团体比赛名次。该种比赛也是第二种及第三种比赛的资格赛。

2. 第二种比赛：也称全能赛

参加第一种比赛的运动队，2 套不同动作的成绩相加，取前 8 名的运动队参加全能决赛。以全能赛 2 套不同动作的得分相加为全能赛成绩（满分为 40 分），成绩优者名次列前。

3. 第三种比赛：也称单项决赛

取第一种比赛 2 套不同动作的前 8 名运动队参加单项决赛。根据单项决赛的成绩确定单项比赛名次。

三、艺术体操竞赛的内容

根据竞赛种类的不同，艺术体操竞赛内容主要分为大众艺术体操竞赛内容和竞技艺术体操竞赛内容。

（一）大众艺术体操竞赛内容

依据大众艺术体操的特点，其竞赛内容主要包括艺术体操运动员技术等级规定动作和大众艺术体操自选动作两个方面。随着大众艺术体操项目的普及、发展和社会需要，2011 年我国艺术体操等级规定动作新增设了集体项目一级和二级规定动作，进一步促进和推动了艺术体操项目的发展与进步。

1. 艺术体操运动员技术等级规定动作

艺术体操运动员技术等级规定动作（简称等级规定动作），是由国家体育总局体操运动管理中心组织编排出版，是我国各省市、自治区、直辖市和部分高校、中小学举行各种形式的大众艺术体操比赛的主要竞赛内容。

目前，我国2011年艺术体操等级规定动作比赛分为两个技术等级，分别是一级和二级，设青年组和少年组两个组别，其中青年组一级和二级设个人项目和集体项目比赛，少年组只设个人项目比赛，具体比赛项目见表9–1。

表9－1 2011年艺术体操运动员技术等级规定动作比赛项目表

组别	技术等级	比赛项目						
		个人项目						集体项目
青年组	一级	纱巾						
	二级							
少年组	一级							
	二级							

2. 自选动作

自选动作比赛是依据竞赛规程和特定规则的规定（器械种类、动作的时间、数量、类型，以及队形变化、音乐特点、参加人数等），参赛者（或参赛队）自己编排动作进行比赛的形式。自选动作比赛特点是动作简单、动作类型丰富、形式变化多样，具有较强的观赏性。

（二）竞技艺术体操竞赛内容

1. 个人项目竞赛内容

艺术体操正式个人项目比赛只进行绳、圈、球、棒、带5项器械中的4项器械自选成套动作的比赛，不同年份的比赛项目有所不同。个人项目比赛的器械按照绳、圈、球、棒、带的顺序，每两年轮换一次。但是，根据国际艺术体操技术委员会2010年公布的个人项目比赛所规定的器械可以看到，2011年~2016年连续6年取消绳这项器械（表9–2），这一规定预示着作为五项器械之一的绳，有可能不再是艺术体操个人项目的比赛器械。

2. 集体项目竞赛内容

艺术体操集体项目比赛由5名运动员集体完成动作。评分规则规定，集体项目要分别进行两套不同的自选动作比赛，一套使用相同器械，如5绳、5球、5带等；另一套使用不同器械，如3带2绳、3绳2球、3圈4棒等。依据国际艺术体操技术委员会的规定，不同年份的比赛项目有所不同，见表9–3。

表 9－2　2001～2016 年艺术体操成年个人项目比赛器械表

奥运会	年份	比赛项目				
	2001	绳	圈	球	棒	
	2002	绳	圈	球	棒	
	2003		圈	球	棒	带
希腊　雅典 第 28 届奥运会	2004		圈	球	棒	带
	2005	绳		球	棒	带
	2006	绳		球	棒	带
	2007	绳	圈		棒	带
中国　北京 第 29 届奥运会	2008	绳	圈		棒	带
	2009	绳	圈	球		带
	2010	绳	圈	球		带
	2011		圈	球	棒	带
英国　伦敦 第 30 届奥运会	2012		圈	球	棒	带
	2013		圈	球	棒	带
	2014		圈	球	棒	带
	2015		圈	球	棒	带
巴西　里约热内卢 第 31 届奥运会	2016		圈	球	棒	带

表 9－3　2001～2016 年艺术体操成年集体项目比赛器械表

奥运会	年份	比赛项目	
	2001	5 [带]	3 [绳] 2 [球]
	2002	5 [带]	3 [绳] 2 [球]
	2003	5 [带]	3 [圈] 2 [球]
希腊　雅典 第 28 届奥运会	2004	5 [带]	3 [圈] 2 [球]
	2005	5 [带]	3 [圈] 4 [棒]
	2006	5 [带]	3 [圈] 4 [棒]
	2007	5 [绳]	3 [圈] 4 [棒]
中国　北京 第 29 届奥运会	2008	5 [绳]	3 [圈] 4 [棒]
	2009	5 [圈]	3 [带] 2 [绳]
	2010	5 [圈]	3 [带] 2 [绳]
	2011	5 [球]	3 [带] 2 [圈]
英国　伦敦 第 30 届奥运会	2012	5 [球]	3 [带] 2 [圈]
	2013	10 [棒]	3 [球] 2 [带]
	2014	10 [棒]	3 [球] 2 [带]
	2015	5 [带]	6 [棒] 2 [圈]
巴西　里约热内卢 第 31 届奥运会	2016	5 [带]	6 [棒] 2 [圈]

第二节　艺术体操竞赛的组织工作

艺术体操比赛的整个工作过程大致可分为赛前准备、比赛进行及赛后结束等几个阶段。为保证比赛工作的顺利完成，各阶段必须做好周密细致的组织工作。

一、赛前准备工作

艺术体操比赛前需要进行大量的准备工作，一般包括有制定竞赛规程、建立组织机构、编排比赛顺序、编印秩序册、印制并分拣排序比赛难度表、准备比赛评分表及各种记录表、布置比赛及训练场地，准备备用器械，组织裁判员学习及观看赛台训练、调试裁判员输分器、电脑、大屏显示，检查比赛器械，进行比赛试运转等多项工作。

（一）制定竞赛规程

竞赛规程是举办竞赛活动的依据和指导性文件，也是参赛者共同遵守的章程。竞赛规程一般由主办单位根据竞赛的目的任务和具体条件而制定。规程应简明、具体、准确，经主管机构审批后，至少在赛前6个月（最迟不少于3个月）发至各有关单位。竞赛规程包括以下内容：

1. 竞赛名称

说明年度（或届、次）、范围和性质。例如《第12届全国运动会艺术体操比赛竞赛规程》、《2013年全国艺术体操锦标赛规程》等。

2. 竞赛日期与地点

写明竞赛日期，包括的年、月、日，以及举办竞赛的省市名称。

3. 参加单位

写明属于参赛范围内的各有关单位。

4. 竞赛项目

写明个人比赛和集体比赛的竞赛项目。例如：个人项目比赛的竞赛项目包括圈、球、棒、带；集体项目比赛包括10棒、3带2球。

5. 参加办法

说明个人项目和集体项目比赛的运动员报名人数和条件、以及领队、教练员、舞蹈教师、乐师、队医等的人数规定。

6. 竞赛办法

说明个人项目和集体项目的竞赛种类；进入各项决赛的预取名次；预取最后名次若成绩相等时的判定方法；及采取何种规则等等。

7. 录取办法与奖励

说明个人项目和集体项目各类比赛的名次评定方法；成绩相等时的名次评定方法；录取与奖励的名次规定等。

8. 报名与报到

一般对报名表份数、报名日期、寄至何处、运动员保险，上交难度表和音乐 CD 盘，以及表演节目等方面的要求进行具体说明。

9. 裁判员与仲裁委员会

应说明裁判员选派办法及仲裁委员会的组成办法。

10. 其　他

包括对食、宿经费等有关问题的说明。

（二）建立组织机构

为使整个比赛的各项工作能在严密的组织领导下顺利进行，根据竞赛规模的大小需要组织和建立相应的组织领导机构。一般艺术体操竞赛的组织机构包括组织委员会（竞赛委员会）、大会办事机构和仲裁委员会及裁判委员会，见图 9–1。

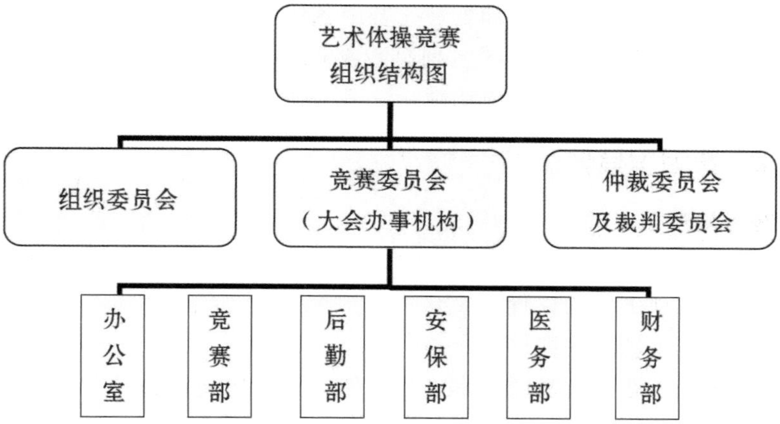

图 9–1　艺术体操竞赛组织机构图

1. 组织委员会

一般包括主任、执行主任、副主任和委员，由竞赛主管部门及主办单位的有关负责人、各办事机构的负责人、各参赛单位领队等组成。全面负责大会的各项工作，决定有关重大事宜。

2. 竞赛委员会

下设办公室、竞赛部、后勤部、安保部、医务部和财务部等，分别负责相关工作。如果举办大型竞赛活动还需设立宣传部等。竞赛委员会负责安排和处理整个竞赛活动的各项工作。

（1）办公室：全面负责整个竞赛组织工作，沟通和协调各部门之间的相关工作。

（2）竞赛部：竞赛部是整个竞赛组织的核心部门，竞赛部各项工作的准备情况将对竞赛产生重要影响。竞赛部下设编排记录组和场地器材组。编排记录组负责赛前各代表队抽签及编排比赛出场顺序；编印秩序册；对难度表进行印制、分拣和排序；准备完成裁判员和视线员评分单；编印成绩册。场地器材组负责比赛场地和训练场地的布置、器械检查仪器设备的准备、以及裁判工作用具及进行器械检查等。

(3) 后勤部：负责交通、食宿、通讯等方面的工作，为各代表队教练员、运动员，以及裁判员等相关参赛人员的生活和竞赛提供后勤保障，以保证赛会的顺利进行。

(4) 安保部：负责整个竞赛活动的安全保卫工作，特别是比赛场馆的安保工作，通常由承办单位的保卫部门与当地公安及有关部门共同组成，具体参加安保工作的人员数量依竞赛规模而定。

(5) 医务部：负责竞赛期间所有参赛人员的医疗卫生和救护工作，特别是对运动员突发性的运动损伤进行及时处理和治疗。

(6) 财务部：负责整个赛会财务管理工作，包括各代表队的参赛费的收费工作，购置竞赛所需器材、设备、办公用品和裁判员差旅费、劳务费的报销等相关工作。

3. 仲裁委员会及裁判委员会

仲裁委员会成员一般由国家体育总局体操运动管理中心项目负责人、总裁判长、主办单位有关负责人 3~4 人组成，负责解决和处理比赛中各代表队提出申诉等问题。

裁判委员会由 1 名总裁判长、3~5 名副总裁判长、16~24 名裁判员，14~18 名辅助裁判组成。总裁判长和副总裁判长负责赛前裁判员学习、试评及比赛中的评分工作。

（三）完成竞赛组织具体工作

1. 编制比赛出场顺序

比赛报名截止后，由竞赛组负责个人项目比赛和集体项目比赛的抽签与编排工作，主办单位有关负责人监督该项工作的执行。

(1) 个人项目比赛出场顺序编排

通过抽签确定每个参赛运动员的比赛编号，然后根据运动员编号编排比赛顺序。其编排原则：一是按项目的规定顺序进行轮换；二是每场的每项应由不同运动员起始比赛；三是每个运动员项目间的轮空时间应尽可能均等。

抽签方法：我国艺术体操比赛通常采用抽省市签号，然后按照各省市报名顺序确定运动员编号。例如：浙江队共有刘晓蕊、宁新、林一玲三名运动员参加个人项目比赛，通过抽签，浙江队的抽签号为 1，三名运动员的编号分别为 11 号刘晓蕊，12 号宁新，13 号林一玲。(表 9–4)

表 9－4　2013 年全国艺术体操冠军赛团体赛成年个人抽签表

抽签号	队名	运动员编号	备注
1	浙江队	11　刘晓蕊 12　宁　新 13　林一玲	
2	辽宁队	21　赵欣彤 22　于　甜 23　蒋　璐	
3	河北队	31　张静雯 32　李丹阳 33　王　珊	
4	四川队	41　华婷婷 42　沈　玫 43　方燕佳	3

①团体赛出场顺序编排

由于每场艺术体操比赛有两个裁判组进行评分，分别评判不同器械的比赛，因此艺术体操比赛通常以两项器械比赛为主，比赛以两项器械交替出场的形式进行。根据赛事需要，也可以以三项或四项器械交替出场的形式进行。目前，国内和国外常采用按编号顺序，以两个省市（国家）为一小组的形式进行编排，见表 9–5。

表 9－5　2013 年全国艺术体操冠军赛团体赛成年个人圈、球出场顺序表

顺序	项目	姓名	单位	签号
1	圈	刘晓蕊	浙江队	11
2	球	赵欣彤	辽宁队	21
3	圈	宁　新	浙江队	12
4	球	于　甜	辽宁队	22
5	圈	林一玲	浙江队	13
6	球	蒋　璐	辽宁队	23
7	圈	张静雯	河北队	31
8	球	华婷婷	四川队	41
9	圈	李丹阳	河北队	32
10	球	沈　玫	四川队	42
11	圈	王　珊	河北队	33
12	球	方燕佳	四川队	43

②全能赛和单项决赛出场顺序编排

全能赛和单项决赛的出场顺序无法在赛前确定，一般在赛前先编制出依据团体总分赛名次而确定的出场顺序，待团体赛结束后，再将取得名次的运动员按照预先编制好的抽签顺序，编排出带有运动员姓名和比赛项目的出场顺序。

表 9－6　2013 年全国艺术体操冠军赛成年个人全能赛抽签表（圈、球）

出场顺序	团体赛名次	出场顺序	团体赛名次
1	第 10 名	7	第 8 名
2	第 6 名	8	第 12 名
3	第 7 名	9	第 5 名
4	第 3 名	10	第 1 名
5	第 11 名	11	第 9 名
6	第 4 名	12	第 2 名

全能赛与团体赛相同，采用两项器械交替出场的形式进行比赛。单项决赛依据赛会安排，可采取分项进行比赛的形式，即先进行圈操决赛，再进行球操决赛，逐项进行比赛的形式，亦可采用两项器械交替出场的形式进行比赛。

（2）集体项目比赛出场顺序编排

①团体赛出场顺序编排

集体项目进行同种器械和不同器械两套动作的比赛，比赛以同种器械与不同器械交替出场的形式进行。根据抽签号的顺序编排出场顺序，见表 9–7、表 9–8。

表 9－7　2013 年全国艺术体操冠军赛团体赛成年集体抽签表

抽签号	单　位
1	山西队
2	广西队
3	陕西队
4	四川队
5	天津队
6	广东队
7	浙江队
8	贵州队

表 9－8　2013 年全国艺术体操冠军赛团体赛成年集体出场顺序表

顺序	项目	单位	签号	顺序	项目	单位	签号
1	3 带 2 球	山西队	1	9	3 带 2 球	广西队	2
2	5 球	广西队	2	10	5 球	山西队	1
3	3 带 2 球	陕西队	3	11	3 带 2 球	四川队	4
4	5 球	四川队	4	12	5 球	陕西队	3
5	3 带 2 球	天津队	5	13	3 带 2 球	广东队	6
6	5 球	广东队	6	14	5 球	天津队	5
7	3 带 2 球	浙江队	7	15	3 带 2 球	贵州队	8
8	5 球	贵州队	8	16	5 球	浙江队	7

②全能赛和单套决赛的编排

一般在赛前先编制出依据团体总分赛名次而确定的出场顺序，方法同个人全能赛和单项决赛。（表 9–9）

表 9－9　2013 年全国艺术体操冠军赛成年集体单项决赛抽签表

顺序	项目	团体赛名次	顺序	项目	团体赛名次
1	3 带 2 球	第 8 名	9	3 带 2 球	第 7 名
2	5 球	第 7 名	10	5 球	第 8 名
3	3 带 2 球	第 6 名	11	3 带 2 球	第 5 名
4	5 球	第 5 名	12	5 球	第 6 名
5	3 带 2 球	第 4 名	13	3 带 2 球	第 3 名
6	5 球	第 3 名	14	5 球	第 4 名
7	3 带 2 球	第 2 名	15	3 带 2 球	第 1 名
8	5 球	第 1 名	16	5 球	第 2 名

2. 编印秩序册

秩序册是指导教练员、运动员、裁判员参加比赛的手册，是竞赛活动的规定性文件，秩序册需于赛前编印完成，当各代表队、裁判员及相关人员报到时即行发出。秩序册一般包括以下方面：

（1）秩序册封面：包括比赛的主办单位、承办单位、协办单位和赞助单位；比赛时间和比赛地点。

（2）竞赛规程：比赛依据。

（3）补充通知：对于竞赛规程中未尽事宜进行补充和完善的文件。

（4）体育道德风尚奖评选办法：对体育道德风尚奖的评选对象、条件、名额、办法，以及奖励等方面做出明确规定。

（5）组委会名单：包括组委会主任、执行主任、副主任及委员名单。

（6）竞赛委员会名单：包括办公室、竞赛部、后勤部、安保部、医务部和财务部各部门人员名单。

（7）仲裁委员会和裁判委员会名单：包括仲裁主任和仲裁委员名单，以及总裁判长、副总裁判长、裁判员、总记录长、副总记录长、辅助裁判和宣告员名单。

（8）各代表队名单：包括领队、教练员、伴奏、舞蹈教师、医生、运动员名单。

（9）竞赛日程表：包括运动队报道和训练安排，裁判员报到、学习和看训练安排，组委会和裁判员与教练员联席会安排，比赛场次和颁奖安排，以及离会安排。

（10）各场比赛出场顺序表：运动员（队）比赛出场顺序。

（11）参赛人数统计表：对参加比赛的领队、教练、伴奏、舞蹈教师、医生和运动员的性别、人数进行统计。

3. 准备比赛所需用表

比赛所需的表格主要包括赛前训练时间表、赛台训练时间表、训练比赛班车发车表、运动员难度表、完成评分表、视线员记录表、裁判员抽签表、各项比赛成绩单、体育道德风尚奖评选表等。其中，运动员难度表是难度裁判员评分的依据，对难度表进行印制、分拣和排序是一项极为细致且重要的工作。当运动队报到时上交运动员难度表后，记录组（辅助裁判）将根据比赛场次印制难度表，再根据比赛出场顺序对每场参赛运动员的难度表进行分拣和排序。此外，编排记录组还需在比赛前完成所有表格印制和装订工作，为比赛的顺利进行做好充分的准备。

4. 场地、器材的准备与检查

由场地器材组负责进行以下几项工作：

（1）对比赛和训练场地、运动员候分区、领奖台、裁判席、视线员位置、记录处、放音处，以及场地周边绿植等进行设计并布置。

（2）准备并检查音响及照明装置，音响效果要求达到扩音清晰、音量适中。照明亮度以适合运动员完成动作为宜。

（3）准备比赛所需用品，包括裁判员输分器（至少 16 个）、计算机（10 台）、计时器（4 个）、大屏显示器（或场地示分屏）等。

（4）准备比赛备用器械，包括个人比赛器械（四项）和集体比赛器械（三项），每一项器械至少 3 个，在比赛开始前摆放在比赛场地三个边线的中间，见图 9–2。

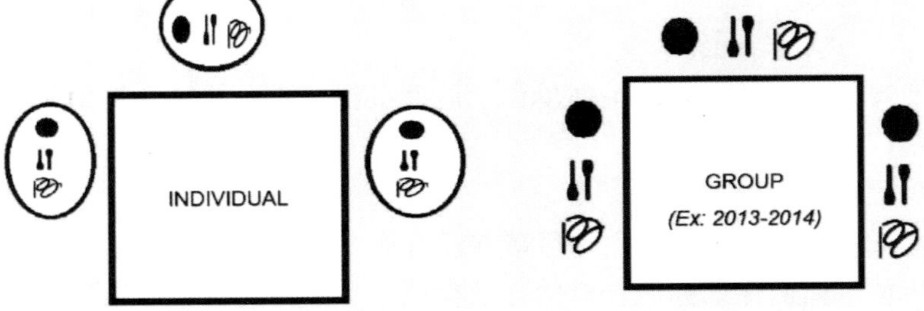

图 9–2　比赛场地替换器械放置图

（5）准备专用器械检查桌，该检查桌是对运动员比赛中所使用的器械进行规格检查的专用桌（图 9–3），由专人对运动员所使用的各项器械按规则要求进行检验，符合规格的器械，在其上面加盖印章或标记，未经检查或不符合标准的器械不加盖印章或标记。如果运动员（队）使用不符合规定的器械，按规则规定扣 0.5 分。

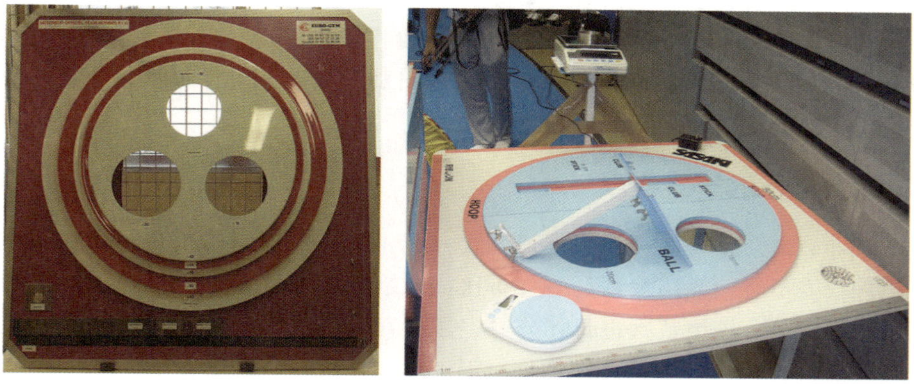

图 9–3　艺术体操器械检查桌

5. 组织裁判员学习

赛前组织裁判员学习及试评，是提高裁判员的专项业务水平，保证比赛评分工作顺利进行的重要措施。正式的国际艺术体操比赛由国际体操联合会艺术体操技术委员会负责组织裁判员学习。国内艺术体操比赛一般由裁判委员会负责人或总裁判长组织学习。裁判员学习的主要任务包括：提高思想认识，树立严肃，认真，公正，准确地工作作风；及时了解最新规则精神，熟悉并深刻领会评分规则具体要求；深入研究技术发展趋势，把握评分方向；通过赛台训练，统一评分尺度。

二、比赛的进行

（一）比赛中的几项主要工作

1. 检录工作

由辅助裁判中检录组人员负责该项工作。按照比赛场次、项目及比赛出场顺序进行及时无误的点名检录。一般在比赛开始前 10 分钟左右，先检录前 5 名上场的运动员（3 集支体队），以提前做好准备。比赛开始进行后，即按出场顺序依次检录。检录时必须准确核对运动员姓名、编号及项目，当宣告员开始宣告时，示意运动员上场比赛。

2. 评分工作

赛前 30 分钟裁判员到岗，进行赛前各项准备工作。比赛开始后，在总裁判长的组织下，两组裁判分别对上场比赛的运动员所完成的成套动作进行评分。总裁判长负责对每一场比赛成绩和名次进行核实并签字确认。

3. 记录组工作

首先检查核实裁判员评分后的输分情况，并确认是否有协调裁判员的扣分，然后将裁判员评分上传至总裁判长计算机。每场比赛结束后，及时将比赛成绩张贴于成绩公告栏。根据团体赛比赛名次，编排全能赛和单项决赛的出场顺序，并发放给裁判员及各个代表队教练员。

4. 宣告员工作

负责整场比赛的宣告工作，包括宣告每场比赛的开始及结束；裁判员入、退场；介绍仲裁委员会及裁判委员会名单；宣告上场运动员的姓名（队名）、单位、比赛项目；宣告运动员比赛得分；利用比赛间隙时间，灵活、机动地向观众介绍艺术体操项目特点、练习内容、评分方法等。宣告员应声音洪亮，语音纯正、清晰。

（二）比赛进行的一般程序

宣告员宣布×××比赛开幕式开始→开幕式→宣告员宣布×××比赛开始→请裁判员入场并就座→介绍仲裁委员会→介绍裁判员→宣布比赛开始→第一名运动员上场比赛→第一名运动员退场至候分区候分、该组裁判进行评分→宣告员宣告第二名运动员上场比赛→第二名运动员退场至候分区候分、该组裁判进行评分→宣告员宣告第一名运动员比赛得分→宣告员宣告第三名运动员上场比赛。以此方式，两项器械依次交替进行比赛。集体项目比赛程序同个人项目。

三、赛后结束工作

1. 比赛结束后，竞赛组立即将所有比赛成绩编印成册，并将成绩册及时下发给各代表队、裁判员，以及大会各有关部门和相关人员。

2. 后勤部负责安排各代表队、裁判员及行管人员离会事宜。

3. 大会各工作部门及时进行工作总结，包括场地器材设备的清理上交工作、财务结算工作，竞赛总结工作等。

第三节　艺术体操竞赛的裁判工作

一、裁判工作人员的设置及职责

（一）裁判长设置及职责

艺术体操比赛一般设 1 名总裁判长，3~4 名副总裁判长。

1. 总裁判长的主要职责：全面负责整个竞赛的裁判工作

（1）赛前组织裁判员的学习及试评；在裁判员教练员联席会上，就评分规则的新精神、赛前训练中存在的问题、以及裁判评分的相关问题进行沟通与交流。

（2）比赛过程中，总裁判长对运动员比赛动作进行评分，并核查裁判员评分是否准确；

有权召集本组裁判员进行会商；检查协调员权限扣分（如出界、违反时间规定、违反纪律规定、器械或服装不符合要求、使用替换器械等）；确认并提交运动员最后得分；组织裁判员对每场比赛情况进行总结；参与仲裁委员会会议，并对有关问题做出决定等。

（3）赛后对整个竞赛的裁判工作进行总结，并上交主管部门。

2. 副总裁判长主要职责

在比赛过程中对运动员比赛动作进行评分，并监督裁判员评分是否准确；有权召集本组裁判员进行会商。协助总裁判长做好各方面工作。

（二）裁判员设置及职责

个人项目和集体项目比赛均设两个项目裁判组，每个项目裁判组由 8 名裁判员组成，包括 4 名难度裁判（D）和 4（5）名完成裁判（E）。在世界锦标赛、奥运会比赛时，难度裁判组和完成裁判组将分别增设 2 名参考裁判，以提高比赛评分的公平性和准确性。（图 9–4）

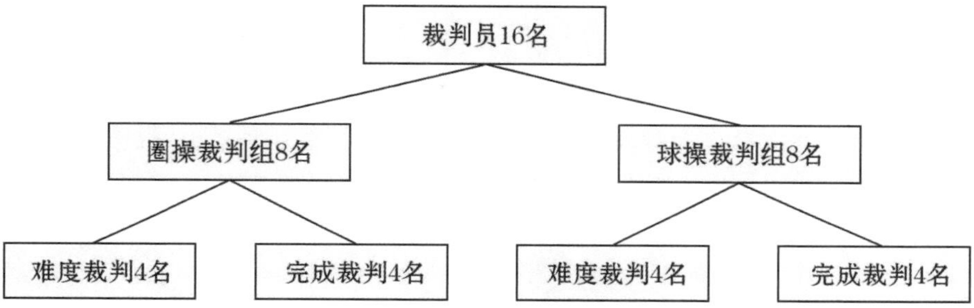

图 9–4 艺术体操比赛裁判员构成图

裁判员主要职责：赛前须参加裁判员学习和试评工作；整个比赛期间必须坚守岗位，对运动员完成的动作进行独立打分，确保评分的准确和公正，并将分数输入输分器；对每场比赛评分情况进行小结。

（三）辅助裁判员设置及职责

艺术体操比赛的辅助裁判员主要包括视线员 2 名、计时员 2 名、检录员 2~3 名、器械检查员 1~2 名、电脑操作员 2 名、跑分员 2 人、仲裁录像人员 2 名。

1. 视线员主要职责

比赛时监督和示意（挥动小红旗）运动员或器械出界，并将出界情况及时记录在视线员专用记录表上，当运动员动作结束后，立即将视线员记录表交协调裁判员进行扣分。

2. 计时员主要职责

用计时器记录每名运动员（队）成套动作及集体项目入场的时间。对不符合规则规定的时间，将计时器所显示的时间上报协调员，由协调裁判员进行扣分。

3. 检录员主要职责

对参加比赛的运动员（队）进行赛前训练检录和比赛出场顺序检录，通过检录，保证比赛正常有序地进行。

4. 器械检查员主要职责

对运动员（队）使用的每一个器械进行认真检查，在其上面加盖印章或标记，对于不符合规格的器械需上报协调裁判员进行扣分。

5. 电脑操作员主要职责

每名运动员比赛结束后，检查裁判员输分情况，对于未及时输分或输错分数的裁判员给予提示。将每一个比赛成绩提交至总裁判长计算机，等待总裁判长的确认。

6. 跑分员主要职责

每名运动员比赛结束后，将裁判员评判后的难度表和评分单收齐整理后，统一放置起来，以备出现问题时裁判长或仲裁委员会的核查。

7. 仲裁录像人员主要职责

对运动员（队）的每一套比赛动作从开始到结束全程进行录像，中间不允许中断，以保证录像的完整性和客观性。

（四）裁判员坐席安排

艺术体操比赛裁判员坐席一般分为三层，第一层为一项器械裁判组，第二层为另一项器械裁判组，第三层为仲裁委员和裁判长坐席。裁判员坐席采用难度裁判员和完成裁判员横向相间交叉坐法。难度组 D1 兼任协调裁判，需要对纪律等相关情况进行扣分，因此其座位一般安排在电脑输分员旁边。

表 9－10　艺术体操比赛裁判坐席安排表

<table>
<tr><td colspan="2">第一排
圈（棒）组</td><td>电脑
输分员</td><td>D1
协调员</td><td>E1</td><td>D2</td><td>E2</td><td>D3</td><td>E3</td><td>D4</td><td>E4</td><td>跑分员</td></tr>
<tr><td colspan="2">第二排
球（带）组</td><td>电脑
输分员</td><td>D1
协调员</td><td>E1</td><td>D2</td><td>E2</td><td>D3</td><td>E3</td><td>D4</td><td>E4</td><td>跑分员</td></tr>
<tr><td>第三排</td><td colspan="3">仲裁委员
1　2　3</td><td colspan="6">总裁判长　副总裁判长
1　2　3</td><td colspan="2">宣告员</td></tr>
</table>

除评分裁判员以外，计时员、电脑输分员和跑分员一般安排在协调裁判员的旁边，便于协调裁判员对相关情况进行扣分。视线员一般就座于比赛场地外的两对角处，每个对角安排一名视线员，每名视线员各负责监督两个角区及两条边线区。（图 9–5）

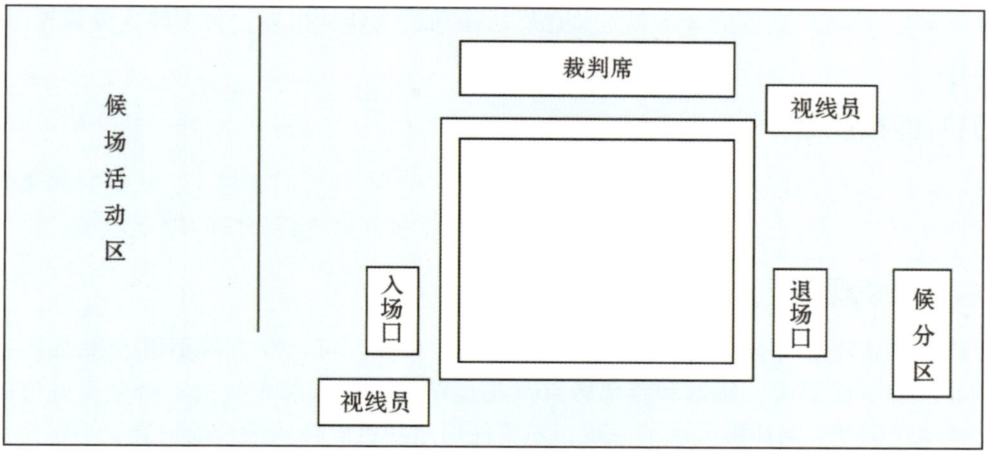

图 9-5　艺术体操比赛场地示意图

第四节　艺术体操评分方法

一、艺术体操竞赛的一般规定

（一）比赛项目顺序

艺术体操比赛按照绳、圈、球、棒、带的顺序进行，个人项目每场比赛一般进行两项器械比赛，按照比赛出场顺序，持不同器械的两组运动员交替上场比赛。集体项目每场比赛进行相同器械和不同器械两套动作比赛，按照比赛出场顺序交替上场比赛。

（二）动作时间

个人项目自选成套动作时间为 1 分 15 秒~1 分 30 秒；集体项目每套动作时为 2 分 15 秒~2 分 30 秒，时间每超过或不足 1 秒，将按规则扣 0.05 分。

（三）比赛音乐

艺术体操成套动作必须在音乐伴奏下完成，如果运动员整套动作或长时间不使用音乐伴奏，则不予评分。成套动作音乐可以使用任何一种乐器，包括人的嗓音，只要能够演奏出结构清晰符合艺术体操动作特点的音乐即可。只允许一项器械的成套动作使用带有歌词的音乐，违反规定将按规则扣 0.5 分。

每种器械的音乐必须录在一张高质量的 CD 上。音乐开始前，允许录一个声响信号。一张 CD 只能录一曲音乐。

（四）比赛场地

艺术体操比赛场地的大小为 13×13 米，四周标有明显的边缘线（线宽 5 厘米，场地面积以内缘计算），比赛馆高度为 8 米以上。比赛时运动员或器械出界，将按照评分规则的规定，每次扣 0.3 分。

（五）器械规格

艺术体操五项器械的重量、直径、长度、宽度等方面均有明确规定，比赛时如果运动员使用不符合规定的器械或持断裂的器械进行比赛，将按规则进行相应的扣分。

（六）服装规定

运动员必须穿着符合规定的体操服进行比赛。例如，可以穿着带小裙子和/或连裤的体操服；体操服不能透明，胸部和背部镂空或花边部分应是双层布料；不得穿窄肩带的舞蹈服；集体项目运动员的体操服必须一致；不得使用除肤色以外的绷带或护具；不得使用各类珠宝饰品及尖锐物，违反以上规定，将按照评分规则扣 0.3 分。

（七）纪律规定

在比赛过程中，运动员、教练员及乐师必须遵守各项纪律。例如，运动员不得在比赛场地上做准备活动或与队友交流；不得提前或延迟上场比赛；教练员不得与乐师或裁判员进行交流，违反规定将扣 0.5 分。

（八）重做规定

任何个人和集体都不得重新开始做动作。只有当高级裁判组判定是组织方出现错误，如停电、音响故障，放错音乐、灯光熄灭等，才允许运动员（队）重新开始做动作。

二、评分系统

（一）分值分配及计算

1. 难度分（满分 10 分）：4 名裁判员采用迭加法给出难度得分，去掉一个最高分和一个最低分，2 个中间分的平均分为难度的最后得分。

例如：~~8.2~~　8.4　8.3　~~8.6~~，最后得分为（8.4+8.3）÷2=8.35 分

2. 完成分（满分 10 分）：4（5）名裁判员给出完成的扣分，去掉一个最高分和一个最低分，2（3）个中间分的平均分为完成的扣分，10 分减去扣分，为完成的最后得分。

例如：1.9　~~2.1~~　1.8　~~1.8~~，最后得分为 10–（1.9+1.8）÷2=8.15 分

3. 最后得分计算：难度分+完成分–扣分=最后得分

10 分+10 分–0=20 分（满分）

分值分配及计算结构见图 9–6。

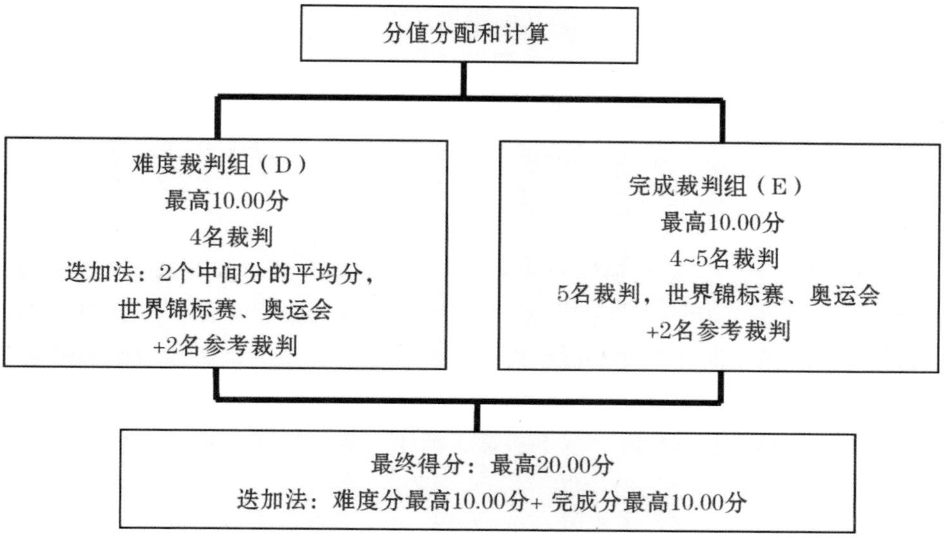

图 9-6　艺术体操比赛分值分配和计算结构图

（二）个人项目评分内容及标准

1. 个人项目难度评分

图 9-7 表明，艺术体操个人项目的难度包括四个方面，难度裁判员将根据这四方面对运动员的比赛动作进行评分。

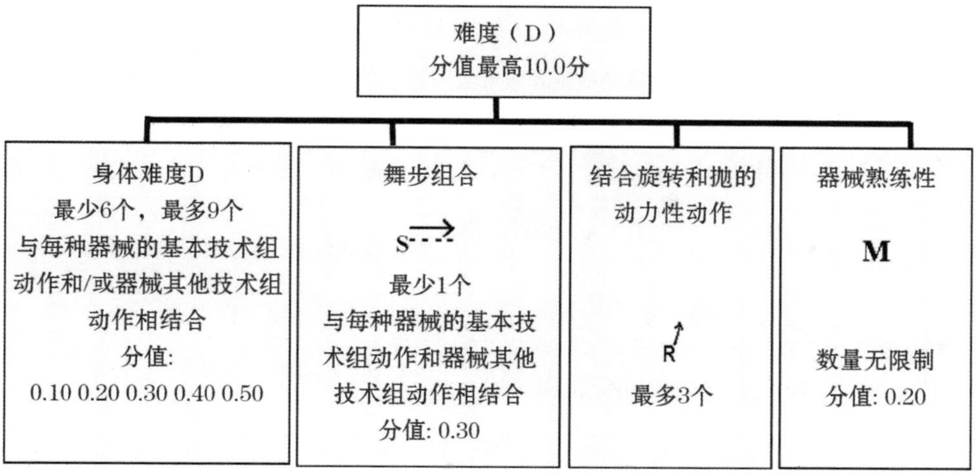

图 9-7　艺术体操个人项目难度分构成图

（1）身体难度：身体难度分为单个难度、复合难度和混合难度三种类型，规则对于身体难度主要有以下规定：

- 个人项目成套至少 6 个、最多 9 个身体难度，多于 9 个扣 0.50 分。
- 跳、旋转、平衡三个身体组动作应均衡使用，每个身体组动作至少 2 个，最多 4 个，不符合规定每个难度扣 0.30 分。

● 每套动作中，只能使用1个“慢转”难度，否则扣0.30分。

● 身体难度必须与器械基本技术组动作或其他技术组动作结合，身体难度才有效。

● 器械掉地、器械静止、用手/器械支撑或摔倒等错误，身体难度无效。

(2) 舞步组合：成套中至少有一个舞步组合，缺少节奏步扣0.50分。

● 舞步组合至少8秒，要求动作与音乐节奏、节拍紧密结合，通过身体和器械动作表现音乐的特点和情感。

● 舞步组合至少结合一个器械基本技术组动作，不能与器械的大抛结合，且要有移动。

(3) 结合旋转和抛的动力性动作：是指抛器械或器械在空中时，身体绕轴旋转至少2次，在旋转过程中或结束时立即接器械。成套中结合旋转和抛的动力性动作最多3个，如果超过3个，则由难度裁判员扣0.50分。

完成旋转和抛的动力性动作时，双手接球，动作有效，扣完成分0.10分；接时有技术错误动作无效。

(4) 器械熟练性动作：是指不平常的器械动作组合，且没有完成扣分才有效，每个熟练性分值M=0.2分。每个器械基本技术组的熟练性动作组合必须不同，而器械其他技术组的熟练性动作组合在成套中只能使用1次，不能重复。器械熟练性动作由3个部分组成：

● 1个基础+至少两个标准。例如：M↓ 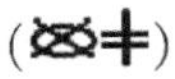

● 2个基础+至少1个标准。例如：M 

在一套动作中，器械基本技术组动作必须处于主导地位（至少50%）。如果器械基本技术组动作未处于主导地位，由难度裁判员扣0.50分。器械技术动作不能完全相同，只有在一系列跳步和一系列转体时例外。（表9-11、表9-12）

表9－11 五项器械基本技术组和其他技术组动作统计表

项目	基本技术组	其他技术组
绳	过绳大跳、过绳小跳、放单绳	转动绳
圈	身体/地面滚圈、从圈中穿过、转动圈、绕圈轴的转动	整个身体或身体的一部分越过圈、小抛/接
球	身体/地面滚球、拍球、绕8字、单手接	球的运用、小抛/接
棒	小五花、小绕环、不对称动作、双棒小抛	棒的转动/滚动/滑动、单棒小绕环、小抛/接、双棒抛/接
带	螺形、蛇形、从带中穿过/越过、脱手小抛	拉带、带棍的旋转/滚动/反弹

表9－12 五项器械共性其他技术组动作统计表

绳、圈、球、棒、带	抛/接 
绳、圈、球、棒、带	运用 
绳、圈、球、棒、带	器械在身体上的不稳定平衡 

2. 个人项目完成评分

艺术体操个人项目完成分包括技术错误和艺术错误两个方面。(图 9-8)

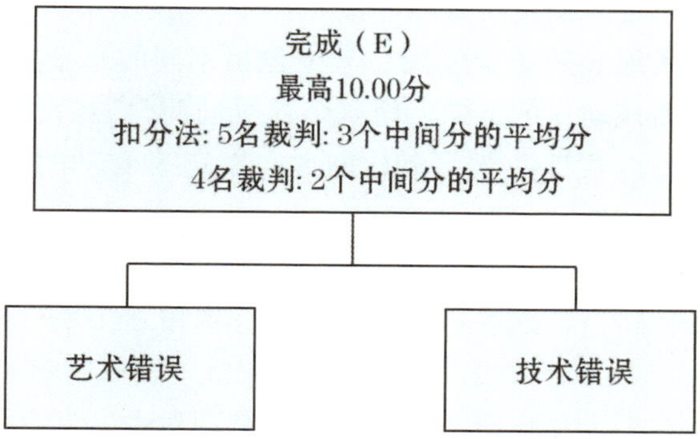

图 9-8 艺术体操个人项目完成扣分图

(1) 艺术部分

艺术体操完成的艺术错误扣分主要从以下四个方面进行，见图 9-9。裁判员根据运动员动作错误情况，可以分别扣 0.10 分、0.30 分、0.50 分或 1.0 分。

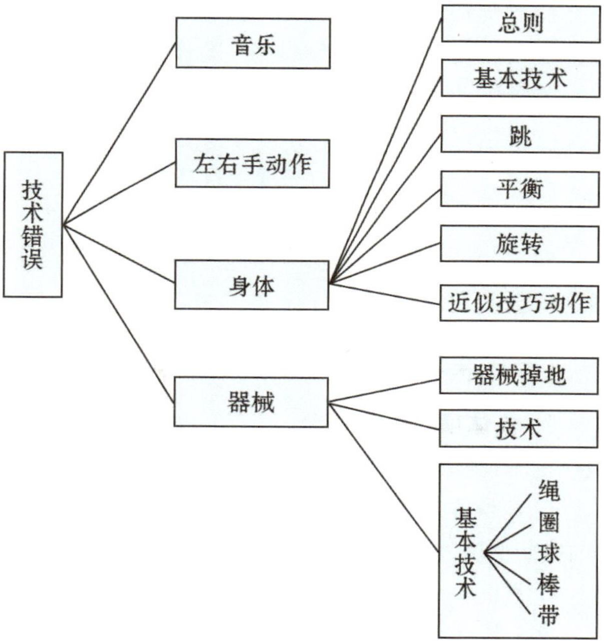

图 9-9 个人项目完成技术错误扣分示意图

①编排一致性

主要目的是创造一个艺术形象，通过舞蹈动作和音乐特点表现出来。音乐特点决定编排的主题思想，运动员应该从始至终传达这个主题思想。在音乐伴奏下，一个动作应该合乎逻辑地流畅地过渡到下一个动作，应包含动作的速度/强度（动力性）、幅度和水平之间的对比。身体或器械动作之间没有长时间的停顿或准备动作。在动作开始和结束时，运动员必须接触器械。且运动员的开始姿势必须有利于器械的初始运动。开始和结束姿势不能极端。编排一致性不符合规则要求，将根据情况扣 0.10 分、0.30 分、0.50 分或 1.0 分。

②音乐和动作

动作和音乐应该完全呼应，完成时：与拍子、节奏和音乐重音相结合，动作形成对比。能够通过身体动作和连续的器械动作来表现音乐的特点和情感反应。如果只在一套动作开始和结束时配合音乐，被认为使用“背景音乐”。音乐和动作不符合规则要求，根据情况扣0.10 分、0.50 分或 1.0 分。

③身体表现力

身体表现力是完成动作过程中，力量、美感和优雅的综合体现；身体各部位都应参与动作（头、肩、躯干、手、臂、腿）；面部表情也必须表现音乐的主题思想和编排的主旨；运动员/器械动作速度和强度（动力性）的多样化，表明动作的动力性；动作的连贯性，没有中断或不必要的停顿或长时间准备动作。身体表现力不符合规则要求，根据情况扣 0.10 分、0.30 分或 0.50 分。

④空间的使用（多样性）

场地必须完全使用，其中包括不同的水平位置（运动员在空中、站立、在地面等）。身体或器械动作的方向、轨迹多样（向前，向后，等）移动形式多样。如果对于场地水平面的使用，以及身体/器械动作的方向/轨迹和移动的形式缺乏多样性，扣 0.30 分。

（2）技术错误

艺术体操完成的技术错误扣分主要从以下四个方面进行，见图 9–10。裁判员根据运动员动作错误情况进行评分，可以分别扣 0.10 分、0.30 分和 0.50 分或更高分。

①左/右手动作（50%器械动作）

在个人项目圈、球和带的成套动作中，左右手动作应均衡分布，如果左右手动作缺少平衡，完成裁判扣 0.30 分。（集体项目中没有此项要求）

②音乐的扣分

在成套动作的结束由于失去器械使音乐——动作之间缺乏和谐，扣 0.30 分+失去器械扣分；在成套动作的结束音乐——动作之间缺乏和谐，扣 0.50 分。

③身体动作错误扣分

技术错误中身体动作扣分主要包括总则、基本技术、小跳、平衡、旋转和近似技巧动作六个方面，根据运动员的完成情况进行评分。

④器械错误扣分

器械扣分主要包括器械掉地、技术，以及绳、圈、球、棒、带五项器械的基本技术，根据运动员的完成情况进行评分。

（三）集体项目评分内容及标准

1. 集体项目难度评分

艺术体操集体项目难度评分主要包括四个方面，见图 9–10。

（1）身体难度：集体项目身体难度分为交换难度和非交换难度。规则规定，每套动作最多 10 个难度，分别是 5 个非交换难度和 5 个交换难度。对于非交换难度的主要规定包括：

①只能完成单独的身体难度（例外：复合旋转“浮埃迪”）

②5 名运动员可以完成不同类类型和不同分值的难度动作，以其中一名运动员完成的最低分值的难度计算难度价值。

③5 名运动员中任何一名运动员没有完成难度或出现技术错误，该难度无效。

④不允许 5 名运动员同时完成 3 个或以上不同的身体难度动作（例：一个跨跳、一个哥萨克跳、一个多努转），否则扣 0.30 分。

⑤跳、旋转、平衡三个身体组动作每组至少 1 个，否则扣 0.30 分。

对于交换难度的主要规定有：

①至少完成 1 个标准，交换价值 0.10 分才有效。

②只有抛器械的交换才被认为是交换难度，以最低的交换决定交换难度价值。

③交换难度必须采用不同的抛和/或接（5 种不同类型）。

④一个或多个器械掉地，该交换难度无效。

⑤下列每个标准可增加 0.10 分的交换价值：

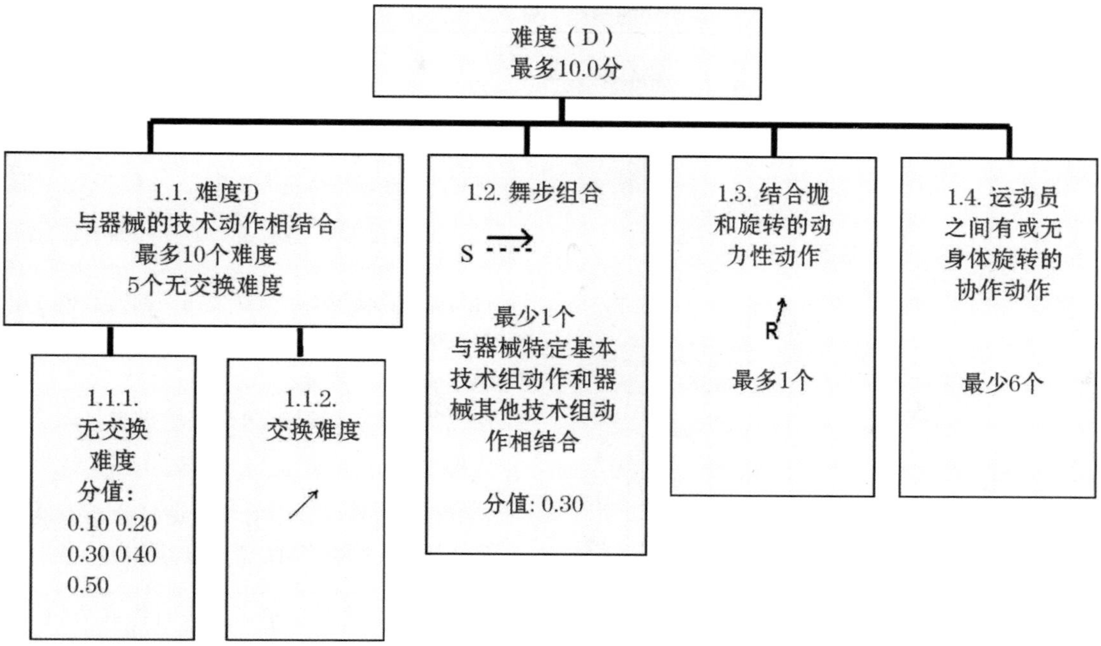

图 9-10　艺术体操个人项目难度构成图

距离：抛和/或接时 6 米（→6）。（当这是编排的一部分时）

在地面接：（〓）运动员必须已经在地面上，而不是在接时才向地面移动。

同时抛和/或接 2 根棒（⫽）。

在视线外抛和/或接（∞），或者在没有手的协助下抛和/或接（╪）。

器械在空中时的旋转动作（ꝺ）。

连抛（Ⅳ）。

（2）舞步组合：成套中至少有一个舞步组合，5 名运动员可以完成相同或不同的舞步组合，成套中缺少舞步组合，由难度裁判员扣 0.50 分。（舞步组合要求同个人项目）

（3）结合旋转和抛的动力性动作（R↑）：最多 1 个，如果超过 1 个，则由难度裁判员扣 0.50 分。（结合旋转和抛的动力性动作要求同见个人项目）

（4）有旋转或无旋转的协作动作：最少 6 个，每缺少 1 个协作动作，由难度裁判员扣 0.30 分。

2. 集体项目完成评分

艺术体操集体项目完成扣分与个人项目相同，包括技术错误和艺术错误两个方面。

（1）艺术部分

艺术体操集体项目完成的艺术错误扣分主要有五个方面，其中编排一致性、音乐与动作和身体表现力与个人项目要求相同，在空间多样性方面要求至少 6 个队形。

除了上述四个方面以外，还有针对于集体项目特点的团体编排的评判。规则要求每个运动员以集体合作精神和谐一致地完成动作，每套编排必须有不同类型的团体编排，包括相同

表 9－11　艺术体操集体项目协作动作价值和类型表

价值					协作类型
0. 10	0. 20	0. 30	0. 40	0. 50	
C					抛或无抛的协作： 所有 5 名运动员小组协作 2 人一组，3 人一组，4＋1。
CC					多个交换： 每名运动员至少 2 次交换使用不同的器械运用方式拍、在地面滚动、抛等。
					抛 2 个或多个器械： 同一名运动员同时或快速连续的抛（最多 2 次）。
	CR				抛器械，器械在空中时完成旋转的动力性动作，并失去视线控制，立即接器械。
		CRR 1～2 gymnasts	CRR3 3 gymnasts		抛器械，器械在空中时，从同伴或器械上、中、下通过，完成旋转的动力性动作，并失去视线控制，立即接器械。
				CRRR	抛器械，从同伴空中飞行的器械中通过（运动员或同伴均未持该器械）完成旋转动力性动作，并失去视线控制，立即接器械。
附加标准： 多于 1 名运动员抛和/或接器械时满足如下条件，每次则加 0. 10 分：  不用手的帮助  失去视线控制					

（引自：2013～2016 艺术体操评分规则，国家体育总局体操运动管理中心）

动作和不同动作，裁判员根据成套动作的编排和完成情况，可以分别扣 0.10 分、0.30 分、0.50 分。

（2）技术错误

艺术体操集体项目完成的技术错误扣分主要从以下五个方面进行，见图 9-12。

①音乐——动作

在集体项目中，个人和集体的节奏缺乏同步性扣 0.10 分；比赛结束时，由于掉器械导致音乐和动作缺乏一致性，扣 0.30 分+掉器械；比赛结束时音乐和动作缺乏一致性，扣 0.50 分。

②同步性和一致性

运动员速度、幅度和表现力强度上缺乏同步性，每次扣 0.10 分，最多扣 1.00 分。

③队形和移动

队形改变和方向移动的姿势不精确，每次扣 0.10 分；运动员之间/器械之间发生碰撞（+

所有后果）扣 0.50 分。

④身体动作错误扣分

技术错误中身体动作扣分主要包括总则、基本技术、小跳、平衡、旋转和近似技巧动作六个方面，根据运动员的完成情况进行评分。

⑤器械错误扣分

技术错误中器械扣分主要包括器械掉地、技术，以及绳、圈、球、棒、带五项器械的基本技术，根据运动员的完成情况进行评分。

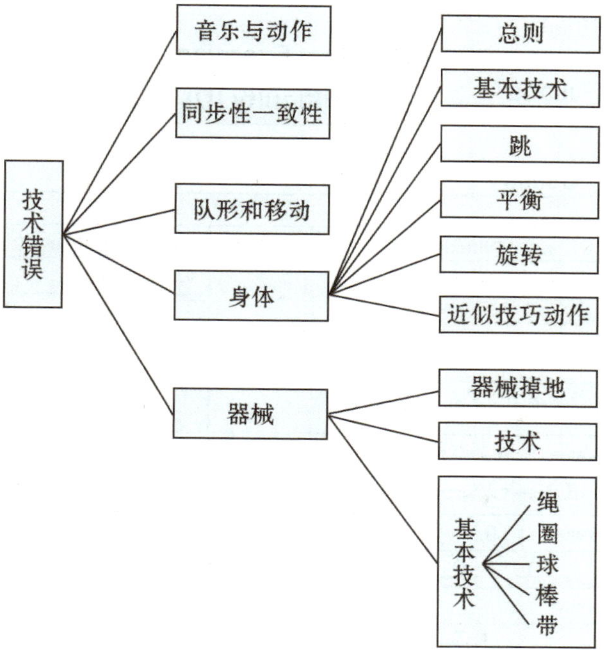

图 9-12　集体项目完成技术错误扣分示意图

思考题

1. 如何制定艺术体操比赛的竞赛规程？
2. 组织艺术体操比赛主要需设置哪些机构？
3. 艺术体操比赛的赛前、赛中、赛后三个阶段，分别需要进行哪些工作？
4. 请编制一份学校艺术体操比赛的秩序册。
5. 在艺术体操个人项目比赛中，裁判员如何进行难度分和完成分的评判？

参考文献

[1] 黄美琳. 全国体育学院教材委员会. 艺术体操 [M]. 北京：人民体育出版社，1991.6：175-203.

[2] 2013~2016 艺术评分规则 [M]. 北京：国家体育总局体操运动管理中心，2013.

[3] 2009~2012 艺术评分规则 [M]. 北京：国家体育总局体操运动管理中心，2009.

[4] 樊铭. 艺术体操运动员技术等级规定动作. 国家体育总局体操运动管理中心，2011.

[5] 北京体育大学 2012 教学大纲. 北京体育大学教务处，2012.

[6] 匡小红. 健美操 [M]. 北京：高等教育出版社，2011.10：221-241.

附录 1：难度表范例

Individual Exercise

JUDGE **Difficulty (D)** Judge №° Date

Country № gymnast ○

Difficulty		JUDGE	Difficulty		JUDGE	Difficulty		JUDGE
Value	0.6+0.3=0.9		Value	0.8		Value		
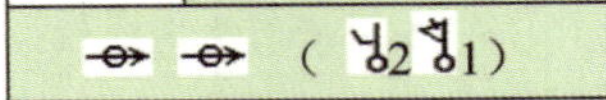								
Value	0.7+0.7=1.4		Value	0.2+0.8=1.0		Value		
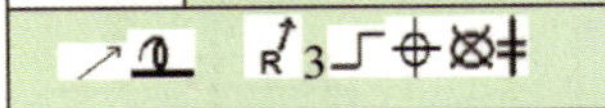			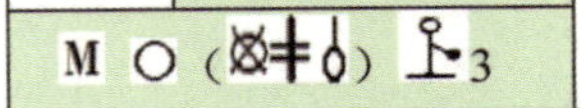					
Value	0.3+0.5=0.8		Value	0.2		Value		
			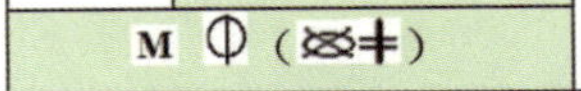					
Value	0.5		Value			Value		

Value	0.5		Value			Value		
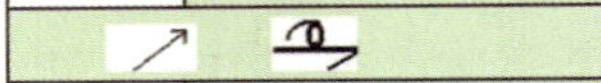								
Value	0.2		Value			Value		
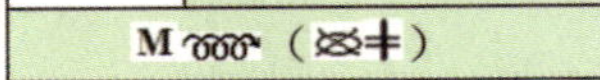								
Value	0.5		Value			Value		
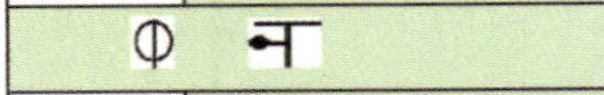								
Value	0.7		Value			Value		
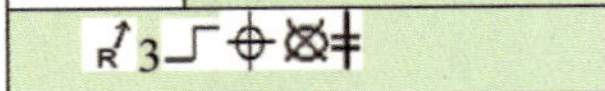								
Value	0.4+0.4=0.8		Value			Value		
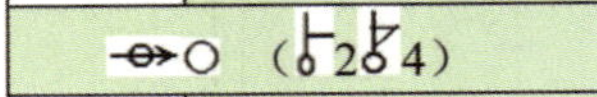								
Value	0.3		Value			Value		
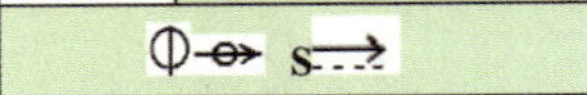								
Value	0.9+0.2=1.1		Value			Value		
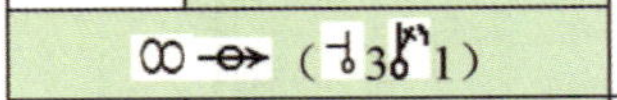								
Value	0.3		Value			Value		
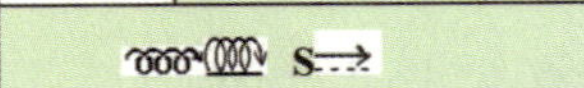								

Use music with voice and words		TOTAL 10.0
Incorrect calculation of: Total value of all the Difficulties Value of each Difficulty component: D , R , S , M	○ More than 9 Difficulties declared ○Less than 2/ more than 4 Difficulties of each Body Group ○ Min. 1 S ○ Max. 3 R	Penalty
▪ For absence of Fundamental groups predominance (less than 50%)		FINAL SCORE JUDGE

Coach Signature.....................

Judge Signature.....................

№ Group	Group Exercise Difficulty (D) Country	Judge №° Date	1 type of Apparatus	~~2 types of Apparatus~~

Difficulty	JUDGE	Difficulty	JUDGE	Difficulty	JUDGE
Value 0.1 C 1		Value 0.4 CRR		Value 0.4 CRR	
Value 0.1 C 4 1		Value 0.6 3 2 S		Value 0.3 3 2 S	
Value 0.2+0.3 C CRR		Value 0.1 C 2		Value 0.5 3 2	
Value 0.1 C		Value 0.3 CRR		Value 0.4 3 3 2 3	
Value 0.3+ 0.1 3 2 S C		Value 0.1 C		Value 0.6 3 2 111111	
Value 0.2 CR		Value 0.4 CRR		Value 0.1 C	
Value 0.6 3 2 2		Value 0.5 3 2		Value 0.3 CRR	
Value E 0.3 6 3 B.M 2		Value E 0.4 6 3 B.M 2 B.M		Value 0.2 CR	
Value 0.2 C		Value 0.3 CRR		Value 0.1 C	
Value 0.1 C		Value 0.4 CRR		Value	
Value E 0.2 6		Value E 0.3 6 B.M 3 2		Value	
Value 0.1 C		Value E 0.4 6 B.M 3 2		Value	

Use music with voice and words		TOTAL: 10.00
Incorrect calculation of: Total value of all the Difficulties Value of one Difficulty	More than 10 Difficulties Less than 5 Difficulties without exchange Less tha 5 Difficulties with exchange Min. 1 S Max. 1 Min. 6 elements with Collaboration	Penalty
5 different types of throw/catches during Difficulties with exchange Absence of an apparatus or a body movement group		FINAL SCORE JUDGE

Coach Signature.....................　　　　Judge Signature.....................

附录 2：空白表格（中文）

个人项目

裁判　　**难度（D）**　　裁判号码　　日期

国家　　运动员号码

难度	裁判	难度	裁判	难度	裁判
价值		价值		价值	
价值		价值		价值	
价值		价值		价值	
价值		价值		价值	
价值		价值		价值	
价值		价值		价值	
价值		价值		价值	
价值		价值		价值	
价值		价值		价值	
价值		价值		价值	
价值		价值		价值	
价值		价值		价值	

	使用有噪音或歌词的音乐	总分
不正确的计算： 难度的总价值 单个难度分值 D, R↗, S ⟶, M	填写多于9个难度 每个身体组少于2个难度多于4个难度 至少1 个S⟶ 最多3 R↗	扣分
基本动作组不占主导地位（少于50%）		裁判最后得分

教练签字.....................　　　　裁判签字.....................

集体项目

难度（D）

裁判号码

一种器械	两种器械

集体队号码　　　　国家　　　　日期

难度	裁判	难度	裁判	难度	裁判
价值		价值		价值	
价值		价值		价值	
价值		价值		价值	
价值		价值		价值	
价值		价值		价值	
价值		价值		价值	
价值		价值		价值	
价值		价值		价值	
价值		价值		价值	
价值		价值		价值	
价值		价值		价值	
价值		价值		价值	

	使用有噪音和歌词的音乐	总分
不正确的计算： 难度的总价值 单难度分值	多于10个难度 少于5个无交换难度 少于5个交换难度 至少1个 S 最多1个 R 至少6个协作动作	扣分
交换难度中包含5种不同类型的抛/接 缺少一种器械或一个身体动作组		裁判最后得分

教练签字..................　　　　裁判签字..................

个人项目		完成 (E)				
国家	运动员号码		裁判员号码		日期	
艺术和技术错误	扣分					
编排一致性	0.1	0.2	0.3 0.3（不正当/极端姿势）	0.4	0.5	1.00
音乐-动作	0.1	0.2	0.3	0.4	0.5	1.00
身体表现力	0.1		0.3		0.5	
空间的使用(多样性)			0.3			
技术错误						
总的完成扣分						

裁判签名................................

集体项目		完成 (E)			一种器械	两种器械
国家	集体队号码		裁判员号码		日期	
艺术和技术错误	扣分					
编排一致性	0.1	0.2	0.3 0.3（不正当/极端姿势）	0.4	0.5	1.00
音乐-动作	0.1	0.2	0.3	0.4	0.5	1.00
身体表现力	0.1		0.3		0.5	
协作动作组织	0.1		0.3（多样性） 0.3（禁用动作）		0.5	
空间的使用(多样性)			0.3（队形） 0.3（长时间停顿） 0.3（多样性）			
技术错误						
总的完成扣分						

裁判签名................................

视线员评分单

国家/省市 ______________ 运动员/队______________ 比赛项目 ______________

运动员出界扣分 ___________

器械出界扣分 ___________

使用替换器械扣分 ___________

总扣分 ___________

裁判签名....................................

第十章
艺术体操的音乐

本章提要

艺术体操是一项在音乐伴奏下进行的体育运动，音乐是艺术体操不可缺少的一个重要组成部分。音乐能够激发练习者的内心情感，能够产生创作的灵感和动力，并有助于艺术表现力的体现。本章对艺术体操音乐的特点、音乐元素的运用及艺术体操音乐的选择等方面进行了阐述。通过学习，增强艺术体操动作与音乐互相融合的美学意识，提高音乐鉴赏力、想象力、感受力和创造力，并能够根据动作和器械的不同类型选择适宜的艺术体操音乐。

第一节　艺术体操与音乐

一、艺术体操与音乐的关系

艺术体操是一项集舞蹈、器械、技术、身体技能并与音乐融为一体的运动，具有极高的艺术性与观赏性。一套优美的艺术体操在音乐的伴奏下进行表演时，不仅充分地体现了这项体育运动的高难技术水平，同时也展现了女运动员的健与美和蓬勃向上的青春活力。

艺术体操的表演离不开音乐，音乐与艺术体操成为相辅相成的两个重要部分。音乐给了运动员编排动作的灵感，奠定了整套动作的风格，培养了运动员的感受能力，规定了动作的韵律，更好地发挥了运动员的各种能力以达到最佳的竞赛水平。

艺术体操的音乐是一种新的音乐形式，它与艺术体操有不同的一面也有相同的一面。不同的一面为：音乐是听觉艺术，是有声无形的。音乐所表现的思想内容都要靠人的内心去感受，去体会，从中得到美的享受。而艺术体操是视觉艺术，是有形无声的。它靠运动员的肢体语言去表现难度，表现内在的感受。相同的一面为：它们都是以美（美的旋律、美的动作）为出发点，将优美的旋律和同样优美的动作紧密的结合在一起展现在人们面前，以达到视觉和听觉共同的享受。

虽然一套仅仅一分多钟的艺术体操成套动作，无法充分体现出音乐的思想内容和时代背景，但仍能在动作与音乐的密切结合中，体现出音乐的风格、情感以及运动员的个性特点和器械特点，使艺术体操充满活力、色彩斑斓。

二、艺术体操中常用的音乐元素

（一）音　符

音乐必须以音符构成，没有音符就没有乐曲的旋律。音符的音值是不同的，有长有短。比如：有全音符（四拍的）、附点二分音符（三拍的）、二分音符（二拍的）、四分音符（一拍的）、八分音符（半拍的）等。这些拍子不同的音符组成了音乐旋律的基本构架，这个构架再加上其它音乐元素就能构成一首优美的乐曲，就能给人们听觉上的享受，并引起内心的共鸣。

（二）力　度

音符有长有短，还需要有强有弱，这样才能使得旋律显得不平淡和生动。在各种不同的乐曲中，有的柔婉抒情如流水潺潺、有的激情高昂如大江奔腾、有的轻曼絮语如莺燕呢喃、有的铿锵饱满如战鼓轰鸣，这些不同的音乐效果都取决于音乐的强弱。没有这种力度的变化，乐曲就会像一潭毫无生气的死水，不能引起人们的共鸣，不能激发出人们的内在情感。

（三）节　奏

节奏就是将长短相同或不同的音符，按一定的规律排列组织起来。节奏是旋律的骨架，有了这个骨架，旋律就有了节拍的支撑，就不会成为一盘散沙。同时音乐也有了快慢，有了每首乐曲固定的节拍，这样乐曲就能符合各种不同动作的需要。或轻快的、或抒缓的、或坚定有力的、或中庸从容的，等等。因此，在乐曲中，节奏应该是音乐中最为重要的元素之一。

（四）旋　律

旋律又称曲调，是最直接的引起人的共鸣和想象并给人以感受的重要音乐元素。旋律的好听与否，直接作用于人耳，或引起共鸣，激发想象力和创作欲望，或引起嫌恶与反感，不愿再闻其声。人的内心会因旋律的种种而感动、而快乐、而兴奋、而沮丧……。因此，在节奏的骨架上，覆上了旋律的鲜活肌体，一首乐曲就变得生动和完美了。

（五）速　度

速度就是乐曲的快和慢，因为乐曲所反映的思想情感不同、风格不同，因此每首乐曲都要有该曲一定的速度。而不同速度的各种乐曲也和该乐曲所要表达的思想内容、表演风格是一致的。在艺术体操中，不同的速度适合用于不同的器械，才能体现各种不同的动作类型，才能让人感到动作和音乐的配合是一致的。

三、音乐在艺术体操中的作用

艺术体操无论是在训练中，还是在比赛中，音乐都起着不可分割的重要作用。在训练中，音乐的节奏控制了动作的速度，体现了动作的力度，乐曲的旋律激发了运动员的内心感受，提高了运动员的兴奋性，因此音乐在培养运动员的节奏感，唤起内心对音乐的感受能力，激发肢体语言的表现能力上都起到很大的作用。

（一）使动作富有节奏感

艺术体操是一项富有节奏感的韵律体操，各种肢体动作与器械动作都按照音乐的节奏进行。动作不管是轻柔舒缓的还是快速跳跃的，器械动作不管是高抛还是中小抛，都有属于它们的节奏，这些节奏融合在音乐的节奏里，并得到了很好的体现。比如：小的跳跃动作，应选用 2/4 拍轻快的音乐；大的跳跃动作，应选用 3/4 拍中速有力度的音乐；舒展大幅度动作，应选用 4/4 拍旋律线条长的音乐等等。在器械的运用中，大的高抛动作应该有节奏强而有力的、向上饱满的音色的支撑；在器械与身体紧密相连接的动作中，就需要节奏相对平稳、柔和的音乐。而轻快地拍、跳动作，又需要乐句短小、跳跃性节奏的音乐。另外，由于音乐是有一定节拍的，那么每一个动作都应该卡在拍子上，特别是强有力的动作最好是卡在重音上，这样才能感到动作与音乐配合的协调一致性。当动作的类型和音乐的速度、力度、风格相对应时，才能使动作与音乐融为一体，才能有美的感觉。

（二）突出动作的风格

艺术体操的成套动作个人虽然只有一分多钟，集体两分多钟，但它与音乐作品中的奏鸣曲式一样，有呈示部（开头）、发展部（发展）、再现部（高潮结束）。但是因为时间有限，要在这一分多到二分多钟的时间里去表现音乐的一个重大题材或是具体思想内容是不可能的。所以，在动作中，只要用几个代表性的动作去表现该乐曲的风格，就能让人们感到动作与音乐是融合一致的。比如：用《斗牛》这音乐曲时，用一两个西班牙舞的手型、脚步，就能体现出西班牙的风格特点；选用《梁祝》音乐时，用几个舒展的、幅度大的中国舞动作，就能人感到梁祝化蝶的飘逸，等等。这些都能使动作的风格得以很好体现，增加观赏性，并加深观赏者的印象。

（三）培养运动员的感受力

一个人对音乐的感受能力，是与她生长的环境、所学的知识以及她所接受的各种事物分不开的。而运动员要具有好的音乐感受力才能很好地创编动作和表现动作。在感受力的培养上，要多吸取各方面与艺术相关的知识。第一，舞蹈方面的知识。艺术体操中的肢体动作都是起源于各种舞蹈的动作。因此不但要熟悉各种舞蹈动作，还要知道一些民间代表性和民族舞蹈的动作。这对于体现音乐的风格有很大的作用。第二，音乐方面的知识。在聆听一首乐曲时，要能感受到音乐的情绪和意境，要能知道乐曲属于哪种风格。要能通过音乐进行联想，不但能联想到该乐曲的画面，还要能联想到适合该乐曲的动作。要能清楚音乐的节奏和节拍，要能知道何种节奏的音乐适合安排何种的动作，何种动作要用多少拍来完成。对节奏与节拍的敏锐感受力将对动作的完整性起到很大的作用。而对音乐的感受力将使动作得到更完美的体现。

四、艺术体操音乐的特点

艺术体操的音乐是直接作用于艺术体操的身体动作和器械动作的，是与这两部分动作密切融合在一起的。因此，艺术体操音乐不同于其它的各种音乐，它有其独特的表现形式。

（一）要符合时间的特点

一套艺术体操，个人成套时间是 1 分 15 秒~1 分 30 秒、集体成套是 2 分 15 秒~2 分 30 秒。要想在这有限的时间内完整地把一套艺术体操表现出来（即从开始——发展——高潮——结束），音乐也要随着每套艺术体操的这四个部分，在这样短的有限时间里，有一个新颖的开头，继而发展为向前流动的优美旋律，再继而上升到高潮，最后有一个精彩的结束。由于时间的限制，就要让音乐的选择与制作非常适合于艺术体操，要让音乐的优美旋律浓缩在这有限的时间里，既展现了音乐的风格，又抒发了音乐的情感；既有把人引入于美的境界的开始，又有一个令人回味无穷的结束，在有限的时间里淋漓尽致地展现出艺术体操的动人魅力。

（二）要符合身体动作的特点

艺术体操的身体动作包括跳步、转体、平衡、柔韧这四大类动作。这些动作各有其特点，而适合这些动作的音乐也各不相同。一般说，跳步的动作，需要音乐节奏鲜明、有力、有动感；转体的动作需要音乐线条流畅；平衡的动作需要音乐平稳中庸；柔韧动作需要音乐线条长、旋律柔美抒情。清楚了这些动作的特点，艺术体操的音乐就有了快与慢的速度变化、舒缓与激烈的力度对比、平稳与动感的节奏不同，这就使得音乐与动作有了默契的配合，使音乐符合了身体的各种动作的特点。

（三）要符合器械的特点

艺术体操包括绳、圈、球、棒、带五项器械，每项器械都有各自不同的特点。因此，音乐也要符合这些器械的特点。

1. 绳

绳是一种轻器械，它的动作有跳、抛、放绳以及缠绕等。因此，绳的音乐特点就是速度较快、情绪欢快、轻盈跳跃，这类的音乐可以提高绳操的气氛。

2. 圈

圈是硬器械，而且面积较大。因此，圈的音乐特点是速度不宜太快，一般中庸即可。但是要有较强的力度、节奏鲜明，气势可以大一些，这样就可以把圈操的动作展现得很从容，很充分，很完美。

3. 球

球的动作有滚、抛、拍等，由于球是圆的，因此给人以圆润、柔和的感觉。又因为球常常有在身体上进行滚动的动作，所以球的音乐特点是旋律线条长、乐曲抒情柔美。但在高抛球时最好加以向上的乐句，可以使音乐不至于平淡，也有利于突出球操的难度和表现成套动作的高潮。

4. 棒

棒是五种器械中唯一同时使用双手做动作的器械。棒有各种形式的环绕、抛接、敲击等动作。棒的音乐特点是节奏清晰、鲜明，可以激烈热闹些，同时也要有一定的力度，这样可以使音乐与棒的抛接、敲击等动作更好地结合在一起，增加棒操的惊险性和热烈气氛。

5. 带

带既是轻器械，也是最长的一种器械。因为带长 6 米，所以，带可以在空中挥出各种不同的形状，如螺形、蛇形、圆形等等。而且因为带是不停地流动的，所以带的音乐特点应该是长线条的旋律，但是音乐要流动起来，要圆滑流畅，与带的不停的形状变换紧密地结合在一起，把带的优美形状充分地展示出来。

（四）艺术体操大众练习音乐的特点

在普通的大众练习的集体成套中，因为是普及性的练习，因此，成套音乐的时间比起正规的竞赛成套来可以缩短一些，一般在 1 分 30 秒~2 分左右。也可以根据完成动作的情况自由选择音乐的长短。从动作上说，因为不需要或是做不到竞技比赛所要求的难度，所以也可以在身体动作的难度上和器械的难度上都简单一些。在队形的变化上也不要太复杂，要符合大众人群练习的特点。

第二节　艺术体操音乐的选择

一、成套音乐的选择

一套艺术体操既有身体动作，又有器械动作；既要做优美的舞蹈动作、又要做高难的技术动作。因此，音乐的选择就必须既要符合身体动作的特点，又要符合器械的特点。另外，还要符合运动员性格、自身表现力等的特点。

首先，一首用于艺术体操表演的乐曲必须有一个好的开头，一个精彩的开头可以一下抓住观众，使人产生想听下去想看下去的期盼心情。随着动作的展开，音乐的主题可以从一个转变为另一个，如从慢的旋律转变为快的，从平稳的转化为激烈的，为动作的高潮做个很好的铺垫。等音乐的高潮和动作的高潮一起到来时，那激情精彩的艺术魅力就能展现在人们面前。紧接着高潮后要有一个完美的结束，或从高潮降下来平稳而延长的结束，让人感到意犹未尽，或在高潮后戛然而止，让人回味无穷。

因此，在艺术体操成套音乐的选择上，要有对比（强弱、快慢、情绪、意境等），要在高潮时烘托气氛，要旋律优美、节奏清晰。如果是选择有风格的乐曲，一定要有合适其风格的舞蹈动作进行搭配。另外，音乐要能引起运动员内心的共鸣，充分调动运动员的情绪和感受能力，充分展现艺术体操独有的魅力。

二、教学中音乐的选择

在艺术体操的教学中，音乐的选择也是很重要的。因为平时训练所选择的乐曲对培养运动员对音乐的感受力，对音乐的节奏感，以及能听懂音乐的节拍都是非常重要的。

艺术体操的身体动作有很多，从头部运动到肩、胸、腰、胯、腿、脚等。在练习这些动作时都要配合符合这些动作的音乐，使运动员既能在合适的音乐中做动作，又能使动作把握音乐的节奏。如头部和脚部的音乐，一般都要选择句子短小的2/4拍子的音乐，使音乐能符合头部脚部动作幅度小、较为轻快的特点。在腰的动作中，因为腰的旋转动作幅度较大，因此音乐的选用也要用长线条的旋律，以4/4拍子为宜，抒情而缓慢，能充分把腰的旋转做到位。相似的还有身体的各种方向的波浪动作、手臂的绕环动作等。这些动作都因为幅度较大而需要慢而抒情的音乐，以便能把动作做充分。而一些步伐的动作、踢腿的动作、大跳的动作，所选用的乐曲不能太快也不能太慢，速度中庸即可，但是节奏要清晰，要有力度，要与动作的每一拍都很好地配合上，把动作的力度和强度很好地体现出来，也让运动员在做动作时能感受到一种动力感。

另外，有些动作的音乐节拍是根据动作固定的。比如：华尔兹、大跳必须选用3/4拍的音乐，因为动作的步子是 3 步或一个动作周期要在 3 拍之内完成。小跳、波尔卡类型的动作就要选用 2/4 拍的音乐，这也和动作的频率相一致，否则就不能轻快地起跳，就会显得沉重。在把杆的训练中也是如此，擦地、小踢腿、小弹腿都需要选用 2/4 拍节奏的轻快的音乐；划圈、蹲、屈伸则应选择 3/4 拍中速偏慢一些的音乐；压腿、搬腿、控制要选用 4/4 拍旋律悠长较为缓慢的音乐；大踢腿 3/4、4/4 均可，但要有力度、有向上的音乐感觉，也就是说，要在腿踢上去时，音乐的旋律重音是在上方的，这样使踢腿的力度和速度能很好地得到训练。

综上所述，艺术体操的音乐选择既要有基本规律又要多样化，节奏清楚、旋律优美，音乐要符合动作的特点，要能让运动员听到音乐后就能明了该做何种动作，并很好地把动作表现出来，这也是一种对音乐的感知能力，再能从这种感知能力联想到音乐的画面，感受到音乐的内涵，这就是一种感受能力。这种能力在表演中是很重要的，它会让人去从内心表现动作的美，使一套动作既能不失于高难又不失于优美，而不是单纯地完成动作。一套艺术体操能使人感到是美与难的结合，是内心感受和外在表现的结合才是最完美的。

第三节　艺术体操教学音乐范例

根据教学和竞赛任务的不同，音乐在艺术体操中的作用也有所侧重，艺术体操教学课的音乐伴奏是课的重要组成部分，通过音乐伴奏可以激发学生的练习兴趣，培养学生动作的节奏感、艺术表现力和音乐鉴赏力，对于提高教学效果、促进学生素质的全面发展具有不可替代的作用。

以下是艺术体操教学课中所使用的音乐范例，可用于艺术体操教学课。

一、行进间步伐

柔软步 $\frac{4}{4}$

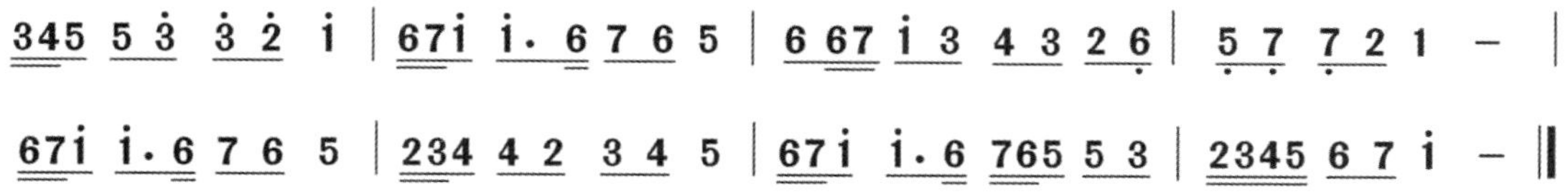

足尖步 $\frac{2}{4}$

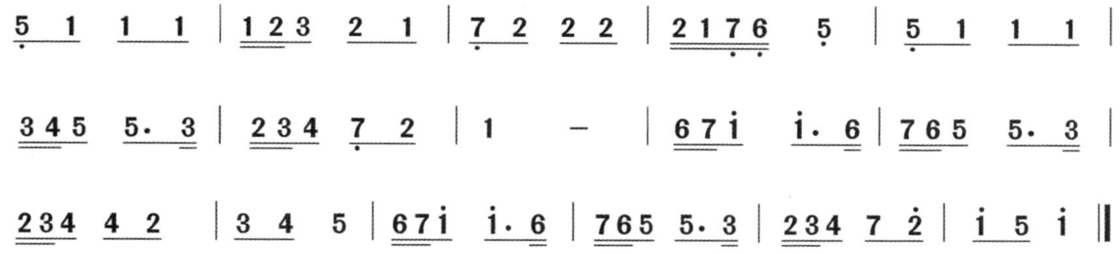

变换步 $\frac{3}{4}$ $\frac{4}{4}$

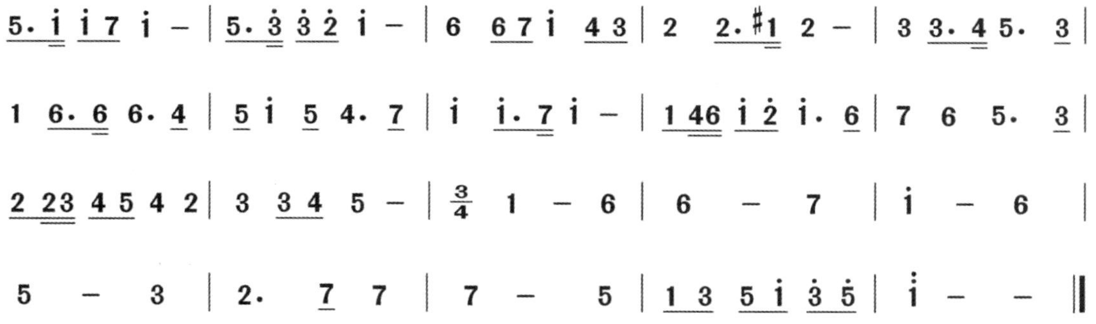

弹簧步 $\frac{2}{4}$

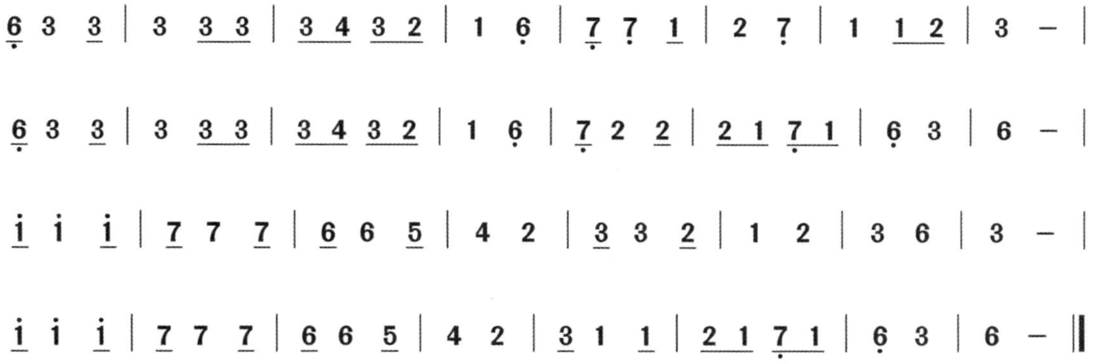

华尔兹 $\frac{3}{4}$

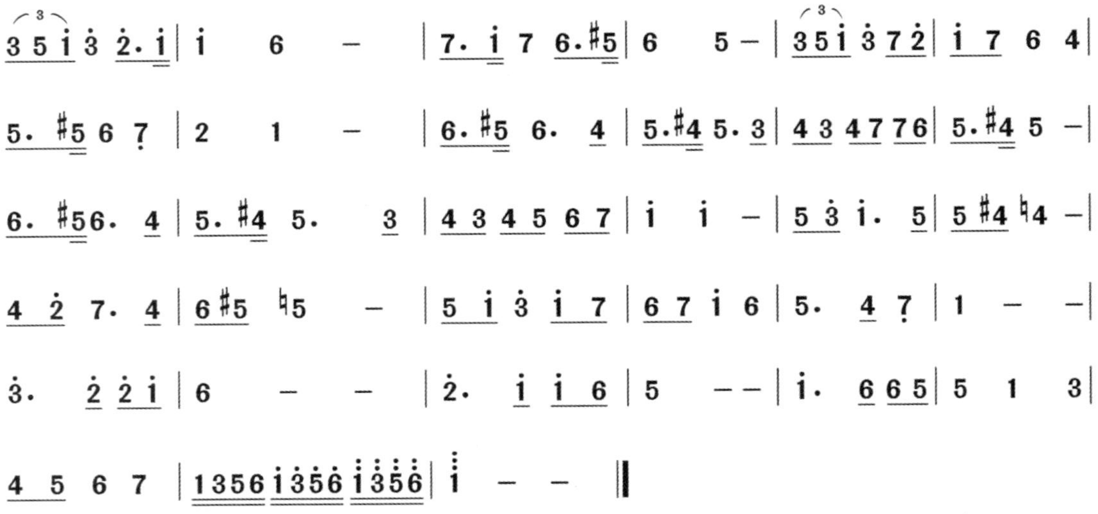

二、波浪组合

波浪组合 $\frac{4}{4}$

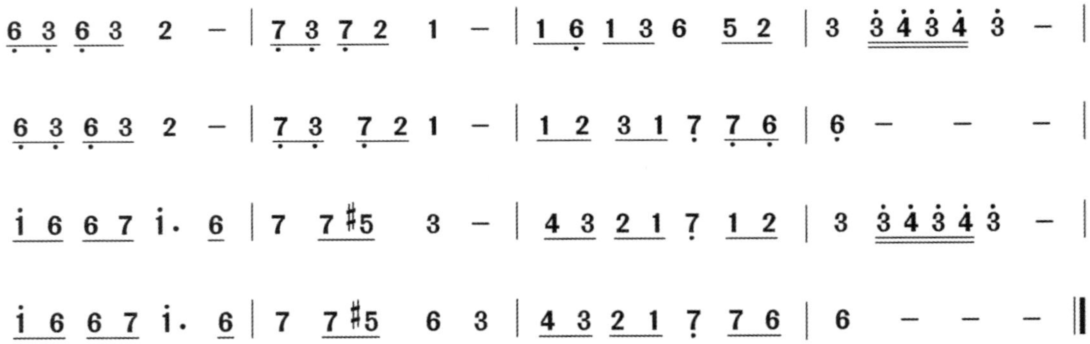

三、跳步组合

跳步组合 $\frac{3}{4}$

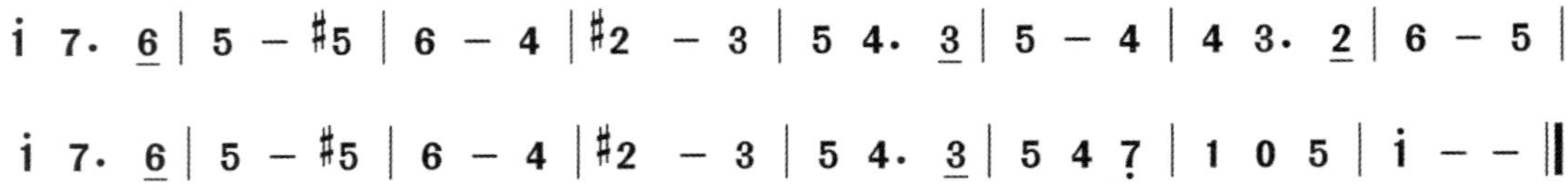

四、地面练习

勾绷脚 $\frac{2}{4}$

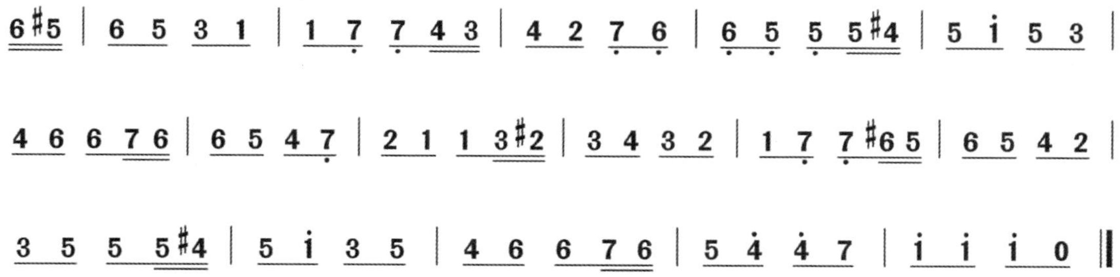

体前屈 $\frac{3}{4}$

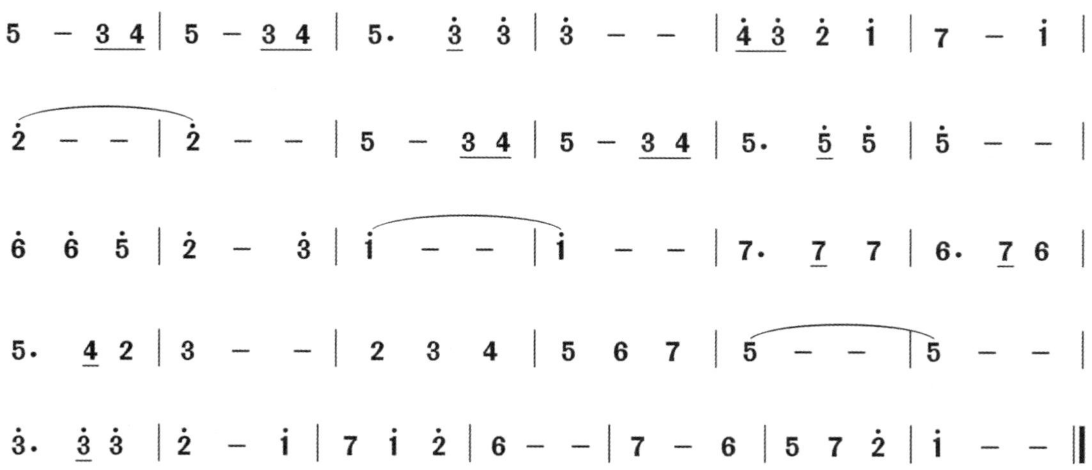

腿的屈伸 $\frac{4}{4}$

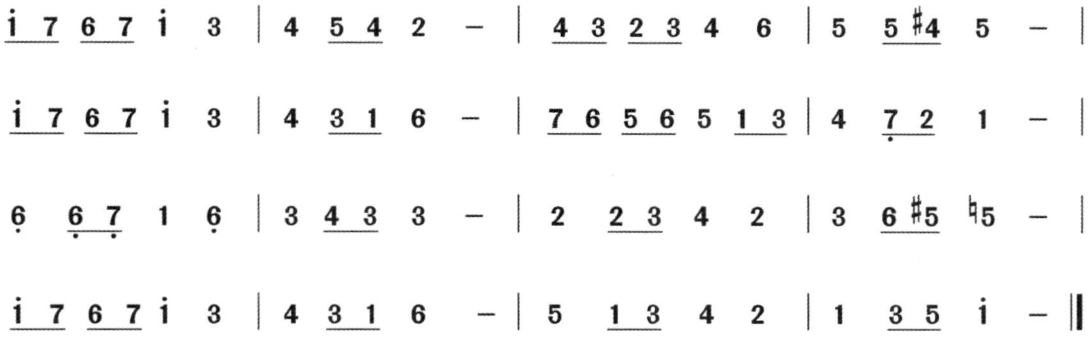

跪地波浪 $\frac{4}{4}$

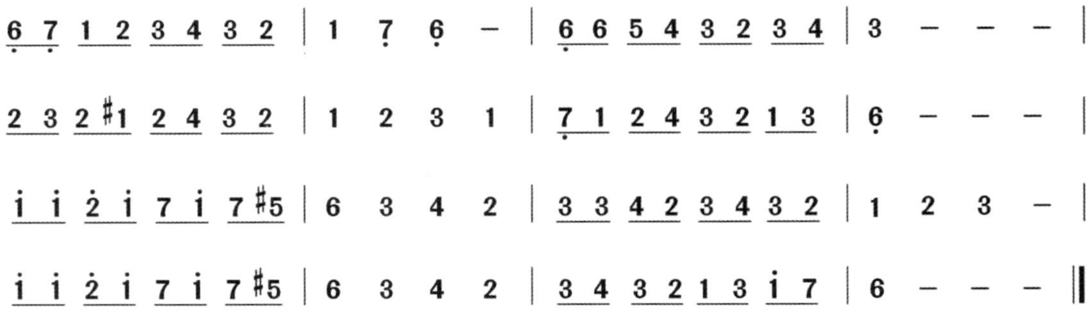

五、行进间踢腿

大踢（前、侧、后）前 $\frac{2}{4}$

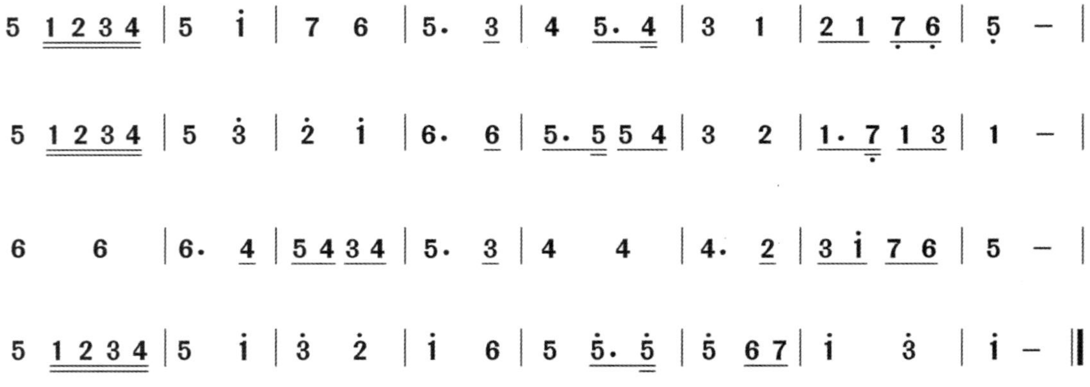

侧

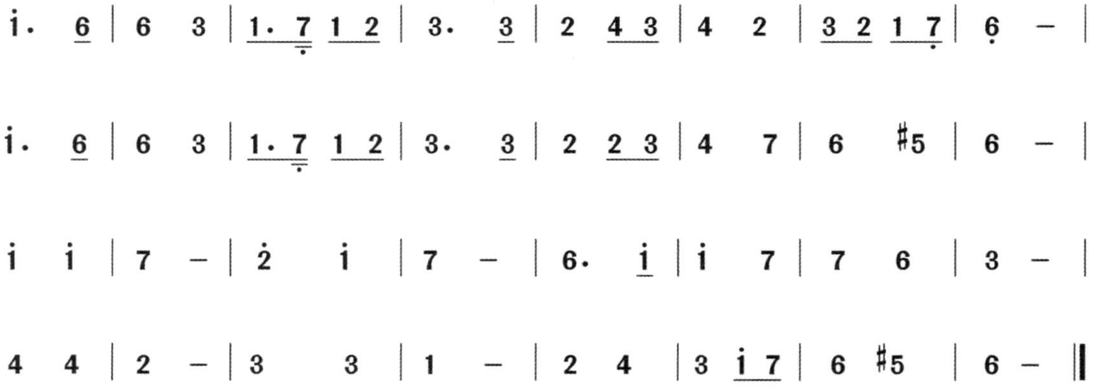

后

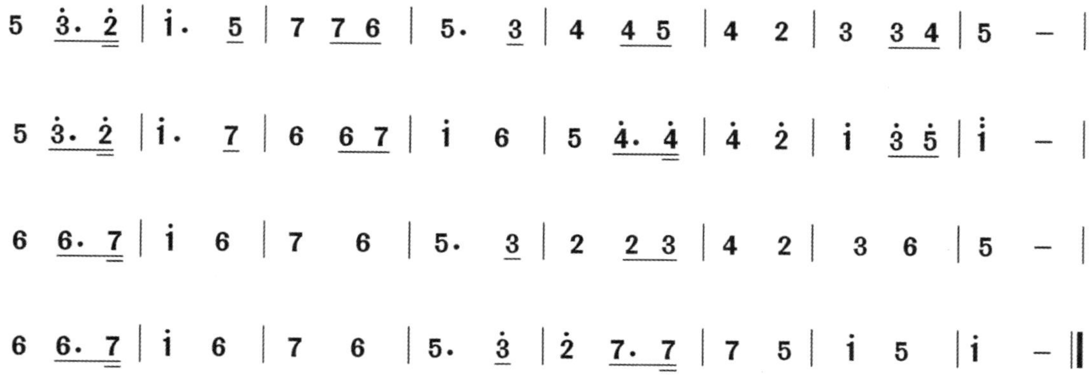

六、把杆

站立 $\frac{4}{4}$

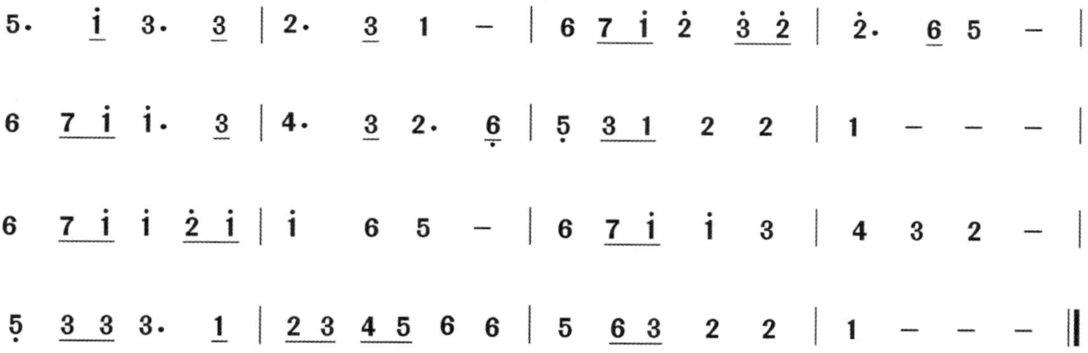

擦地 $\frac{2}{4}$

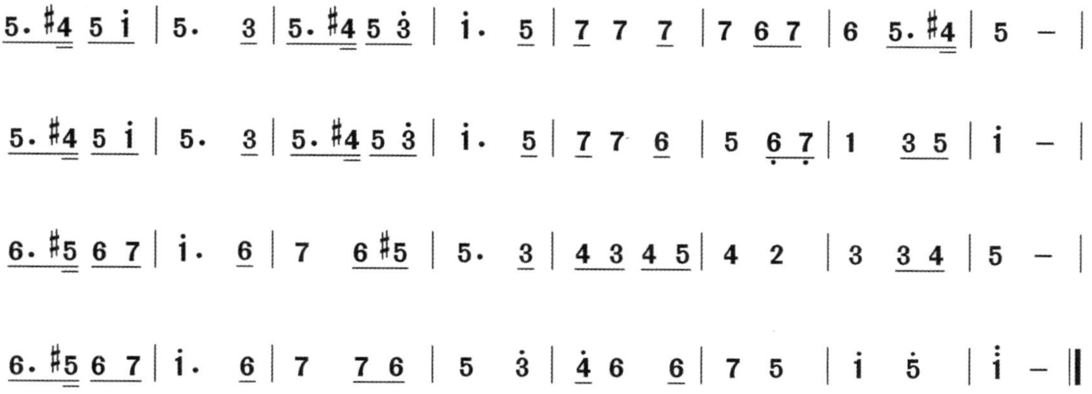

蹲 3/4

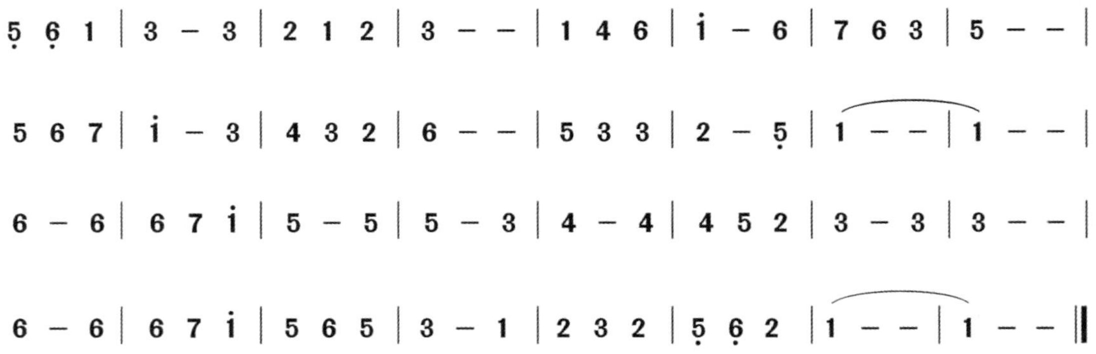

小踢腿 2/4

大踢腿 2/4

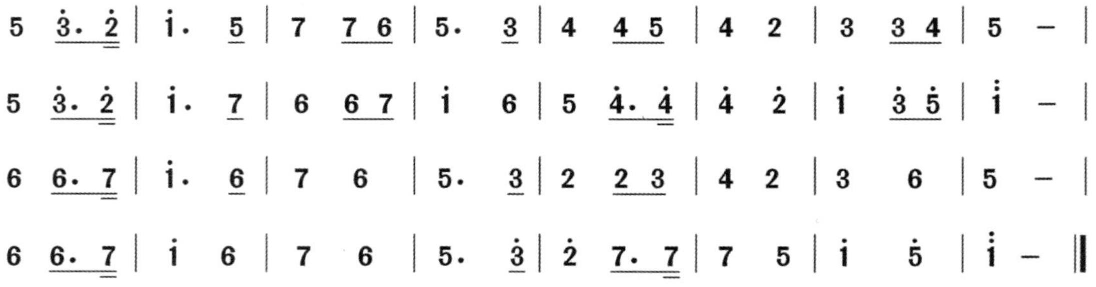

波浪 4/4

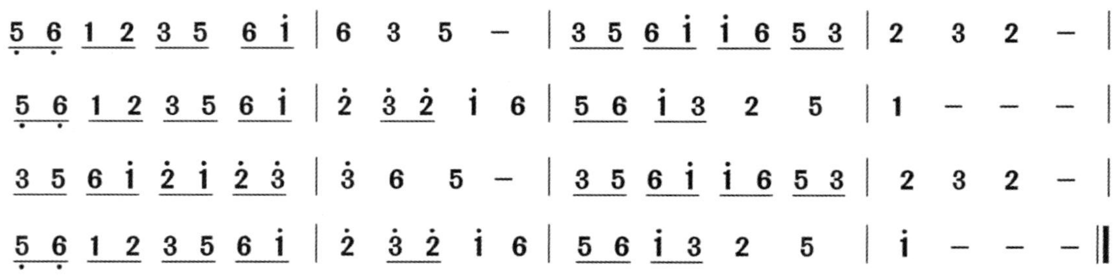

思考题

1. 由于艺术体操和音乐的密切关系，音乐给予艺术体操运动员哪些方面的能力？
2. 常用于艺术体操中的音乐元素有哪些？
3. 音乐在艺术体操中有哪几方面的作用？
4. 艺术体操音乐有哪些主要特点？
5. 怎样根据艺术体操的动作特点和器械特点选择音乐？

参考文献

[1] 关颖颖. 音乐知识与体育音乐 [M]. 北京：北京体育大学出版社，2005.6.
[2] 汤琦，张重辉. 中外音乐欣赏 [M]. 浙江：浙江大学出版社，2002.1.
[3] 华伦·安德生等. 音乐教育学. 邹爱民等，译 [M]. 北京：人民音乐出版社，1996.12.
[4] 柴志英. 音乐作品赏析 [M]. 北京：解放军出版社，2009.
[5] 罗伯特·希柯客. 音乐欣赏. 矛于润，译 [M]. 北京：人民音乐出版社，1989.10.

艺术体操常用术语中英文对照表

A

奥运会比赛 Olympic Games

阿拉贝斯 Arabesque

阿提丢 Attitude

B

巴塞 in passé

棒操 the clubs exercise

棒颈 neck

棒头 the head

摆动和绕环 swings and circles

背景音乐 background music

不同的平面/方向/水平/方式 different plane/direction/level/modality

不同的移动方法 different methods of travelling

不对称动作 asymmetric movements

不透明 non-transparent

变身交换腿跳 “Entrelace”

比赛项目 competition program

编排 composition

边线 the boundary of the floor area

边线裁判 Line Judge

表现力 expressivity

波浪 waves

C

裁判会议 judges´ instructions

裁判员 judge

参考裁判 reference judge

场地 floor area

侧手翻 cartwheel

成套动作时间 Duration of the exercise

成套结束动作 at the end of the exercise

垂直跳 Vertical Jumps

垂直轴 vertical axis

出界 leaving the floor area

赤脚 bare feet

抽签 draw

创新动作 original apparatus elements

D

大滚动 large rolls

大“8”字 large figure eights

大抛 large throw

单项决赛 apparatus final

带操 the ribbon exercise

带棍 stick

代表团团长 head of delegation

动作过程中 during the exercise

动作的速度和强度 speed and intensity of movements

动力性 dynamics

第一种比赛 competition Ⅰ

第二种比赛 competition Ⅱ

第三种比赛 competition Ⅲ

“多努”Tonneau

多样性 variety

队形 formations

对比 “contrast”

F

反跨跳 turning split leaps

方向指导会 orientation meeting

非规定身体动作组 the Non-compulsory Body Movement Groups (GCNO)

浮埃迪平衡 Fouetté balance

浮埃迪转体 Fouetté pivot

浮埃迪跳 Fouetté leaps

复合旋转难度 multiple rotation difficulty

G

国际体联艺术体操技术委员会 Rhythmic Gymnastics Technical Committee (RG-TC)

国际体操联合会 Federation Internationale de Gymnastique (FIG)

国际体联世界杯系列赛 FIG World Cup Series

国际邀请赛（比赛）International Tournament (Competition)

改变身体旋转轴 change of body rotation axis

改变身体水平面 change of gymnast level

高级裁判组 the superior jury
个人项目比赛 program for individual gymnasts
个人成套动作 individual exercise
个人全能 individual all-around competition
哥萨克跳 “Cossack”
古典芭蕾舞步 classical dance steps
规定身体动作组 the Compulsory Body Movement Groups（GCO）

H

后滚翻 backward roll
后软翻 walkover backward
混合难度 mixed difficulty
合作精神 a spirit of cooperation
华尔兹步 Waltz step
蝴蝶跳 “Butterfly”

J

集体项目不同种器械 several types of apparatus
集体项目同种器械 one single type of apparatus
集体项目比赛 Program for Groups
集体成套动作 group exercise
集体全能 group all-around competition
技术规程 technical regulations
技术错误 technical faults
交换腿跨跳 “switch” split leaps
交换难度 the difficulties with exchange
近似技巧动作 pre-acrobatic elements
基本编排 basic composition
经过地面 passing to the floor
结束姿势 stop position
接触大臂 contact with the arm
接触小臂 contact with the forearm
脚绊绳/圈 feet caught in the rope/hoop
脚尖 relevé
节奏步 rhythmic steps
教练员 coach
结环跳 ring
纪律 discipline
决赛 final
距离 distance
计时 timing
计分 calculation of the scores
结合旋转和抛的动力性动作 dynamic elements with rotation and throw

K

开始动作 starting position
空间使用 use of space
扣分 penalty
跨跳 split leap

L

拉带抛 boomerang throw of the ribbon
羚羊跳 “Cabriole” Jump
落地重 heavy landing
连抛 re-throw
领队 team manager
鹿跳 stag leap
螺形 spirals
轮唱 “canon”

M

民间舞蹈步伐 folkloric dance steps
慢转 slow turn
没有限制 no limit

N

难度裁判 difficulty（D）
难度符号 the difficulty symbol
难度表 the official form

P

抛的交换 exchanges by throwing
平衡 balances
评价 evaluation
拍球 bounces
劈腿 split
抛 throw

Q

器械难度裁判 apparatus difficulties（D2）
器械难度动作 difficulty of the apparatus elements
器械独创性 apparatus originality
器械在空中 during the flight of the apparatus
器械运用 apparatus handling
器械技术 technique with the apparatus
器械静止 static apparatus
器械检查 norms-checking
器械断裂 broken apparatus
器械出界 the apparatus leaves the floor area

器械相撞 collision between the apparatus
全能比赛 all-around competition
全身波浪 a total body wave
躯干后屈 back bend of trunk
躯干前屈 trunk bend forward
潜水跳 "Dive Split Leap"
前滚翻 forward roll
前软翻 walkover forward
圈操 the hoop exercise
球操 the ball exercise
敲击 tapping

R

柔韧 flexibility
软翻 walkover
入场 entry

S

赛台训练 podium training
蛇形 snakes
身体难度裁判 body movement difficulties (D1)
身体难度动作 difficulty of the body movements
身体动作技术 technique of body movements
绳打结 knot in the rope
绳操 the rope exercise
申诉 appeal
少年运动员 junior gymnast
失去器械 loss of the apparatus
失去平衡 loss of balance
视线外 outside of visual field
水平轴 horizontal axis
熟练性 mastery
相同姿势 same shape
嗓音伴奏 music with voice

T

替补运动员 reserve gymnasts
替换器械 replacement apparatus
通过器械 passing into the apparatus
团身跳 tuck jumps
团体赛 team competition
团体编排 organization of the collective work
徒手 freehand
体操服 leotard
体操鞋 gymnastic slippers
跳 jumps and leaps

W

无意接触器械 involuntary catch
无交换难度 the difficulties without exchange
无抛 without throw
完成裁判 execution (E)
舞蹈编排 choreography
舞步系列 dance steps combination

X

协调裁判员 coordinator judge
协作类型 types of collaboration
兴奋剂检查 doping control
小绕环 small circles
小五花 mills
小抛带 tosses
小抛 small throw
小跳 skips and hops
小组 the subgroups
旋转 turn/rotation
胸滚 "Chest roll"

Y

艺术体操世界锦标赛 Rhythmic Gymnastics World Championships
艺术体操欧洲锦标赛 European Rhythmic Gymnastics Championships
艺术体操技术委员会 Rhythmic Gymnastics Technical Committee
艺术体操评分规则 Code of Points Rhythmic Gymnastics
艺术错误 artistic faults
艺术想象 artistic image
运动员 gymnast
运动员之间的协作 collaboration among the gymnasts
运动员出界 the gymnast leaves the floor area
运动员相撞 collision between the gymnasts
运动员静止 static gymnast
音乐伴奏 music accompaniment
音乐性 musicality
一致性 unity
乐师 musician
演出晚会 gala
伊柳辛 Illusion

移动 travelling
鱼挺 "Fish-flop"

Z

在水平部位 at the horizontal
在地面接 catch on the floor
姿势缺乏幅度 lack of amplitude in the shape
资格赛 qualification competition
足尖 on the toes
装饰性动作 element of decoration
折叠绳 the folded rope
中立裁判员 neutral judge
中间分 the middle scores
抓球 "grasped"
助理裁判 Assistant Judge
转体 Pivots
最少 minimum
最多 maximum
最后得分 the final score